葉名琛檔案

清代兩廣總督衙門殘牘

第七册（FO931/1433－1666）

劉志偉　陳玉環　主編

廣東省出版集團
廣東人民出版社
·廣州·

圖書在版編目（CIP）數據

葉名琛檔案：清代兩廣總督衙門殘牘 / 劉志偉，陳玉環主編.
—廣州：廣東人民出版社，2012.12
ISBN 978-7-218-06658-5

Ⅰ.①葉… ②清… Ⅱ.①劉… ②陳… Ⅲ.①檔案資料—中國—清後期 Ⅳ.①K252.06

中國版本圖書館 CIP 數據核字（2010）第 025853 號

YeMingchenDang'an：Qingdai LiangguangZongduYamen Candu
葉名琛檔案：清代兩廣總督衙門殘牘
劉志偉 陳玉環 主編

出 版 人：曾 瑩

選題策劃：戴 和
責任編輯：柏 峰 張賢明 陳其偉
裝幀設計：張力平
責任技編：周 傑 黎碧霞

出版發行：廣東人民出版社
地　　址：廣州市大沙頭四馬路 10 號（郵政編碼：510102）
電　　話：（020）83798714（總編室）
傳　　真：（020）83780199
網　　址：http: //www.gdpph.com
印　　刷：東莞市本色印刷有限公司
書　　號：ISBN 978-7-218-06658-5
開　　本：787mm × 1092mm 1/16
印　　張：316.25 插頁：9 字數：6450 千
版　　次：2012 年 12 月第 1 版 2012 年 12 月第 1 次印刷
定　　價：4800.00 元 (全套定價)

如果發現印裝質量問題，影響閱讀，請與出版社(020-83795749)聯繫調換。
售書熱綫：（020）83790604 83791487 83797157

第七册　目錄

[redacted]

謹將奉
派隨營差遣各弁擬請獎勵開列清摺恭呈
鈞核
計開
署督標水師左哨千總事右哨頭司把總記名千總六品頂帶楊鴻超
查該弁隨赴行營賞
令催趲偵探賊踪並令接濟陣上軍火均屬奮勉不避艱險擬請以千總遇
缺即補並請

賞戴藍翎
督標把總陳光亮
查該弁於北門案內擬請以把總補用
賞戴藍翎此次可否記名以千總補用之處出自
憲恩
督標右營右哨頭司外委把總六品頂帶周殿亮
查該弁隨赴行營令其偵探賊踪上陣接濟軍火均屬始終奮勉擬請以把總補
用並請
賞戴藍翎
原任廣州城守右營左哨外委李雄
查該弁隨同馮元亮帶勇進剿佛山著有微勞嗣委密拏平洲首匪陳
子元甚為出力擬請以把總補用
督標右營記委李朝傑

查該弁向在卸廉州營遊擊曾廷相營内剿辦北門股匪著有微勞本年四月
隨赴韶關差遣甚屬勤奮擬請以額外外委補用

已革把總胡騰升

查該弁於咸豐二年五月隨
前督部堂徐赴高州軍營因悞差斥革上年隨赴行營進剿佛山官窯
新造順德寧慶北江一帶著有微勞可否
恩准開復原官

奉
派隨赴行營兵丁

家標兵丁

陳志亮

梁起南　步兵於羅鏡案内已賞頂戴

何贊光　武生

以上三名擬請

賞給六品頂戴

翟上謙　靳得升　黄安榮　梁君傅

王清元

以上請
賞記名頂戴

總局勇目馮南斌

該勇目隨赴行營遇事奮勉不辭勞瘁擬請歸廣協標記
名以額外儘先拔補

壯勇馮成　陳[illegible]　劉才　馮有　馮保

楊雄

以上六名請
賞頂戴

謹將各司道府每年應解關鹽盈餘備支師船口粮各銀數分晰列

摺呈

電

計開

運司每年應解銀三萬兩自道光六年起至咸豐三年止除解

外尚未完銀三十九萬四千七百餘兩

南韶連道每年應解銀六萬兩自咸豐二年起至咸豐三年止除

解外尚未完銀七萬五千兩

肇慶府每年應解銀二萬兩自道光二十九年起至咸豐三年止

除解外尚未完銀九萬六千兩

潮州府每年應解銀二萬兩自道光三十年起至咸豐三年止除

解外尚未完銀六萬六千七百餘兩

以上截至咸豐三年止共欠解銀六十三萬二千四百餘兩係備支

水師各營師拖戰大八槳等船口粮之用內約計每年需支

口粮銀十二萬餘兩

謹將陸續借支過撥解高廉道收存備支西路各營師船弁兵口粮銀數款

目開列呈

閱

計開

道光十一年二月二十三日

在惠桑軍需項内借支銀一萬四千二百零二两

十五年十二月初九日

在三成養廉歸補捕費項内借支銀一萬四千二百零二两

二十二年六月初三日

在惠桑軍需項内借支銀三千二百零二两

二十七年十一月初三日

在暫存彌補穀價項内借支銀一萬两

三十年九月十六日

在肇慶府橋羡項内借支銀二千两

咸豐元年三月十九日

在捕盗經費項内借支銀四千二百零二两

八月二十三日

在惠桑軍需項内借支銀三千六百两

又在捕盗經費項内借支銀一千两

十一月二十九日
在彌補倉庫項內借支銀四千七百兩
又在寄存缺穀價項內借支銀四千九百兩
又在米耗盈餘項內借支銀四千六百零二兩
二年六月二十三日
在惠潮軍需項內借支銀五百五十兩
又在米耗盈餘項內借支銀三千二百零二兩
又在捕盜經費項內借支銀二千兩
十二月初九日
在暫存彌補倉穀價項內借支銀一萬兩

三年六月初九日
在捕盜經費項內借支銀一萬四千二百零二兩
四年正月十三日
在捕盜經費項內借支銀一萬兩
四月十九日
在營房二分工料項內借支銀四千二百零二兩
又在米耗盈餘項內借支銀一萬兩
以上借支高廉道西路師船口糧銀兩應在關鹽盈餘項內動支因本款無銀
支給陸續在各款內借支合註明
總共借支過各款銀一十二萬零七百六十六兩

標下廣州協永靖營外委馮國光謹將歷次與何員在某處打仗情形
列摺呈候
憲鑒
計開
東莞進仗
六月初一日進攻東莞逆匪追擊三十餘里生擒賊匪五十二名奪
獲賊船四十三隻轟破賊船數十隻另有新塘弁兵會同紳
士更練搜獲逃匿匪犯二十七名於初二日解省
初二日進仗斗塘直至中堂大步滘等處逆匪披靡奔竄
初四早由十字滘口進仗大獲勝仗轟破賊船十數隻淹斃賊匪無
算其東莞巡船亦俱拿獲
初六日大軍直抵莞城河面是日克復莞城並獲偽稱創國軍
師鍾亞德及匪犯十餘名
初九日進仗鉄岡磨碟角獲得遺下空船三十餘隻當即沉溺并獲
匪犯劉亞献王樹勳二名旂幟五枝號衣五十九件小令旂四十三
枝偽印二顆小圖印八顆
佛山進仗
六月十六日由鋪前進剿逆匪披靡
十九日由五汊口進剿轟斃賊匪甚多生擒匪犯多名奪獲大小砲
位及招鎗旂幟器械等件并釘賊匪三四千觔之砲眼
二十至二十三等日在鷹嘴沙進剿殺斃多賊殺得首級一顆奪獲數
百斤大砲及子母砲長矛各物
二十五及七月初三兩日進剿石門打破石砲台一座并奪獲砲數位及
鉛子火藥旂幟

初六日進剿石門直抵潭村斃賊甚多

三十日由石門進剿燬其砲台割得首級一顆大砲五位并鉛子火葯旂幟

閏七月初三日進攻金溪和順連擊斃賊匪數百餘名奪得大砲三位大小

旂幟數十枝

初五日由坭城進攻横江橋燒燬賊寮十餘間賊船六隻奪得大紅旂

小紅旂十七枝僞印板五塊復於未刻再燒賊寮三十餘間

初六日由茉莉沙直攻臨海廟連發大砲擊斃賊匪數百名割有耳

記并觧大瀝之圍

初七日進攻浅河口及西村拿獲匪犯陳沛一名

初九日進攻南岡頭地方及官窑一路燒燬大小賊船三十餘隻又獲得

搭渡賊匪姚亞就等六名

初十日挑選船勇五百餘名運砲登岸助北路聲勢連放大砲斃賊

多名

十五日由浅河口進仗攻擊瑶台斃賊甚多

十九日由瑶台石門槎頭進剿割奪耳記砲械

二十二日進攻瑶台一帶

二十七日由坭城進攻潭村石井擊破賊砲台生擒賊匪蔡亞真等二

名斃賊多名奪砲六位及旂幟鉛子帳房器械

以上係隨同護理 憲標叅將黄者華剿辦

八月初八日進仗瑶台

初十日進仗瑶台

十二日進仗槎頭

十七日進仗石門

十九日進仗瑶台

二十四日進仗棠下同生員葉汝駿巡船五隻

以上六日係奉 令箭出隊打仗俱獲勝仗

二十六日進仗石門同張勇熊勇葉汝駿巡船打仗大獲勝仗奪

得砲械旂幟拿獲長髮賊犯劉亞五一名

九月初五日進仗棠下

初六日進仗棠下

遵將粵海關移解新疆軍需銀兩自咸豐三年秋季後起至咸豐四年正月初九日止共完解司銀數開列呈

閱

計開

七月初六日解銀二千兩

八月初三日解銀六千兩

九月初六日解銀二千兩

十月初六日解銀七千兩

十一月初六日解銀一萬一千兩

十二月初六日解銀七千兩

秋季未入今本季補入放銀三千兩

正月初六日解銀一萬二千兩

以上共銀五萬兩

[illegible]收入關盈盈餘洋藥二兩扣存項內除支節解各款外截至正月十三日止尚現存庫銀一萬五千二百四十九兩八錢一分二厘

謹將奉

諭飭查陳沖漢實在情形列摺恭呈

憲核

查得陳沖漢向在省開洋貨店歇業後在夷樓內學習夷醫得外科跌打諸藥常同西樵一帶行醫遂與賊匪羅亞許等結交四年羅亞許陳章張光等在本村銀河橋起旂赴各鄉打單陳沖漢因與該匪交好常到賊營說合曾代紳士潘祥輝黃任基說合並經手過付打單銀兩自同人社學團練之後即逃往福建往尋伊弟陳維漢本年由福建同籍招勇向其堂兄福昌銀店之陳凌漢借銀招募前往以上所查委係實在情形

具切結線人徐賓饒同今當
李太老爺臺前緣有會匪總頭目陳松混名失魂松賓現在設法誘藏家內恐為
別線察獲致干連累賓等據實先行稟明已將陳松誘藏在家統俟獲到北
路要匪頭目一同解送并恐各犯獲案挾嫌供扳等情特此呈明所具切結是實
候選從九品楊慶永因引薦線人幫同辦事曾至徐賓家內見過陳松恐其獲案知
機仇扳等情理合一併聲明
謹開會匪總頭目陳松事由本年三月內陳松始謀叛逆之事陳松先着鍾德混
名西天臘颯邀同陳顯良等在新橋市遠芳酒樓聚議又於五月陳松復邀
在聯興街萬芳酒樓會議并着鍾德往東莞令何六袁玉山起事鍾德至東
莞地方被獲解省陳松隨即商議鑄造平靖錢十千文偽封李文茂為平
靖王六月初佛山陳開着封滿到省邀同甘成至陳松處請示起首日期陳
松吩咐封滿等定於十二日令陳開在佛山起首又令李文茂在西村瑶台於十

五日起首後令李文茂葉亞來崔蔭等約金仙於十七日在遠龍墟起首
至二十早李文茂攻陷花縣城二十四日到佛嶺滋事等由

計開同陳松聚謀叛逆緊要各匪犯姓名

陳顯良 現在新造頭目

李文茂 葉亞來徒弟

葉亞來 混名猛鷄來現在佛嶺係陳松徒弟李文茂師父前在河南滋事未成頭目

老亞福 現在九江沙頭頭目由南京回東係陳松徒弟

何亞賢 混名豆子賢前在河南滋事未成頭目

陳亞意 混名陳頭意係番禺差前在河南滋事未成頭目

羅蘭亭 花地芳村私藏軍械旗幟起事未成頭目

區　勝 佛嶺探事要緊匪目

李占升 臬憲號房探聽總局事係李文茂同族兄弟

陳　七 糧憲門房探事要匪

甘　成 現在佛山係陳松徒弟

西昌號 在西關德寧里內外來往探信聚會之處

奉

天承運太平皇統領各省總兵軍務粮餉大元帥

太子太保總橄各部水陸兵馬粮餉三法大司馬

太子少保總管各部水陸兵馬粮餉三法副司馬

副都御史統屬各部水陸兵馬左輔正軍師

參　贊　軍　機

為興明滅清恢復中原戡禍乱以肅海宇事竊惟天與本在人歸人方

為天與棄爾清國治以[illegible][illegible]中華體以入擾紊乱奪明鼎凡我先世

裔忠臣之後附心切齒布衍貽謀者蓋弍百餘年於斯今失其道廢弛紀綱濫

鬻爵官名器不肅貪利是視上下交征不體士艱不察民隱逋年在位弁外吏貪

剝肆殘酷無辜籲天上干咎徵時序失調災害叢降以致天下鼎沸民不聊生我主真

德自天應時御世歸吾籍者三分有二矣因目亟時艱念乱情殷救民水火所行公

平仁恕所本忠義同心軍有法而律有方庶可履至尊而統六合清㢡源除

積習其人存斯其政舉肅綱維風化有治法在有治人爾等其切志同仇

共襄義舉將見宇宙之内再誦昇平士庶羣黎咸歌舜日矣

太平甲寅　月　日

[redacted]

具呈惠州博邑生員鍾庭材鍾布熹張肇脩朱桂榮職員鍾濟傳貢生
鍾炳麟鍾思鸞監生陳濬基鍾庭梓武生鍾庭檻林雄邦耆民徐應彬胡兆
和曾崇蘭為據實陳情聯名僉叩 恩申詳 列憲以達下情以慰輿望事
竊思有猷有為固可見萬全而無失要必足兵足食斯無虞一矢之相加乃我博
羅之為城也頹廢既多歷年孤小更無依傍斯即魯公處此外援絕亦見艱難陽
明當之計時久豈無嘆惜溯自去五月以來四鄉警惕百里驚皇我 謝父母即

惟請壯丁朝夕巡邏而又多方設法諭飭各鄉團練不亢不卑上下和而輿情
畫得知進知退内外慎而奸計不行無奈曠日持久防備者半旬待哺衆多頻
發時數千百衆左支右絀咯血嘔心以得諜報瞿逆退回西江羽黨盡散只得出鄉
傳諭各父老輸將充餉不意竟爲瞿逆之所窺伺也然而賊雖突入東路長驅不
異聚同赤蟻官忽自回西關防禦何殊計設空城按名自當議罰待罪亦竟墜
功厥後輔　陶府而朝夕進攻督丁壯而時刻圍勦風棲水宿爲官者捊鼓親梱
膽落心寒作賊者脱身宵遁五旬餘全城亦克復焉爲想是時無俟兵符數約
之紳民齊至何煩傳檄各鄉之練勇偕來同仇執戟協力驅狼苟非平時德政有
以深入人心焉能致此此則　謝父母之實在情形四民之共見共聞者也嗟嗟賢宰
官涖任年餘鋤奸挍善切切爲民旦然卸篆人頌甘棠生等更不忍沒其去年。
之苦心苦力故敢聯名僉叩據實陳情伏乞　恩准申詳　列憲以達下情以慰
輿望則感　鴻慈于靡既矣沾　恩切赴

P.1 F.O.682/391/3(19)

一件 具奏咸豐三年間剿辦高廉兩府屬匪徒地方安靖由

奏稿

咸豐 年 月 日奉到

硃批

奏

咸豐 年 月 日具

摺弁 賫

繕摺

對摺

協辦大學士兩廣總督臣葉
廣東巡撫臣柏　跪

奏為高廉兩府屬連年被匪搶擄業經官兵剿辦
分別剿除地方現已安靜恭摺由驛

奏祈

聖鑒事竊照咸豐元二年間高廉逆首何名科方晚
劉八等糾黨滋擾經臣葉　與前督臣徐

P.2

先後親赴剿辦全數撲滅因與粵西界
連咸豐三年春夏間訪聞廣西陸川博白
等縣匪徒朱七大邱大謝三大各率夥黨數千
竄入高廉石城化州合浦各縣境內羅定土匪
黃大等率黨竄入信宜縣境先後滋擾經臣等
飛飭高廉道伊霖護高州鎮瑞琳派撥文武

謹將肇慶府未完各年報　部襍税銀両數目開列呈

閲

計開

報　部各欵

未完咸豐二年襍税銀六百一十两零二錢五分

又未完三年襍税銀一萬三千零五两七錢九分五厘

又未完三年襍税火耗銀三百八十六両零一厘

又未完咸豐二年約征商税羡餘銀一萬三千八百八十四両一錢一分五厘此項銀両未據

冊報今照道光三十年無閏之年開列合註明

又未完部費銀二千零八十二兩五錢三分一厘 此項銀兩未據冊報今照道光三十年無閏之年開列合註明

又未完三年約征商稅羨餘銀一萬三千八百八十四兩一錢一分五厘 此項銀兩未據冊報今照道光三十年無閏之年開列合註明

又未完部費銀二千零八十二兩五錢三分一厘 此項銀兩未據冊報今照道光三十年無閏之年開列合註明

以上七款共銀四萬五千九百三十五兩三錢三分厘

又一欠解自道光二十九年起至咸豐三年止商稅盈餘銀九萬六千兩

又欠解橋羨銀四萬八千兩

二共欠解銀一十四萬四千兩內 前據肇慶府蔡守揭報在橋羨等款內提用偹支勦匪經費銀四萬零八百一十二兩零四分二厘又據肇慶府李守報在橋羨提用偹支勦匪經費銀五萬五千七百四十五兩九錢八分五厘四毫二絲二忽 二共提用銀九萬六千五百五十八兩零二分七厘四毫二絲二忽除墊支提用外尚應解司商稅橋羨共銀四萬七千四百四十一兩九錢七分二厘五毫七絲八忽

以上報部各款共未完銀九萬三千三百七十七兩三錢一分零五毫七絲八忽

謹將收回用剩經費觧還司庫各項銀両開列呈

電

計開

咸豐二年八月二十六日

一收陞授順天府尹鄧高廉道宗　移觧還羅鏡剿匪用剩

經費銀一千四百両

九月十六日

一收廣州府觧回委員候補知縣吳贊誠等繳存羅鏡用剩

剿匪經費銀一萬七千両

二十九日

一收委署廉州府事佛山同知沈丞觧回封川防堵經費用

剩銀七百七十八両三錢一分七厘

十一月二十九日

一收廣州府繳回北江防堵扣存第八號巡船口粮銀五十七

両七錢五分

咸豐三年二月初三日

一收陸路提督崑　移觧稿書祝翰勳繳回重領二年四月

十八日起至五月十二日口粮銀五十両零二錢五分

五月二十三日

一收中協及廣州協觧還製辦噴筒等款兵役口粮用剩銀

四百四十二両零三分一厘

七月二十三日

一扣收代僱駁艇往江南紅單船用過銀二萬七千五百六十二両

二錢九分五厘

一收紳士許輝祖鮮送製辦火葯銀二萬六千兩

十一月二十六日

一收運司移鮮扣廣西潮橋兵餉銀一萬兩觧存司庫作為

砲船經費之用將此項收回前在捐輸項內支給廣州協

領辦夷砲之数

以上共收回銀八萬三千二百九十兩零六錢四分三厘

又收寔在捐生銀一百二十一萬四千三百二十八兩二錢

通共收銀一百二十九萬七千六百一十八兩八錢四分三厘

支本省用銀一百二十二萬六千二百七十六兩零九分三厘九

毫六絲三忽八微

支廣西省用銀四萬三千四百二十兩

二共支銀一百二十六萬九千六百九十六兩零九分三厘九毫

六絲三忽八微除支外

寔存司庫銀二萬七千九百二十二兩七錢四分九厘零三絲六忽

二微

[redacted]

戶部為遵

旨并事廣東司案呈本部議覆兩廣總督并奏廣東清查案內應捐

養廉弥補缺谷價銀請援照豫省章程暫行停捐一摺咸豐三年十

二月十二日具奏本日奉

旨依議欽此相應恭錄

諭旨抄錄原奏行文兩廣總督遵照可也

戶部謹

奏為遵

旨議奏事內閣抄出兩廣總督葉　奏粵東省清查案內應捐養廉

彌補缺谷價銀請援照豫省章程暫行停捐一摺咸豐三年十月初

十日奉

硃批戶部議奏欽此欽遵于十四日抄出到部據該督并原奏內稱案准部咨

議覆河南省各府州縣現遵扣廉六成清查案內應扣五成養廉暫

行停扣俟軍務告竣養廉復額再行循案扣成弥補文職六七品之布

政司經歷都事按察司經歷州同州判等項養廉為數無多均准其免
扣以示體恤等因當即轉行遵照茲据署藩司崔侗查明粵東省清
查案內加捐養廉應照豫省章程一律辦理詳請具奏前來臣等伏查粵東
省文職養廉截至六月底止七品以上停給六成經將扣存銀兩數目奏明所
候撥用在案又查粵東清查案內查出無着丶谷價曾經奏明在于通
省道府以下各員除原無攤款及缺分較苦者概免派捐其餘按缺分之大小
定捐數之多寡每年共捐養廉銀三萬八千兩弥補今養廉現已停給六成所有
清查案內應捐養廉與豫省事同一律合無仰懇
皇上天恩准照豫省章程暫行停捐俟軍務告竣養廉復額再行扣捐弥補
每年應捐三成減半養廉歸補惠案軍需及扣廉弥補防夷軍需善
後二款仍請照舊辦理毋庸停捐其文職六七品之布政司經歷按察司經歷
鹽運司經歷州同州判及南雄嘉應二州州同等項養廉為數亦屬無多均請免
其核扣以示體恤等語臣等伏查粵東省清查案內查出缺谷核明無着谷價
應行捐廉籌補銀十萬八千六百一十二兩三錢三分二厘前於已革兩廣總督除廣
縉等奏明在于通省各官每年公捐廉銀三萬八千兩買谷還倉嗣據該省陸
續奏報已攤捐銀三萬九千四百二十四兩四錢三分二厘尚計未捐銀一十四萬九千
三百八十六兩九錢經臣部于清查半年一奏案內行令依限捐補在案又豫省
因停給六成養廉請將清查案內應扣五成養廉暫行停扣亦經臣部覆准各
在案茲據該督等奏稱粵東省文職養廉現已遵奉部行停給六成所有清查
案內應捐養廉奏請援照豫省章程暫行停捐俟軍務告竣養廉復額
再行扣捐弥補等語臣等查與議覆豫省停捐之案事同一律應如所奏

自本年五月初四日接准部文之日起，查清查案內應捐養廉暫准停捐，一俟
廉復舊額，再照原議章程按攤完項，以清倉款。至該省應捐惠州軍需
案內尚計未攤銀十六萬四千三百十五兩八錢七分八釐，又捐廉彌補指撥防禦軍
需善後等項案內尚計未攤銀二十五萬七千二百一兩二錢二分，現值庫儲支絀待用
孔殷之際，該督等務當督飭藩司嚴飭所屬按年如數捐補，不得藉端延宕，致
有蒂欠。此外尚有逾限未完之應捐連州軍需銀十三萬六千二百三兩八錢二釐，節
經臣部奏咨飭催，現在曾否全完，不特未據報部，且此奏內亦未詳晰聲叙，殊屬
含混，並令該督等轉飭迅速查明，催解司庫，入冊報部查核。倘各屬再事
稽遲，即行揭參辦，毋稍瞻徇，致干咎戾。又所稱文職六七品至布政使
經歷等官養廉為數無多，均請免其核扣等語。臣等核與前辰豫省
免扣成案亦屬相同，其布政按察鹽運使經歷、州同、州判等五項官員
及南雄、嘉應二州州同養廉無多，均請如所奏免其停扣六成，以示
體卹。其該省前經奏扣文職每年共應停給六成養廉銀九萬七千
三百五十六兩，應令該督等轉飭按年另款存儲，專咨聽候部撥。所有
臣等遵議緣由，理合恭摺具
奏，伏乞
皇上聖鑒
訓示遵行。謹
奏

F.O.682/327/2 (24)

軍機大臣 字寄

兩廣總督葉 咸豐三年十二月十四日奉

上諭前因有人奏廣西臬司許祥光剿匪冒功知縣蔡映符陷賊偷生降旨令葉名琛查明具奏茲據龍啓瑞奏勞崇光欺飾釀患民生塗炭一摺廣西羣盜如毛疊經該撫瀝陳辦理棘手情形但總未埽除淨盡朕心實深軫念惟冀地方大吏力求振作紳士等志切同仇與官兵齊心合力隨處堵剿庶可漸次肅清茲閱龍啓瑞所奏顯係官紳不和於通省剿賊事宜殊有關繫且該學士片奏省城無兵無餉勢處萬難若不將該省賊匪早籌蕩滌其勢何以久支所稱各郡縣盜風日熾撫臣偷安養重臬司並不出省剿捕各情著葉名琛確切查明並將克復興安一案該縣蔡映符是否陷賊被救該撫何以據稟更改日期入告有無徇庇粉飾確情按照摺內所指逐層詳細訪查並許祥光如何冒功情形據實奏聞該撫家人張姓如何包攬公事招搖納賄係由何時保舉官職著一併確查具奏該學士摺一件片二件均著發交該督閱看將此由六百里諭令知之欽此遵

旨寄信前來

正月十五日到

謹將咸豐二年及三年十二月十九卯止收支各官捐輸銀数開列呈

電

計開

咸豐二年三月十七日會奏

前任爵督憲徐　捐銀一萬兩

憲臺捐銀一萬兩

二款二年四月二十六日
支委員丁中鮮廣西

十二月十九日自奏

粵海關監督曽　捐銀一萬兩

三年六月二十六日
支委員趙嘉梧鮮江西

將軍穆
都統托恩　共捐銀七千兩

三年四月二十九日
支委員謝奎鮮江西

七月二十六日第一次奏四品以上

撫憲柏　暨司道等共捐銀四萬五千兩

咸豐二年七月初六日
支委員許糧祖領

製火葯銀三萬兩嗣摽鮮還銀二萬六千兩委員諸鈞鮮廣西

十一月十三日支委員鄭康卿鮮廣西銀一萬五千兩

咸豐三年正月十七日第二次奏四品以上

督
撫憲司道水陸提督暨營員共捐銀四萬三千一百兩

三年八月十三日
支委員蔡始權鮮福建

三月三十日第一次奏四品以下各官共捐銀四萬六千五百兩

附奏前署高州府胡美彦捐銀三千六百兩

五月二十九日第二次奏四品以下各官共捐銀四萬一千五百二十兩

以上三款三年十一月初七日支委員張錫餘領解赴　户部投納銀六萬一千六百二十兩
又支委員奕步春領解赴　户部投納銀三萬兩

以上共已奏各官捐銀二十一萬六千七百二十兩支訖無存

又收未奏各官銀

潮州府吴均捐銀三千四百兩

陽江等四鎮共捐銀一萬三千四百兩

以上共未奏各官銀一萬六千八百兩

通共杞奏銀二十三萬三千五百二十兩

除支銀二十一萬六千七百二十兩外

寔存司庫銀一萬六千八百兩

標下廣東南雄協副將趙雲鵬謹

稟

咸豐四年二月初三日到

宮保爵憲大人閣下敬稟者竊卑職去冬遵奉

憲臺飭委護送暹羅國使臣抵省差竣當即稟辭於臘月念日回雄謹遵

憲諭加意巡防慎辦一切營務無敢疎忽托庇歲暮屬境安靖皆賴

恩威遠振除匪保民之至意業經稟報在案迨於貳拾柒日申刻據中軍都司陳綸轉飭奉

憲臺批示係由該都司會州自行著保卑營弁兵頂銜均照所保等語卑職接閱之下不甚差

異當查該都司係拾壹月拾伍日出文保舉此時卑職因俟護暹羅差使在韶相離南雄不

過貳百餘里該都司並無隻字函商迨卑職回營亦無一言叙及竊思卑職蒙

憲鴻恩飭守雄協汛防應有地方之專轄亦有查記眾弁兵功過之責今該都司固口不言實

屬難解且察所保摺内弁兵數目故多保銜保頂雖屬不少惟有兵丁區榮彪陳國安

貳名拿賊送驗其餘所保兵丁均未見稟報呈驗亦未聞該都司將出力弁兵預為稟知卑職

實難稽查細核所保摺内儘有漏保最為出力用命首先拿獲要犯之兵丁未經邀請

憲恩者如把總黃繼鳳率同步兵六品頂戴張家輝拿獲江西上猶縣戕官賊匪賴志書又步兵

李建標隨同把總拿獲上猶縣戕官賊匪王三潰而黃繼鳳業蒙

憲臺賞拔千總又經都司會稟請換五品頂戴該弁督同首先拿獲二犯之六品頂戴步兵張家

輝已經 卑職 拔補馬糧今又經保依額外儘先拔補查步兵李建標於咸豐貳年拾貳月拾

貳日追擒生賊壹名首級壹顆呈驗到 卑職 及拿匪犯王三潰貳次均未稟請奬勵又查外委

謝邦輝因拿上猶縣戕官著名首匪胡志尭業蒙

憲臺賞拔把總又經都司會稟請依千總記名 卑職 竊查該弁所拿之犯實係記委步兵陳維

標自行首先拿獲稟同外委謝邦輝解赴來城經 卑職 訊明移州審辦且查所獲之犯胡

志尭係本鎮文行數次勒拿要犯較之黃繼鳳率同步兵張家輝等拿獲之犯尤為緊要查黃

繼鳳張家輝均奉加銜儘先拔補而該步兵陳維標李建標首拿首要賊匪及屢行勦賊出

力亦應邀請

憲恩可否以記委陳維標賞給六品頂戴以額外儘先拔補以步兵李建標賞給記委頂戴惟

事關營務不能不晰陳
憲鑒而卑職既蒙
恩飭巡守雄圡至於督勦本境分所當然實不敢因此微功越懇獎勵藉沽虛譽但查該都
司轉飭
憲批卑職叅讀之下未便拘泥謹將查實屢次用命兵丁陳維標李建標貳名稟請
憲臺查核可否獎勵之處皆出自
憲恩格外卑職不敢越稟邀請惟因奉行捐輸一節查卑營前次未經報捐今次恐致不
合適值新正地方安靜趨赴本鎮面訓照捐並將漏保兵丁情由稟請轉稟
憲鑒當蒙本鎮面飭令卑職自行通稟卑職不揣冒昧瀆稟
憲前況今冬春交加之季賊氛未靖之時全賴兵丁用命奮勇兜勦若不振作鼓舞惟恐
臨時驅策不前致使獨力難支忖卑職命本高草恐悞地方貽咎非輕無如任居專責
不敢不預為稟陳謹將查過實在漏保各兵緣由及鼓舞兵心情隨稟

提憲暨 本鎮外理合具稟

憲臺察核示遵須至稟者

咸豐肆年正月拾陸日稟

1

標下廣東南雄協副將趙雲鵬

一稟[illegible]各匪緣由[illegible]情形候批示由

咸豐四年二月初七日稟

F.O.682/327/2(43)

附稟者竊卑職自奉
憲飭協守南雄地方計今五載矣於營務操防一切公事無不小心謹凜辦理
所率地方兵民安輯惟因去冬以來遍遇營中至要公事每有率行自辦
不與覲聞者實屬事所未經切思前奉
憲札飭護暹羅差使往省交替遵即稟辭回營旋經抵韶並遵
提憲暨本鎮諄諄面諭所有南雄地方營務一切公事在在俱以卑職是

P.2

F.O.682/327/2(43)

問等諭卑職謹聽之下無不凜慎無奈去年及今所有一切公事只可
風聞其音實無目見其事及接見時並未敘及一言刻下遇事實難商辦
此時若不據實稟明竊恐將來貽悞公事誰任其咎思維再四不得不
預為稟陳恭求
洞鑒卑職雲鵬謹再稟 正月十六日申

咸豐四年二月初二日到

稟

標下廣東南雄協副將趙雲鵬稟

尚書兼都察院右都御史總督廣東廣西等處地方軍務兼理糧餉世襲一等男爵葉

內稟

咸豐肆年正月拾陸日稟

遵用空白

四二廿二

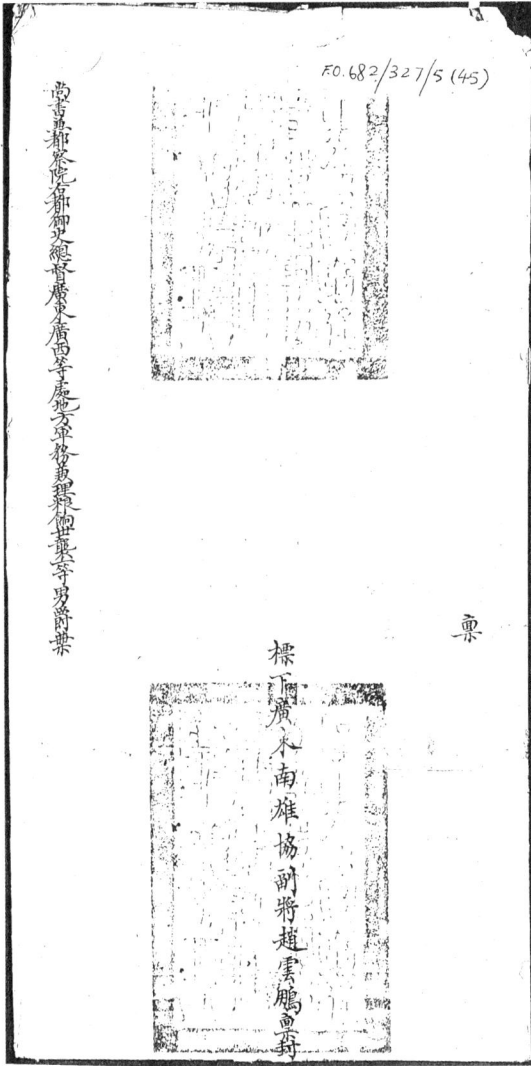

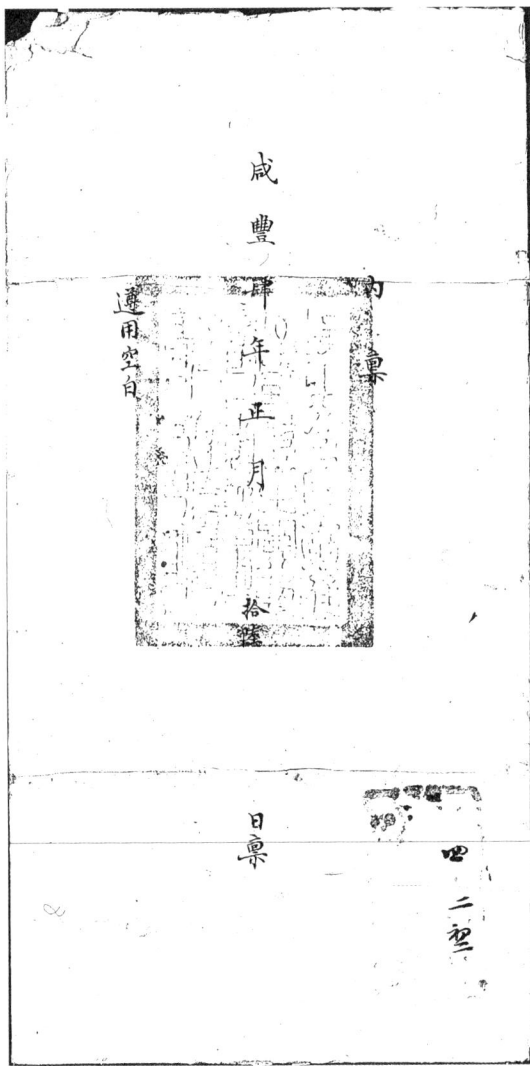

34

P.1

F.O.682/327/2(29)　33

李單眼壬供年五十家佛因高因村人父母都故
兄弟五人小的居二　三弟郎亞生四弟郎什閏跛左
腳妻故子一名承宗年十五歲道光廿六年前充當
佛因廳差名李全廿七年革退燒炭打鐵為生三
十年二月初六李元寶亮鄧十富烏龍幫并小的帶
同夥黨百餘人由英德江口老地灣過河經九龍白蓮
到廣西懷集蒼梧賀縣和秀孫扶由廣寧古水圩轉
回四月初四大眾到鐵溪散夥四月十六在黃坑聚夥
由魚子灣大鎮拱石過大河五月初二陰陂打仗後由陽
山一路上廣西七月初間由廣寧一路轉回七月十三在羅家
營打仗時小的尚未入夥小的於十六日到黃城口會齊由拱
石閣前到官莊與鄉民打仗被鄉民殺二三十人內有
旗頭鄺姓混名掛眉三鄺亞俊陸四貴黃觀連石羅
亞瑤可亞社諸人在角刦掠後旋即散夥八月初
旬在辛車聚集約千餘人水頭圩打仗時被官兵殺
殺旗頭鄺亞佑一名又有葉姓不知名一人另散仔三四

人從由高因分股上翁源鄧十富鈉牙石刘天成鄭亞成并小的帶同夥黨由望夫岡上去至石角圩大坑口打仗後一路由龍眼洞新岡到塤仔与黃毛會合另偏旗頭小的係乙字四號旗頭一路由清化新岡到翁源街敗仗後逃回高岡小的即在分水山內躲匿此後未有同黃毛五等再出滋扰本年正月十八日鄧十富周亞華刘天成鈉牙石鄭亞成羅恩深林三槐与小的帶同夥黨共五六百人想上廣西由龍盤木隴大逕到低山尾小的即自行回家其餘分旗頭亦俱陸續轉回聞止有鄧十富帶同分小旗頭及分散伙一直到璜田打了敗仗此後不知逃往何處現據同族監生李廷瑚將小的捆送佛岡廳夏太爺處小的求開恩

又

供石角圩打仗係何人下手戕斃翟撫爺小的實不

知道是日打仗夥黨實有一千數百人打仗時係劉天成
鄭亞成帶同夥黨出往迎敵被壯勇砍死夥黨八
人又在山僻處搠死四人內有旗頭三人一周姓不知名並非
周亞華叔屬因伊有叔兄弟在夥內次日買棺將其
殯葬尚有二人不知姓名
又供六里圩鷄棲墟兩處小的未曾到過要問周亞華
便知道清化官姓處因家夥欲劫官姓被官姓開砲打
不知姓名夥黨四人俱是黄毛手下的
又據周亞華供鷄棲墟地方小的不知是何處六里圩係
鄉民打仗實被鄉民拒殺夥黨廿餘人均係黄毛手下
的聞得內有旗頭五六人均不能知其姓名

~~一李單眼壬既供撫旂頭姓名與周亞華仝~~
一李單眼壬既供散旂頭列後
陸永興 年卅余歲身中云須麻英德高沙冈人
陸亞養 即高腳養 年四十余歲身高大云須麻英德下砆人
鄺俊魁 年卅余歲身中云須麻英德上砆坪子人

P.3 and

亞　山爾不知姓年廿余歲身中云須微麻英德上砵人
鄺亞拈年廿七八歲身中云須麻英德上砵浚坑人
鄺蒂包四年廿余歲身中云須麻英德新車人

李荣芳年卅一二歲身中云須麻佛冈观音鄉大圍人
李會方年卅二三歲身中云須麻佛冈观音鄉東坑人
李亭冲年卅余歲身中云須麻佛冈观音鄉大圍人
李複升年卅余歲身高大云須麻佛冈观音鄉東坑人
李恩善年卅余歲身中云須麻佛冈大圍人
羅洸普年卅余歲身中云須麻佛冈观音鄉牛欄背人
李善孔年卅余歲身高大云須麻佛冈观音鄉砵下人

周　姓
林　姓
鄺肥仔　以上三名在石角大坑口被官兵格斃死

二
佛冈石角墟戕害翟守備凶犯姓名住址
鄺亞拈　係英德下砵沙田壩人年三十餘歲身中樣
陸永興　係英德下砵高沙岡人年三十餘歲身中樣
鄺三斤鷄　係英德下砵沙田壩人年三十餘歲身中樣
鄺亞祐　係英德下砵沙田壩人年二十七八歲身高大
陸亞貴　係英德下砵人年三十五六歲

二月　　日

為欽奉事咸豐四年正月二十七日准
兵部咨職方司案呈内閣抄出咸豐三年九月二十六日奉
上諭舒興阿奏同知辦理團練著有成效懇恩鼓勵等語陝西潼
關廳同知孫治於奉文辦理團練首先督率紳士招募兵勇另募
川勇勤加教練復徧諭各鄉勸諭團練鄉至四千餘名巡緝奸
匪極為認真獲犯較多洵屬奮勉出力且於懷慶被圍時捐製
布袋一萬條備進兵鄰境之用其敵愾情殷不分畛域尤堪嘉
尚孫治著照督所請以知府儘先補用先換頂帶並著加恩賞戴
花翎以示優獎自粵匪肆擾以來曾迭諭令各直省地方官勸
諭紳民舉行團練並須給堅壁清野議疏及鄉守輯要俾資
效法如各地方官果能實力奉行何至任賊到處竄擾即如近畿
一帶聞饒陽縣鄉勇萬餘人頗為奮勇天津團練亦甚整齊在
小民自衛身家固無不踴躍從事亦賴親民之官倡率有方始收
成效著各直省督撫再行嚴飭地方官於團練事宜務宜盡心勸
諭實力講求其辦有成效之員即著據實保奏如孫治之破格
加恩朕以何所吝惜至各鄉紳民有捐資練勇保衛練勇實在出
力者并著統兵大員及督撫隨時保奏候朕施恩以昭激勸欽
此欽遵抄出到部相應恭錄
諭旨行文該撫欽遵查照可也等因到本部院准此查各屬辦理團
練節經前院及本部院諄切出示曉諭所有須發章程並奉
上諭亦均行司通飭遵照在案茲准前因除札布按二司移行各
道府州廳督所屬漢土各州縣一體欽遵督同各紳士盡心勸
諭實力講求其辦有成效之員以及各紳民有捐資練勇保
衛并練勇實在出力者即行據實稟請從優奏獎以昭激
勸外相應咨會為此合咨
貴爵部堂請煩查照施行

[redacted]

戶部為移會事捐納房案呈本部議覆河南巡撫英　奏推
廣捐例一摺咸豐四年三月初八日具奏本日奉
旨依議欽此欽遵相應刊録原奏知照兩廣總督轉行學政一體
遵照可也
計原奏
戶部等部謹
奏為會同速議具奏事河南巡撫英桂奏設局勸捐量加推廣
一摺咸豐四年正月二十三日奉
硃批戶部速議具奏单併發欽此欽遵於二十四日由內閣抄出到部
據原奏內稱豫省前經奏准照常例及籌餉事例設局收
捐助餉通行遵照辦理當于省城設立收捐總局自開局以
來竭力勸捐截至十一月止祇收制錢五萬餘串推原其故實
由豫省近年兵差絡繹兼有被災被賊地方民力不無拮据
惟值此需用浩繁籌款萬緊之際但可設法招徠尤當不

遺餘力欲其聞風踴躍當擬推廣變通復將現行條例再
四講求謹擬七條奏請
敕部核定遵行並請通飭各直省一律照辦等語臣等謹按該
撫清单內開各項公同核議分列七條臚陳
聖鑒
一條款內稱現在各省開捐其指定官階按月咨部者人數衆多
加以各路軍營暨各督撫軍功保舉歸部銓用之員亦復不
少向例軍功開選最速雖與捐輸班次截然兩分第軍功多
占一缺即捐輸少得一缺未免因壅滯而生觀望當此軍需
萬分吃緊之際捐輸資助餉即與行間効力無殊應請由
吏部將軍功班次與捐輸班次如何分缺選用一併歸于迅速
之處奏定畫一章程通行各省捐輸自必倍形踴躍等語
吏部查各省軍營出力保奏奉
旨遇缺即選及不入班次即選者應歸遇缺即選外其歸部儘先
即選人員有本班可歸者歸于本班到班之前選用無本班可歸
者歸于五缺之後先用其歸部選用人員有本班可歸者歸于
本班一班後用無本班可歸者歸于五缺之後選用一人再到班時
再用一人又籌餉條款內載新例報捐分缺先用人員無論何項
到班俱先用分缺先用一人次用各項一人分缺間用人員無論
何班用過一人之後即行間用一人其捐納本班儘先人員
悉照正班額數選用各項勞績儘先人員俟新例儘先

選後再行選用惟輪選遇缺前用人員時仍先用分缺先用一人次用遇缺前用一人分缺間用人員與勞績遇缺同時到班仍先用分缺間用人員各等語是捐納與軍功人員本係各歸各班不相侵占且班次相同者如同時到班仍先准儘捐納銓選並未因有軍營人員還行壅滯所有該撫奏請軍功班次與捐輸班次分缺遴用之處應毋庸議

一條款內稱賠項人員報捐如清查案內代賠祖父之款悉照豫工二卯定例概歸本案核辦不與捐項相涉報捐後輪用到班時吏部毋庸計其有無逾限一體銓選查銓選得官而其賠項未繳終屬虛懸應請明定章程自該員到任之日起即行坐扣廉俸以歸核寔等語戶部查豫工事例內載應交賠項人員准先交捐項所有應賠銀數于原呈內詳細聲明知照吏部註冊以工兑之日起限一年全完不得以廉俸扣抵如逾限不完已選者解任未選者停選又續纂事例內載報捐人員有現辦清查案內本身應賠之款屆限未交者應照豫工頭卯章程令該員先將本限應交銀兩交清再行報捐其前項應賠及現辦清查案內代賠祖父之款悉照豫工二卯定例根究歸本案核辦不與捐案相涉報捐後如該員論用到班吏部毋庸計其有無逾限一體銓選各等語是續纂例內恭酌豫工事例核定賠項人員只准其輪用到班時一体銓選並未准其將應賠之款以廉俸抵扣係因繳完賠款定限綦嚴一經坐扣廉俸遷延時日轉形鬆懈是以例不准行且一切賠項各有分限勒追本案可歸豈容其銓選得官後置賠項于不問所有該撫奏請明定章程自該員到任之日起將應繳賠項即行坐扣廉俸之處應毋庸議

一條款內稱部文內載勸捐條下如數常例及籌餉例銀數准給與應得職銜官階等語查封典職銜同屬常例工年已經奏准由豫省收捐職銜咨部請獎在案應請將封典統照常例由豫省一律收捐等語戶部查工年十月間奏請頒發河南省各項空名執照一千六百張內本有封典一項行令隨時填名給領在案應令該撫查照辦理並遵照奏定章程將收捐數目赶緊奏報所有截下照根一併隨冊送部毋稍遲延

一條款內稱向例捐納部屬候補不准食俸查分部行走與寔缺人員一體當差辦事正途出身之員得以半俸核計此次捐資助餉非尋常急公可比如有報捐分部行走者應請准其計俸仍不准其食俸等語吏部查正途出身並捐納分部學習人員均應行走三年期滿由該堂官甄別奏留候補統俟補缺後計俸推升至正途出身之員未經補缺之先雖經給與半俸至論俸推升之時仍以補缺後寔歷俸次方准計扣從前所食半俸並不接算捐納人員補缺後雖有試俸三年期滿題銷後方准照常升轉惟一經題銷仍准以試俸之日起計俸升轉是正途捐納人員均以補缺後計俸未經補缺之先均不計俸本屬相同所有該撫奏請捐納分部人員准其計俸之處應毋庸議

一條欵内稱拔貢優貢或因事故或因病未經
朝考者應請准其比照廪生捐貢銀数報捐即作為拔貢優貢
生如欲加捐各項官職按照拔貢優貢出身辦理等語　禮部
查例載各省拔貢或有事故後期續到者隨時奏請考試
如無一等不請揀選又各省優生到部不拘人数隨時奏考等
語是該生等既經學政甄拔保題原與在學諸生不同現在廣
開捐輸若必俟赴部補考後方准作為貢生出身另捐官職恐
士子艱于跋涉轉致阻其急公報効之忱謹擬如該撫所請准其
比照廪生捐貢之例報捐即作為拔貢優貢生出身以示推
廣一經報捐後仍令該省督撫隨時報部以憑稽核戶部查
例載由廪生捐貢銀一百零八兩凡未經
朝考之拔貢優貢生應准其按照前項銀数一體報捐
一條欵内稱廪增附生報捐教諭向准一體保舉知縣嗣經部議
由舉人拔貢等項出身者方准以知縣保舉查知縣一項正途
捐納俱得升轉只論人材而不計原貲此次捐輸助餉應以
官階循序而進既係教諭自可保舉知縣應請不計原資以廣
登進而免向隅等語　吏部查向例州學正縣教諭並諭銜晉
事之訓導無論舉貢生員出身如果文品兼優教導有方准
該學政會同督撫保題照例以知縣升用其增附出身之教
職前經臣部于議覆給事中汪元方摺内議以此項人員半多
年輕學淺閲歴未深請俟二次俸滿後方准保題升用是
教諭一官例得保舉知縣本係循按官階並不計及原
資即增附出身之教諭應扣二次俸滿保舉知縣歴時雖殊
所保則一該撫所奏與臣部定例相同應毋庸另議
一條欵内稱河工鹽務官員無地方詞訟之責應請比照教職武
職毋庸廻避本省查乾隆年間袁守侗張伯行俱任東河
總督似較外省熟諳利弊情形且于鄉梓田廬疏導行銷
保衛稽查更為得力等語　吏部查例載鹽場河工官員廻避
本省河工員缺在原籍五百里之内者俱令廻避等語原以河
工鹽場官員雖無地方詞訟之責惟鹽場之催科河員之督
修俱係本地方事件若以本省人員辦理諸多窒碍且恐流
弊滋生於政治殊有關繫至所稱乾隆年間袁守侗張伯
行俱任東河總督係奉
特旨簡用大員與丞倅佐雜微員不同未便率行援照所有該
撫奏請河工鹽務毋庸廻避本省之處應毋庸議
以上七條臣等悉心酌核内除遴用班次等五條仍照舊章辦
理以及封典一條業已發給空照准其收捐外所有未經
朝考之拔貢優貢生比照廪生捐貢銀数報捐即作為拔貢優
貢生出身一條應請照准以廣招徠恭候
命下由臣部行文河南巡撫暨通行各直省知悉再此摺係戶部
主稿合併聲明謹
奏

大歷四堡貢生劉炳垣　舉人歐陽泉　廩生何應春等謹

禀

太爺閣下

敬禀者舉人等於本月十三日赴局面聆

鈞誨謹將四堡防勦會匪情形暨會匪挾仇報復各情形聯禀

局憲大人蒙在局發出大炮火藥給領在案舉人等十五日回鄉是夜初更時候會匪分股欲由九潭鄉竄入經大歷滘汛官督率兵勇協同屯勇合力抵禦該匪始行散去茲探聞會匪在佛山滘為布置已派頭陣二陣分路來攻一由九潭鄉陸路攻入一由鋪前瓜步汛謝邊各渡頭過海并探聞石門河面聚有會匪盤查民舡往各處打单此處與黃竹岐鄉北村鄉仰邊鄉相近亦與省河相近係四堡來省要津若與佛山匪勾通必由茗墪汛攻入四堡從此往來窺伺省河為害更大除陸路之九潭鄉由大歷兵勇自行防堵外伏乞迅禀

列憲添設拖罟大扒兵船分派在各處防勦一在鋪前瓜步汛謝邊三處相連渡頭堵截一在黄竹岐北村鄉

茬蟄汛各河面往來堵截若遇賊匪過河放炮轟擊舉人等一面督率屯勇奮力兜擒庶四堡安全

而省河亦難窺伺矣舉人等日夜防堵不獲趨轅祗謁迫得函禀

太爺閣下伏乞轉禀

列憲察核施行肅此具禀恭請

崇安伏祈

鈞鑒　貢生炳垣　舉人泉　廩生應春　謹禀　并繳護牌一道乞轉禀繳實為德便

計開各處渡頭河面

一鋪前　瓜步汛　謝邊三處相連渡頭　係佛山入四堡要路乞多設兵船防勦

一黄竹岐鄉　北村鄉　茬蟄汛三處河面　係四堡出省城要津乞添設兵船數號往來堵截

咸豐四年七月　日禀

咸豐四　四　究

西稿吏劉廷章
東稿吏何長琚

右江張道稟抵肇日期并行程遲滯緣由

批

據稟已悉，仰即會督各營將弁嚴催兵勇船隻，
趕緊兼程，一律齊進，毋任再有遲滯。至另單稟
渡船被刦，昨據西甯縣會稟獲犯李亜成等內廿
亜英一名，供認於三月十八日在德慶淥水河面截
搶佛山往梧州渡船，又探報三月二十八日有廣西
匪徒跟隨藤縣客船，行至該縣與封川交界之之
哥隴河面擄捉客人水手十二人，經附近白木等處
團練追捕，該匪即仍各事並逃回蒼梧縣滕洲墟藏
匿等情，現經札飭蒼梧縣梧州協查緝，吊放在案。
是否即此二案，并即知照，仍俟行抵該處查看情
形，飭地方文武設法查拏擒獲，
稟報察核。此繳。

四百里發梧州一帶探投

F.O. 682/378B/1(67)

敎稟者標下右營六品頂戴戌什哈劉維新爲稟報探聽事於廿二日奉委前往佛山沙口一帶查探候補守備孔繼堯帶之佛勇三百名劄沙口伸士卯俊成帶之南順勇三百名劄赤夏五羊司之張勇二百名劄城門頭都司黃耀吉帶之東邑義勇二百名分四廠屯劄各路壯勇亦無出隊水陸亦皆安靜理合稟報

五月　日呈

[redacted]

遵查五月二十六日道署幕友徐琅谷抄來省中銀號致潮州銀號公信一件卑職細
問潮州銀號皆稱並無接到省中銀號公信之事等語因信中有再撥鹽課銀
五萬両之說今將原信抄錄恭呈
憲鑒
計開
敬啟者省中於十七日接到陸豐惠州飛報言惠來縣賊於十三辰刻被賊匪
攻破文武官員多被戕害現在賊匪踞佔城池等情
督撫憲即會商當晚令沈棣輝大人接署臬司撥督標兵五百名佛勇一千名隨
帶文武員弁八位撥鹽餉五萬両擬於十九日先行馳赴潮郡并令廣協懷大老

爺帶令本標兵五百名花縣新安勇五百名發鬪餉銀五萬兩隨後作第二隊

開 撫憲定於本月內親自來潮督剿尚未擇有起馬日期今早沈大人令人

來號向吩咐因銀兩隨帶恐滯行期要我潮邦各號滙兑我們公同商議恐

潮店一時湊錢不及未便全允已允許先滙銀三萬兩聞懷大老爺所帶經費亦

欲續滙故特專信佈知以後潮店銀兩均勿滙與別行恐軍需要緊一時應付不

及官府不允反覺掣肘省城鷹邊補佛頭水每百四兩五錢大寶補佛頭水每百

一兩貳錢未識潮郡近日銀價如何即希示知番禺與增城械鬥一案已經南番下

去會同增城縣主辦理和息清楚英德賊匪亦得有勝仗不敢猖獗餘俱安靜

惟聞陸豐防堵吃緊惠州人心惶惶亦來請兵聞

大憲欲請水師提台洪大人到惠州防剿尚未定實俟後再佈

咸豐肆年陸月 拾貳 日署廣東鹽運司顧炳章謹呈

F.O.682/1971/41
incl. 1

[redacted]

謹將卑職五月十六日致委員蔣守書信清摺抄錄恭呈

憲鑒

計開

敬啓者頃承堂臺以潮陽匪徒情形虛衷下問謹將管見所及各事宜開
列呈覽聞此案匪徒無路可歸易聚難散必須聯絡士民剿撫兼施或不
至於蔓延至籌備經費為目前第一要事聞上年潮屬士民捐輸案內共

計報捐銀一十餘萬兩皆係各教官親赴各鄉以禮勸捐此時紳民交困

斷不能如前之踴躍第照新例核減銀數明白曉諭或可勉力輸將伏候

高明裁酌午間所呈潮陽縣輿地圖說一幅鄉村名目俱已備載其拓收

河西兩場亦在潮陽縣境内展閱之下亦可知該縣輿地情形矣

計開清摺

一添用跑役傳遞文報查潮州府向用千里馬每月晋省九次每次派千

里馬一名往返傳遞公文現值道路阻梗應於每次添跑役一名連原

設千里馬共二名酌加工食其所加工食銀兩或由各衙門攤派或由

軍需局支銷

一設立站差以速軍報查潮陽爲行營所在該縣距郡城一百四十里應

分段設立腰站専派妥差數名書辦一名書辦登記號簿差役飛遞

公文庶免遲悞

一請頒發行營木刻關防以昭信據查此次
奏委府鎮大員統帶官兵剿辦潮陽縣屬匪徒應用調兵提餉及曉諭各屬士
民團練保衛各公文告示等件若借用地方官印信諸多不便似應稟請
院憲分别給發木刻行營關防鈐記庶資辦公而昭信據

一核實度支預籌經費查剿辦潮陽縣屬匪徒案內應用經費除奉劄撥
過潮橋道光三十年分奏銷鹽課銀二萬兩外又提用地丁錢粮滙兑
海關稅餉及由潮州府給發印票借用紳士商民銀両統共報收若干
支銷若干尚存若干現在每日支用口粮等項約需若干應行通盤計
算預先赶緊籌備

一查明兵勇名數以備調遣查此次奉調水陸官兵續僱壯勇餘丁應查
開撥數及分路駐扎處所并帶兵官銜名以便調遣而資策應

一查為首起事之人以重首逆查此案匪徒既經迭次獲犯訊供究竟為

首匪徒係屬何人內中分派幾股是否均係土匪抑有別省逆匪串同
滋事均應確切查訊以昭慎重
一應查開軍需局在事各委員銜名以便稽核內有丁憂告病及叅革之員
例不應差委
一潮陽兵勇既經
奏派謝鎮台統帶似應稟請
院憲札行潮州水陸各鎮轉飭一體遵照又惠州協尚存兵丁四百餘
名亦應專派將備管帶以資約束

咸豐四年六月　拾貳　日署廣東運同陞用同知准補廣州府通判顧炳章謹呈

[redacted]

謹將卑職五月二十六日出過諭令米行領借銀兩廣收米穀及盐務諸
色人等照常安業告示抄録恭呈
憲鑒
計開
為曉諭事照得近來販米商客到郡甚少除諭盐務廣豐局通知贛嘉各
屬運盐商客販運米石來潮賣米買盐經營獲利並酌定奬賞運米船户
花紅銅錢外合行示諭為此示仰郡城各米行户人等知悉爾等各宜多
集資本廣收米石公平交易通商便民倘資本不敷許尓等聯名赴本分

司衙門具稟出具領狀一紙共計借領銀二千兩以資營運所借之銀務於八月節前如數繳還免完利息此係本分司爲籌備民食起見且與該米行有益諒尔等亦所樂從也至於潮陽等處匪徒滋事業經文武官妥爲防剿不久自當潰散緣此日之匪徒何莫非

皇朝赤子其爲首者或因罹罪懼誅鋌而走險其附和者皆因衣食無羕偶被脅從然各有身家性命改悔者多加以郡城官民同心協力防禦謹嚴毋庸驚懼所有鹽務商人海運園長𦉪丁人等均須照常安業是爲至要各宜凛遵毋違特示

咸豐四年六月　　十二　　日署廣東運同陞用同知准補廣州府通判顧炳章謹呈

[redacted]

謹將潮州郡城情形開列密摺恭呈

憲鑒

計開

一附近郡城外面居民稠密曹道出示拆毀民房以便打仗先經紳士阻止繳回告示五月二十九日海陽縣劉令復隨曹道登城查看劉令以外面附城民房必須拆毀俟軍務平靜補給工料為詞曹道允准初一日飭令壯勇先伐附城樹木初二日即有沿城居民男婦千餘人赴道署乞恩喊免城內居民亦多怨言曹道即寫硃諭免拆各人始散否則釀成事端矣

一曹道親拜城內各殷商富戶告借銀兩接濟兵餉言明每百兩每月一分起息應許省餉到日歸還仍由潮州府給發用印借單交各戶收執為據統計約借銀二三萬元發軍需局應用內有素來與鹽務交易之豐源銀號祇肯借銀二千元曹道即飭差拘拏並發封條將該店封閉并揚言必要詳革該店

主鄭姓功名嗣該店畏事如數借付四千元再三哀求始免拘究

一六月初九日恭逢

皇上萬壽各衙門先期搭臺以備屆期照例演戲慶賀曹道忽於初八日申刻傳知各衙門停止演戲雖係恐滋鬧事難免士民駭異

一曹道於六月初九日抬出皮箱四隻委派海陽典史向當舖勒當銀貳千兩各當不遵即欲鬧當經紳士朱以鑑等勸阻但衣箱尚未抬回復奉指定永源等四家當舖每家收箱壹隻要當銀五百元該永源等當皆以資本無多且箱內衣物僅值百元實不能當五百之數曹道不允以致闔城當舖一概止當俟贖并聞衆議沸騰大不成事卑職不得已於十二日午刻親赴各當拜會安慰並向各當收回衣箱四隻親自送回道署力求曹道施恩免當雖蒙俯准收回而詞色之間深為不悅

一曹道札調饒平縣王恵溥會同海陽縣查辦海陽縣屬彩塘鄉土匪滋事案件王令面回曹道以饒平現在防堵吃緊且係聞考葉經考過初覆各童生在縣城守候需時乞恩免委會辦曹道不准聞得王令尚欠端節及五月十九日官太太生日禮故也

一揭陽縣米船不能販運來郡以致郡城米價昂貴查係山兜鄉民因錢債口

角挾仇攔阻卑職於五月二十四日交付前任揭陽營閆遊擊銀貳百元囑其轉交紳士朱以鑑等暗中調處使米船得以早日來郡嗣因紳士繳還原銀曹道即向閆遊擊要去前項現銀貳百元除扣抵分司衙門應送五月十九日官太太生日壽禮銀壹百兩外找還卑職現銀四十兩完事

一曹道所出告示寫為合同所定賞罰銀數尚欠斟酌今將告示逐一簽出呈候

憲鑒

一道署傳出言詞多未確實即如所稱沈道於五月十七日在省接署臬司印務來潮查辦等事現在全無影响今將原信錄呈

憲鑒

一卑職致蔣守書函及出過廣收米石告示分別抄錄呈

核

一現在道府縣署內上下人等或往嘉應或寄居別處常說賊來攻城人心大為動搖加以文武各官意見不和公事愈形掣肘矣

咸豐肆年陸月　拾貳　日署廣東運同顧炳章謹呈

[redacted]

謹將卑職於六月十三日親赴海陽縣屬雲浦鄉獎勞兵勇出過告示抄錄恭呈

憲鑒

計開

為曉諭事照得地方文武各官及紳士督率兵勇人等在龍湖雲浦等鄉查辦事件悉屬平安妥善惟念兵勇雲集晝夜勤勞本分司定於六月十三日親赴雲浦鄉拜會官紳獎勞兵勇並捐資賞犒大銅錢一百千文解送海陽縣城守營行營查收轉給兵勇其餘五十千文發交紳士查收轉給壯丁雖些微薄犒聊以盡本分司之微忱耳本分司定於今晚或明日回署合行示諭為此示仰各項人等一體知照特示

咸豐四年六月　拾伍　日署廣東運同陞用同知準補廣州府通判顧炳章謹呈

[redacted]

謹將卑職於六月十五日所致委員蔣守信函録呈

憲鑒

計開

飛啓者拆卸城外一帶民房疊奉道憲示諭業已紛紛拆毀查沿城民房均係窮苦小民所居一經拆卸失業無依勢必流而為賊夫守城原以衛民今不拆民房順從民便即與衛民無異晚近日眼見窮苦男婦老少沿城痛哭慘不勝言晚若力求道憲中止必有人疑晚暗中受賄為百姓關說者亦必有人疑晚事不干已越分妄言者祇得奉懇堂臺大人轉求道憲察核施恩功德無量

咸豐四年六月拾伍日署廣東運同陞用同知准補廣州府通判顧炳章謹呈

[redacted]

廣協營都司黄手借　甲寅七月十六日

宇字一位　叁千斤　原派在舊增城緝私船

宙字一位　捌百斤　原派在軍民府船

洪字一位　捌百斤　原派在軍民府船

荒字一位　陸百斤　原派在軍民府船

日字一位　貳百斤　原派在舊增城緝私船

月字一位　柒百斤　原派在舊增城緝私船

盈字一位　壹千斤　原派在軍民府船

昃字一位　捌百斤　原派在舊增城緝私船

辰字一位　陸百斤　原派在軍民府船

宿字一位　貳百斤　原派在舊增城緝私船

列字一位　壹千斤　原派在舊增城緝私船

署藩憲江飭借　甲寅七月十八日

張字一位　叁千斤

寒字一位　壹千斤

来字一位　壹千斤

暑字一位　陸百斤

往字一位　陸百斤　以上均原派在新安一號船

署順德縣李手借　甲寅閏七月十九日

秋字一位　陸百斤

收字一位　陸百斤

冬字一位　肆百斤

藏字一位　肆百斤

閏字一位　叁百斤　以上均原派在盧遊府船

以上各砲俱有砲床搪盤是屬夷砲請

查明提撥作為報效

當全師移回剿辦以靖省疆理合肅稟

憲臺察核除稟復

撫憲外恭請

勳安職道敬脩謹稟 七月初四日申

咸豐四年七月廿八日到

頃奉
復函得悉前布寸椷已叨
青照欵諗
貴大臣勛祺懋介
福祉增祥為荷遠頌本大臣現赴東省籌辦
河防已行抵阿城鎮日內即可〔松〕到齊河所有
槍隊官兵日內亦可由景州調到　勾大老爺
來營一事極荷

牒文

太平天囯春官正丞相功勳加一等豹命卓
權理大埔坪軍民郡兼理粮餉正副師帥黃劉

為移覆事本月十五日接准

貴營移知收到紅粉十二壜拜頌　華牒即稔

貴營統兵大元帥甘李　有德素著正堪大受軍心向慕者數十萬之

衆済看不日功業大成視天下為一家誠是同心同德曷勝欣幸弟蒙

另柬着敝營再偹紅粉一節惟查營中除陸續發給各路攻取外尚

存二三百觔僅敷本營守城之用目下沽料督造俟有成數之日意欲赴

貴營領教隨帶呈献共図大業為此合牒呈

貴營希為原諒所有機關統惟

朗照須至牒者

右　　移

佛嶺市統兵大元帥甘李

太平天囯甲寅四年又七月廿日移

大營賞格

現與九十六鄉交戰訪得有九十六鄉人潛伏鎮内放火大属可惡仰佛鎮地保凡九十六鄉人在禪地貿易者必要十家聯保方許居於禪地若無十家聯保定是奸細有能拿獲一名訊確即賞花紅銀肆拾大員

嚴禁私收軍餉各行店住家如有到催軍餉必要驗明大營火印方可交收若無火印即許到大營稟明拿獲即賞花紅銀貳拾大員

太平甲寅年閏月初四日示

戶部謹

奏為籌辦捐銅事宜以裕餉需而資鼓鑄恭摺仰祈

聖鑒事竊維京師放項以兵餉為大宗每月需銀四十八九萬兩其餘雜支等款不下十餘萬現在兵餉業已全數放錢此後雜支亦擬陸續以錢折放是用錢之項既多鑄錢之銅宜備無如滇南銅運不能照常解京熱河銅礦尚屬緩不濟急而寶泉寶源兩局存銅又已搜羅殆盡就目前情形為急則治標之計惟有暫議捐輸藉資補助臣等伏查本年巡防王大臣奏捐鐵錢頗形踴躍即米捐同時並舉報効者亦不乏人誠以食毛踐土之倫具有慕義急公之志但銅之來源甚少即銅之儲蓄無多一經採買價值頓昂運局呈交車腳又費似宜錢銅並捐以昭周備擬請捐銅者交十成淨銅四十斤作制錢十五串抵銀十兩其紅銅器皿亦照淨銅合算如杵銅及黃銅器皿均按八折合價捐錢者以制錢一千五百文折銀一兩內搭寶鈔五百文應得獎敘如報捐實在官階及貢監職銜者均照現行常例

及籌餉事例統減四成其捐升銜捐免試俸歷俸以及
封典加級紀錄等項於統減四成外再遞減二成辦理惟此項捐輸係緣預籌京餉是以獎敘從優
其餘各處報捐不得援以為例再臣部上年奏請收買銅斤復經展限至本年八月屆滿現
擬設局開捐所有前奏收買銅斤之處應即停止統歸此次捐局辦理臣等為籌備銅
斤以裕餉需起見理合繕摺具奏並開具清單恭呈
御覽如蒙
俞允恭候
命下由臣等督率司員迅速辦理是否有當伏乞
皇上聖鑒
訓示遵行謹
奏咸豐四年七月十五日奏本日奉
旨依議欽此

謹將籌辦捐銅事宜開列清單恭呈
御覽
一捐交十成淨銅四十斤作制錢十五串抵銀十兩其紅銅器皿亦照淨銅合算如杵銅及黃銅器
皿均八折合價凡捐官在官階及貢監職銜者均照現行常例及籌餉事例統減四成其捐升
銜免試俸歷俸以及

封典加級紀錄等項於統減四成外再遞減二成合算如願捐錢者以制錢一千五百文作銀壹兩
准搭寶鈔五百文其並無寶鈔搭交悉聽其便所交之錢用户部四乾號內務府五天號滿
錢票呈交以昭畫一
一此次捐銅原為暫行接濟起見擬請捐銅至一百萬斤捐錢至一百萬串即行奏請停
止其各捐生獎敘仍隨時開單具奏以期迅速
一請于京城適中之地設立捐局揀派公正幹練司員逐日赴局經理凡捐生具呈到局或銅或
錢隨呈並交並無絲毫浮費亦不假手胥吏
一向來各項捐輸先行發給寔收再赴部換照或俟造冊移交或須取具印結以致輾轉
躭延捐生不無觀望此次捐銅捐錢者一經交訖發給寔收由該局核定官階銀數分
期奏請
恩施給予獎敘即由該局預備執照令各捐生于五日後將寔收賫赴該局換照毋庸赴部
領取以示簡便而杜弊端
一捐生呈交銅斤用部頒官秤由該司員當面較兑總以秤竿平直為準以免畸重畸輕
之弊收銅積有成數運交寶源寶泉兩局照滇銅分解之例按成均分其運脚作正開銷
不涉捐生之事所收之錢招商採買銅斤隨時分別辦理

一捐銅捐錢各歸各項不得以半銅半錢零星湊搭致滋轇轕

一捐銅局辦理文案冊檔須用鈐記俟奉

旨後刊刻至該局辦公及一切紙張工食運腳等費准于收捐錢內作正開銷俟捐務

完竣核寔造報均與捐生無涉

一捐生採辦各色銅斤入城報捐應請

敕下崇文門稅務准其免稅並經過各城地面毋得留難需索

一商民有以十成淨銅交局不願邀獎者向例每斤給京錢四百文現在需銅正殷似應量

加價值每斤給京錢六百文以昭體卹其呈交舊銅器皿者仍以八成折算

一現擬捐銅必須禁用銅器除歷次奏明奉

旨飭禁外應令步軍統領衙門及順天府五城恪遵前定章程寔力嚴禁毋許運載出城並

由該局出示曉諭違者立拏治罪

一民間一斤以上之銅器現在奏明禁用所有京城內外各當鋪收存一斤以上銅器已滿者

即令該當鋪交局給價收買未滿者仍聽當主取贖赴局呈賣並在京銅廠舊貨

等店收有銅器一併請

旨敕下步軍統領順天府五城出示曉諭遵照此次奏定章程辦理毋許隱匿偷漏

閏七月十八日有匪數十名到花縣打单被花縣各村鄉民殺了江亜清江根夲等匪賊二千餘名閏七月二十三日。甘金仙差人往石井取粮張彬不允後至往各村米舖買米又出告示每田一坵勒要米三斤銀弍仐廿七日被官兵追勒潭村营盤奪獲大炮九尊旂十餘支大营衆匪均説係張彬臨陣退缩所致後又因八月初十日張彬私行發令與官兵打仗被官兵當塲殺死賊匪三十餘名回营死者八十餘名重傷不能醫者百餘名輕傷者弍百餘名衆匪説張彬通連官兵隨即将伊鎖禁令朱子儀往石井管領張34彬营盤自八月初十日打完仗後有上沙匪弍千餘回上沙附近賊营現渡口俱有大砲目今又在江村慕德里司衙門上船欄裝小艇五十餘只船内有火药櫃一個每只用人十餘名八月廿間完工又在冈夏村九紙鳶數百餘只用火药袋墜尾又在大岡脚村用布造老糠包千餘個八月初八九日有流溪船九只俱有佛嶺市大营灯籠旂號插滿載硝黄在沙滘墟灣泊南岡海口亦有小巡船弍只圍整艇二只官窑艇廿餘只在此稅各物落省每桶生油稅銀弍錢每只豬稅銀一錢每笼鷄鴨稅銀一錢白姜成船稅銀一員惟火藥食物等不俾往省

逆目列後

周三娣偽行兵軍師　係南村人五十餘歲有鬚原日在各圩擇日占卦命理

劉亜察偽承審官　係大塱村人年三十餘歲原日教習文館

曾文丱偽粮務師爺　係鴉湖村人年三十餘歲原是軍功頂戴日中與甘亜仙出入

江亜清偽催粮大先鋒　係江村人原日開穗豐米店騎青馬出入又七月十八日被花县鄉民殺了

江亜常代理江亜清之任　係江村人二十餘歲騎馬出入

謹將各旬收到人犯已未審定及現在羈押各數目列摺呈
電
閏月中旬收到人犯壹百零陸名
已請　令叁拾玖名
已釋放肆拾陸名
候稟辦叁名
尚羈押拾捌名內病故玖名
閏月下旬收到人犯壹百陸拾肆名
已請　令柒拾陸名
應請　令先期病故叁名
已釋放肆拾伍名
候稟辦拾叁名內病故一名
尚羈押貳拾柒名內病故柒名
八月上旬收到人犯壹百肆拾玖名
已請　令玖拾貳名
已釋放叁拾貳名
候稟辦拾名內病故壹名
發番禺縣伍名
尚羈押拾名
八月中旬收到人犯壹百貳拾玖名
已請　令柒拾捌名
已釋放叁拾貳名
候重稟辦玖名
尚羈押拾名內病故壹名
又八月下旬收到人犯壹百肆拾貳名除請　令玖拾貳名
釋放拾捌名稟辦押交玖名外尚羈押貳拾叁名未呈旬摺
又九月上旬收到人犯壹百肆拾捌名除已未請　令柒拾陸
名釋放叁拾貳名稟辦押交發縣伍名外尚羈押叁拾伍
名未呈旬摺
以上陸旬共羈押人犯除病故拾柒名外現實羈押壹百
零陸名

F.O.682/68/4 (42)

計開
梁登儒
譚亞懷
梁亞娣
陳亞添
鍾亞平
鍾亞添
鄧亞五
鄧亞就
鄧住太

以上九名係水師梁參將於閏月二十六日解到同解案者共二十八人除梁亞昆等八名供認從賊業已審明正法譚亞興等七名供認拜會應俟發府稟辦外其餘梁亞六鍾維賓劉應其劉悅源及現犯梁登儒等九名共十三人迭訊不承梁亞六等四名已先後列摺奉批准傳質保釋卽遵照當堂交保在案梁登儒等九名亦經列摺奉批應傳保人質訊當傳保人列案質明取具切寔甘結附卷復又列摺奉　批再研訊遵提要訊堅供如前合註明

勞錫燕

勞錫渚
勞亞才
以上三名係廣協外委蔡釗於八月十七日解到屢訊不承據供來省賣
絲屬寔先經列摺奉 批應傳質當傳保人到案質明取具切寔甘結附
卷復又列摺奉 批再研訊遵提要訊堅供如前合註明
闔二
歸德門委員於閏月十五日解到驗係瘋傻不能取供當經列摺奉
批暫羈禁等因屢批龍藏街各舖户呈保前來查該犯係在城門口
拏獲並無為匪寔據且僅止瘋傻並非癲狂現在押候已及两月應否
發落伏候 示遵
張亞淋八月初十日黃叔儀解
吳亞三八月十一日黃叔儀解

鍾亞源八月二十一日黃叔儀解
黎亞登八月二十二日盧良弼解 批供線人挾通姦伊妻之嫌誣引指拏等語
以上四名均經提線日久 批黃委員到局面稱張亞淋等三犯之線人現
往各路當壯勇不能送案等語又 批黎亞登線人之妻投案訴明該線人
不敢到案可見情虛應否取具的保聽候線人到案再傳質訊之處伏候
示遵

謹查得前於七八月間唤咭唎花旗佛蘭西等國出口貨船於口外洋面叠遭賊船刼掠至有佛蘭西番婦被擄及花旗綢疋貨物刼掠一空連船俱被拆毀等事現聞唤咭唎及花旗兵船數號赴洋面尋蹤搜捕於八月廿二等日在高蘭村（在香山黄梁都司背後）尋獲見有賊贓在此處售賣并有賊船灣泊當即放炮攻擊燒毀賊船十餘號殺賊百餘人并賊船內有刼得澳門歐陽姓之土絲數百担其餘賊船十餘號被夷船追逐竄至香山海口等處因船隻沉重遇海口沙角淺處被香山官兵廵船拏獲云餘匪上岸逃竄復被該夷兵擒獲引導至高蘭村外即將該處两村盡行燒毀現查得該兵船等四漨添兵千餘名[illegible]兵船三號火輪船三號赴該處由西邊海口分三路進攻搜捕自板沙口杉尾陽江電白龍頼七洲洋担杆口等處及虎門界口以外各處海盗賊船務其剿捕淨盡以便各國商旅貨船易於往來云

至板沙口處現查得確已有噗咭唎跟隨兵船之火輪船一隻灣札該處堵禦以防賊竄
現於本月初八日在省河添僱啡吵噗夷所理之火輪船名嗜吐囉即日赴香港裝載
砲械夷兵往搜捕等處攻剿其三號兵船查得一號係三十六門砲位一號砲位四十八
門一號砲位七十二門另隨行大小剗船三板數十號此乃外洋賊船刼掠夷船貨物夷人
獲贓毀村添撥兵船火船灣札各口現擬分路進攻搜捕之前後實在情形也謹此查明
的確稟報
再者續復查得飭訪三桂寔係三鬼此係香港噗咭唎夷酋緝盜夷目如巡捕差役類衣色
領袖釘銀線云

咸豐四年九月　日稟報

探聞佛山賊匪多有由大石等處逃至新造之大岡脚者故近日傳聞有復到燕塘滋擾之信昨日衛紳府商酌欲將沙河一帶竹林伐去以便瞭望因日前該逆全在竹林藏砲故也現因出隊尚未砍伐想不日即要舉行耳又聞北路賊匪在佛嶺市等處備辦老糠約千餘包不知何意聞說預為填濠溝之用云該匪又在石井裝做四十枝槳大快船一隻定於日間落水欲往英清等處載硝磺回賊營因聞英德上有硫磺山故也現在石井石門一帶河邊有匪艇數十隻每隻約七八人沿海搶掠云又廿一日有人見賊匪挑砲子五六担由火羅嶺後往北路云刻下匪首甘仙調賊匪六七千往花縣又從前亘皮大之餘黨約七八百人向在斗欄岡後之鶴邊村駐札於十五日已盡行散去云現在北路慕德里司各村有下茅及同升社學十六鄉聯升社學十二鄉紳士等俱已到省葉具稟（由本局代遞）到縣稟領門牌團練等由俱已將門牌發下領回鄉去聞張村各紳士亦不日到省遞稟矣又聞北路賊匪近日備辦火藥甚多云云又聞新造之賊與茭塘司之賊互相鬥殺傷斃甚多因共搶得一鹽船各賊分贓不勻之故云

八月二十四日

F.O. 682/318/1(18)

敬稟者高蘭之船六十餘號前與訂明收復順德縣城并擒賊首祇領
大憲獎賞局内給花紅銀貳萬兩并發口糧惟高蘭船早到順德遊奕内河候信
多時日久不見馮守備兵船接應覺有貳志昨初八日差人到局探問說糧已告之
前約久不見行稍有遲疑高蘭等即串通賊人肆行刦掠實切隱憂若只任高蘭
擒賊奏效馮守備不與接應恐兵單難復縣城而高蘭無從領給口糧即花
紅亦無從給予豺狼之性誠不可測不獨順德受害恐於省河大有關係爲
此急切謹佈下情伏祈
鈞鑒

初十日謹稟

咸豐四年九月

謹將本年六月二十四日佛山流匪陳添義即陳開偕同劉萬洪
至鶴山縣屬古勞都勾串土匪滋事各姓名住趾及起旗處所開
列呈
核

馮亞坤 係越塘人因案逃匿廣西六月二十七日回越塘次午在沙坪墟起旗打單 此處為總營離藥逕司署十里鄉紳亦在此團練

呂雄傑 係圍墩人在本村賞口墟起旗現將鶴山縣馬令擄禁義學未卜存亡該 村有火藥廠炮廠二座坡山古勞艇出處全村皆賊

古良策 係古勞人在本墟起旗勾串九江龍山甘竹各交界匪徒入境

陳義長 係沙涌人在本村起旗迎接陳開等入境

李亞溥 係芸蓼人

何亞買 係鹿洞人

七月初八日會同鹿洞起旗十二日三更時入城滋事

宋亞松

馮亞新 係平岡人仝在瓦窑起旗

李亞益 係牛尼人在龍口墟起旗

温亞德 係五鄉人七月初一日在金岡墟起旗截斷入城去郡大路現被客民殺斃 以上七處為大營所有各村小賊營不能記清匪名故未開列

温元衡 係文塘人主謀賊營大小事件助亞坤為虐向作訟棍馬令訪拏未獲現 被客民殺斃

李榮春 係高明縣學生員鶴山鹿洞人在本村賊營主謀現被客民殺斃

易亞氣　係玉橋人本村小旗頭現被客民殺斃

馮亞常　即斧頭常係越塘人總營副頭目刼梧州渡及高明縣三洲首犯現帶匪党去廣西滕縣濛墟風聞八月十二日破城

劉有孫　係石嶺人向充更練因庇匪革退

崔亞儀　係蜆江人著名兇惡訪拏未獲之犯

李亞理　即大骨鯉係圍墩人打刼三洲首犯不顧起旗

呂亞寬九秋　係圍墩人本村副頭目

陳亞林

馮亞新　俱係小頭目不知住趾

何樹霖　係生員樓沖人投入賊營幫辦筆墨因紳士標紅恥辱現帶匪去廣西

呂茂超

呂士焜　均係生員圍墩人被脅入賊營現在佛山主謀

以上各匪除馮亞坤已於八月二十四日赴肇郡 借炮擬與客民打仗或去江門拒官兵均未可料有不回沙坪之說該處現留劉有孫李亞理呂雄傑三匪在總營勒收打单銀两其餘匪犯或去梧州或到佛山均已星散查因之口粮兼知紳士已定聯保團練章程之故再七月十二日鶴山縣差赴旗招外匪入城客民三洞先到南洞鹿洞繼之沙坪有信阻止不及嗣因客民改白旗隨雙橋司羅巡檢署典史馮家學入城捕賊斧頭常等在倉房請馮令到沙坪社學理合註明

奏稿

奏爲遵
旨馳赴省城鎮守恭摺覆
奏仰祈
聖鑒事竊臣九月初八日在永福縣屬之里定途次
承准軍機大臣字寄咸豐四年八月初八日奉
上諭昨據葉名琛柏貴奏江南逆匪潛遣夥黨回粵
勾結醜類各路匪徒同時竊發高明順德惠來等
縣並肇慶府城相繼失守肇慶與廣西梧州一帶
接壤現在郡城被陷逆勢猖獗而省城又被賊撲
恐該督等調兵援應肇慶有鞭長莫及之勢廣西
雖土匪未絕根株省城又少大員惟廣東軍務尤
爲緊急不能不統籌兼顧着勞崇光體查情形設
廣東因省城被圍不能顧及肇慶即着惠慶鎮守
省城該撫親督兵勇出境勦辦至本省防勦事宜
即着該撫會同惠慶督同地方文武嚴密布置不
至顧此失彼方爲妥善將此由六百里加緊各諭
令知之等因欽此遵
旨寄信前來臣跪讀之下仰見
皇上籌慮周詳無微不至緣臣於未奉
諭旨之先因柳州一帶已漸次肅清而省城附近各
處土匪充斥函商撫臣酌帶兵勇赴省勦辦於

九月初四日自柳起程茲欽奉前因奴才遵即趲
程前進已於初十日到省查近省六塘大墟羅
錦太平等處均有賊匪現在督催次第剿辦惟
刻下司庫一空萬分艱窘非特撫臣出省兵勇
口糧無從搜括即標協各營兵餉業經數月未
放實已水盡山窮岌岌危殆一俟撫臣籌措起
程奴才謹遵
諭旨鎮守省城一面會同督飭地方文武將各屬防
剿事宜妥為籌辦所有奴才到省緣由謹恭摺由
驛馳
奏伏乞
皇上聖鑒訓示謹
奏

再六塘大墟等處離省均止數十里撫臣已督
同地方文武將城守事宜妥為布置奴才抵省後
周歷查看均屬嚴密一面督催各兵勇分投進
剿詎十五日大墟股匪胆敢擁至省城對河水
東街地方屯踞隔河向省城施放鎗砲城上官
兵聞放大砲轟斃賊匪十餘名匪猶不退奴才與
撫臣麾令兵勇踹淺過河攻擊斬擒甚多該匪
立時敗竄現飭各兵勇跟蹤追剿除詳細情形
另行會同撫臣
奏報外謹先附片陳明伏乞
聖鑒謹
奏

FO.682/279B/2

安東將軍統領水陸各路兵馬管理糧餉招討都元帥陳
鎮東將軍統領水陸各路兵馬管理糧餉招討副都元帥梁 為

曉諭安民事照得我 洪門以仁義之師統仁義之師撫綏遐邇不料蠢茲白匪首發禍端輕犯佛堆旋擾瀾石沿途告急致我各營命將救援會船百十聯絡聲勢兩路夾攻奪獲白船共百餘號殺斃白匪約千餘名生擒三百餘名嗟爾白匪孽由自作茲者各營申命大帥會集戰船嚴飭陸路分途並進直指省城所有水陸村塲耕市不驚秋毫無擾各宜安堵慎勿恐惶至於大兵臨城城內官員倘能開門待命隨才拔擢一體恩寬若絕意功名亦不相强願留者賜宅城外願去者送出嶺南即如炮臺兵丁及旗滿人等各事其主倘能投戈迎附有志者錄用無志者歸農其餘居民情關桑梓一經聽命恩遇有加凡爾官吏紳民靜驗天時默觀事勢寥寥白匪難敵洪門早審從違足稱明哲即置身事外尚可圖存如或負嵎稱兵抗拒定行洗蕩無俾孑遺合行出示曉諭為此示諭省城內外人等知悉所有我各營興兵底定省城以義誅奸以仁濟世尚其爭先歸化共樂承平萬勿蚩昧先幾再蹈覆轍自取夷滅後悔難追凜遵毋違特示

太平甲寅年十月初十日示

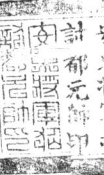

江亞南供年卅五歲番禺慕德里司蕭岡堡芳村人
父親已故母親何氏年八十歲并無兄弟妻劉氏未生子女
平日耕種度活本年閏七月初二日在佛嶺市撞遇同鄉
三水人郭軒係昭勇老母王亞咸為伊父認收義子王亞成
帶去同投入佛嶺市李文茂營內派為李第十旗劉亞龍
管帶同旗卅三人當日無小旗原派卅二人因閏七月中旬有江
南賊匪聞見侯到來是以改將小旗改為二十五人一旗現在
營內約有小旗一百枝分為五營李文茂在中營住扎佛嶺市
前營陳顯住扎昇平社學後營江亞揚住扎蕭岡左營
周亞皮住扎龍蟠觀右營王茅山五住扎花英嶺
偽副元帥甘亞受偽軍師何炳樵及宋亞儀現在廣

邑從札閏七月初九十四十八廿日隨同賊匪在三元里
工大洞田地方與官兵打仗三次八月初十廿四兩日又在
佛嶺市等處與官兵打仗二次當聽從手持竹札未有傷人
九月十三日佛嶺市被官兵打破該李文茂等分為兩股一股帶
往官橋從札與跟隨到官橋一股廿二日竄往江村從札
本月九日官兵打破官橋山嶺逃回村內躲避李文茂帶
了頭逃竄二三百人前往西南搶船工現仍在西南灣泊從札
官橋不受從甘二日竄回本月廿官兵攻破江村賊
巢毋支從不知逃往何處本月廿六日被官兵到山嶺村
內就把從札拿獲山嶺鄉保轉陸押解入縣交跟隨與
官兵打仗共五次所供是實

[redacted]

謹將開平滋事已獲未獲各匪頭目花名開列清摺恭呈

憲鑒

計開

黃桂統 偽稱平山王

張亜江

譚亜受 混名大隻受

吳大頭信

黃榮錦

蘇德協

張芳巨

張名信

余成合 即余勝合

勞文元

胡崑山王

周常郁 以上二名俱係偽軍師

謝齊第 偽稱齊王

羅天乙

梁元幅 以上二名俱係老母

羅遇成 係舅父

梁希烈

吳亜高

麥黑骨有

余兆表

倫鵬表

陳琼嘉

勞雄拔

張亜才 即蓬亞才以上共弍拾肆名俱已訊明正法

馮亜崑仔 此犯先經竄回原籍鶴山現在嚴飭兵役分往購線緝拏尚無踪跡理合註明

何燦恭 係恩平革監

譚亜狗 混名大隻狗以上二名現在購緝未獲理合註明

FO.682/68/4(47)

具呈候選州同林格年六十三歲係惠州府海豐縣屬楊安都人　抱告林升

呈為逆遺産業抄變充公聯乞　憲天俯賜檄行遵照以杜後患而靖地方事切職等世居海豐縣屬楊安都連年安堵無異本年七月初十日逆首黃殿元等破城戕官職等急着翰林院待詔職銜林光輝往陸豐縣宰職道林恩熙至惠州府主各稟請救適州城被賊圍擾水陸不通業經遣抱遷道赴府將破城情形具稟幸陸豐縣主會同紳士帶勇收復城垣逆首黃殿元等全不畏法尚在龍岡尾抗拒官軍又在外招集匪類復於八月初四日進攻城池幸　各憲協同職等帶勇剿退蒙　各憲業將破城收復緣由申詳在案迨查逆首黃殿元等逃竄大洲招凋匪黨以逆鄉太平圍陂兜為內應約定十月望日復攻縣城梅隴營汛賴碣石軍民府憲親臨會同職等各帶兵勇抄辦匪鄉太平圍一帶連日痛剿屠洗殺斃逆匪無數生擒巨魁黃殿昌逆黨黃亞現等七名送軍民府行營懲辦而匪首未獲群匪仍聚近處若令其回鄉興創巢穴定為海豐大孽情實難堪仰覩　憲天為國為民料必預籌善後現在　國帑不敷經費支拙職等通都議及將所有已抄逆巢並賊産概行變價充公庶逆匪無由生息動用彼無藏躲群黨從此難窩況　聖廟官衙均皆被逆蹂躪惟欲修整費項無處可籌勢得瀝情粘抄具保聯叩　崇轅伏乞　仁恩俯賜檄行府縣諭飭紳士遵照查清賊産一概變價充公永遠不准該匪等逐鄉創造暨收產業庶免後患地方賴安寔為　德便除稟明軍民府外聯此上赴

兩廣爵督部堂大人爵前　恩准施行　計粘抄保領各一紙

咸豐四年十一月　仝呈　日呈

太常寺良醞正林光斐詹事府主簿林光史監生葉碧吳柏徐世熙貢生林光國翰林待詔揭陽縣訓導林光援生員吳錫蕃林維幹林應儒鍾遴志廩生羅叶熊林錫義武舉澤等聯叩

F.O.682/137/6(25)

黄国揚供年五十八歲南海縣神安司平地堡平地村人父母都故並沒兄弟妻子平日做木匠工作度活本年八月初七日在小浦亭涌黄家祠拜会共有二三百人王高佬祥為老母郭超為舅父出錢壹百廿文與未薇的黎亞扁陳亞琛為散仔会名洪順堂設立五色旗幟拜斗明亞斑為拜畢分給硃砂木三文為記八月十二日投入周豆皮春夥內在北边夏茅橋头市在札共有二百餘旂派小的在一百七十旂李金倫营帶同旂二十人統歸偽大元帥甘先营轄分設前後左右中五营周豆皮春為左营都督有顏得曹亞絡為先鋒在陳田江面地方分营三百餘旂人聞得張斌在石門挺岡兩處來往有張得黄洸兩先鋒係会內打仗時所見小的不知係何营無異住札何處本月

25

初六日甘仙統帶各匪由芦橋移營往石井住扎十一日被官兵到石井攻剿小的于十三十四十五等日隨同各匪在石井拒敵官兵三次小的手拏刀牌並未傷人後被官兵打敗各匪逃往抱岡地方住扎本月廿五日被官兵來抱岡攻剿小的又拒敵一次是日被官兵打敗甘先與周豆皮等們逃往江村大朗住扎小的于本月廿六日逃到官橋地方即被拏获解案小的實止隨從攻會一次隨賊拒敵官兵四次現在各路賊匪約會攻打省城陳洸隆有波山船一百四十五號由三眼港入波羅而來甘先周豆皮等有波山船十隻另外杉龍船十餘號由石門而來何六由大王滘而來李文茂由花地而來四路人齊前來攻打遲到十一月初二會齊如攻打不進各路賊匪俱散或出外洋或回家耕種所供是實

謹將順德協屬緝捕得力各員弁開列清單呈

覽

計開

順德協左營右哨外委千總一員

鄧榮陞 該弁緝捕出力奉准記名以把總拔補隨案賞給六品頂戴

順德協右營右哨額外外委一員

余殿樑 該弁曾於上年七月內在板沙尾打仗出力案賞給六品頂戴記名以外委拔補

順德協右營記委三名

梁棻　該記委曾隨會辦[illegible]於[illegible]隨新會營衛署參將前往羅定剿辦逆匪，赴大降財等處出力，奉准記名以[illegible]外委[illegible]，本年五[illegible]協縣以該記委[illegible]名聯銜稟請鼓勵，奉准記名以外委拔補。又本年[illegible]跟隨[illegible]，出力，六月間在肯[illegible]水濱[illegible]首夫[illegible]等八名，又在[illegible]等處打仗多次，[illegible]

鮑尚培　該記委跟隨會[illegible]張逆首[illegible]九[illegible]，本年五月內順德協縣以該記委[illegible]多名聯銜稟請鼓勵，奉准記名以外委拔補

劉錦榮　該記委管駕巡緝槍船前往梧州及英清各處打仗出力，記名以把總即補。本年跟隨尹守備前往英清及東莞等處勦捕逆匪，接仗多次出力

順德協左營記委一名

龍國麒　該記委管駕順德協縣二號白底快船緝捕出力，該協縣聯銜稟請鼓勵，奉准記名以外委拔補，隨案賞給六品頂戴

順德協右營記委三名

程廷綱　該記委管駕順德協縣一號白底快船緝捕出力，該協縣聯銜稟請鼓勵，奉准記名以外委拔補，隨案賞給六品頂戴

FO.682/137/6(72)

8

敬密禀者竊卑職前在省叩辭曾將訪聞前任連陽車遊擊之子
二人盤踞州城多行不法緣由禀蒙
宮保大人面諭令卑職相機辦理或設法遣其晋省等因仰見
憲臺綏靖邊荒除惡務盡之至意卑職抵任後細行查訪僉稱車德
麟及其弟德熊二人於賊匪溫佑陷城後以團練爲由聚集惠潮
亡[illegible]民肆行劫掠併擄婦女勒贖迨連州收復二人又以曾隨衆
進勦愈加横恣逞勒抄搶較前更甚又恃有楚省委員李遊擊聲

72

敬再稟者卑德解兄弟二人在卑州地方滋擾其同惡相濟者

卑職以言詰之茲據開具名單有吳勝華蘇佐宸尹鳴崗等

三人聽令隨同晋省伏乞

憲臺發局一併嚴訊分別究懲實為

恩便卑職崇恪謹再稟

F.O. 682/137/6 (22)

陳大即陳松供開三十六人即同席人

李亞有 三十餘歲住南海紙行街

董亞光 三十餘歲番禺人住東玟街

崔二 四十餘歲南海人

鍾亞得 五十歲南海人住洪壽里

鄭潤生 三十餘歲南海人住豆付巷

李文茂 二十餘歲新會人

張明階 三十餘歲山東人不知住址

鍾亞得之弟 三十餘歲南海人住洪壽里

不知姓亞元 三十歲有麻南海人現在北路打單

堯天彩戲子十餘人 不識姓名係李文茂帶來

李亞復 四十歲住南海許書街

李亞揚 三十歲南海人

陳幅生 三十餘歲南海人

刘亞英 已获

徐輝山

唐亞生 二十餘歲南海人住新子坊

姚亞同

陸亞路 廿一歲南海人住旂下街

江亞揚 四十歲身肥江村人現在北路做後營偽都督

22

[redacted]

香山盗匪充斥日甚一日而縣中於營鄉拏解之匪往往釋放以致盗匪肆行無忌如本年春間峰溪兩鄉公約拏獲何亞威一名係上年十二月劫両田圍大雁圍著名要犯解縣不為嚴究聽信丁胥捏一鄰縣職員郭紹海之名保釋又該公約督飭巡船會營拏獲匪船一隻賊匪八名大礮三條火葯丸彈等械又有偽香山縣緝捕大旗一面看更牌分銀簿一本經劉署協查問該匪劫案甚多解縣又將要犯周遠來一名釋放本年四五月縣城南門外羣匪拜會人人危懼縣為不聞經劉署協督同千總歐炳釗拏獲楊亞文李亞成等解省地方始稍安靜尚

有匪伍時洛高世隆李亞八郭金鑚郭蝦春關等未獲伍時洛係隆都南村人其黨千餘常出海劫掠本年三月劫雍陌涌尾渡斃水手二名将渡船牽至南村盡擄貨物而放報縣不緝總營員屢請會同下鄉圍拏卒以畏勞惜費而止今盗匪益無所忌秋間劫香山潭仔渡前月又劫香山往西南渡又劫南蓢南村等村十月中伍時洛黨數百人在大托地方焚劫鄭姓圍寮連日搶去田禾四頃最後一日經大托鄉人将擱淺匪船一隻拏獲賊匪十餘人事主慮中途疎失特請營船護解到縣並未嚴究首夥贓窩盡行縱放反将沙夫押責勒令具結今該匪等於十一月十五日又在廣福沙銀潭地方焚劫圍館搶去穀數十萬計贓約萬両以上又於十一月十八日在磨刀圍館焚劫搶去穀数千隣圍工伴救護俱被拒傷且有斃命者数日内附近縣西海旁圍館被劫一空皆伍時洛匪黨所為若不亟行剿捕禍無了日特此縷陳伏乞　恩裁地方萬幸

[redacted]

謹將卑職自三年七月初五日由韶起程至四年二月十一日在連平奉札
撤兵止共計二百一十二天所雇行坐夫價用銀數目開列清摺呈
電

計開

一雇坐夫三十四名每名每日給銀七分計二百十二天共銀五百零四兩
五錢六分

一行夫每日每名添銀五分以三十四名算每日共加一兩七錢計五十四天
共銀九十一兩八錢

以上兩欵共支銀五百九十六兩三錢六分

兩共用去銀二千三百一十五兩三錢六分前在
提憲行轅先後領到經費銀弍千七百兩除支用外尚餘銀三百八十
四兩六錢四分應仍繳
提憲行轅聽候查核報銷

F.O.682/327/2(4)

探得廣西梧州等處近日賊匪肆行無忌艇匪餘孽復萌長有賊匪千餘分在梧城之仁秀里孖槳艇番攤館各處屯聚賊首任文丙大鯉魚洪中大口昌烏嘴富彎嘴狗等分帶賊匪各處打单如不遂即行搶刼分六七股或千餘匪一股或數百匪一股自潯州下白馬丹竹濛江滕縣榕圩白沙一帶河面攔江打单滋擾至白色南寧永淳横州桂縣等處俱皆有賊查該匪等現在滕縣属濛江小河内太平圩裝造賊船數十隻尚未造上蓋砲位俟造起一有潦水即放出大河如不先行整頓誠恐更甚於從前該匪前經

宫保徐大人懲創之後一遇緝捕拖船硬艇即退入淺河我軍船大不能進入查梧州為東西兩省通衢三江總滙各匪往外滋擾仍回梧州嫖賭聚集向來積弊皆由梧州差壯與賊匪手足相連以至禍患日深況梧州城内並無井泉城外及河面又無砲臺守禦寔無所倚恃如在梧河繫龍州三角嘴二處築建砲臺防堵寔有裨益查廣東往西河面全仗封川江口之砲臺此乃東省之咽喉重地最為緊要現在梧城賊匪肆無忌憚四處出白帖如官兵不能拏賊賊必要拏官兵等語梧河闔底各船隻俱被搶刦城外鋪戶船隻俱搬貨物入城各匪在廣東會館需索要該城十三行鋪店打一萬銀单如不遂要盡行搶刼等由

梧州佛山大昌渡 打单銀八百二十両　祐利渡 打单銀八百八十両　昆泰渡 打单不遂擄去船伴二名

以上三渡均於三月十七八日在梧河鹹魚地打单

現在梧河渡貨各船俱不通行

2

謹將靈山軍營調集各起兵勇名數開列呈

電

計開

原調欽州營官兵一百零二員名五月十六日調

續調欽州營官兵一百零二員名五月二十九日調

廉州營官兵一百五十三員名五月十七日調

雷州營官兵二百零五員名八月二十日到靈於十月初一日撤回雷州歸伍

管帶大直勇千總一員壯勇三百三十名係由高州調回於五月十四日到廉隨來靈山

續雇大直勇二百零二名七月初七日雇募

廉州五團壯勇四百名此項壯勇本係郡城常雇於五月十七日調來靈山

續調廉州五團壯勇五十名九月十六日調來靈山

博義壯勇二百零一名五月十九日雇於七月初十日裁撤

管帶安順勇記委二名壯勇四百六十名六月初一日雇募

靈山縣壯勇一百零二名六月初一日雇募

東墟義勇二百名六月初二日雇於三十日裁撤

東墟壯勇一百零二名六月初六日雇至七月二十日裁撤

順成壯勇四百十三名六月初六日雇募

福旺壯勇二百十名六月初九日雇募

管帶新直勇記委二名壯勇四百十名由高州調來於六月十四日到靈山

益勝壯勇四百十名八月初一日雇募

赤墈潮勇八十名八月初一日雇募

高州雇募潮勇一百七十名八月初二日雇募

永淳壯勇一百三十二名八月十二日雇募

宋太壯勇一百六十六名八月十二日雇募

續雇宋太壯勇一百零一名十月十八日雇募

管帶逍遥勇千總一員記委一名壯勇三百五十五名十月十三日雇募

舊州壯勇二百零六名十月十八日雇募

以上各起官兵壯勇共計五千二百六十九員名除將雷營官兵及博義東墟各壯勇先後裁撤外現在尚有官弁兵勇四千五百六十一員名

FO.682/378B/1(10)

陳顯良 番禺石子頭人 新造大崗脚賊營匪首偽萬夫大長
屈金 番禺嚴坑人在大崗脚偽大元帥
陳四 番禺石子頭人在大崗脚偽副元帥
陳三介 番禺石子头人在大崗脚偽总水陸大都督兼管理粮事
劉三洪 番禺細圩人在大崗脚偽管理十旗大都督
江紅波 番禺沙涌人偽名千夫長年八十三歲
陳瑞明 番禺大嶺人在大崗脚管理打单事往各鄉村勒銀
戴登 番禺赤崗人陳顯良偽右先鋒
孟宜 番禺岳溪人陳顯良偽左先鋒
廖四 番禺仙嶺人在大崗脚賊營偽中軍府
陳貽 番禺石子头人文生員在大崗脚偽叅謀
屈廣凌 番禺新汀人監生在大崗脚偽叅謀
屈應昌 番禺嚴坑人監生在大崗脚偽副叅謀
陳曩 番禺石子头人武生員在大崗脚偽总管軍務事或在省打听事情
陳錦芳 番禺石子头人武生在大崗脚偽副总管
劉富 番禺細圩人混名畢雄信現開軍押店在賊營管理粮務
黄冬 番禺細圩人在大崗脚賊營管理粮務事
黄開 番禺細圩人在大崗脚賊營管数
朱景 東莞人在大崗脚賊營為師爺
劉奕源 番禺細圩塘头街人在賊營為師爺
劉貴 即茂與貴番禺細圩人 供米三十担艮三百两起旗攻打大崗脚砲台

梁丁 番禺新造人供米飯与賊人起義
劉耀 番禺細圩人混名兜馬耀在省往来打探軍情回报大崗脚賊營
劉亞開 番禺差役在省往来打聽事情回報賊營現在縣署当差
梁華 南海皂班在新造賊營派往北門打仗今逃回本縣当差
陳連基 番禺大嶺人奴在省往来探事人
許松光 番禺譚山人賊營总带管大旗頭
陳瑜大 番禺石子头人軍功六品
孟瑞隆 番禺岳溪人
劉蘇 即奕齋蘇番禺塘头街人
潘和 番禺細圩人
黄尾 番禺細圩人
簡芬 番禺小洲人
簡英 番禺小洲人
劉本正 番禺細圩人
姚亞九 番禺北村人混名大胆九
黎邦 番禺新造人混名魚頭邦
黄瑞 番禺細圩人
劉貴 混名大宗貴
以上十二名俱在賊營為旗頭

[redacted]

謹將正二兩月裁撤各起兵勇巡船節省銀數開列呈

閱

計開

省城防勦各起

一保釐砲臺勇全裁十名每月節省銀四十二兩

一大歷勇裁五百名留七百名每月節省銀二千三百九十兩零四錢

一大圍勇全裁七百名每月節省銀三千三百九十六兩八錢

一八旗倫戰鎗勇全裁二百名每月節省銀六百八十八兩
七錢四分

一番禺石棠勇裁七百五十名留九百五十名每月節省銀三千二百七十一兩五錢

一廣西郴州府經歷黃經史東勇全裁三百零八名每月節省銀一千三百八十七兩八錢

一試用府經歷胡先煒東勇全裁二百名每月節省銀九百六十六兩一錢

一安良局勇全裁三百名每月節省銀一千五百三十一兩二錢

一新安陳桂薰水陸勇全裁四百九十名每月節省銀二千
四百四十五兩九錢

一廣西候補州判縣丞呂汝棠鎮平義勇全裁一百五十名每
月節省銀六百六十九兩

一順德總局快船四隻停支每月節省銀一千三百零五兩二錢

一廣州協候補外委章昇耀巡船十隻裁九隻留一隻每月節省銀三千二百七十四兩八錢

一候補塩大使邱玉珊水勇全裁一百名每月節省銀五百六十四兩六錢二分

一樂平勇全裁五百二十名每月節省銀二千六百二十四兩

一護都司馮元亮兵勇全裁九百一十五名每月節省銀四千四百六十兩零二錢

一撫標右營把総何其煒全裁潮勇二百名每月節省銀一千零一兩七錢六分

一職員饒褒寅全裁潮勇三百名每月節省銀一千四百三十七兩二錢四分

一琨勇全裁三百零九名每月節省銀一千五百三十八兩一錢八分

一曹勇全裁三百零五名每月節省銀一千五百一十四兩零八分

一林勇隨營長夫裁一百名每月節省銀一百五十兩

一軍功張瑩添三板船全裁十隻每月節省銀一千四百三十一兩三錢三分一厘

一新會營守備湯騏照兵勇全裁六百名每月節省銀二千五百七十一兩三錢

一清遠營撥隨護都司馮元亮守備湯騏照剿捕官兵二十一員名停止每月節省銀六十三兩六錢六分

一前護碣石鎮右營都司諸文標紮船全裁八隻每月節省銀一千零二十三兩六錢

一督標後營守備熊應棨紮船裁八隻留七隻每月節省銀二千五百一十九兩六錢

一清遠營防城兵八百名原詳自奉批准之日起至觧圍之日止應停支每月銀六百兩

一卸和平縣陳義潮勇五百一十名外委一員全裁每月節省銀二千四百三十六兩

以上各起每月共節省銀四萬五千三百零五兩零一分一厘

一□名每月節省銀二千六百二十四兩

一護都司馮元亮兵勇全裁九百一十五名每月節省銀四千四百六十兩零二錢

一撫標右營把總何其煒全裁潮勇二百名每月節省銀一千零一兩七錢六分

一職員饒褒寅全裁潮勇三百名每月節省銀一千四百三十七兩二錢四分

一琨勇全裁三百零九名每月節省銀一千五百三十八兩一錢八分

一曹勇全裁三百零五名每月節省銀一千五百一十四兩零八分

一林勇隨營長夫裁一百名每月節省銀一百五十兩

一軍功張瑩添三板船全裁十隻每月節省銀一千四百三十一兩三錢三分一厘

一新會營守備湯騏照兵勇全裁六百名每月節省銀二千五百七十一兩三錢

一清遠營撥隨護都司馮元亮守備湯騏照剿捕官兵二十一員名停止每月節省銀六十三兩六錢六分

一前護碣石右營都司諸文標哄船全裁八隻每月節省銀一千零二十三兩六錢

一督標後營守備熊應榮哄船裁八隻留七隻每月節省銀二千五百一十九兩六錢

一清遠營防城兵八百名原詳自奉批准之日起至解圍之日止應停支每月銀六百兩

一卸和平縣陳義潮勇五百一十名外委一員全裁每月節省銀二千四百三十六兩

以上各起每月共節省銀四萬五千三百零五兩零一分一厘

[redacted]

謹將咸豐二年及三年十一月二十九夘止收支各官捐輸銀數開列呈

電

計開

咸豐二年三月十七日會奏

前任爵督憲徐　捐銀一萬兩

憲臺捐銀一萬兩

二款二年四月二十六日
支委員丁申觧廣西

十二月十九日自奏

粤海關監督曽　捐銀一萬兩

將軍穆
都統托恩　共捐銀七千兩

三年六月二十六日
支委員趙嘉梧觧江西

三年四月二十九日
支委員謝奎觧江西

七月二十六日第一次奏四品以上

撫憲柏　暨司道等共捐銀四萬五千兩二年七月初六日支委員許
輝祖領制衣火葯銀三萬
兩嗣據觧還銀二萬六千兩委員諸鈞觧廣西
十一月十三日支委員鄭康卿觧廣西銀一萬五千兩

咸豐三年正月十七日第二次奏四品以上

督
撫憲司道水陸提督暨營員共捐銀四萬三千一百兩

三年八月十三日支委員
蔡始權觧福建

三月三十日第一次奏四品以下各官共捐銀四萬六千五百兩

附奏前署高州府胡美彦捐銀三千六百兩

五月二十九日第二次奏四品以下各官共捐銀四萬一千五百二十兩

以上二款三年十一月初七日支委員張錫餘領觧赴户部捄納銀六萬一千六百二十兩
又支委員奕步春領觧赴户部捄納銀三萬兩

以上共已奏各官捐銀二十一萬六千七百二十兩支訖無存

又收未奏各官銀

潮州府吳均捐銀三千四百兩

陽江等四鎮共捐銀一萬二千九百兩

以上共未奏各官銀一萬六千三百兩

F.O.682/121B/7(3)

訪查三月初十日代理謝丞欲至觀音堂舖地方清查戶
口因沙尾報有賊船到來謝丞即去沙尾將觀音堂查
户口事件交九十六鄉紳士鄧芝田去查鄧紳士查到
觀音堂舖第一家空舖內見有三人打牌問及在此何
事答以開舖紳士云即係舖户何以不掛招牌答以此
舖開閉不定故無招牌紳士問觀音堂公局有無註冊姓名
答以我門係老將並未註册問尔三人係𠮶何名答應又甚
含混紳士隨即喊拏空舖內又突出一人連兵丁四人用器械
對打紳士帶人無多不能相敵後紳士約觀音堂公局壯勇
相帮拏住三人即李雄彪等先拏至觀音堂公局後良勇要
去送官謝丞即交委員訊問先提陳洪即李雄彪訊問到堂不
認後打籐條十餘下即供認賊頭陳開在肇慶遣伊來佛山
探聽消息等供問及第二名打五籐條亦即供認從逆第三
名並未動刑全行供認此委員訊供情節也至謝丞復訊供招
不得其詳謝丞因拏獲三人時均聲稱三二日內陳開即有夥
黨多人攻打佛山之傳是以本日三鼓後即行正法兵丁之母此時
呈控一則為正法太速二則為未先移知營主其中不免有人唆使
又各街坊僉稱李雄彪等三人素不安分遇事橫行霸道不是好
人是否從賊不能指實現在九十六鄉紳士因正法兵丁之母各
處控告允許與正法三人打醮素日三人應得娼賭規仍許伊家
屬收取度日並許給兵丁之母養老銀両尚未議定所查情形如
此是否另有别情不敢妄揣敬請
大人察核

五斗口司巡檢張金鑑
撫標左營千總熊應榮
謹將本月十三日巳初潮長會同前赴石井進剿巳將賊營燒燬所有生擒留髮賊匪割取左耳記奪獲砲械旗幟偽印偽牌等件開列

呈

電

計開

生擒留髮賊匪一名

盧亞奇

割取左耳記一隻

奪獲三百觔砲一位（留於淺水船應用）

竹扎嘴七十九枝

雙刀二張

虎頭牌七面

旗大小十六枝

偽令箭一枝

馬鞍一個

竹兜一頂

洪順堂燈籠五個

鳥鎗一桿

挑刀二枝

火藥一埕（留於淺水船應用）

藤牌七面

偽印箱一個

帳房二頂

紅棍一條

砲架一個（留於淺水船應用）

[redacted]

謹將駐紮老新城内外各起兵勇数目列摺恭呈

憲鑒

計開

老城内

大歷勇四百名　扎禺山関帝廟

廣西補用同知林福盛香山勇六百名　扎光孝寺

八旗偹戰槍勇二百名　扎将軍衙門

新城内

吳守平勇五百名　扎高第街塩務公所

候補知縣毛令潮勇五百名分扎海関署 天后廟

把總方耀潮勇五百名内扎 太歲廟一百名 青蘇街一百名 福建會館三百名

大圍勇七百名扎萬壽宮前

千總蘇海戰船勇五百名内扎萬壽宮前三百名 扎大新古廟二百名

東門外

卸署和平縣陳令潮勇三百名　扎風神廟

汪縣丞番禺石牌 崇下練勇共二千名扎三寶門

千總朱國雄東莞勇八百名扎東較場

胡先燁東莞勇二百名扎小東門外

五仙門外

前西臬司張敬修東勇三百零八名　扎龍王廟

又張興東勇一百名

西門外

大歷勇二千一百名　分扎西山廟普靈廟一帶

樂平練勇五百名扎西関大清安

北門外

廣西補用同知林福盛香山勇五百名

安良練勇三百名扎高岡

何仁山東莞勇一百四十名

新城

督標兵 三百名扎小東門城楼
三百名扎撫台衙門

撫標兵扎小市街

廣協兵城樓

太平門 黃榮亮

永清門 屈大光

北路

雅瑤勇四百名扎西山廟東

大範勇三百名扎西山廟西

歷表勇一百名扎醫靈廟

鳳池勇二百名扎高崗

良清堂勇一百名扎高崗廟

梯雲十一鄉勇二百名扎高崗

抱倫三鄉勇一百名扎城西醫靈庙

登賢月窟勇二百名扎司馬庙

小布勇一百名扎司馬庙外

十三鄉勇二百五十名扎高崗

扶南七約勇二百名扎義倉

荔庄勇二百名扎三角塘

做堯勇五十名扎西山之西南角

雅瑤新募勇一百名扎西山庙前

管帶壯勇紳士 歐陽泉 麦佩金 林梁 仇炳宸 何秀春
何應春 阮恭 黎廷楊 黎熒 林春培
陳梦陽

周元勲帶清溪局東莞勇一千名札東門外北横街

謹將訊過各處解到英清案犯內供認散（繳）旂頭及僞軍師等姓名開列呈

電

計開

林陳伯

據清遠縣馬令於八月二十日解到

卯亞四 混名狗公四

范亞機

張亞王

羅一蔹

劉來路

郭自添

朱汶魁 原招開該犯供認係旂頭解到後旋即病故未及取供

均據英德縣孫令於十月二十八日解到

僧添堂 僞軍師

黃亞幅

胡亞九 又名亞奀

卯滿

楊亞潆

卯試發

劉徨㙺

潘亞平

姚亞長

藍尚志

張亞户

盧幗隴

均據委員感恩縣許令於十一月初二日解到

鄺祖售

據佛岡廳夏署丞於十一月初九日解到

李亞珍

譚石妹

均據連平州吳署牧於十一月二十一日解到
廖績城
據英德縣葉令等於十二月初六日解到
鄧幅達
據英德縣紳士李汝豐等於十二月初九日解到
陸亞奀
李亞有
均據佛岡廳夏署丞於十二月十七日解到
曾亞四
楊義嬌
陳亞育
均據長寧縣李令於十二月二十九日解到
巢明長
據佛岡廳夏署丞於正月初六日解到
郭石保
據委員吳川縣韓令於正月初九日解到
周觀幅
黃亞蘋
均據連平州吳署牧於正月十三日解到
胡滔潰

據英德縣葉令等於正月二十四日解到
韋麥達
卯亞敬
均據和平縣戴令轉據大營於二月初二日解到
劉樹根
張經白
潘茂新
李來複
均據佛岡廳夏署丞轉據大營於二月初二日解到
馬濼義
陳亞休
均據佛岡廳夏署丞於二月初二日解到
周亞華
據佛岡廳夏署丞轉據胡委員於二月初四日解到
李单眼壬
陳懷芳
陸十養
均據佛岡夏丞等於二月初五日解到
劉亞桂
羅亞灶

彭亞常
均據委員吳川縣韓令於二月初五日解到
陸十潰
鄺亞瀧
均據南韶連崑鎮於二月初六日解到
蘇訥牙石
游觀帶
吳癸連
均據佛岡廳夏署丞於二月初八日解到
鄧三爵
林三梘
鄧高幅
均據英德縣葉令等於二月初十日解到
鄺光頭五
李亞城
羅潾波
葉亞康
均據英德縣葉令等於二月十二日解到
陸石潰
據英德縣葉令等於二月十二日解到
李定國

羅亞傳
劉祚賤
均據佛岡廳夏署丞等於二月十三日解到
蕭亞二
據英德縣葉令等於二月十三日解到
余亞王
歐尚幅
鄭亞淐
黃亞汶
劉亞七
葉亞成
鄭亞飄
余灶煥
謝亞夢
朱連瀉
林亞春
謝亞謹
均據連平州吳署牧等於二月十五日解到
楊亞孚
潘沅潰

均據英德縣葉令等於二月十五日解到
何亞清
據清遠縣馬令於二月十六日解到
朱汶照
朱士志
李幗考
鄺亞招
陳亞珊
鄺石滿
均據佛岡廳夏署丞等於二月十七日解到
鄺亞珍
據南韶連崑鎮於二月十九日解到
陸組軒
温傳錦
梁亞乙
羅亞六
均據委員吳川縣韓令於二月十九日解到
羅洸普
何蒐錫
均據佛岡廳夏署丞等於二月二十日解到

胡黃毛五
據委員東莞縣海令於二月二十一日解到
鄧有才即亞柱
鄧卓濠
據英德縣葉令等於二月二十三日解到
鄧大池
均據英德縣葉令等於二月二十五日解到
劉天成
羅黃恩
陸閏升
李試濱
朱正庄
藍達泳
均據佛岡廳夏署丞等於二月二十五日解到
曾亞維
曾亞二
均據候補府史守於二月二十六日解到
鄺尚曾
林直蒼
陸租青

均據英德縣葉令等於二月二十七日解到
陸淙發
林蔭二
鄧大滔
林亞保
均據委員吳川縣韓令於二月二十七日解到
朱正恭
黄易添
均據英德縣葉令等於二月二十八日解到
鄧黄保
陸什松
均據英德縣葉令等於二月二十九日解到
謝亞水
巫亞輝
雷金益
劉觀妹
謝春高
謝亞飄
謝亞勝
邱蒀青

謝狗頭閏
謝亞懷
謝三洸
賴金華
賴海汶
張勝亨
李得澄
均據連平州吳署牧於二月三十日解到
鄺祖輝
鄺亞六
均據英德縣葉令等於三月初一日解到
梁時浪
據佛岡廳夏署丞等於三月初一日解到
陳亞亨
據長寧縣李令於三月初二日解到
陸亞新
陸廣保
鄧仲賜
均據英德縣葉令等於三月初三日解到
何亞奀

據佛岡廳夏署丞等於三月初六日解到
陸淙沅
朱石廣
陸觀租
均據英德縣葉令等於三月初六日解到
黃亞城
林葉多
陸組王
均據委員吳川縣韓令於三月初七日解到
黃亞接
據委員東莞縣海令等於三月初七日解到
張大林
據翁源縣陳令等於三月初七日解到
謝觀佐
歐尚太
賴二瀧
謝石養
謝亞高
劉三英
周南煥

均據連平州吳署牧於三月初八日解到
鍾遠振
羅觀斗
均據佛岡廳夏署丞等於三月初九日解到
藍達聰
藍達科
均據英德縣葉令等於三月初十日解到
陸儲書
據委員吳川縣韓令於三月十一日解到
麥維養
據連平州吳署牧於三月十一日解到
鄺三甪鷄又名受成
據英德縣葉令等於三月十二日解到
羅崑濼
朱亞猛
羅洸華
邱亞複
李烏受
黃廣受
李亞翀

溫亞統
溫亞柱
沈亞成
均據佛岡廳夏署丞等於三月十二日解到

藍自先
陳亞苟即滔明
鄺祖仁
鄧亞彥
陸亞亮即祖亮
均據委員東莞縣海令等於三月十三日解到

鄺祖傳
均據英德縣葉令等於三月十四日解到

鄧十富
據委員東莞縣海令等於三月十六日解到

鍾增坤
據南韶連崑鎮於三月十六日解到

F.O.682/325/3(27)

[redacted]

查現在清鹥內匪之時辦理固不能太驟亦不宜過寬若僅治其
匪黨而巨魁大憝聽其兎脱非特無以伸　國法更無以弭亂萌
此華非能革面洗心勉為良善當日蓄謀異志大逆不道實在
覆載難容原未可與鄉愚被脅之徒妄邀寬典現在各逆有聞
風遠颺者有困無復之者棋西內地各堡皆然倘有見聞自應隨時
稟報不敢壅於上聞玆僅就耳目所及先陳一二當此賊勢窮蹙之
日搜捕固不分畛域如有力所不逮或因該處紳者狗私袒護難於
措手者仍請官為訪拏務使首逆悉膺天討庶死灰不致復燃閭
里均蒙樂利矣

計開著名各逆

戴　福　大桐大洪堂偽大元帥曾出佛山與官兵打仗大桐堡人
程　任　大洪堂偽副元帥大桐堡人
程　福　大洪堂偽先鋒大桐堡人
陳旺泰　大洪堂偽副元帥大桐顯岡人
陳亜巽　又名巽四大洪堂叅謀大桐顯岡人
陳亜良　又名二少良大洪堂叅謀大桐顯岡人
陳章能　大洪堂偽先鋒大桐顯岡人
梁亜錫　又名藤包麻永洪堂偽大元帥盤踞官山係簡村堡人
冼亜占　又名沙仔占係梁亜錫偽先鋒簡村堡人
陳亜尸　永洪堂偽先鋒簡村人
鄧亜江　偽先鋒雲津堡人
何亜由　偽先鋒龍津堡坑邊鄉人
陳　千　又名千大永洪堂偽先鋒簡村堡人
冼　健　又名大牛健永洪堂偽先鋒簡村堡人
余　裕　又名偽大司魁在永洪堂叅謀樵山雲谷鄉人
石　蘊　海舟堡合順堂偽大元帥海舟三門人
陳　升　佛山逆首陳開前營偽大都督金甌堡人
余亜朝　佛山旂頭金甌堡人住岡邊鄉
老揚英　又名大王桓西義堂旂頭金甌堡人
余思卓　西義堂叅謀偽軍師金甌堡人
羅世豐　西義堂偽先鋒金甌堡人
梁亜相　西義堂偽先鋒金甌堡人
冼清發　西義堂叅謀金甌堡人
潘緒芳　西義堂叅謀沙東鄉人
潘振修　西義堂旂頭沙東人
潘亜桓　沙東人
潘亜廣　沙東人
潘亜吉　又名爛脚吉沙東人
潘亜丁　沙東人
潘亜蔭　沙東人
岑亜升　又名二舍升西義堂偽先鋒金甌堡人
關亜訓　西義堂旂頭金甌堡人
關亜威　西義堂旂頭金甌堡人
黎亜英　偽號三千歲黎村鄉人

謹將靈山軍營經費收支大畧總數開列呈

電

收款銀數

藩憲准撥咸豐三年分合欽靈三屬寄存道府庫雜款錢糧及廉州府應觧雜税

等項共銀四千二百零四兩四錢七分八厘

局憲發到經費銀壹萬兩

道憲飭撥合浦縣公局經收行户籌備公用銀二千兩

以上共計收銀壹萬六千二百零四兩四錢七分八厘

收款錢數 自本年五月起截至十月止

靈山縣捕屬紳士商民認借錢三萬六千二百千文內 已收錢三萬五千一百千文 未收錢一千一百千文

林墟司屬紳士商民認借錢三萬三千七百千文內 已收錢三萬千零八百千文 未收錢二千九百千文

西鄉司屬紳士商民認借錢八千三百五十千文 已收

以上三處認借各項共計已收錢七萬四千二百五十千文

另籌撥充經費錢欵

靈山縣已革兵房典吏何元勳父子因案充公錢九千二百五十千文

陸屋鋪户南海監生李福清因案罰項錢二千千文 內有一千千文未收

東墟鋪民盧豐因案罰項錢五百千文

以上三款共計已收錢壹萬千零七百五十千文

統計領到經費及借墊幷撥充公用各項共收 銀一萬六千二百零四兩四錢七分八厘 錢八萬五千千文

支款總數 自本年五月十六日起截至十月十五日止

支各隨營文委員薪水共錢四百四十千文

支各起官兵壯勇薪糧共 銀一萬零八百兩 錢五萬四千二百四十餘千

支各起官兵壯勇行坐夫價共錢一萬八千一百六十餘千

支運送軍火砲位口糧雜項夫價共錢二千一百四十餘千

支軍營油燭共錢一千七百五十餘千

支軍營鑼鍋帳篷燈籠雜用等項共錢二千二百二十餘千

支置辦軍械火器號衣旗幟等物共銀二千二百八十餘兩

支賞恤醫藥共錢三千五百七十餘千

以上各款共支 銀一萬三千零八十兩 錢八萬二千五百餘千

除支外尚存 銀三千一百二十餘兩 錢二千四百餘千

諭沙灣何姓紳耆人等知悉照得爾沙灣何姓族繁人衆平日恃覇逞兇製造硬艇販賣私鹽橫行鄉曲通省皆知以致出有逆首何博份謀為不軌爾族衆招之到鄉恃為護符該逆于各鄉打单劫掠所有銀錢穀米俱寄頓爾鄉亦人人皆知迨本署司統率水陸精鋭兵壯將新造賊巢撲滅克復南安砲臺何逆敗竄又將所遺大砲存寄爾鄉內且自剿除賊匪以後凡沙茭各鄉或指名引拏或綑送到營共獲解匪徒三千餘名惟爾沙灣至今無稟解一名既助逆于前復包庇于後並風聞前月二十四五日何博份尚放波山艇四隻到該鄉運取米穀賊贓豈能瞞人耳目是爾何姓讀聖賢書者竟為盜跖事無怪鄉愚均從叛逆試問食毛踐土二百餘年

聖朝何薄待于爾何姓全不思科第連綿簪纓世胄不圖上報

國恩甘為化外之民天良傷盡人理毫無光天化日之下豈容魑魅橫行屢

飭番禺縣諭令該鄉交匪並奉

大憲札委升用府史牧督辦本日有舉人何壯猷鄉正何淮來營仍以空言搪塞抗不將逆首何博份拏交殊堪髮指除將何壯猷何淮二名發縣看管外合亟諭飭為此諭仰該何姓紳耆人等限三日內即將逆首何博份拏解本署司行營以憑究辦如逾限不解本署司即督率水陸兵勇前赴該鄉將爾宗祠祖墓平燬查抄蒸嘗拨取逆贓照例親族緣坐資産充公決不寬貸毋再觀望致貽後悔凜之慎之切切

88

F.O.682/378B/1(9)

生員劉夢熊　順德安教鄉人

係會匪頭目曾帶匪徒往攻新會縣城現在到省逃

稟窩居城内恐有他變

其住止查他入省時住在某處聞其窩係水井試俊（劉家）云云

敬稟者竊卑職面奉
憲諭將博羅如何失守如何收復細查稟覆伏查去夏惠屬各地
方賊匪猖獗謝令傳城廂内外附城九鄉紳耆互相團練甚為踴
躍並陸續募僱壯勇竭力防衛六月間賊由蘇村上攻邑城謝令
督帶兵壯及九鄉練勇剿捕當獲勝仗即韓師文控告粘單
亦稱王庭槐同九鄉人赴救退賊嗣因城中富戶田畝向俱
批給九鄉人耕佃而韓姓族大產業尤多去秋收成歉薄兼
之團練歛費鄉民力有未逮僉議暫完六成貢生韓師文不依

稟請謝令押追全完並求出示曉諭謝令以完租非完錢粮可
比不允所請且現在時勢只好先收六成餘四成俟平靜後再
為代追該貢生含怒而出即會同城內六坊標紅向九鄉勒索
追逋九鄉不服團練由此解散師文呈控粘單亦稱九鄉團
練之心因納租而變迺已正法之蘇養才勾通謝盛周串同
九鄉亦標紅拒抗勢将械鬬賊匪翟火姑等遂乘隙攻城謝
令偵知即統帶壯勇堵禦至九鄉嚴諭迅速協同拒賊詎賊由
間道攻入小東門及赶回時城已被佔是九鄉之心不齊實由
衆紳逼租激變縣城之守不固實由九鄉坐視弗援謝令雖咎
屬難辭而釁有由開一時猝難措手不得已專丁飛往東莞
告援一面招集紳士陳榕光等及下游勇壯飛稟本府隨
全攻剿力戰数十日至十二月二十五日克復城池均經前本府
通稟在案隨入城修葺撫卹難民辦理善後事宜其時城
內空乏經費無出一切皆取給於倉穀在籍邑紳韓榮光見

倉穀陸續糶用本年正月初旬持帖請謝令至總局面云現遺
倉穀應歸紳士經理支銷壯勇口糧謝令以倉穀係守土官專
責無歸紳士之理且現糶倉穀俱係保護地方公用城鄉共聞共
見並無升合私挪因此齟齬遂生機械榮光之子師文聯名往
省呈控並信知伊堂兄在京候選之韓夢琦以致韓察院
奏叅一邑週知凡　奏摺叅揭各欵多係師文粘单呈控之語
其為師文指使似亦有據現又標紅稱去歲已完七成下欠三成
並將新租完納清楚否則即作翟逆論等捉到局送官究治
其貪利忘害又蹈前轍且前控糶倉穀三萬餘石茲復控一萬
六千餘石前後數目懸殊並無實據現據生員鍾庭材貢生鍾
炳麟職員耆民人等聯名遞具紅呈及武生陳榕光稟狀與師
文等情詞互異虛實難逃
憲鑒謹將奉查始末情由並抄錄標紅及各呈詞敬呈
察核

具稟廩生黃電英拔貢生韓師文歲貢生韓叶策韓文秀曾拾魁
謝學成廩生韓乃瑾曾仲宣謝澤春盧保宸王集英曾伯壎生員
黃致中郎錦湘李冠芳王庭槐何天衢何慶熙黎樹華曾
曾慎修監生何錦章劉耀元劉定元鄺際平余兆祥謝獻麟
等為倉書稟結含糊朦混乞　賜查明更正以歸核實而重
欽件事竊博邑自上年四月後團練壯勇皆由生員王庭槐廩
生謝澤春盧保宸三局招募統帶所有口糧皆由合邑公項及城

中捐題項下支發自七月後生等設團練總局捐題經費發給各
壯勇口粮每遇有警附近各鄉來城護援及城内民人上城日夜
防守者總局給各鄉每人錢四十文城内每人錢二十文蒙前縣
謝每人給米一升其米發倉穀到總局令紳士代為支發自七
月至十月共代發倉穀一千二百石此項倉穀乃前縣發各鄉護
城及民人守城之用並非給團練總局壯勇口粮前奉　諭飭查覆
生等既據實稟明茲查倉房書吏稟内有發團練總局壯勇口
粮一款查上年自四月至十月只有王庭槐等三局壯勇一切口粮
動用合邑公項銀一千二百兩城内題項銀三千六百餘兩並未
領有倉穀此外亦無別有壯勇至十二月邑城收復後前縣謝
飭差招勇共一千一百名自正月後逐次裁減經倉書統計除
前後動支外實虧短倉穀一萬六千餘石不知倉書如何朦混
開銷含糊稟結生等因事關　欽件不敢扶同影射勢得聯
稟乞　恩查明更正以昭核實切赴

具呈武生陳榕光年三十六歲住歸善萃美園為報明軍功懇　憲
脩由申詳以邀　恩獎事切生住歸善萃美園鄉與博羅止隔一水自
去年十一月初一日逆賊攻破博城生即偕弟陳錫光陳裕光耆
老陳宗壽方亞條林如仕統帶鄉勇沿江把守防賊渡河自
初三至初八連日皆過江與官兵協力攻城自後疊奉前　府
憲陶前博羅縣主謝諭帖着令生屯集義勇保守水南一

帶地方生即招聚義勇一千名每日與賊隔江發砲拒戰所有粮
食火藥等項悉係生捐囊自行備辦又于十二月初三夜奉前
府憲前縣主差使燒去賊之頭號戰船貳隻蒙賞錢二十千文初
八夜又奉前　府憲前縣主差使燒毀博城東門又蒙賞錢二十
千文於十六日擒獲賊黨黃亞慶一名交官正法蒙賞銀貳拾大
員至二十六日逆賊逃遁生即偕弟陳錫光陳裕光統衆追至
朗頭地方生即擒副軍師逆僧一名交官碎剮處死復蒙賞銀二
十大員凡有功績悉皆報明前　府憲前縣主案據確鑿在
生身為朝廷士子即捨身報國亦屬當然何敢言功然以傾家
辦粮蓄養義勇出生入死與賊拒戰似亦身負微勞勢得據實
報明懇　憲曲賜栽培申詳　督撫大憲俾得議敘以邀　恩典悉
由提拔之功沒齒不忘沾　恩切赴

慶翁仁兄大人閣下：今午接得香山黃司業密札，云現在佛山首逆陳開、和尚能、豆皮大全夥潛伏香山黃梁都之小壕涌，與土匪逆偽元帥鄺琨、偽軍師鄺由爵等四出招納，散匪眾已有半萬，大小舵船不下百餘號，分屯於高欄、壇門等隘口，與夷人勾聯消賊其勢頗熾。張地方大勢甫定，而村人驟睹此機，寔小又岌岌欲動，紳民屢稟香縣　郎父台，防守縣城，自不能旁顧，而劉協臺畏葸遲疑，又為房書張宜鏞作鏞兄弟朦混（二人皆賊耳目，一縣皆知），延擱旬日，紳士力弱，又不敢安擄，益披猖，又公然出偽示，散賞帖、紅旗四等，往來海面。來歸者日不知凡幾。黃梁都孤懸海外，遠隔重洋，民氣向來獷悍，今又生觀望，遲半月則沿海一帶又不知是何景象也。惟懇者，兄即密白

宮保大人，專差幹員飛赴香城，與　郎公密討，合各鄉紳者飭丁勇設法弋獲各首逆，俘壘獻

闕廷，書法懲治，以彰天討，而紓民憤，亦事機所容稍緩者也。此達，

弟樵頓首

請籌席

附呈黃司業名片請安

策

攻羊城策

嘗思粵東之城，城池高深，駐官閉门而堅拒，與民共守而弗去，如之何如之何其可也。或曰，晚生有一小策焉，預備工人壹千餘，所用器具悉皆準備，卜吉某日初更之時，郎在東教場掘一深窟，深壹丈五尺，横濶壹丈，窟裡上便與及旁边用杉頂實，與取煤法子一般，直掘至東门城裡當道處，其工人做兩個時辰，至三更又換人夫，每名發工銀三錢六分，師傅每位工銀壹大員，準期掘至四更，掘好為度，五更衆軍俱早膳，發兵壹萬屯劄東门外，西门外屯兵壹萬，北门外屯兵壹萬，大营屯兵壹萬，石井营屯兵五千，然用後着人在地下用火炮攻穿東门城裡當道之地，併帶竹梯數十張，要未上街，至于賞賜銀兩，併某营攻打某衙门，預傳衆軍知悉，第一班先上街，着手持花何，燒着乃上，第二班持单刀碟，併帶花何，上街乃燒，第三班持長軍器，源源而上，併帶炮火軍器，衆兵屯劄街上，約有弍萬餘，然後分發往總督、將軍、撫院、三司，併各衙门，每衙撥兵弍千攻打，先放出南番倉糧二房，掌糧部人等，然後焚燒衙门，務將駐官好仔一槩剿絕其命，無俾遺蔓難圖，又着人速閉東门，併

着人張示曉諭、各舖户人家、着他閉门不
出、如有出者殺無赦、夫如是本省既平、明
日宰牛羊、誅剛鬚、拜祭天地、告厥成功、大
賞衆軍、然後發兵鎮守大嶺、小嶺、連州、虎
门、善處則安枕無憂矣、士農工商各安其
業、復享太平之福、豈不快哉、言此不過彫
虫小技、恐塵穢視聽、若賜觀芻蕘、則幸甚
幸甚、

又

再以攻城小策言之、郎将五營洪兵寫籌
執鬮、第壹至第五、次第輪流交戰、卜吉
某日交鋒、攻打埋一處、第一營兵餐完
早膳、辰時起交戰、至午時尾止、又换第二
營兵、餐完午膳、未時起交戰、至酉時尾止、
又换第三營兵、餐完晚膳、戌時起交戰、至
子時尾止、又换第四營兵、餐完夜膳、丑時
起交戰、至卯時尾止、如此輪流無间斷、連
戰五日五夜、通宵、則官兵希少、無人替代、
個〻垂頭而睡、斯時也、勢如破竹、垂手可
得、何難而不進城者哉、草此

上

廿大元帥暨
列位大元帥麾下
列位大司馬
彬〻賢友兄
統鑒

玉堂　頓首拜

[redacted]

立凡四兄大人閣下啓者初二日調楚勇四百名保信勇三百名章武軍
一百餘名九江兵四百名弟西 欽差江廣惠及林桂楣督戰策應
均於申刻出順化門西賊交戰申酉戌三時之久已殺長短髮賊數
百名我軍陣亡兵勇二十餘人帶傷四十餘人旋即收軍初四日賊
用地雷轟城之決二丈餘楚勇救護已殺賊四百餘名並下城追擊
又復殺賊百多名始將城垣保固當即賞銀二萬兩 江寓早防地
道先備月城防其轟陷此亦料敵之先著也初六日川兵已到五百名
在城外札營湖南援兵一千五百名二三日內亦可到再自楚勇到後我
之兵勇均已胆大並不畏賊陸續下城生擒長短髮賊二百餘名下城
放火燒賊拆房燒房所有四次交戰及守城兵勇共打死殺斃長短
髮賊千有餘名並聞馬鎮台帶川兵五千指日可到賊勢甚屬窮促
即可一鼓擒之謹將西次請仙判語抄錄祈將此意轉達

此信係六月初八日省城內馬永織明府致臨川縣專馬送永豐
十三日到永豐昨由永豐轉運吉水十六日到

土地到　真君許到

獨厲仙橋下碧穹西江殺氣起城中我來君使元機術定把

紅巾一掃空

問省垣安危　莫愁莫愁神仙元妙此難求幫向軍中使小術

紅巾火炮打回頭　去

再向土地到　真君已上城樓去了真君已去　問真君已去不知地

道可保無虞否乞上稟

真君立刻回　不　真君已說明了何用向我亦要守城去

鶴舞鴻飛會有期諸君義氣薄雲霓青天不使英雄困且把

除符仔細披　吾乃文天祥也五月廿五日判

問江西省城安危　江西星野分牛斗城郭亂亂鵲不巢可笑紅巾

來駐馬欲逢甲乙戰回文　初二

問江西省城可守否　可守　問甲乙字何解　甲乙日宜加意提防

問賊去否　現欲星散因無援兵至故外遲延耳　問何時去

候月城告竣時去　月城尚未竣　問賊北竄否　北竄已定

問北京可保無虞否　無虞　問江西各府無事否　無事

問各處援兵利否　利

六月十八日江西發
七月初四日到廣

44

81

F.O.682/378B/1(64)

敬啟者竊弟叠肅寸函當將連日打仗情形布達
清聽在案二十六七兩日據壯勇拏獲奸細林亞夆陳亞尾二名訊據
供稱該匪糾黨數萬決意先破縣城後襲梅隴復反惠州等
語訊明即照新例正法弟與在事文武熟商以該匪迫近縣城
愈聚愈眾現在省兵仍紮梅隴相距四十里之遙所約會剿日期
究難立應而各勇經戰日久勞乏已極當此之時惟有飭令各
勇不分晝夜加意防守一面飛函再請林委員等督帶兵勇會同
梅隴紳團前來援剿再行鏖戰詎二十八日辰刻該匪傾巢而
出胆敢帶備竹梯多張意圖爬城經弟與李守戎黃把總吳城
守周典史等督率各勇用鎗砲火罐擊斃賊匪多名奪獲竹
梯十餘架自辰至申五時之久始行戰退二十九日辰刻該匪復至
將城外房屋全行放火延燒城門烟燄蔽目幾不能守經弟與
李守戎周典史等親率惠潮各勇拚命灌水該匪乘隙爬城

64

2 End

又經弟　等督飭各勇分守城垛，殺斃賊匪多名。至午正，守城危急之
際，據梅隴紳士曾帶練勇前來，弟與李守戎等督率各勇內
外夾攻。李守戎與紳士羅慎猷、鄧觀海等督帶惠勇在南門外
與賊接仗，斃匪甚多，斬取首級二顆，生擒賊匪陳良通等三名；
黃把總、吳城守、周典史等督率潮勇及河婆壯勇在西門外與
賊接仗，斃匪多名，生擒賊匪黃太山、林亞乙等六名，奪獲大砲子
一担。各勇與梅隴紳團合力攻擊，該匪大敗，至申退至河邊。賊已
鳧水，仍屯龍山等處，未便窮追。弟　等收軍入城，梅隴紳士收軍
回黎小液。查惠勇陣亡二名，受傷數名，各勇重傷數名，容再列摺
稟報。弟　伏思該匪糾集數萬，猖獗異常，雖屢經擊退，難保
不退而復來，非多調精兵健勇，誠恐敝縣之存亡莫卜，而東江
一帶必致滋蔓難圖。伏乞轉回
上憲迅速由省招募勁勇數千，發給粮餉

遴委大員統率到縣勦辦庶克有濟否則敝 縣粮食已空
軍火日缺若無經費接濟則支持不下而後事難堪矣合將念
八念九二日打仗獲勝情形縷悉布達專此順請
升安不一
愚弟梁鳳煇頓首 二九日亥刻
三月初四日逓至歸善縣初五日由縣
寄回平山

以大船塞其首尾則火焚炮擊無不可要以陸兵從通濟橋一路從先備以代之乃可

九存佛山賊搶汾流大街及永安街並星十三街隨鑼鬪閘各舖登瓦面執瓦石擊賊二隻後和尚能帶賊數百再來攻閘被商民以石灰石擊退和尚能乃賊中之最健鬪者攻閘不破則思志堅因而作門之閘逆裕為賊奔謀此多竄下鄉或竄來省城云佛山各賊畏現存賊不及往時三分一兩河道則賊船加倍於往時其船大小不等滿載者十之四兩等炮其六皆滿載逃賊有砲兩小灣泊連窯此兩艇兩截葫時也

標下前營戌什哈武錫麒爲稟探報事竊奉往北江探得自韶郡賊匪退後於五月十六日
通鎮台與尹護將均赴連陽一帶剿捕韶州府吳守赴英德剿捕署守備梁聲倫雲騎
尉饒錫蕃帶兵勇由烏石對河進羅坑剿捕已獲首要各匪二十餘名押解回韶審辦韶
郡附近一帶水陸肅清道台已設回稅廠探得由韶敗走之匪分股逃竄一股二千餘人在英德
乳源交界之牛頸排地方首匪係霍暉封蒲林亞四又一股三四千人在英德陽山交界之秤架地
方首匪係何祿朱子儀練四虎又由樂昌四月十四日被官兵擊退之匪於二十一日攻破宜章該匪
仍在宜章屯聚約有萬餘人湖南官兵一千名於五月十八日由韶起程回楚由仁化桂陽前進現
沈署司在韶州府衙門駐紮辦理軍務爲將探得韶郡情形理合具報

六月　　日稟

蓮塘村各家單艇交與魚潭村

曾美昌東送下未知送到否祈查

以免後悮

盧悅海字

上

佛嶺大營

麾下

[redacted]

總理江西善後總局按察使司布政使司督糧道為札飭事本年六月十三日奉
巡撫部院陳　批保升知府周汝筠會同署南康縣台倅稟衆
勇索餉緊廹請設法撥款飭解以濟急需緣由奉批查保升知
府周汝筠所帶赴粵援剿練勇本只四千餘人即連始興一帶
續收之勇亦只五千餘人往返時僅兩月何致竟需口粮等銀
十四萬六千餘兩之多實屬駭人聽聞殊難憑信且該守前在
南雄所發稟内聲稱欠口粮四萬餘兩並無七萬之說迨經南
雄州措給銀一萬兩本省籌給銀萬餘兩約計下欠不過二萬
金何得藉詞醫葯賞犒頓加數萬該守此次赴粵解圍固屬著
有勞績然業經本部院專摺保奏欽奉
諭旨以知府儘先補用酬庸不為不厚該守宜如何感激圖報當茲
庫項空虛時艱孔急一切浮費均應切實刪除方為認真辦事
之道豈容任意冒濫罔顧大局該守試清夜捫心安乎否乎至
南康練勇僅解韶郡之圍其自英清以下直至廣東省城俱係
彼省官軍自行節節打通南康之勇何得居以為功輒稱廣東
大路係伊等開通况南雄州所欠餉銀先據該守稟請札委大
員前赴南安府督辦即經飭委贛南道馳往籌議現復出有印
票按月加息該州措有銀兩自行陸續解交散給事與往來客
商無涉何得妄稱先截來往船隻尤屬紕繆之至現在省中支
絀益甚所請暫挪銀二三萬兩斷難准行仰總局司道飭即核
明實欠口粮數目移催南雄州趕緊設法挪解一面拊循各勇
安分守法如敢滋生事端惟周守是問本部院能保舉於前即
能參辦於後禍福惟其自取毋貽後悔仍由該司道移催贛南
周道速往會議酌辦星馳稟覆切切此繳稟抄發等因奉此查
前奉
撫憲批據該守具稟南雄州欠發勇粮延欠不付請委員迅至
南安府辦理等情到局當經移行辦理在案今奉前因除移催
贛南道速往會議酌辦外合行札飭札到該府即便轉飭遵照
迅即核明實欠口糧數目移催南雄州趕緊設法措解一面拊
循各勇安分守法毋得滋生事端致干叅辦切切特札

查得會匪亂端已萌亟應分別渠首脅從嚴行覈辦以弭亂源緣三合會匪黨醵錢立盟初只諸無賴為之漸則以搶竊脅農民以擄勒脅富民而入會者日益衆每遇械鬬打劫令農民出力富民出財或抗其令則渠首〔率〕衆夜至該人家反縛扛出擁至海壖屠腸剔胃投屍海中以警其衆親屬噤不敢言言則禍不旋踵順德麥村馬寍江美數十鄉以此殺人不可勝計當庚戌辛亥間各縣紳士屢次懇地方官懲辦事卒不行惟上年委員一到各鄉意圖圍捕而差人以同黨之故先事洩期劣紳又以同鄉之故狥情濫保薄懲一二〔究〕屬無功蔓延至今十室而九桀黠大盜遂起而乘機暗立規條陰相約束本年五六月間人人豔說粵西金田村拜會事且約定七月二十四燒衣祀鬼八月中舉衆發難迨二十四晚衆鄉鄉燒衣祀鬼祀畢羣飲凡順德以西鶴山以南香山以北新會以東數十鄉暇若畫一於是匪黨狂躁者以為衆情既協先期率二百餘人勾通海盜入泊猪頭山候船而搶二十六日搶新會巡船二隻渡船一隻民船四隻新寍猪船二隻是晚招麥村光華黃牛蓢等鄉會匪六百餘人到船二十七日搶紅丹船一隻渡船一隻民船數隻共有船十七號有衆千人二十八早殺新寍人祭旗即順流東下在江美鄉招六百餘人到船在西馬寍鄉招二百餘人到其立海岸而不得下船者尚有東馬寍鄉三百餘人海洲鄉二百餘人及各鄉五六百人匪黨見頃刻從者數千遂不得〔即〕東下泊船穀滘欲更搶船十數號盡載其黨然後出掠容奇桂洲揚帆出海不意二十九早官兵及快船已從板沙繞出其前卽倉皇接仗自卯至巳賊火藥將盡賊渠陳亞吉何亞占等八九人泅水登岸趕辦火藥賊已氣餒而潭洲鄉拖繒船又連艘來助官兵接仗賊不得不敗遁千餘人同時跳水逃命快船兵壯見賊跳水爭搶賊贓賊因得逸去捕獲僅二十人方今賊氛尚熾軍興未已服嶺南阻尚得稍安而民氣輕浮隱憂方切况四縣皆〔股〕肱近地逼近省垣而龍潭雁山間屢産大盜如前明盧善寶黃蕭養等皆長生長其間誘脅愚民負嵎抗命省志所載實可寒心今賊潰敗之餘其勢易辦若臨以重兵嚴禁摽掠專委幹員訪辦渠首則比户可誅之俗當必悔悟自新是所〔望〕於大拯生民者实刻下機括全在研供研供清楚別遺〔遣〕廉幹委員往辦庶於事有濟若照常飭縣查緝貪者營利怯者畏事非獨無以消禍亦並恐頓長亂源韓范治邊廣諮誠納鄙人厚望焉不敢隱也至於研供應及之欵就見聞有據者粗列數條另紙呈上

討三合會匪檄

蓋聞有大德而後可以膺大位、亦必有大福而後可以司大權、自古帝王、聖如堯舜、莫不修德以致福、而後中天著揖讓之風也、遞及商周、湯放桀而恐德有慚、文王三分有二而事紂、其盛德又何如也、至我 國朝、主無失德、養士澤民、二百餘載、下至鰥寡孤獨、嬰老廢疾、皆蒙恵養、凡我小民、宜體雨露之施、共荷生成之福、不宜妄有所動也、乃今之糾衆倡亂者、輒迷於三合會、而以反清復明為詞、噫、清何負於爾、明何德於爾、爾高曾祖考生於清、爾亦幸為清之民而已、何必入三合會以取戾耶、夫三合會之弊有六、爾未之知也、聞其始入會、以無父為誓、其攬手指引者曰舅父、其斂錢為首者曰亞嫲、天下豈有無父之國哉、孟子所謂無父無君、是禽獸也、其弊一也、其聚會時、諱其名曰做戲、夫戲屬虛戈、了無實事、彼縱猖獗、斷不成功、其弊二也、其會中裝束、専演縐紗帶、頭裹一條、胸纏一條、腰束一條、腿下又垂二條、滿身繩索、狀如問絞、其弊三也、其會以和尚為總頭、呼衣服為袈裟、夫和尚身入空門、彼已斬宗絶祀、又尤而效之、無後必矣、其弊四也、其會中財物、非誘騙、即逼勒、語云、不義之財、理無久享、豈三合會而獨不然、其弊五也、其會名三合、裹以紅頭類黄巾者、姑勿論、即三為木數、紅乃火象、木遇火而有不燒滅者乎、况本年閏七月、秋金剋甲木、犯此歲厄、喪無日矣、其弊六也、有此六弊、身且難保、而暇糾衆倡亂乎、然三合匪徒、每謂官軍賞罰不明、兵丁又半是會友、勾通賣陣、僥倖成功、此乃摇動軍心、詭計耳、且遍造謡言、賊僅千百、則訛傳數萬、僅一萬、則訛傳數十萬、煽惑人心、恐嚇村愚、莫此為甚、然試思會匪倡亂以来、廣西屢敗、在所不計、即如廣東高廉英清、及羅徑江谷石龍等處、其賊首最著者、莫如鄧南實、紅毛仔、凌十八、曾亜昌、何亜六諸匪、何以均皆俯首就擒、難逃顯戮、今之迷於三合會者、豈不知為善則昌、為惡則殃耶、何自取滅亡如是也、吾願誤入賊夥、及為賊所脅者、思賊之敗德者必敗度、思賊之滅福者必滅身、及早回頭、義旂速樹、聯各鄉之壯勇、附全省之精兵、炮發則山岳崩頹、鼓作則風雲變色、以此破賊、何賊不摧、以此鋤奸、何奸不靖、挽狂瀾於既倒、奠寰海之昇平君子賢親小人樂利坐賈行商共安其業梯山航海各遂其生一統之治隆三合之禍息堯舜湯文之道不復見於今日哉吾竊為粵省期之吾尤為天下祝之

拙稿鄙俚不堪願　有識者斧而政之轉呈　當道如蒙採納刊刻遍貼喚醒迷途是亦救時一策也

查佛山賊匪雖有一萬八千俱是烏合之衆毫無紀律近因錢財不均內變將作三千兵可以破滅其兵分三十隊每隊百人內擡鎗拾杆烏鎗倍之長柄軍械拾枝其餘刀牌總以短兵相接街窄易於轉身每進一街另設兵二十名守住兩頭街口方不致亂且兵力接續可免賊衝街短者十名亦可

先期三四日四面用疑兵誘敵炮響又退詐敗佯輸賊必日夜防備我兵亦日夜誘敵不息連誘三日賊力困憊待夜深時鋪戶居民均已就寢用生力軍四面殺入聲東擊西使賊首尾不能相顧一鼓可擒矣

管見如斯匪云妙策下情所觸竊效芻蕘

[redacted]

謹將香山縣查封逆匪房地田畝開摺呈

電

計開

何品達屋一所

陳亞佐磚屋一間

李日成磚屋一間

麥連柏磚屋一間

曾亞閏磚屋一間

楊明崧磚屋一間

麥亞平磚屋一間

李洪英舖一間

李舟七磚屋一間

李達行石脚樓連廳共一間

游亞彩即沉鴨彩磚屋一間

楊亞貴珠磚屋一間

關亞士即水手士屋地一段

關亞橋癸磚屋一間

廖亞光磚屋一間

李冠豪磚屋一間

譚亞光茅屋一間

朱兕晚磚屋一間

胡賢高已拆屋地連禾場一段

朱亞華已拆屋地

張瑞呈磚屋一間

陳華成磚茅屋一間

趙亞寬磚屋一間

廖亞基即棍徒基屋地一段

廖亞奇屋地一段

黃垣布茅屋一間

廖桂子亞就屋地一段

何亞甜屋地一段

胡亞羊屋地一段

何亞全即大毒全屋地一段

鍾浩富屋地一段
鍾浩成屋地一段
鍾成就屋地一段
黃亞四磚屋一間
伍嵗命茅屋一間
廖蔣坤屋地一段
譚汝成磚屋一間
梁能章磚屋一間
潘亞潰磚柱鑲板屋一間
何齊光屋地一段
何閏富爛磚屋一間
梁亞睽磚屋一間
麥亞翰磚屋一間
徐橋有已拆屋地一段
陳亞明磚屋一間
董　閏磚屋一間

林亞舒茅屋一間
林兆祖磚屋一間
鄧觀藏磚屋一間
何德成白地一段
陳德潤茅屋一間
梁亞水爛茅屋一間
周亞六白地一段
羅亞新磚屋一間
何存錫屋地一段
黃亞有磚屋一間
麥亞富爛磚屋一間
潘亞二茅屋一間
李亞好板墻磚屋一間
陳華寬屋地一段
何焵三磚屋一間餘地一段
何華錫爛茅屋一間
梁老鶴磚屋一間
梁亞逢磚屋一間
郭容光磚屋一間

金亞科已拆屋地一段
何社人屋地一段
郭亞福磚屋一間
曾九閨磚屋一間
黃泰彩茅屋一間
余戊子地一段
黃長庚屋地一段
何以莊屋地一段
李麗禧磚屋一間
何幅四磚茅屋一間
李洪英強佔更寮已拆地一段
歐亞樂磚屋一間
陳亞九磚屋一間
盧凌飛已拆屋地一段
何亞受磚屋一間
袁晚三磚屋一間
黃亞崧磚屋一間
陳亞秋磚屋一間
冼德仔地一段
陳亞千磚屋一間

陳亞開茅寮一間
鄧亞財磚屋一間
何亞旺磚屋一間
盧亞枝磚屋一間
陳　崧屋地一段
陳亞生磚屋一間
左亞發磚屋一間
李德厚祠地一段
李洪英屋地二段
李聯榮磚屋一間
吳萬江磚屋一間
以上共計屋六十六間地三十一段
何品達田三頃九十畝零二分九厘九毫七絲
鄧彩隆田五畝二分魚塘一口
鄧亞家田十二畝
鄧三牛田四畝五分 連塘基稅
鄧超寬田二十畝零七分
李達行田二十三畝六分
以上共計田四頃五十六畝二分九厘九毫七絲魚塘一口

[redacted]

敬啓者南海縣江浦主簿黃鼎各屬逆匪蟻聚蜂屯焚刦村庄梗塞河道以致米糧斷絕萬姓哀號虜掠頻仍羣生靡託傷心慘目法不容誅紳等仰體

憲懷公同商議謹聯同主簿屬之沙頭堡江浦屬之雲津百滘簡村龍津吉利鰲頭金甌先登各堡黃鼎屬之大栅圍崇德社學暨羅格梁沙海等圍廣招壯勇自辦軍需會同

地方各官痛加剿除以安桑梓惟匪徒猖獗抗拒堪虞非仰懇　特派幹員便宜從事凛然示以威權不足以掃盪妖氛爲此敬懇　揀派文武官各一員督同地方官暨

紳等隨同管帶壯勇水陸進剿并請　賞給炮火以備剿除曉諭紳民以資踴躍仍一

面
檄飭鄰近之九江大桐河清鎮涌各堡趕辦團練尅期並舉寔力殲除庶賊匪無此
拿彼竄之虞合境獲除暴安良之福矣切赴
宮保爵大人台前　恩准施行

一稟請　特派文幹員一位督帶壯勇便宜從事

一稟請　札飭守備羅逢濤管帶兵勇協力勦捕

一稟請　札諭各堡紳士同到公局合力勦辦以資搜捕

一稟請　札諭紳士傳諭認捐現有成數各堡村鄉踴躍刻速捐輸以資善後

一稟請　分撥拖船防守河面以絕佛山賊匪接應

一稟請由總局　給領軍裝器械砲位火藥彈子

一稟請　示諭各村鄉勿抗官兵勿留外匪以散賊黨

一稟請　札飭九江大桐河清鎮涌各堡趕辦團練尅期並舉

一稟請　賞給戳記以便保良攻匪暨文稟通報等情

計開公定章程列左

一議同沙頭雲津百滘簡村先登金甌海舟鰲頭吉利龍津等堡大栅圍之崇德社學暨羅格梁沙海等圍共八十餘鄉廣招壯勇自備經費奉　官剿撫以安良善

一議請派委員會同地方官督帶兵勇次第進剿其經費支應諸務仍歸紳士辦理

一議陸路壯勇約二千餘名水路拖船快蟹約二十號分頭剿辦以期一律肅清

一議辦事總局設官山墟使上下易於策應賊平則分設沙頭隆慶兩營以辦善後

一議各堡捐出經費須陸續匯交總局支應

一各鄉匪徒須各鄉紳士始能悉知除稟請 [redacted] 札諭紳等專在局辦理外其餘各鄉正派紳士須隨時到局商辦毋許觀望俟賊匪殲除淨盡亦須就近出具保結勿任諉卸

一稟請 [redacted] 示諭各鄉倘有抗拒官兵容留外匪照西村瑤臺之例其被脅之衆如能悔過自新許令紳士開名保釋或能將首惡殲擒除邀赦外另酌賞給

一議各鄉如有抗拒官兵致兵勇傷斃者該賞䘏等費責在該鄉族交出餘外所有花紅仍歸總局給發

委帶林勇留補廣西同知林福盛謹將奉

委帶勇會同在事文武員弁及督率各鄉局搜捕省北慕德里司屬各村庄逆

匪分起由地方官開列犯名清摺解局審辦外合將自七月初四日起至十二月

十八日止圍捕人犯數目開具清摺呈

電

計開

慕德局江村鴉湖等村

自七月初四日起至十二月十八日止共搜捕勒交解省審辦人犯二千一百三

十二名
又據該局紳報稱陸續驗明畏法自盡人犯叁百四十八名
又查七月初四日以前曾經該局紳等獲過解省審辦人犯貳百三十名
通共搜捕勦除匪犯貳千七百一十名
安良局古料蕭崗大塱等村
自七月初四日起至十二月二十日止共搜捕勦交解省審辦人犯八百二十名
又據該局紳報稱陸續驗明畏法自盡人犯四百五十名
又查七月初四日以前曾經該局紳等獲過解省審辦人犯七百五十二名
通共搜捕勦除匪犯貳千零二十二名
安和局楊村滘湖等村
自七月初四日起至十二月十八日止共搜捕勦交解省審辦人犯七百六十六名
又據該局紳報稱陸續驗明畏法自盡人犯一百七十七名

又查七月初四日以前曾經該局紳等獲過解省審辦人犯七十名

通共搜捕勒除匪犯一千零一十三名

仁善昇平公平鳳凰四約等村

自七月初四日起至十二月十八日止共搜捕勒交解省審辦人犯貳

百九十五名

又據該約紳報稱陸續驗明畏法自盡人犯二十三名

又查七月初四日以前曾經該局紳等獲過解省審辦人犯十七名

通共搜捕勒除匪犯叁百叁十五名

總計通共搜捕勒除匪犯六千零八十名

又於十二月十九夜購線拿獲望江村偽前營先鋒黎汝、旗頭黎義二

名合並稟明

[redacted]

謹將各府直隸州廳州縣酌擬捐輸銀兩數目列摺呈

電

廣州府郭	七百兩
理事廳閏	三百兩
廣糧廳王	三百兩
澳門廳英	三百兩
佛山廳彭	三百兩
虎門廳袁	三百兩
佛岡廳羅	一百兩
韶州府任	四百兩
連州德	四百兩
南雄州孫	二百兩
惠州府陶	四百兩
潮州府吳	六百兩
南澳廳秦	三百兩
潮糧廳賀	三百兩
鹽分司顧	四百兩
嘉應州文	三百兩
肇慶府李	七百兩
羅定州郭	三百兩
護理高廉道廉州府伊	八百兩
高州府白	五百兩
高糧廳姚	二百兩
廉州府沈	四百兩
雷州府盧	四百兩
雷防廳劉	三百兩
瓊州府世	五百兩
瓊防廳王	一百兩
綏猺廳張	二百兩
南海縣	三百兩
番禺縣	三百兩
順德縣	三百兩
東莞縣	三百兩
香山縣	三百兩

新會縣　三百兩
新寧縣　二百兩
增城縣　二百兩
三水縣　二百兩
新安縣　一百兩
清遠縣　一百兩
從化縣　一百兩
龍門縣　一百兩
花縣　二百兩
曲江縣　二百兩
樂昌縣　二百兩
仁化縣　一百兩
乳源縣　一百兩
翁源縣　一百兩
英德縣　一百兩
始興縣　一百兩
陽山縣　二百兩
歸善縣　二百兩
博羅縣　二百兩
長寧縣　一百兩

永安縣　二百兩
海豐縣　二百兩
陸豐縣　一百兩
龍川縣　二百兩
連平州　一百兩
河源縣　一百兩
和平縣　一百兩
海陽縣　三百兩
豐順縣　一百兩
潮陽縣　三百兩
揭陽縣　三百兩
饒平縣　二百兩
惠來縣　二百兩
大埔縣　一百兩
澄海縣　三百兩
普寧縣　一百兩
長樂縣　二百兩
興寧縣　二百兩
平遠縣　一百兩
鎮平縣　一百兩

高要縣	二百兩
四會縣	一百兩
新興縣	二百兩
陽春縣	二百兩
陽江縣	二百兩
高明縣	一百兩
恩平縣	二百兩
廣寧縣	二百兩
開平縣	一百兩
鶴山縣	二百兩
德慶州	二百兩
封川縣	二百兩
開建縣	一百兩
東安縣	二百兩
西寧縣	二百兩
茂名縣	二百兩
電白縣	二百兩
信宜縣	一百兩
化州	一百兩
吳川縣	一百兩
石城縣	二百兩
合浦縣	一百兩
欽州	一百兩
靈山縣	二百兩
海康縣	一百兩
遂溪縣	一百兩
徐聞縣	一百兩
瓊山縣	三百兩
澄邁縣	一百兩
定安縣	一百兩
文昌縣	一百兩
會同縣	一百兩
樂會縣	一百兩
臨高縣	一百兩
儋州	一百兩
昌化縣	一百兩
萬州	一百兩
陵水縣	一百兩
崖州	一百兩
感恩縣	一百兩

敬稟者
江西撫憲因接到
向大人咨會逆匪被勦勢窮乘船上竄是以札調贛州鎮馳赴九
江防堵令卑州探事家丁于五月初三日在江西省城稟見候補
府郭守知逆匪尚未竄入江西境内惟江西省城鋪户居民紛紛
搬遷一時無船可雇是以郭守並候補縣何令瑒令所帶四粤官
兵尚在滕王閣駐紮並傳聞前次揚州分股竄入鳳陽之匪徒現
又竄往他處揚州是否實已克復抑或尚留餘匪傳言不一上猶

縣匪徒業已竄回龍泉縣探聞匪首劉統義係龍泉縣人謹肅稟
聞恭請
勳安伏乞
鈞鑒卑職福蕪謹稟

22

FO.682/378B/1(30)

現在磨刀掛碇洋面，既有賊船出沒，是各處匪多因被剿敗逃出洋，此時沿海村庄必須實力團練，隨同舟師分投堵剿，以免釀成大帮，蔓延為患。詞稱賊殊餉竭，已奉縣給示，于本邑業户按畝捐銀三錢，惟外縣田在香属者，所交不及百之一二等情。所捐既為地方剿匪公用，其税田在香属者，自宜一體捐助，未便任由諉卸。應准如所請辦理，并行知總局檄飭順德等縣，示諭各業户按畝捐輸，以濟軍餉，仍將所捐銀數若干全數解交省城軍需局收，俾充公用。仍由該紳等激勵沿海村莊紳民，趕緊團練壯丁，巡防口岸，自衛鄉閭，必能雇募漁船，隨同舟師前往剿匪洋面，探踪追剿，其立戰功，自當咸予懋獎，宜各勉旃，毋稍觀望延悮。

五月十六日

F.O. 682/138/3 (23)

謹將讞局收到正法各犯數開列句摺呈

電

計開

十月中旬共收到人犯二百九十二名

自十月初一日至此共收到人犯五百八十七名

自上年閏七月中旬至此共收到人犯三萬零六百四十七名

十月中旬共正法匪犯三百一十七名

自十月初一日至此共正法匪犯五百一十二名

自上年閏七月中旬至此共正法匪犯二萬一千三百零六名內凌遲二百三十三名

除正法外尚應四千三百四十一名所有未辦保釋彙辦病故發審未定供各項均在其內合註明

[redacted]

遵將前山營備公息、排鍊經費、水操防夷經費三款發各縣當商生息原本銀數開列呈

閱

計開

一項前山營備公生息原本銀一十萬兩內發

南海縣本銀一萬六千七百三十三兩 截至四年底止未完息銀六百六十九兩三錢二分

番禺縣本銀一萬六千六百兩 截至四年底止未完息銀一千六百六十兩

東莞縣本銀八千三百三十三兩五錢 截至四年底止未完息銀二萬二千六百六十七兩一錢二分

順德縣本銀八千三百三十三兩五錢 截至四年底止未完息銀四千零五兩零九分五厘

香山縣本銀八千三百三十三兩五錢 截至四年底止未完息銀三千四百一十六兩七錢三分五厘

新會縣本銀八千三百三十三兩五錢 截至四年底止未完息銀六千零六十六兩四錢九分三厘

高要縣本銀五千零八十八兩二錢一分五厘 截至四年底止未完息銀七千三百六十一兩七錢零七厘

高明縣本銀一千七百六十五兩二錢九分九厘 截至四年底止未完息銀三千四百六十七兩一錢七分二厘

四會縣本銀六百二十三兩零四分七厘 截至四年底止未完息銀八十兩零九錢九分六厘

廣甯縣本銀五百一十九兩二錢零五厘 截至四年底止未完息銀六十七兩四錢九分七厘

新興縣本銀三千九百四十五兩九錢六分三厘 截至四年底止未完息銀一萬三千五百三十五兩七錢零八厘

陽春縣本銀五千七百一十一兩二錢六分三厘 截至四年底止未完息銀一千八百六十兩零六錢二分三厘

陽江縣本銀五千八百一十五兩一錢零三厘 截至四年底止未完息銀四千二百一十四兩五錢三分五厘

恩平縣本銀三千一百一十五兩二錢三分三厘 截至四年底止未完息銀七百七十八兩八錢零九厘

開平縣本銀三千零一十一兩三錢九分二厘 截至四年底止未完息銀三百九十一兩四錢八分一厘

德慶州本銀九百三十四兩五錢七分 截至四年底止未完息銀三千八百二十二兩三錢八分二厘

封川縣本銀五百一十九兩二錢零五厘截至四年底止未完息銀六十七兩四錢九分七厘
鶴山縣本銀二千二百八十四兩五錢零五厘截至四年底止未完息銀二百九十六兩九錢八分六厘
以上十八屬共未完息銀七萬四千四百三十兩零一錢五分六厘原本銀一十萬兩每月一分生息每年得息銀一萬二千兩以為支給前山三水大鵬右三營兵餉米草等項用

一項排鍊經費原本銀三萬五千兩內發查此項銀兩係於嘉慶十七八等年由洋商捐解藩庫發給各縣當商生息
南海縣本銀八千兩截至四年底止未完息銀二百兩
番禺縣本銀六千兩截至四年底止未完息銀二百二十五兩
順德縣本銀八千兩截至四年底止未完息銀四百兩
東莞縣本銀六千兩截至四年底止未完息銀六百兩
新會縣本銀四千兩截至四年底止未完息銀四百兩
香山縣本銀三千兩截至四年底止未完息銀一百五十兩
以上六屬共未完息銀一千九百七十五兩原本銀三萬五千兩週年一分生息每年得息銀三千五百兩全數支給內河及虎門各砲臺弁兵薪水口糧銀兩用查此項銀兩係由各官公捐先由藩庫於道光十九年給發各縣當商生息

一項水操防夷經費生息原本花銀五萬七千七百兩內發
順德縣本銀二萬兩截至四年底止未完息銀一千兩
東莞縣本銀一萬七千兩截至四年底止未完息銀一千七百兩
新會縣本銀一萬一千八百兩截至四年底止未完息銀一千一百八十兩
香山縣本銀八千九百兩截至四年底止未完息銀四百四十五兩
以上四屬共未完息銀四千三百二十五兩原本銀五萬七千七百兩週年一分生息每年得息銀五千七百七十兩遞年將銀五千五百兩支給內河及虎門各砲臺弁兵薪水口糧之用查此項銀兩係在抄變逆犯姚九等產價於道光十六年給發各縣當商生息

查前署佛山同知謝令稟獲抗查匪犯鄭錢等訊係從逆正法一案先據署佛山同知謝令稟稱本年三月初十日據觀音堂鋪公局司事吳顯時等稟報協同勇目鄧榮超督勇挨查門戶拏獲抗查之鄭錢陳洪陳容三名委員訊明即係前充彩陽堂汛兵丁葉潤青李雄彪李榮彪三人均認拜會從逆當即覆訊正法次日該汛署千總孔繼安來署面稱該三兵業經革退十四日復准孔署千總移稱該三兵係被誤拏移請送回防勦等情又准廣州協移稱據署守備孫東暘轉據署千總孔繼安署把總葉逢春稟報兵丁葉潤青等向充佛山彩陽堂汛兵丁上年六月逆匪滋事是月十三日跟隨王都司到省當差葉潤青于是年八月十三日派往松岡勦捕是月三十日回省考拔步糧仍回松岡防勦嗣飭往佛山打探賊信李雄彪李容彪于是年十二月三十日撥回佛山派巡觀音堂鋪等情奉飭提局審辦旋據佛鎮練紳工部主事黎思仰舉人李能定等五十一人以鄭錢等寔係從逆巨匪誅之大快人心聯稟到局並據街正潘升等赴局投到經委員程王二丞提同謝令等研訊據潘升供充當佛山都府街街正與兵丁鄭錢等素識鄭錢寔姓葉小名剩錢人即呼為鄭錢其陳洪陳容原姓陳因其教師姓李充伍時改從李姓據羅枝秀供向在佛山大灣開張羅恒記鉄釘鋪素知鄭錢等充當兵丁不甚相熟據吳顯時供伊在佛山觀音堂鋪團練公局充當司事管理查街據職員鄧榮超供伊曾帶良勇駐紮佛山奉同知派巡街道又據同供上年六月十二日佛山逆匪滋事十六日鄭錢等三人頭裹紅巾與賊夥路過都

府左街經伊潘升看見十八九等日鄭錢等三人頭裹紅巾
鄭錢手執尖角尺許小紅旂一枝上寫大司馬崔字樣與紅
賊十餘人路過大湾直街及恒記店門首經伊潘升羅枝秀撞
遇二十一日鄭錢等三人頭裹紅巾與賊夥路過大湾社鄭
錢並稱四更食飯米粗未飽烟癮又來致未打仗轉回之言
向賊夥告說經伊潘升撞遇聽聞二十二日鄭錢等三人頭
裹紅巾與賊夥路過恒記店前亦經伊羅枝秀目覩此後伊
潘升羅枝秀即未見鄭錢等踪跡本年三月初十日伊兵顕
時鄭榮超督勇挨查門戶查至大湾空舖見有匪人聚賭喝
勇捉住二人詢名何榮彥趙朋帶至公局忽有多人往鬧當
場拏獲三人自稱兵丁傳伊潘升羅枝秀詢明何榮彥趙朋
係屬良民當即保釋其往鬧。三人係鄭錢陳洪陳容曾經從
逆亦即解廳審辦併據謝令通具親供當日練局拏獲兵丁
葉潤青即鄭錢等三名解廳送交委員鄢州判訊認拜會從
逆稟訊正法次日孔署千總來署面稱該三兵業已革退又
據鄢州判通具親供伊承審兵丁葉潤青即鄭錢等委認拜
會從逆送廳稟審辦理惟前署彩陽堂汎千總孔繼安通具
親供仍稱兵丁葉潤青等在營當差被拏伊見謝令並未稱
係革兵等語本司道等查地方官拏獲逆匪就地正法本屬
奏定章程惟鄭錢等如未拜會從逆則謝令應照承審官故入
死罪已決例抵以死罪若僅擬遣恐干
部詰而謝令之正法由於鄢州判之取供鄢州判之取供由
于司事兵顕時等之獲解司事兵顕時等之獲解又由于街
正潘升等之指攻則街正潘升等應照誣告人叛逆已決例
擬斬立決司事兵顕時等應照為從減流鄢州判亦應于謝
令死罪上量減擬遣其練紳工部主事黎思卲舉人李能定
等五十一人聯名稟許亦應究明首從為首則照誣告叛逆
已決例擬斬立決為從則減等擬流究竟黎主事等誣人重
辟係挾何嫌若不參革究明似難定讞且鄭錢等業經正法
原供真偽無可根追若僅憑孔葉二弁之稟供遽將官紳數

十人概擬重罪亦恐有干
部詰若辦謝令主使買囑則聽從誣指之官紳人等仍應照
為從問擬遣流不能免罪若僅將謝令參辦其餘概行刪
除則鄭錢等如何到官又難聲叙此不以原供及紳士街
隣稟指為憑難於辦理之情形也計自設局以來審辦人
犯已至一萬數千皆憑犯供及紳耆隣里稟指以定罪名
今犯決無可訊供若以原供及紳士街隣稟指為憑坐定兵
丁葉潤青即鄭錢等拜會從逆該管營員如係知情狥庇則
均應照謀叛知情隱藏律擬絞立決如係失察則應照叛逆
案內營兵隨同附和例同城該管各官俱革職不同城兼轄
統轄各官降二級調用提督總兵降一級留任而署把總葉
逢春署千總孔繼安署守備孫東暘並未輸服若不參革
澈究亦難遽定爰書此以原供及紳士街隣稟指為憑難
於辦理之情形也至謝令稟稱孔署千總至伊署內面稱三兵
業已革退而孔署千總則稱並無其言惟兵役犯罪之案
酌辦先已斥革俾該管官免干嚴議亦屬事所常有又
孔葉二弁原稟則稱兵丁葉潤青即鄭錢等於上年六月
十三日跟隨王都司到省當差是年八月十二月撥往松岡
佛山防剿而街正潘升等僉供上年六月十六十八十九及二十
一二等日目擊鄭錢等頭裹紅巾手執紅旂口稱食飯未飽
致未打仗核其所稱鄭錢等為賊之時係在撥往松岡佛山
之前跟隨王都司來省當差之後王都司係因失守佛山潛
避回省則所稱跟隨當差亦難憑信在謝令聽斷粗踈辦
理草率固屬咎無可辭而案情重大牽涉多人推核不厭
詳慎謹開畧呈候
鈞裁再前奉飭審記妻李大濱濫保匪犯妄拏良民交與署
千總孔繼安嚴刑酷訊之案提訊均不承認是否挍却另行
確訊辦理

查南海縣江浦司屬吉利堡上村鄉陳梁林馬莫鄧各姓素
為賊藪年来附近各鄉失事俱由該鄉賊匪糾黨行刦盗
據事主禀報并經吉利龍津鼇頭三堡舉人廖灼等聯攻
雖奉移行差拘各匪恃有前充江浦司攢典陳紹堯包庇
每遇行拘文件即密通消息以致杳無一獲悪胆愈張僯
近莫不週知上年六月佛山匪徒滋事該鄉賊首陳亜滿
陳亜沛混名兕佬沛陳亜池混名大刀池馬亜喬混名爛
大稍莫亜洸等即在鄉内公舘竪旗聚黨千百人不等
設立全勝堂名目沿村擄勒惨不堪言并自置賊艇六隻
連結佛山陳村西南九江各股匪抗官拒捕嗣因江浦司壯
勇失利該匪復糾集賊首關巨等賊艇数百隻焚刦沙
頭官山羅格官洲両圍及僯近之賓頭大岸等鄉鋪
舍民不堪命先經羅格圍紳士冼佐邦等聯禀
局憲在案現在該鄉賊艇常在陸废官山口河面遊奕
截刦来往商民米石各匪坐擁厚資徒令各鄉絶食情
実可憐求乞
札飭統帶兵勇文武就近痛加剿洗庶崔苻斂跡地方
肅清矣

[redacted]

查九江堡自去年逆匪擾亂最猖獗者莫如關巨
黃冠裳等境內貴賤貧富遍遭塗毒即地方員弁
亦避其鋒紳士赴省遞呈半途遭其撻辱逆等多
造戰船滿載財米炮械圖拒　官兵而備逃竄三
月間在順德河面被　官兵剿敗尤有賊船數十
號四月初一日水師到剿胆敢恃兇沿河水陸抗
拒幸而官兵奮擊斃賊數船餘竟上竄而陸賊恃
地澗塘多桑高路雜內伏分岐連日搶奪並刼餉
當數間而水師未便深入程主簿邀同舉人鍾澄
修在籍縣丞郭惟清廣西舉人朱文彬生員陳裕
祥朱宗琦馮體元梁昌言武生關傑臣關文芳等
同赴河干謁見燕宗兩帶兵官訴指賊情懇請水
陸並進一鼓成擒蒙面諭水師未便久留深入飭
令傳諭該逆樹立白旗轉為團練候會陸兵齊剿
舉人等只得遵諭隨　主簿拚死勉向傳宣逆賊
關巨等除由船竄外尚有陸賊千餘立改團練白
旗妄稱練長碩夫先生嘯聚李家祠敢分卡守險
以防陸兵隨知大兵雲集遂連夜解散潛逃多由
晝艇出外洋舉人等係新團鄉民並無船炮莫奈其
何自公局兵勇進境舉人等亦募別鄉勇三百隨
同　羅守備晝夜親帶搜捕獲解逆匪三百餘名
歷稟有案忽聞　縣憲以首匪未獲疑為庇縱詳
請斥革勒交伏思舉人等身受賊害繼為賊累恨
不食肉寢皮何恃能庇何圖而縱難瞞
洞鑒斥為畏賊罪不容辭疑為庇縱冤誠莫白伏懇
原情
憫拯得以始終奮勉上答
鴻庥實為　恩感

F.O.682/279A/3(15)

再稟者竊以善後事宜莫亟于搜捕餘孽增城自去年閏七月收復土匪登即遠颺猝難弋獲至本年正月後逐漸回鄉而著名逆黨緝獲者未及十之二三既無以伸　國法而快人心亦恐其怙前非以貽後患應如何飭縣營嚴辦之處伏乞
憲裁謹將匪名擇其較著者開具于後

蔡文莊 生員西山人主謀造逆　蔡裕昌　蔡滋榜 俱西山人土匪渠魁　蔡世桃 西山人賊偽元帥

梁喜中 城內西門人　蕭敬中 城外蕭屋人　黎亞魁 城外下街人以上俱受賊偽署盤據增城

黎紉湘 從九品下街人主謀助逆混名豆皮恵　黎亞宴 下街人　黎應手 下街人俱著名賊目　賴麗南 武生關埔人賊偽軍師

徐錫恆 監生馮圣下人為何六逋逃主　馮狗仔 馮圣下人何六契好　鍾玉池 監生燕崗人為福和聚匪淵藪

鄭亞洪 城內鄭屋人陷城內應　廖保安 廖村人　王宴高 棠村人　張洪秋 福和人

郭毛虫　郭四友　郭姑仔 俱官塘人　劉亞瑶 橫塱人混名鬪刀瑶

陳亞得 山尾人　何太康 白江人　何漢容 南圣人逆犯監生何敬康之子　陳威祥 箕裹岡人

張金順 江尾村人　何亞犀 沙頭人以上俱土匪渠魁屢次樹旗刦掠

[illegible]大人電覽

敬稟者、緣增城土瘠民貧、向稱安靜、近因會匪煽惑、遂至半入迷途、幸團練比各邑為先、故平定比各邑稍早、謹將顛末、略陳其概、縣治之東則有上都之三江一路旁通博羅、下通石龍縣治之西、則有福都之福和一路上通從化番禺、縣治之南、則有下都甯都甘都之石灘仙村新塘一路下通番禺、旁通東莞、縣治之北、則有梅都之派潭一路上通從化、旁通龍門、其東北則有牛都之證果一路上通龍門、自咸豐三年五月　主事乞假旋鄉、家居縣城北十里慶都之橋頭村、徵聞邑中客民頗有私相拜會者、即知會該處紳耆禁止、不料十月十七日突有牛都客籍之下笳竹村、糾黨數百、從賊首謝亞記豎旂往刦該都之汀塘村、賴是時士著人心尚古、證果路各鄉紳士聞報、登即於十八日率勇兜擒追賊至崩圳地方、圍殺頗衆、賊隨解散、十九日　文武官始至、竟未搜捕一匪、此增城東北路倡亂之始也、主事等見法既不行、盜將漸熾、爰於十一月稟請　倪前令、近聯橋頭崇村廖村曹村等鄉為靖安約遠聯慶都牛都賢都梅都并龍門之蘇挓永清二都共為六都大約每都釀銀伍百兩、以為犒賞補給之用、其礮械軍糧、仍核實著各鄉自辦、聞警務急應援、延誤者罰、於四年二月初一日集紳士百餘人盟於證果神前以示信、迨四月十六夜、有莞賊百餘由從化下派潭繞出證果地界、被該處壯勇堵截擒賊七名、餘賊迯回莞邑石龍地方、時逆首何六正在石龍謀不軌、以六都截殺釘恨、遂於四月二十二日、遣偽帥劉英才統黨二千餘由三江路來過海屯於離城十里之初溪村、主事等知城中全無準備、登即親提壯勇護城、賊不敢進、旁掠亭子岡一帶村庄、主事等旋於二十六日督勇直搗賊所、賊聞風遁走四十餘里竄至福都之福和墟、以日暮未便窮追、仍率勇退屯橋頭村、賊在福和招集土匪朱真社張洪秋等糾黨六七千、焚刦打單無算、二十九日賊往刦二龍墟、欲再窺縣城、主事等督勇堵截要隘、賊不得逞、遂於五月初一日冒雨徑奔派潭墟盤踞四擾、初三日主事等復督勇趨赴四十餘里至派潭墟、賊先半晌飛遁、尾追至增從交界之高灘墟、擒殺賊匪數十名、賊又由從化繞至龍門、初十日刦龍門之蘇挓墟、分為二股、一由羅浮山脚而下、一由牛都三松嶺瀾水坑而下、被牛慶二都壯勇沿途截擊、追至博羅之歐陽洞、斬首百餘名、生擒五十餘名、當經送案轉詳諒邀

電鑒、此賊由東路蔓延至西路北路及東北路之大略也、嗣是以後、賊恨益深、賊黨益衆、朱真社何太康蟻衆於甯都之五踏嶺、何維何漢容兎狡於下都之石灘、陳旭横行於下都甯都甘都、河面由官海至新塘、賊

船綿亘數十里、而何六之虎踞石龍、實爲渠魁、蒙
憲發撫標兵來增城、往十字滘進剿、一戰失利、兇燄彌張、無日不聲言入
增蹂躪、城廂內外居民、暗往石龍投賊者不知凡幾、紳者既不約束、文武官
縣營亦若罔聞、延至六月初旬、風聲更緊、賊船駛至石灘以上、
星夜飛徵赴救、札稱城中即晚起旗應賊、主事等速集六都壯勇、環城
守禦四晝夜、賊聞備、稍却、幸遇
憲發大兵進剿新塘官海一帶、大獲全勝、報到始行解嚴、而石龍亦乘勝
收復、其餘股匪各散、此時增城稍加搜捕、形格勢禁、猶可弭患於將來、
乃既不查拏、并無示諭、賊黨恃以不恐、愚民趨之若狂、何六匿三江馮
壆下村徐錫恒家、分遣賊黨之狡猾者入六都煽誘、主事等查確、陸續
擒殺數十人、奈城內外人公然與何六往來西山下街、尤無忌憚、於是
七月十四日、逆首何六會合東增博三邑逆黨數萬、由三江直上、屯於
縣城對海之西山村、主事等即日調集六都壯勇萬餘人、飛請羅恭
戎帶領未嘗見仗、迫得於十五日與各紳士分領向前接仗、時遇雨失
利、壯勇頗有傷亡、隨於十六十七日添撥壯勇在城外堵截要路、距賊
即於十八日凌晨分股繞道來攻、主事之橋頭村、而毘鄰同約之廖村
崇村下角忽包紅頭應賊、壯勇赶回救應不及、遂被焚刦一空、城中土
匪登時開門迎賊、縣城因之失守、縣主被傷、擄至西山、羅恭戎幸
保無恙、旋於二十三日以僞令封石龍渡船回石龍開住、賊遂據縣城
縱監刦庫、四出打單焚掠、如白湖棉湖麥村等處尤慘、至二十八日何
六統黨趨省城、留賊七八千、交賊目葉亞胡博羅人、梁喜中、黎亞魁等俱本

城人偽署增邑、時　主事與六都紳士密議捐貲復團、再圖滅賊、城中劣紳、
自知通賊陷城、罪無可逭、因藉何六之勢、以書轄六都與坊都即城內外講
和、六都不允、伊益釘恨、竟與葉梁黎數賊、謀請復　文武官挾以控制、於
是　倪前令　羅泰戎俱回城、而賊之聲勢更大、揚言不購殺　主事不
止、不剿滅橋頭不休、果於閏七月二十五日傾巢而出、因數日前賊刦清
塘約為客民所敗、遂偽稱往清塘報復、中道始繞至橋頭、　主事偵知賊
計、先行設伏、兩翼夾攻、賊衆敗走、擒斬百餘名、二十七日又敗賊於北
門外之蔣村及崇村下角、二十九日又敗賊於西北兩門、賊奔回西山
舊穴、各勇乘勝直搗、賊不能支、當即分路四竄、業於四年八月初八日、
將奉札復城相機剿賊擒斬奪獲等情馳稟在案、此賊由東路蔓延通
邑之大略也、復城後、　舊令纔故、　新令未來、設局縣城、危疑震撼、凡
百苦況、未敢瀆陳、嗣於八月十六日有龍門陷城賊船十餘隻、由谿果
順流而下、速調附近壯勇邀擊、獲賊邱金山等十五名、詎賊首曾二挾
恨、敢於八月二十日糾衆到派潭豎旗、復調壯勇往剿、生擒黎觀朧等
八名、并首級礮械等項、均於八月三十日馳稟在案、曾二猶不悛、再於
派潭招聚外匪與該處客匪三千餘人、於九月初九日圍攻溢村周姓、
因前邀擊擒賊周姓壯勇居多各壯勇竭力抵禦、自辰至午、賊敗走、生擒藍亞𤢨等五
名、首級礮械等項、均於九月十六日　陳縣憲蒞任後稟明在案、此賊
由東北路蔓延至北路之大略也、自團練至此、共用銀三萬餘兩、俱由
各鄉捐助、　主事等見民窮財匱、難再支持、因稟請　縣憲撤局、而是時

警報頻仍、未蒙允准、於是改六都團練局為合邑十二都團練總局、并分設各都分局、使之各自扞衛、亦互相應援、無論某都有警、俱由總局派紳勇馳赴該都、協同該都紳勇堵勦、倘力不足、再調鄰都壯勇到助、其經費除復行勸捐六萬八千餘兩外、按各都田賦科派銀九千餘兩、因欲聯絡東莞、特遣紳士親詣石龍及莞城各公局、并謁　華憲面商一切保障事宜、章程甫定、而十一月初十日有塘尾村賊首劉池金在

該村豎旗、督勇剿辦之事、十一月十五日有前日擄城賊目葉亞胡、梁喜中、黎亞魁、蕭敬中等在紅花地豎旗、督勇驅逐之事、十一月二十四日有新造賊船突劫新塘、派勇助堵之事、十一月二十七日有從化股賊大舉入寇福和、會勇合擊之事、十一月二十八日有新造賊大舉再劫新塘、會勇助堵之事、十二月二十日有新造賊襲入石龍、蒙　華憲飛書調增勇截賊退路之事、五年正月十一日有莞賊蕭星茂在麻涌豎旗、擾及增城之東洲西洲、派勇守禦之事、十七日夜有何六統蕭星茂賊黨再攻石龍、迫近增城之石灘仙村等處、派勇防堵之事、俱經節永清墟、其舊墟盡行焚燬、新墟被賊盤踞、聲言乘勝直下劫證果之龍潭埔村、且窺縣城等語、主事等登即調勇往龍潭埔上之峽口堵禦、因各勇冒險輕進、道路不熟、互有殺傷、初五日著帶勇紳士踏看情形、繪圖設伏、定以初六日四面圍剿、賊匪聞風、即於是日卯刻先竄入藍糞山尾、追不及、僅在該墟志誠等紙店搜獲餘匪九名、交該處紳士解送龍門縣正法、　本縣憲以事屬隣境、未經通詳、謹附誌於末、

上年失城各處殉難革職功過相抵事前病故事後病故各
員弁開列清单呈
閱
計開
廣州府屬
佛山鎮于四年六月內被匪竄踞四年十一月二十九日收復
護理督標右營叅將黄者華革職留任
廣州協都司王平如
署佛山同知彭邦晦
以上二員革職
東莞縣城于四年五月二十二日失守四年六月初六日收復
水提前營都司莫其亮被害
署東莞縣江肇恩
署典史張玢
以上二員革職
增城縣城于四年七月十七日失守四年閏七月二十九日收復
署增城縣倪森被傷身死
把總林常春
額外周振光　周名揚　林以陞
以上四員陣亡
署增城營叅將羅璋功過相抵
守備唐高崑克復後因傷病故
花縣城于四年六月十九日失守四年八月二十五日收復
署花縣程志簠先已病故
龍門縣城于四年閏七月二十八日失守四年九月初六日收復
署龍門縣喬應庚
署典史楊宣
縣妻郭氏　孫女慶姑　婢荷花

以上均屬被害
清遠縣城于四年七月十一日失守五年三月初三日收復
廻岐司巡檢沈堃中途遇害
署清遠營遊擊張得勝
調署清遠左營把總熊永才
清遠右營外委陳玉輝
署清遠右營把總袁達朝
署清遠右營外委陳瑞起
以上五員殉難
代理清遠縣程兆桂功過相抵
署清遠左營守備事千總賴明貴解省正法
順德縣城于四年七月初八日失守五年三月九日收復
署順德協左營千總事委補水提前營千總余殿荣
順德協左營把總王昌華
順德協左營外委殷世松
委員遂溪縣湛川司巡檢劉光裕

順德縣都甯司巡檢沈運昌
以上五員殉難
署順德縣馬映階
署順德協副將事捐升外海水師遊擊謝作高
署順德協左營都司事右營都司鄭熊標
順德縣典史韓淑元續已病故
以上四員革職
從化縣城于四年九月二十七日失守四年十二月初一日收復
從化縣李福培弟李性培
典史趙應端
以上均被焚斃
佛岡廳城于四年七月十六日失守五年四月初六日收復
代理佛岡同知羅才掄被賊戕害
惠州府屬
河源縣城于四年八月十七日失守四年十一月初八日收復
河源縣施禹泉先于賊未入時病故
欽州營叅將塔明阿陣亡

博羅縣城于四年十一月初一日失守四年十二月二十五日克復
博羅縣謝玉漢先經御史奏請革職續經鱗奏請功過相抵
典史試用從九品蕭道沆陣亡
監生葉際陞被戕
長甯縣城于四年八月二十一日失守登時收復
長甯縣張步蟾
駐城署惠州協左營守備張國琪
典史張以謙
署城守外委張兆熊
以上四員功過相抵
海豐縣城于四年閏七月初十日失守即于二十六日收復
海豐縣林芝齡
署縣丞施道彬
碣石鎮右營把總李春
以上三員陣亡
韶州府屬
英德縣城于四年七月初十日失守五年四月二十八日收復
英德縣葉儁昌
署典史事試用從九品張世瑞
以上二員革職
外委吳韶亮功過相抵
樂昌縣城于四年閏七月十六日失守四年八月初四日收復
署樂昌縣經文績已丁憂
典史姚恭禮
署城守千揔謝兆熊
以上三員革職
仁化縣城于五年正月初十日失守即日收復
仁化縣劉福蔭
署城守外委郭有成
典史林懋儀
以上三員革職
乳源縣城于四年八月二十四日失守即于二十六日收復
署乳源縣王澧
典史高廷楨

兼理城守千總羅覲光
以上三員革職
南雄州屬
始興縣城于四年八月初四日失守即于二十七日克復
始興縣舒隆
署南韶鎮左營遊擊張瀚
典史張褆
以上三員革職
署守備孔慶林
署城守外委朱連陞
以上二員着免置議
肇慶府屬
肇慶府城于四年七月十二日失守五年四月初六日收復
肇羅道李敦業
肇慶協右營把總黃琴勝
以上二員陣亡
肇慶協左營都司杜佳才被傷殞命
署肇慶府任為琦被搶遇害

署督標前營叅將蕭英
署水師營守備覃光耀
肇慶右營千總柯維　外委管兆麟　額外楊生輝
督標中營把總黎有耀
以上六員革職
肇慶協副將常福
署督標後營叅將賈運盛
以上二員革職留任
已革高要縣黃慶薿開復原官仍帶革職留任續已病故
德慶州城于五年二月十七日被匪闌入旋即克復
吏目汪文銓
署德慶州吳保楨
肇慶協右營守備馮樹屏
以上三員功過相抵
鶴山縣城于四年七月十三日失守四年閏七月十八日收復
署鶴山縣馬斌被匪戕害
封川縣城于四年閏七月初六日失守五年四月初六日收復

封川縣德佑陣亡
教諭傅光瑜
署千總張榮輝
以上二員革職
四會縣城于四年七月二十日失守五年三月十二日收復
署四會縣牟考祥
守備張國芳
典史沈承祺續已病故
以上三員功過相抵
廣甯縣城于四年七月二十二日被匪闌入立即收復
署廣甯縣朱甸霖
千總王勝彪
典史孫鳳儀
以上三員功過相抵
教諭胡逢榜追賊陣亡
高明縣城于四年六月二十八日失守四年七月初一日收復
署高明縣張作彥
城守把總藍廷彪
以上二員功過相抵
開平縣城于四年七月十九日失守四年九月初六日收復
署開平縣慶樟
典史林鏞
新會左營把總閔鎮安
以上三員被害
新興縣城于四年七月初八日失守即于次日收復
署新興縣張經賛續經丁憂
把總劉湛江
以上二員功過相抵
羅定州屬
東安縣城于四年七月十二日被匪闖入城中搶刼逃逸
署千總張振邦被匪戕害
東安縣陳昂

署典史沈杰
以上二員被匪拒傷
連州屬
連州城于四年八月初一日失守五年二月十六日收復
兼理連州張壽齡功過相抵
陽山縣城于四年八月初四日失守四年十二月初八日收復
署陽山縣官步霄功過相抵續已病故
教諭楊翊被害
署連陽營左哨千總徐文光 陽山縣之弟官煥
連山汛千總鍾官龍
以上各員陣亡
三江所城于四年閏七月二十三日失守五年二月十六日收復
署副將博爾恭阿用火葯自焚殉難
署左營都司光裕 把總魏光輝 何兆清
左營外委曾殿標 陳本淦 譚長官 甘積華
右營外委曹典章
以上八員俱陣亡
右營把總張茂泰迷失
連山同知四年閏七月二十三日失守四年十月初五日收復
司獄常光昺被害
潮州府屬
惠來縣城于四年五月十二日失守四年八月十五日收復
惠來縣湯廷英
典史黃維甸
教諭彭瑞龍
遊擊辛昺甲
以上四員陣亡
署守備曾榮壽病故
把總黃能恭不知下落
嘉應州屬
長樂縣城于四年七月初二日失守四年八月二十六日收復
署長樂縣榮桂被害

FO.682/279A/6(49)

[redacted]

謹將潮郡軍需實支數目開列清摺恭呈

憲鑒

一道署自行支發餉局報銷各欵約一萬五千兩係發各處經費

一府署自行支發餉局報銷各欵約一萬三千兩勇壯口粮軍裝火葯

一保安局紳士邱步瓊等經管支用約十四萬九千兩紳士自行經理

不涉官吏之手即紳民捐輸及印票借用之欵

一海陽縣汪政經手支用約十萬餘兩

一支應局海陽縣劉鎮經手約六萬兩卸惠來縣許延穀經手約三

萬四千餘兩

總兵大元帥陳示

各營旗總兵丁知悉私收軍餉私通奸仔私受禮物淫行搶劫犯辱婦女拿此五罪立解大營即處决

統領水陸兵馬兼理糧餉大元帥李　為嚴禁報怨以廣恩威事照得怨以行仁物我相安於無事寛以濟猛隱忍相與以有成故漢光武不報反兵之仇終成帝業齊小白不念射鈎之怨遂展霸圖可知欲成大事者須釋小忿也今我洪兵各知仗義一視同仁祇求伐暴誅奸豈與挾私報怨如有假公濟私恃黨勒詐甚至焚屋抄家淫刑割耳等情許該鄉綑送大營重辦倘或黨大勢强一經禀報本帥調兵擒拿定按軍法各宜凜遵毋違特示

嗣統元年又吉月廿四日

復明統兵大元帥洪　為曉諭按稅納餉以裕軍糧事照得寓兵於農王師所以無敵籌餉於稅仁政可以常豐我洪兵以義興師以仁養士非同烏合妄肆鯨吞但六軍雷厲萬旅雲屯軍糧不可苟取兵餉必須正供因與各鄉紳耆公議每畝田科米三觔各鄉彙收送交大營以裕軍餉以順輿情因田供餉衛民不致傷民以賦養兵保富卽以保庶取財有不竭之源籌餉無偏失之患安有不指囷樂供者乎倘有遏糴封江吝情抗稅者定按軍法決不寬恕各宜凜遵毋違特示

大明嗣統元年又月初六日示

電 2 END

呈

查番禺縣沙灣司屬新橋鄉自紅賊起事
該鄉即有匪徒數十首纏紅布嚇擄四
隣強勒殆盡復往新造鍾村等處作
逆迭次抗拒官兵嗣因搗破賊巢匪
等潛逃回鄉躲匿鄉內紳耆正擬挾
拏解究詎匪等聞風逃走現查得縣
在番禺縣差役胡剛蝦狗艇復查胡剛
現駕番禺白底艇隨同記名千總蘇
海前往剿捕匪等蝦狗艇定必跟隨以
為藏身之固現在大功將已告成而餘孽
仍未淨盡遇有機伏誠恐匪等暗作內
應況貫盈已久罪不容誅惟藉
霜威立飭拏獲明正典刑併勒令番禺縣
差役胡剛交出以杜後來包庇之患實為
公便沾　恩謹將匪徒姓名粘列

胡亞開　老鼠活之子

胡亞學　監生胡其深之子

胡亞沛　混名火麒麟在南步賊巢旗頭

胡亞樹　混名大賊樹脱逃軍犯

胡亞培　監生胡其琛之子混名無人恨

胡亞光　即草眼光

胡會錦　混名蘇鼠錦

胡三添

鄭貴陵　混名時仙陵

鄭潤松

鄭章松

胡亞寧　混名崇枝寧

胡亞雄　混名老山雄

胡亞巨　混名老梁巨

胡亞九　混名龜佬九

蕭亞培　在新造賊巢旗頭

劉亞波

胡亞光　混名大漚光脱逃軍犯

康瑞明

劉過仔

劉亞巢　混名牛高巢

劉亞和　混名大賊和

劉顯榮

劉亞錦

胡亞蛋　混名揚敬蛋脱逃軍犯

胡金滿

蕭亞春

胡亞活　混名老鼠活脱逃軍犯

李六娣

胡亞洪　大賊樹之弟

鄭亞進　即跛進

鄭亞海

鄭升貴

F.O.682/325/3(26)

謹將慕德里司屬各公局自開局起至十二月十八日止捕除人犯

數目開列呈

電

計開

慕德公局

自三月開局起至七月初四日止共解省人犯二百三十名又

自七月初五日起至十二月十八日止共解省人犯二千一百三

十二名畏法自盡人犯三百四十八名共捕除人犯二千七百一

十名

安良局

自去年開局起至本年七月初四日止共解省人犯七百

五十二名又自七月初五日起至十二月十八日止共解省人

犯八百二十名畏法自盡人犯四百五十名共捕除人犯二千零

二十二名

安和局

自六月開局起至七月初四日止共解省人犯七十名又自七

月初五日起至十二月十八日止共解省人犯七百六十六名畏

法自盡人犯一百七十七名共捕除人犯一千零一十三名

仁善昇平公平鳳凰四約

自六月開局起至七月初四日止共解省人犯十七名又

自七月初五日起至十二月十八日止共解省人犯二百九十

五名畏法自盡人犯二十三名共捕除人犯三百三十五名

以上各局總計共捕除人犯六千零八十名

[redacted]

謹将司庫每年額定收支及四年分現收現支並各款数目開列呈

閱

計開

每年額用兵餉等款銀一百七十九萬五千八百七十七兩九錢三分

每年額征各屬地丁錢粮除撥高廉雷瓊二道庫外寔收銀六十五萬五千九百六十六兩零三分一厘

查每年額征地丁耗羨共銀九十八萬八千五百零五兩七錢二分一厘內除撥解道庫支放兵餉銀一十五萬零七百三十一兩零六分又除撥出耗羨歸入下忙額征各屬報部襍款彙列銀一十八萬一千八百零八兩六錢三分外尚應解司地丁銀六十五萬五千九百六十六兩零三分一厘

又額征各屬報　部襍款銀九十萬零九千二百九十一兩八錢六分九厘

另每年額收各關稅銀九萬六千零五十三兩一錢七分五厘

另每年奉　部撥鹽課約銀五十七萬六千零四十兩（每年奉撥多寡靡定合註明）

以上四款共額征銀二百二十三萬七千三百五十一兩零七分五厘

一自咸豐四年正月初一日起至十二月底共收銀二百零一萬一千七百四十二兩三錢四分零一毫五絲一忽內（有帶征各年地丁錢粮襍項銀一百八十七萬五千九百零九兩二錢二分八厘一毫五絲一忽咸豐四年地丁錢粮襍項銀一十三萬五千八百三十三兩一錢一分二厘）

一自咸豐四年正月初一日起至十二月底共支銀二百三十萬零九千九百三十八兩六錢八分一厘七毫三絲一忽

一自咸豐四年正月初一日起至十二月底共不敷支銀二十九萬八千一百九十六兩三錢四分一厘五毫八絲（此項不敷銀兩係在司庫收存不報部各款銀兩通融支給理合註明）

6

FO.682/327/3(47)

稟查咸豐四年會計冊報奉撥運庫鹽課銀五十三萬兩又咸豐四年地丁等銀七十九萬二千四百八十七兩三錢二分九厘備支本省咸豐四年兵餉之用茲四年分除鹽課絲毫未解外僅收咸豐四年地丁銀一十三萬五千八百三十三兩一錢一分二厘若按本年計算實不敷銀一百一十八萬六千六百五十四兩二錢一分七厘因本年收到三年地丁及捐輸監生報　部核項各款共銀八十八萬八千四百五十七兩八錢七分五厘四毫二絲墊支兵餉外實不敷銀二十九萬八千一百九十六兩三錢四分一厘五毫八絲

另各屬欠解正耗銀一百五十六萬九千九百一十七兩九錢六分三厘

運司欠解鹽課銀五十三萬兩

FO. 682/378B/1(2)

謹將石龍地方起事緣由據定興報現探得何亞六順德縣人原日跟隨逆匪大
鯉魚往廣西省滿獲大鯉魚正法後逃回廣東去年曾在虎門各村引誘良民拜會
因積金華查拏甚緊逃在石龍之南浦村何姓藏匿認為本家因而又引誘起近
之茶山村袁玉山等並本處土人自去年十月起至本年三四月間不俱良歹多有入會
其不入者只係紳士富戶及大生理舖戶人等其餘多被協從因會中人衆若不暫入
往來甚為不便逆因分黨往增城地方行刦被官兵殺敗土人追趕逃回石龍該處紳
士舖戶見匪等聚多集衆上太平社議請水糖雜米及棉花等四行人為壯丁守禦
本境並議將舖〻戶房屋租銀每両抽銀六分為壯丁工食自後地方稍為安靖忽
于本月初九晚何亞六袁玉山等率匪行刦石龍之萬勝街錢銀綢緞舖二間該
紳士及舖戶人等又集衆上太平社會議申飭四行壯丁等袁玉山胆敢入社抗衆聲
言若要安靖除非將工食銀分一半與袁玉山何亞六則地方萬無一失矣四行人等咨
咨忿怒當堂在太平社斬傷袁玉山隨即散去後各紳士舖戶見此情形而行上縣

咨稟江令剋即前往石龍十五日住在太平社與該紳等商議懸掛重賞務將何表
二匪拏獲不料賞格一出匪黨立即扯碎糾衆直入太平社行兇將江令跟隨人役殺
斃一名斬傷數名江令亦身受重傷幸得紳士及舖户人等救護始得下船回縣查得
遊府衙門在圩外緊靠河边李大老爺現亦不在衙内聞在赴近村鄉紳士家暫行居
住查得左堂衙門在圩内卞太爺亦不知去向查得石龍舖户于二十日已與匪黨打單二萬
元之數其匪黨約共計有萬餘人扮搶來往船隻六七百號大小不等于二十一早辰該匪
船由石龍開行前往東莞縣城直至二十二日早飯方才去完至今石龍尚有零星餘匪
借勢搶刼舖户一切仍未開張街上閘門日夜俱皆緊閉不通往來查得東莞縣迯
船八隻俱皆投賊改換旗號

106

P.1　F.O.682/391/4(36)

一件　具奏
關聖帝君顯應請加封號事

奏稿

硃批
咸豐　年　月　日奉到

看稿
對摺
咸豐　年　月　日具
奏
摺弁　賫
繕摺

協辦大學士兩廣總督臣葉
廣東巡撫臣柏　跪
奏為
神靈顯應請加
封號以彰崇報事竊惟小醜跳梁久已上干於
天怒
神威不測始能震懾乎人心咸豐四年六月粵東

P.2

省北門外逆氛突起旬日之間聚衆十餘萬人膽
敢覬覦省垣踞擾村市聲勢頗覺鴟張我軍陸
續徵調而來本係以寡擊衆乃自六月至十一
月先後水陸接仗幾及一百次每當彼此相持
瞻[illegible]之會各兵勇恍見
關聖帝君在雲漢中立馬指揮威風赫赫故我兵之
氣愈揚賊匪之膽倍怯而白雲山及東西得勝
[illegible]方本有
關聖帝廟像每於深夜之中皆見燈火如晝兵馬齊鳴
神靈顯應逆魄久褫每逢該匪攻撲各砲台無不
被官兵擊退[illegible]連獲大捷厥後揭竿逆黨有
起之華知有神兵默助各思解散[illegible]次第

P.3

殲除地方平靖又省城南門外之對河地方小
港村向建有
關帝
聖廟為閭閻之香火護闤闠之編氓屢示神奇
迭彰顯應上年逆首林洸滏竄擾河南時值
十二月[illegible]日四鼓將闌該廟司祝忽聞磨刀霍
霍之聲達諸殿外初二日晨起并見塑侍之周將
軍手秉刀捍遠離原地尺許遍告村氓咸視詫
異初三日黎明該逆匪率領羣醜由大塘新村而
至維時逆首林洸滏親執帥旗率眾狼奔橋
外[illegible]暫見羣匪蜂擁而來砲箭齊發該逆匪旋
被轟斃[illegible]割取林逆首級餘匪潰散
[illegible]無不一以當十屢戰屢勝

P.4

傳聞匪前有黑袍神將大旗前蔽以要遮遂致
紅巾盜魁足不前而就戮又據韶州新會三水
龍川各府縣稟稱該處土匪同時肆逆蔓延圍
撲城池經旬累月[illegible]攖城固守值萬分危險
之際俱覺有
關聖帝旌旗在空中往來助陣該匪等因不[illegible]驚
潰遂得剿捕迅以成功由是水陸暢通商民歡
慶現據軍需總局司道詳請具奏
敕封前來臣等欽思
關聖帝君勳相
皇圖典禮已崇夫中祀褒膺
封號靈爽遍著於寰區[illegible]丕顯

五

神威保安東粵臣等寔深寅感理合據詳奏懇

天恩俯准加封尊號上酧

神貺下協輿情將見浩氣[illegible]永[illegible]

色

宸章[illegible]耀珠海長承日月之光臣等不勝歡忻翹企

之至謹合詞恭摺具

奏伏乞

皇上聖鑒訓示謹

奏

[redacted]

謹將領發閩省員弁兵勇薪水口糧等項銀数開列呈

電

計開

一領総局銀共銀叁萬叁千柒百肆拾貳兩壹錢貳分伍厘內

有借支屯租銀叁千叁百肆拾貳兩壹錢貳分伍厘已觧還

道庫俱具有領狀呈繳総局

一支發員弁兵勇薪水口糧共銀叁萬壹千叁百捌拾伍兩伍

錢壹分柒厘玖毫肆絲貳忽內先後調赴惠州細賬登簿呈

繳総局

一支發員弁兵勇油火共銀貳百肆拾兩零叁錢壹分陸厘另

有細賬呈総局

一支發油皷燈籠共銀陸兩捌錢陸分

一支發蝦笱艇叁隻上横檔壹隻下横檔壹隻南北鞏固壹隻

每隻每月拾捌圓貳隻自正月初伍日起至肆月貳拾陸日

日止壹隻留駐虎門上横檔自正月初伍日起至陸月初捌

日止另叁遠炮台壹隻自叁月拾柒日起至肆月貳拾陸日

止共貳百肆拾陸圓折銀壹百柒拾柒兩壹錢貳分有

提憲劄付呈総局

一支赴省領銀陸次往來盤費共銀肆拾捌兩貳錢捌分另有

細賬呈総局

一支發虎門兵勇調傷銀壹等傷拾名每名肆圓共肆拾圓貳

等傷肆名每名貳圓共捌圓叁等傷貳拾伍名每名壹圓共

貳拾伍圓大共柒拾叁圓折銀伍拾貳兩伍錢陸分又藥資
銀壹拾叁兩伍錢共銀陸拾陸兩零陸分俱有清摺領狀并
藥店賬单呈繳總局

一支發平海受傷弁伍名每名捌圓共肆拾圓兵壹等傷叁拾
捌名每名叁圓共壹百壹拾肆圓貳等傷叁拾貳名每名貳
圓共陸拾肆圓叁等傷叁拾肆名每名壹圓共叁拾肆圓大
共貳百伍拾貳圓折銀壹百捌拾壹兩肆錢肆分俱有清摺領狀呈總局

一支蒲委員薪水銀玖拾兩

一支陣亡兵壹名傷亡兵肆名每名掩埋銀肆兩共貳拾兩均
具有領狀

一支兵勇病故拾陸名每名給掩埋銀肆兩共陸拾伍兩陸錢
均具有領狀

一支決犯銀貳拾肆兩壹錢貳分陸拾肆名內凌遲叁名

一支書辦飯食銀壹拾柒兩貳錢捌分

一支買木箱數簿共銀貳兩捌錢壹分

一支福建船戶銀壹百兩稟明　各憲奉諭支發帶兵弁船戶
各具領狀呈繳總局

一支省標兵由平海赴虎盤費銀捌拾壹兩肆錢貳分玖厘奉
總局行知有平海營領狀呈繳

一支房租伍個月每月伍圓共貳拾伍圓扣銀壹拾捌兩

共支雜用銀壹千壹百叁拾玖兩叁錢壹分伍厘

連薪糧共支銀叁萬貳千伍百貳拾肆兩捌錢叁分貳厘玖
毫肆絲

另支阮伍三等口糧銀壹千壹百陸拾陸兩肆錢肆分具有領狀

總共支銀叁萬叁千陸百玖拾壹兩貳錢柒分貳厘玖毫肆絲

除支外尚存銀伍拾兩零捌錢伍分貳厘零陸絲現繳總局

謹將閩省初次奉調來粵官兵因風漂阻現在續到請領盐糧按照原定高州慶鎮統帶該省兵勇章程核給銀数開列呈

電

計開

遊擊崇端一員跟役八名每日盐糧折夫銀六錢七分八厘七毫三絲三忽

守備馮成勲一員跟役六名每日盐糧折夫銀四錢八分八厘二毫

外委林遂良曾登高二員每員跟役二名每日盐糧折夫銀二錢三分七厘一毫三絲三忽共銀四錢七分四厘二毫六絲六忽

額外呂有才一名兵丁九十九名共一百名每名餘丁三分每日盐糧折夫銀一錢零一厘九毫一絲三忽共銀一十两零一錢九分一厘三毫

四共日支銀一十一两八錢三分二厘四毫九絲九忽自咸豐四年十二月十一日起至五年六月三十日止除小建三日外計

一百九十七日應銀二千三百三十一两零零二厘内

安南國借給錢米折銀一千二百四十一两二錢三分除撥支未到左營城守平和詔安雲霄龍巖五營半外委五員額外一名兵丁一百二十一名跟役餘丁三十七名倫用盐糧銀七百九十二两零五分七厘俟到省找給時再行扣抵外現到前項官兵領用銀四百四十九两一錢七分三厘

陽江縣應付銀三十二两一錢四分

陽春縣應付銀四十八两二錢一分

新興縣應付銀四十二两一錢七分七厘

高要縣應付銀一十六两零七分

三水縣應付銀二十四两一錢零五厘

六共扣抵銀六百一十一两八錢七分五厘由局俟另撥還外

尚應找給銀一千七百一十九两一錢二分七厘

[redacted]

謹將水陸兵勇收復佛山全鎮各帶兵勇備弁開送尤為出力

員弁兵勇擬請轉稟

奏請奬勵彙開清摺恭呈

鈞核

計開

香山協左營右哨千總蘇海開送

新塘營記名儘先拔補把總得缺後以千總補用李述初

水師提標後營記名儘先拔補把總得缺後以千總補用蘇廷彪

廣州協左營記名儘先拔補把總得缺後以千總補用黃連安

廣州協左營記名儘先拔補把總得缺後以千總補用蘇陞

廣州協左營記名儘先拔補把總得缺後以千總補用易昭

記名儘先拔補把總六品頂戴何高貽

新會營記名儘先拔補把總六品頂戴蘇茂材

記名儘先拔補把總六品頂戴何高漢

記名儘先拔補把總六品頂戴蘇榮昌

記名儘先拔補把總六品頂戴何高綿

順德協右營記名儘先拔補把總六品頂戴李士良

廣州協左營記名外委得缺後以把總補用六品頂戴胡朝光

廣州協右營記名外委六品頂戴梁榮光

記名外委得缺後以把總補用六品頂戴蘇耀光

記名外委得缺後以把總補用六品頂戴趙孚

記名外委六品頂戴黎熾芳

記名外委六品頂戴朱江

記名外委六品頂戴張彩陞

六品頂戴區仁邦

記名外委六品頂戴吳金

記名外委六品頂戴周漸

記名儘先拔補把總六品頂戴朱芳

以上二十二名坐駕巡船打仗最為奮勇擬請

奏賞藍翎

生員葉龍光

該生員隨同進勦勇敢有為前蒙
賞給六品頂戴可否以訓導歸部儘先選用
吏員區涵英
該吏員隨同進勦最為奮勇前蒙
賞給六品頂戴可否以從九品歸部不論雙單月即選
護理順德協都司水師提標前營左哨千總馮元亮開送
順德協右營外委記名把總李贊釗
查該弁克復佛山最為出力擬請
奏賞藍翎補把總缺後以千總補用
代理順德協右營外委六品頂戴記名把總莫仲熹
查該弁克復佛山尤為出力擬請
奏賞藍翎以把總儘先補用
七品頂戴勇目馮國安擬請
奏賞藍翎歸順德協以外委拔補
廣州協右營記名外委六品頂戴區夢熊
順德協左營額外外委六品頂戴潘雄鍇
順德協左營記委六品頂戴何鎮邦
以上三弁擬請
奏賞藍翎以外委儘先拔補
順德協右營額外外委六品頂戴李紹芳

[illegible]德協左營記委六品頂戴[illegible]
順德協左營記名外委潘應龍
順德協左營記名外委六品頂戴梁敢士
順德協右營記委六品頂戴何兆佳
順德協左營記委六品頂戴余貴
六品頂戴兵丁陳北　屈務本　謝福　游夢彪
以上十名擬請
奏賞藍翎記名以外委拔補
六品頂戴勇目沈鎬　關炳堂
以上二名擬請
奏賞藍翎
永安營千總黃大榮開送
惠來營左哨頭司外委把總六品頂戴蔡　菁
查該弁管帶潮勇首先破敵擒斬多名攻破佛山官窰平洲等處
賊巢最為出力可否以把總記補
賞戴藍翎之處出自
恩施
開復原官潮州鎮中營千總六品頂戴鍾占鰲
查該弁管帶兵勇在省東北門外攻破賊巢及收復佛山官窰
平洲等處斬獲甚多最為出力可否以千總遇缺即補

賞戴藍翎之處出自
恩施
黄岡協左營守兵記名外委六品頂戴鄭朝熙
順德協左營戰兵記名外委六品頂戴古安瀾
以上二名管帶黄鼎潮勇先後百餘戰攻破佛山及日新書院
等處賊巢斬獲甚夥最為出力可否補外委後以把總補用
賞戴藍翎之處出自
恩施
潮州鎮中營馬兵記名外委六品頂戴徐義勇
潮州鎮中營馬兵記名外委六品頂戴陳高進
潮州鎮中營記委戰兵記名馬兵六品頂戴黄德勝
潮州鎮左營守兵六品頂戴謝進
黄岡協左營記委戰兵記補馬兵六品頂戴鄭嘉榮
黄岡協左營記委記名馬兵六品頂戴鄭豐源
潮州鎮勇目六品頂戴黄夢 鍾順 葉德 陳添喜
以上十名最為奮勇可否
賞戴藍翎出自
恩施

營用守備孔繼尭開送
撫標左營候補把總記名遇缺即補把總六品頂戴虞朝傑
捐納候補千總羅晉光
廣州協左營記委六品軍功林國安
廣州協右營記委六品軍功梁瑞光
番禺縣武生六品軍功蘇應祥
六品軍功張瀚高
以上七弁擬請
賞戴藍翎
南海縣生員陳邦顏
查該生員督率壯勇助勦收復佛山並獲賊目霍天泰霍天
輔二名辛勤最著擬請以訓導歸 部選用
署五斗口司巡檢張金鑑開送
廣協永靖營外委盧振邦
查該弁前於石井石門佛嶺市案內以把總補用如有
外委缺出遇缺即補此次帶勇收復佛山並攻破小塘莊步
等處賊巢均屬奮勇可否
賞戴藍翎出自
恩施

具禀民九龍洞衙前村、耆老吳惠香等、
爲被賊匪圍困村庄、搶奪財物婦女、哀乞　恩准迅飭兵弁捉獲
究办事、切蟻等世居九龍衙前村、務農爲業、向来守分不敢
非爲、常有開設渡船、裝載貨物往来　貴治貿易、深蒙　貴
國施恩體恤、感德不淺、惟今日風塵四起、不料於本月十一日十
點鐘候、被匪賊駕艚船九號、蝦罟拖船七號、内藏賊匪約有七
百餘、直抵九龍而来、先入踞城、詎料並無官憲、即將衙前村圍困搶
奪牛豬家私物業、婦女、並搶奪往来治屬渡船貨物盡空、生民塗
炭、只得瀝情哀叩　仁康、懇乞垂憐允准、刻迅飭兵弁捉獲
賊匪究办、以解倒懸、則蟻等闔村沾恩於無既矣、切赴
大老爺台前作主恩准施行、

甲寅年十二月　　日禀

52

聯街團練新增章程

奉

大憲聯街團練照十街章程外另添議章程于左

一議各街據險設營海旁一帶最為緊要至應如何設法相度堵禦由該街自行籌定合衆街以為聲援

一議際茲歲暮行人雜遝良歹難分更須值事督帶民壯嚴加巡邏議大街添設民壯四十名中街三十名小街廿名如遇有告警大舖另出三人中舖出二人小舖出一人穿號衣戴青帽[illegible]值由該街值事帶領救護如畏葸不到仍照例罰銀壹佰兩正以充公用

一議已聯之街公設定式木簽分派各街值事一聞告警遇事之街即持公簽通知前後左右各街立即持公簽帶領民壯奮勇救護遇事之街作為前隊其餘鄰近各街以次繼進所過各閘驗明公簽放行各街值事預先週知守閘民壯以免臨時窒碍為要

一議已聯之街每店捐租銀壹月以充經費除十街已經報明互相存記外其餘各街亦須報明備[illegible]報齊刊[illegible]分送聯街值事互相存記仍由各街自行管理以便有事按款派抽以昭平允

咸豐四年十二月吉日　太平等六十六街全啟

F.O.682/378B/1(59)

內名草供詞共七紙

F.O.682/378B/1(59) 2

林發聯供摺：

林發聯供：年二十四歲，番禺茭塘司大石堡植地村人，父親已故，母親何氏年四十八歲，並無兄弟妻子，平日畫神像度活。去年六月二十三晚在大石何家宗祠拜會，共二千餘人，羅九爲老母，林炳爲舅父，同拜。隨後林亞順、林亞標、林愛州三人，小的出銀三兩六分，銅錢廿文，設立洪順堂旗幟，招斗鐵刀，歃血盟誓。拜畢，分給殊砂布三個爲記。六月廿一日隨同林陳茂陞聚眾在烏涌東圍起旗，林陳茂陞仍稱大元帥（閩老二及手的林良爲軍師），封小的爲三法大元帥，另羅九保里（骨）、桂李、亞什仍稱元帥，林炳爲林陳茂陞左先鋒，林順爲右先鋒，小的管帶六十旗（林標小），（林標爲軍師）每旗廿二人，每日每旗給米飯錢八錢，在李村村外住札。六月廿五晉林陳茂陞常同林亞九、林亞婦、林亞福、林亞匯、林亞降、崔業共十餘人

到李村寓九妹即長年家借於米飯寓九妹即送銀
書民四两火藥九埕二十六日林陸茂隆到寓九妹家與寓 元
九妹將會同銀廿餘人即王佐等亦在安同拜寓和林王祥植
王廷桂王瑞寓長毛數人寓并未有在場寓九妹與林陸
茂隆結為兄弟林陸茂隆時常到寓九妹家坐寓九妹
叫林陸茂隆來寺卿村并在（伊係和）者不論利息於犒賞
得民三千送交陸茂隆并送者四萬石李村回卿送民
二两為者一萬石寓九妹送之前民一千兩火藥五千石火藥
三埕六月廿七日在大石地方與卿民打仗一次（十月十八十九兩日在大石地方與官兵接仗二次）十二月初二
初三初四初七初八在河南小港地方與官兵打仗四次初五
至廿在河南大塘與官兵打仗一次初八在伍村打仗一次
十二月初二陸茂隆在河南被殺身死無糧搶至他處
往林王同黄帶本年正月十八十九二十會同陸村係伊拜
搶船一百餘號共一千人銀村李正行八百人係八搶船五
十號五千人九江搶船六十號（李惠元）肇慶李鯉魚係

陂山船五百號在新造與官兵打仗三次二十日被官
兵打敗逃回廿八日在大石地方被葉總兵的本自
六日有官兵到大石剿捕二十晚我同林陸茂隆母
親妻子大嫂及糧食二百人在程同燒衣燒與
陸茂隆向後早陸茂隆母親妻子把衣物搬往
李村昭和寓頓係寓他母親們逃往石壁茂隆
胞姐家藏匿茂隆姐丈姓區不記名字所錫逃至
茂隆有一千民家買有村口並塘口係民三兩田寓
九妹係指明他父親寓根玉指走羅寺典被
寓根玉現已身故小的無從所這拜會受封（陞師）
三法大元帥打仗十三次是實

正月廿七日供

FO682/378B/1(59)

復訊供

據林亞聚供小的今年六十八歲芝塘司猛涌鄉人父母俱故並無兄弟妻子平日在猛涌神廟司祝林陳洗滏係小的無服姪兒陳洗滏於上年七月糾夥豎旂起事閏七月內不計得日子聞李村大石河村植村石壁等鄉均有燒猪等物送到猛涌中營八月內聞李村高九如將恰和當貨物不計利息招人取贖當本概行給付陳洗滏本月十八日官兵剿辦大石後二十晚猛涌賊匪約有二三百人會齊燒衣二十一日四散各處而去陳洗滏老母妻媳亦於是日先將資財僱李村人挑去李村不知那家寄頓後均逃去石壁陳洗滏胞姊區林氏家藏匿陳洗滏姊夫名喚區亞彩已亡故多年陳洗滏確係上年十二月間經官兵擊斃聞出花紅銀壹百兩找尋屍身未獲陳洗滏死後公舉伊堂姪林亞郭做偽元帥現在逃去何處實不知道小的年老並未與陳洗滏入夥為匪陳洗滏所做各事亦不知細底所供是實求開恩

正月 廿六 日供

F.O.682/378B/1(59) 4

和供

林亞聚供猛涌人年六十八歲父母兄弟妻子俱無 小的

本姓謝隨娘嫁于林家因林陳光隆起旂派 小的 司娥

嘗各廟点燈猛涌鄉大小共有三百餘人俱纏過紅

頭現在逃住李村居多亦有逃在中村謝村何村植村

去的至陳光隆曾與李村高四公之子高九如相識高

九如曾送銀與陳光隆使用這高九如曾做京官其做

官的名 小的 並不知道又大石村何姓有陳光隆契爺

其契爺名字 小的 亦不知道 小的 本日同林敬鄰在漂

岡撿半原被新村鄉老等捆拿至打傷馮增華委係林

敬鄰動手 小的 並無有打人今蒙審訊求開恩就是了

正月 廿五 日供单

5

F.O.682/378B/1(59)

章大老爺批

點名單

林亞聚 住番禺茭塘司大石堡猛涌村人

沈大人發下

發番禺收禁

應否緩辦 稍緩

該犯供認拜會投入林陳洸隆股派第六旂頭

孔亞桓管帶、在為日幾久、供判閃爍未看守賊營、並云打仗不諱、殺

勘辦、又供林陳洸隆起旂後、李村高九如曾借銀

兩送其使用、陳洸隆死後、家屬先將衣物搬

往李村、不久寄頓何家、母妻共搜逃往石壁、

嘉左脫滸區林氏家藏匿、餘供呈核

勘辦、

正月 廿七 日单

林亞聚供

年六十八歲，番禺縣茭塘司大石堡猛涌村人，

父母俱故，並無兄弟，娶妻已故，未生子女，平日傭工度

活。上年七月十五日在本村林宗祖廳拜會，共六十六人，果

有盛爲香主，洗瑞明爲舅父，小的出銀七分，同拜只認

得郭亞來、馮亞寬二人，設立洪順堂，蘇幟拜斗，鑽

刀歃血盟誓。拜畢，分給碌砂錢三個爲記。上年六月廿

一日，陳洸隆在烏涌起旂，約有三十餘旂人，小的於是月

一日投入陳洸隆夥內，派小的在第六號小旂孔亞植

麾帶同旂，每日每旂給米菜銀一兩三錢，小的在

賊營看守營盤，並無隨同打仗的了。小的知道林陳

洸隆起旂後，李村人高九妹曾有銀四百元借將怡和

當積得本銀三千兩，送交林陳洸隆使用。那陳洸隆

在河南打仗死了，其屍首連大花紅銀一萬兩搜尋不著，

現陳洸隆的家屬先將衣物搬往李村，不知寄頓何

家。他的母親與其妻嫂均逃往石壁在他胞姪處

林亞家藏匿。小的實只能從拜會隨從賊營看守

營盤，並無隨同打仗的了，是實。

正月　七　日供

FO.682/378B/1(59) 7

章太老爺訊 作

點名單

新會營恭府衙 獲解

發番禺收禁

林敬聯 收番禺茭塘司大石堡猛涌村人從拜會後夥同林陳洸滌在烏涌東圍起旂受偽封為三法大元帥在河南小港大塘伍村大石新造抗拒官兵鄉民十三次

應暫緩辦 猶緩

訊據該犯供認拜會夥同林陳洸滌起旂受偽封為三法大元帥受帶六十旂人在李村外住扎林陳洸滌於上年六月二十五日帶林亞九等十餘人到李村職員高九如即長年家借糧高九如先送番銀四百元火藥九埕隨後又送贖當本銀三千兩穀四萬石又通村交穀一萬石銀二百兩該犯亦受高九如送銀一千兩穀五十石火藥三埕林陳洸滌借糧次日復到高九如家與高九如拜會該犯不認在場認在大石河南小港大塘伍村新造各處共打仗十一次不諱候勘辦供附

正月 廿七 日單

FO.682/378B/1(59) 8

老係仝挖陳姓祖坟之鄉人解林亞取供來營四鄉

馮增華供年五十五歲新村人父母兄弟妻俱故兒子一个本月廿五日奉 官諭挖漂岡下林陳光隆的祖墳挖見棺材小的四人看守候官兵到來再行取出詎料猛涌鄉林姓來十餘人將小的等打傷小的因敵不過回村叫喊十餘人拿獲林亞聚一名送案小的委係所受輕傷今蒙驗明求施恩就是了

鄉老梁帷賓供年七十歲新村人父母兄弟俱無妻故長子洛二次子阿爍三子阿持餘供與馮增華相仝

正月 廿七 日供單

F.O. 682/137/6(36)

奏稿

正月二[illegible] 拜發

奏為查明南海縣金利、五江各司屬河棠、河西各團練局殺
賊出力紳勇，懇
恩准予獎叙，恭摺仰祈
聖鑒事。竊照南海縣金利、五江司屬河棠、河西等鄉，地當
省佛要衝，界連大瀝四堡，枕對大河，水陸交馳，賊
匪每多出沒。咸豐四年三月內，河西、河村等鄉舉人陳碞、
生員黃璇英等勸捐經費，招募壯勇，倡辦團練。迨至是
年六月間，逆匪佔踞佛山，該舉人陳碞等以河西、河村
乃險扼之要，寔為省城保障，復又添募壯勇，設立
扒船，分守要隘，力遏賊鋒，并在險扼處所捐建土台，
同貫捍禦。數月之內，先後會合大瀝四堡及隨同官兵

剿破佛山石橋頭、謝邊、金溪、和順、官窯、蘆苞等處賊壘、殲擒不計其數、續又調派舉人陳嵓等所帶之勇、隨同進剿、克復肇慶府城、陣擒波山艇匪呂秩英等、解辦、奪獲砲械、耳記等項、生員黃璇英等並能督勇拿獲偽大司馬葉亜新、偽軍師梁亜懷等各凌遲要犯、及逆匪共五百餘名、斬獲逆匪首級、器械多件、均據該舉人陳嵓、生員黃璇英等、分別解根、茲據軍需總局司道查開團練殺賊出力紳士、詳請獎叙前來、臣查募勇團練、原所以保衛藩籬、然能殺賊於疆場、則義勇堪作干城之選、今舉人陳嵓、生員黃璇英等、督率練勇前後打仗多次、生擒殲斃逆匪多名、斬獲首級耳記器械、以致逆匪無從蔓延、省垣藉資保障、寔為鄉團得

力之舉、合無仰懇

天恩、俯准將單開團練出力各紳勇量加獎叙、俾示觀感、而期奮興、謹將南海縣金利三江各司属河西河村等團練局出力紳勇、擇尤叙具切寔事蹟、繕列清单、

恭呈

御覽、伏乞

皇上聖鑒訓示、謹

奏、

5

謹將南海縣屬河滎河西各團練出力紳士叙具切寔事
蹟繕俻列清单、恭呈
御覽、
河滎局出力紳士、
生員黃璇英、首先倡聯團練、總理局務、籌畫經費、督派
紳勇、屢立戰功、寔屬始終出力、擬請

6

旨以訓導歸部不論雙单月遇缺即選、並賞給六品頂戴帶、
舉人李灜、倡同聯辦團練、總理局務、籌畫經費、派撥打仗、
事事勤勞、始終罔懈、擬請
旨賞加内閣中書銜、
貢生復設訓導馮翔、倡同聯辦團練、總理局務、籌度口
粮軍械、督辦勦賊靖匪、事事悉合機宜、寔屬始終黽勉、
擬請
旨以本班不論雙单月、遇缺即用、並賞六品頂戴帶、
附生鄭聯登、倡聯團練、捐輸經費、並總理全局事務、置
辦軍裝、買運粮食等項、不辭勞苦、復行捐貲募勇、督帶打仗、
迭著戰功、擬請
旨賞給六品頂戴藍翎、

7

捐輸營千總陳自修、自備貲斧、首倡團練、兼帶全局
水陸練勇、迭次督率、前赴官窑、和順、金溪、岡頭圩、果水
鄉、三江、炭步等處打仗、親冒矢石、身先壯勇、屢獲大勝、
殺賊多名、手斬逆匪首級甚多、陣擒逆匪李典二等二十名、並
先後帶勇圍拿內外逆匪三百餘名、堵剿外寇、不避艱險、清
除內奸、勞怨弗恤、寔屬尤為奮勇出力、列憲批明詳

擬請
旨賞加守備銜、撥歸內河水師、遇有千總缺出、儘先拔補、並賞
戴藍翎、
捐職州同鄭廷珍、倡聯團練、並捐練勇經費、協理一切局
務、最為出力、擬請
旨賞戴藍翎、並賞五品頂戴帶、

8

副貢生候選教諭杜宅南、倡率團練、協理局內事務、最為出力、
擬請
旨以教諭本班歸部、不論雙單月遇缺即選、並賞給六品頂戴帶、
增生何湘瀾、倡率團練、協辦局內事務、始終勤慎、擬請
旨以訓導歸部遇缺即選、並賞給六品頂帶、
縣丞銜鄭廷鈞、首先倡聯團練、督帶壯勇、擒拿偽英烈、

王劉波等逆匪多名、兼勷全局經費、夙夜不懈、著有微勞、擬請
旨以縣丞歸部遇缺儘先選用、並賞給六品頂戴帶、
增生馮壯、倡率團練、籌畫經費、協理局內一切事務、最為出
力、擬請
旨以訓導歸部遇缺即選、並賞給六品頂戴帶、
廩生鄧寶樹、倡辦團練、督率壯勇、迭次打仗、屢立戰功、擬請

9

旨以訓導歸部遇缺即選、並賞給六品頂戴、
坐補大埔縣教諭呂陳謨倡辦團練、在該鄉督帶公勇鄉勇、並捐
貲招募外勇、協同生員梁晋瑛、侯選副貢生教諭楊學華
等、擊斃賊匪數百名、生擒逆首閔熙亞三德等十四名、斬獲長
髮賊首級六顆、[illegible]紳報功在案可否恩准 擬請[illegible]賞加內閣中書銜、
生員梁晋瑛、同坐補大埔縣教諭呂陳謨倡辦團練、屢立戰功、斬獲
長髮賊首級二顆、三月赴救官窑、生擒逆匪陳祖積一名、
紳[illegible]報所有置辦軍裝、籌畫經費、最為出力、擬請
旨以訓導歸部遇缺即選、並賞給六品頂戴、
副貢生侯選教諭楊學華、倡辦團練、督帶壯勇、協同坐補大埔縣教諭呂陳謨等、擊斃賊匪多名、旋又帶勇赴救官窑、生擒逆
匪劉亞珠、梁亞泰、禤亞滿三名、擬請

10

旨以教諭本班歸部不論雙單月、遇缺即選、並賞給六品頂戴、
河西局出力紳士、
舉人陳碞、捐助鄉局經費銀六百兩、首倡團練、奮勉從公、擬請
旨以教諭歸部遇缺儘先選用、并賞給六品頂帶藍翎、
守備銜賴世豪、捐助鄉局團練經費銀四百兩、倡辦團練、擬請
旨賞戴藍翎、
監生陳作哲、捐助鄉局團練銀一千兩、並加六品職銜、督勇殺賊、
始終出力、擬請
旨賞戴藍翎、並加六品職銜、
翰林院待詔銜賴章、捐助鄉局團練經費銀九百六十兩、首倡團
練、帶勇勤捕、不避艱苦、擬請
旨賞戴藍翎、并加六品職銜、

九品頂帶顏守謙捐助鄉局團練經費銀九百二十兩倡辦團
練遇事認真擬請
旨賞戴藍翎并加六品職銜
監生顏友梅此次捐助鄉局團練經費銀三百兩辦理團練擬請
旨賞給六品翎頂
監生黎国楊捐助鄉局團練經費銀八百五十兩擬請
旨以縣丞歸部即選
候選崇文門副使顏作揚捐助鄉局經費銀八百兩擬請
旨賞給六品翎頂
州同銜梁日光捐助鄉局經費銀八百兩擬請
旨賞戴藍翎并加職銜
六品頂帶顏錫玉捐助鄉局團練經費銀三百兩擬請

12 End

旨賞給六品翎頂

再廣西省額征地丁厰稅各項支發各營官兵俸餉及兵米折價文職養廉驛站存留坐支等欵即全數征完僅敷支放自道光三十年七月軍興以後民多失業征收已不如前至咸豐三四年則征存者不及向年十分之二三均經前藩司動用支發並有借撥及向紳民鋪戶挪貸應用立等歸還之欵臣到任後查看司庫僅存銀一千一百九十六兩零各營兵餉有支至咸豐三年冬季者有支至四年春季者率皆欠發三四季兵餉領餉員弁守候省垣多至半年週載又有各項壯勇待領口食亟需支發鼓鑄大錢除前司支放外存庫無幾省城之外即不能通行鈔票更行使未暢臣前在湖南道中適值四川委員解到川餉銀五萬兩當即督解來粵零星點綴轉瞬成空其第二批川餉銀兩計月內可到至續撥川餉三萬則尚遥遥無期原撥東餉十萬兩當兹道路梗阻更不知何時解到而各營兵餉延欠太久紛紛呼籲若將各州縣應征地丁抵撥又以輸納寥寥未能按期無誤嗣後尚有隨時勦捕土匪之用實屬無欵可籌臣職司財賦惟有殫竭血誠隨時悉心籌畫一面督同各州縣設法催征以期稍有起色理合附片陳明伏乞

聖鑒謹

奏

咸豐五年正月十二日奏四月初四日奉到

硃批知道了

着與勞崇光認真籌畫以顧大局朕非未悉粵西凋敝已極第各省用兵自應先其所急事在人爲毋存遠怨之嫌果能破除情面自可漸有起色

[redacted]

謹將此次勦辦匪徒自咸豐四年五月起至十二月底止收支經費各款銀
數開列呈
電
計開
一由局領存藩庫銀三萬三千零六十兩
又收存道庫備發本案採辦米石及撥借銀三萬零二百兩
又收存粵海關移解惜字館經費紋銀五千兩換番補水銀五百兩共銀
五千五百兩
又收存南海縣李令飭催紅單船逃脫原認保店繳補兩月船價工食銀

五百九十六兩六錢

一由廣州府領存藩庫銀二十二萬二千兩

又收存南番二縣僞當商繳還捕盜生息帑本銀一十四萬六千一百四十六兩零二分三厘

又收存桑園圍基發當生息本銀九千零二十兩

又收存帙船捕費發當生息本銀三千九百兩

又收存惠濟義倉發當生息本銀六萬九千七百九十五兩八錢五分六厘

又收存八旗馬價發當生息本銀九千四百零七兩九錢五分

又收存江南粮臺帶回扣留撥還廣東墊款銀三萬四千五百兩

一由局收存廣州府鮮繳庫存閑款充公銀二千七百五十七兩六錢八分二厘

一由廣州府收存西關新老城捐輸經費銀五十一萬八千八百九十兩零九錢一分三厘

一由局另收官紳捐輸經費銀八萬一千七百六十八兩四錢

一由廣州府收存紳士伍崇曜梁綸樞等預借餉銀六十一萬五千六百
七十二兩八錢二分
前項十五款共收銀一百二十八萬三千二百一十六兩二錢四分四厘
四年五月至十一月底支款
各處領用經費銀一十萬零四千九百兩
各路官兵壯勇薪粮船隻價值水手工食銀六十一萬八千六百六十
三兩零二分七厘
犒賞撫䘏銀一十二萬四千五百八十八兩三錢四分
製造軍裝器械銀一十萬零二千五百七十三兩二錢四分九厘
採辦米石夫船各價併乾粮油燭襍款銀一十萬零五千零八十七兩
六錢八分六厘
以上自五月開局起至十一月底共支用銀一百零五萬五千八百
一十二兩三錢零二厘
十二月支款

各路官兵壯勇薪粮船隻價值水手工食銀一十四萬五千一百三十
一兩一錢二分六厘
犒賞撫卹銀二萬二千三百一十七兩九錢四分
製造軍裝器械銀三萬七千九百五十六兩五錢六分三厘
夫船各價併乾粮油燭褀欵銀一萬九千一百九十七兩四錢四分四厘
以上十二月各項共支用銀二十二萬四千六百零三兩零七分三厘
前項自四年五月起至十二月止本局共支銀一百二十八萬零四
百一十五兩三錢七分五厘
計存銀二千八百兩零八錢六分九厘
另款
一由藩庫先後支過各項經費列单移局開報銀一十九萬六千五百二
十兩零四錢三分九厘
以上另欵連本局共支用銀一百四十七萬六千九百三十五兩八錢
一分四厘

謹將捐資助餉項內收支銀兩開列呈[redacted]

電

計開

自咸豐四年六月初一日減成收捐起截至十二月底止

共收捐生一百二十一名銀一萬四千八百九十九兩四錢

共支銀一萬一千二百六十五兩六錢二分二厘九毫六絲三忽八微

本旬並無收支

寔存正項銀三千六百三十三兩七錢七分七厘零三絲六忽二微

另收存部飯銀三百八十二兩四錢六分四厘

照費銀二十六兩六錢

通共銀四千零四十二兩八錢四分一厘零三絲六忽二微

另存已革知州郭壽增捐繳贖罪銀四千五百兩全數借撥支用無存

F.O.682/137/6 (1: J.G.I.H.A)

內名單供詞共四紙

1A

(2)

F.O.682/137/6 (1: J.G.I.H.A)

點名單

林敬聯 年廿四歲 番禺縣人

林係質証高長年之犯 照

林亞聚 年六十八歲 報捐監 番禺縣人

高長年 即九如 報捐戶部主事 即高九如 年卅九歲 並南監

據高長年供認被陳洸澄

打單勒取銀穀火藥並隨同

拜會不諱應候黨辦

正月 廿八 日畫

F.O. 682/137/6 (1:J.G.Z.H.A.) ③

林敍供：番禺縣猛涌村人，年卌四歲。与林陳洸漋同姓不宗。小的族在陳洸漋縣內，封小的係三法大司馬。小的猛涌村附近之李村，有高振玉之子高九如，即高長年，係戴白石頂戒員。高振玉于咸豐二年九月病故。高九如現在有服。上年六月間，陳洸漋帶同小的向戒員高九如打單，高九如送銀四百兩、火藥九埕。餘無現銀，九如應將估來当店之陳洸漋減利接贖，得銀三千兩。六月廿六日，陳洸漋又到高九如家，向九如拜会鄔亞洪為老母，其舅父是誰，及多少人同拜，小的不知道。廿八日，陳洸漋叫小的到高九如家取有稻谷四萬斤、銀二百兩，田業高九如又送谷一萬斤、銀一千元、火藥三埕与小的，都是高九如的当家高蘇才交与小的手。閏七月初四日，陳洸漋請高九如到鍾村舉人彭侶輝家，并有李亞訊在內，一連同住了三天。到初六日，高九如方聽回。其商議甚事情，小的並不曉得。至鍾村彭侶輝家離社李大黃約一里路。所供是實。

正月　廿　日供

正月 廿八 日供

林亞聚供番禺縣人年六十八歲小的實姓謝隨母
嫁林浦改姓林小的投在偽大元帥陳洸隆夥內
看守營盤陳洸隆向李村高四公之子高九如
打單高九如送銀四万元并許將伊姪素當
鋪交與陳洸隆滅利招燒六日將銀三千兩
聞高九如係京官小的聽他向眾說識隨後高
九如有無再送銀物小的不知道是實

高長年即高九如供年卅九歲番禺縣李村人父親高振玉捐光
祿寺典簿于咸豐二年十月內身故母親魏氏都
已身故至無兄弟娶妻陳氏已故兩個兒子大兒子
佐朝二兒子佐臣職員捐戶部主事道光廿四年
在戶部當差廿五年內回家取資斧廿六年想回
京到部聞報回咸豐二年十月內因丁父憂在家
守制陳洸隆在李村市口壹白鴿票相遇
識向無往來上年六月內陳洸隆向職員打單擄
擄職員到鍾村社家勒要番艮八千兩職員當交
艮四百兩陳洸隆再要勒詐職員把姪素當舖
交他滅利招燒得艮三千兩又經陳洸隆著四人
到職員家挑取火藥九埕是由家人手交的六
月廿六日陳洸隆同鄭亞洪鄭亞燦三人到職員
家一同過勒拜會鄭亞洪為老母鄭亞燦為屬

又陳洸滙在旁觀看，拜時檯上沒有点炮一条綫，
拜完我員底子一粒，拜畢，各散。是月廿八日，我員
當家郭亞燦又交谷四萬斤，銀一千元，火藥三埕
與林敬鞍解送大營。閏七月初四日，陳洸滙請我
員到鐘村衆人係我員親家鄧佳輝家內，附有李
亞計，一共四人，連日坐談。陳洸滙、李亞計商量由
船去攻打新造砲台，都係李亞計出主意，要在
新造住紮。初六日，我員回家。十一日復往商量
一次，以後再未去了。所供是實。求開恩。

正月　廿六　日供

高長年親押

[redacted]

巡撫部院陳　札開咸豐五年二月初六日准
兵部火票遞到
軍機大臣字寄
廣東巡撫柏
兩廣總督葉
江西巡撫陳　咸豐五年正月
十五日奉

上
諭兵部奏江西巡撫陳　咨遞廣東南雄州
知州孫福謙請撥兵餉稟函據情代奏一摺
並將該州原稟抄録呈覽廣東韶州賊匪
前經南康練勇擊退嗣據陳　奏該匪于
十月初十日復竄韶州當經諭令該撫仍
派練勇會同廣東兵勇聯絡攻剿未據將
辦理情形覆奏茲閱孫福謙原稟稱賊匪
自竄韶州後官兵雖屢次獲勝未能痛
剿湖南兵勇復於十一月間接仗失利情形
危急省城消息不通請飭江西派勇援救

並籌解餉銀藉資支放等情江西九江郡城
圍攻未下兵力餉需恐難兼顧惟廣東現
在道路梗阻韶州南雄等處待援孔亟能否
於南康酌撥練勇并酌濟軍餉之處着
陳 妥籌辦理至崑壽駐兵韶州與廣東
省城如果消細不通恐致貽悞着葉
等設法繞道接濟兵餉並將現在情形詳細
具奏將此由五百里各諭令知之欽此遵
旨寄信前來等因到本部院承准此查前據
署南雄州孫牧具禀當經查得前准崑

軍門洛借餉銀葉於無可設措之中勉籌接
濟酌提吉安南安二府地丁銀二萬兩委員解
往應用此外實難再行籌撥至所請飭令南
康縣周汝筠挑選練勇六千名管帶前往協
剿即經批飭赶緊選備候調剿奏
上諭仍派練勇會同廣東兵勇聯絡攻剿等因
欽此又經飭據贛南周道禀報先後撥去南
康壯勇九百名前往剿辦各在案欽奉前因
合就恭錄札局立即移飭贛南道府欽遵
查照確探韶郡近日軍情應否添調南康
練勇前往協剿相度情形熟籌妥辦

謹將殲除番禺縣屬沙灣茭塘兩司水陸攻破大石新造賊匪巢穴奪獲波山船隻砲械及收復南安砲臺勦擊獅子洋賊船大獲全勝所有在事出力文武員弁擬請獎勵開列清摺恭呈

鈞核

計開

水路帶船各員弁内

署前山營都司奏升陽江營都司黃彬

查該都司於上年九月管帶紅單頭艋等船隻堵禦大尾口要隘屢次擊退賊匪船隻以少勝多膽識堅定嗣進勦大石該員督率舟師堵勦陳頭攻破賊營洵屬尤為出力擬請

賞戴花翎以遊擊升用先換頂戴

香山協右營千總蘇海

查該弁管帶本帮大扒船頭隊攻勦大石首先親點大砲擊沉賊匪頭船督令各船從中要擊使賊匪首尾不能相顧奪獲賊船數十隻克復南安砲臺復於四沙獅子洋匪船三面圍合蜂擁前來迎擊該弁督帶舟師分路攻敵頃即擊沉奪獲賊船三百餘隻大石新造四沙三戰三捷勦除大股匪船東南水路通行此一役也該弁奮不顧身沉毅安詳實為武弁中不可多得之員前次佛山案内擬請開本缺以守備補用並請

賞換花翎此次可否仰乞

恩施以都司補用先換頂戴

候選詹事府主簿宋浩湘

查該紳管帶海字號快蟹船擊沉賊匪船隻克復大石新造各砲臺復帶舟師會合進勦四沙共擊沉賊船三百餘隻該紳機變智勇尤為得力前於佛山案内擬請

賞加知州銜此次可否仰乞

恩施　賞戴花翎

督標左營千總崑芳

查該弁管帶本帮快船同勦大石新造四沙各賊船當先迎擊奪獲船隻砲械擊斃賊匪多名勇敢有為人亦鎮靜安詳

可否仰乞
恩施以守備遇缺即補並
賞戴藍翎
藍翎撫標千總崔連陞
咨補英德典史吳邦英
查該弁等管帶臨全埠槳船先於大尾口要隘帮同堵剿嗣
攻剿大石新造該弁督率本帮舟師奮勇當先克復南安砲
臺於四沙一戰從黃埔口斜出包截賊後大獲全勝焚奪賊船
多隻崔連陞老成練達勇敢有為可否仰乞
恩施
賞換花翎以守備補用吳邦英帮帶不避艱險可否
賞戴六品藍翎
撫標把總梁德顯
查該弁管帶淺水船隻進攻大石由河港抄出賊後克復南
安砲臺於四沙該弁帶船會同崔連陞從黃埔刺斜截擊合
力剿除波山匪艇尤能奮不顧身屢戰屢捷前於北門案內
擬請以千總升用並請
賞戴藍翎佛山案內將該弁勞績臚陳請

示酌獎此次應否鼓勵之處伏候
憲裁
記名拔補千總黃添元
查該弁管帶快蟹船隨同剿捕最為奮勇於四沙截擊波
山賊艇尤屬踴躍爭先惟查該弁曾於尹護將前呈摺內
擬請獎勵已蒙
恩准應否查照尹護將所請歸入此案先行保舉該弁現往西江
剿捕益加奮勉可否出自
恩施
管帶六門緝私船生員葉汝駿
該生員管帶槳船經克復東莞復在二沙尾各砲臺並東圃平
洲等處防堵均屬奮勉嗣進剿大石新造四沙更為勇往會同
崔連升由黃埔分隊抄出賊後尤為奮勇可否仰乞
恩施以縣丞不論雙單月歸部銓選
管帶六門緝私巡船把總黃榮德
該弁與生員葉汝駿同管帶船隻始終奮勉著有微勞惟該
弁曾於尹護將前呈摺內請以把總遇缺即補此次可否
賞戴六品藍翎出自

恩施
効力武舉何大安
查該武舉管帶扒船隨同勦捕屢戰屢捷均屬奮勇可嘉惟
該武舉於尹護將捐内擬請
賞戴藍翎此次應否奬勵之處出自
憲恩
雙月從九何成紀
查該職員係番禺縣民籍於本年正月捐備巡船三隻自備
水勇口粮兩月隨同進勦新造大石四沙文滘官窑並赴北
江隨同收復英德縣城不辭勞瘁可否以藩庫大使分缺簡
用出自
憲恩
監生周桂森
查該監生隨同何成紀捐備扒船口粮隨同勦捕甚屬出力
可否
奏請
賞給守禦所千總銜之處出自
憲恩

國子監典籍銜沈金門
查該職員隨同何成紀捐備扒船口粮隨同勦捕甚為出力
可否
奏賞鹽提舉銜之處出自
憲恩
順德協千總李國英
查該弁管帶紅單船隻先於東路堵勦嗣進勦新造復帶舟
師於南安臺防守要隘始終奮勉可否以守備補用
水師提標千總王顯
查該弁管帶紅單船隻先於東路堵勦屢次擊退賊船嗣進
勦新造復帶舟師於南安臺防守要口勇往有為始終奮勉
可否以守備補用並請
賞戴藍翎
管帶三板船布政司理問銜馮燕宗
查該職員管帶三板船進攻大石新造由河港抄出賊後居中
横擊迅駛如飛奪獲船隻最多尤為勇往可否
賞給知州銜並請
賞戴藍翎

已革千總諸文標
查該弁管帶𦪇拖船隻堵守平洲要口屢次擊退賊匪波山
船隻均能鎮靜施砲有準於進勦新造之時復帶三板小船
開柵將石硝銀河釘塞以防内竄始終奮勉辦事周妥可否
仰乞
恩施
奏請開復原官。
沔陽衛守備蘇鐵
查該弁捐備巡船二隻自備口粮隨同進勦及防守要口均屬
奮勉急公擬請
奏賞都司銜
陸路帶勇各員弁内
同知銜林福盛
查該員管帶林勇由大石登岸分路進攻土砲臺及焚毀賊營
復帶勇進勦新造市頭當先衝殺所向披靡奪回南固砲臺於
陳頭賊匪由陸路撲我船營經該員揮旂先登奮勇向前擊
退足受砲子微傷洵屬尤為膽識兼優前於北門案内擬請分
别先後
奏奬此次應如何鼓勵之處伏候
憲裁
候補縣丞鄭錫琦
查該員管帶潮勇分路進攻大石南安市頭各賊營砲臺復同
林福盛在陳頭將陸路來賊奮勇擊退督帶潮勇有方無戰
不克洵為出力之員前於北路案内擬請分次
奏奬此次應如何鼓勵之處出自
憲裁
陞用守備撫標千總熊應榮
查該備管帶熊勇分路進勦大石新造各賊砲臺均屬奮勇爭
先前於北門案内擬請
賞換花翎佛山案内將該弁勞績臚陳請
示此次應如何奬勵之處出自
憲裁
五斗口司巡檢凃陽麟
查該員管帶東莞勇首先攻奪南安砲臺尤屬奮勇前於北
門案内擬先請以州同補用此次應如何奬勵之處出自

憲裁
撫標把總朱國雄
撫標額外吳炳揚
查該弁等同凃陽麟管帶東勇首先奪獲南安砲臺均屬奮
勇前於北門案内朱國雄擬先請以千總拔補吳炳揚先開本
缺以把總補用並
賞戴藍翎此次應如何奬勵之處出自
憲裁
撫標外委何其熚
查該弁同鄭錫琦管帶潮勇進勦大石市頭新造奪獲賊
匪砲臺並於陳頭擊陸路來匪均屬奮勇前於北門案内擬
請以把總儘先拔補並
賞戴藍翎此次擬請以千總補用免其送考
隨帶各員内
署廣州府事瓊州府知府郭超凡
查該守先於平洲督率水陸船勇堵勦石硝銀河使陳村陳頭
兩處匪船不能内竄並勸諭各鄉團練清查内匪以禦外奸鄉
民向化辦理實屬認真調度悉臻妥善應如何奬勵之處出自
憲恩
陞用知府候補直隸州史樸
查該牧督飭蘇陽三板船隻隨同本司籌畫攻勦悉合機宜並
督率大小師船攻破大石新造各砲臺奪獲賊匪船隻砲械親
冒鋒鏑不避艱險復於該處事平後督同李令等勸諭各鄉
富戸捐輸經費接濟軍粮辦事赤心不遺餘力可否仰
恩施免補本班以知府補用並請
賞戴花翎
准補廣州府前山同知番禺縣知縣李福泰
查該令隨同本司進勦大石新造等處督帶沙茭鄉團壯勇攻破
大石市頭新造等處賊營並督同團練先後獲犯數千餘名及
勸諭紳民捐輸經費均屬踴躍民情愛戴辦事實心應如何
奬勵之處出自
恩施
六品藍翎候補知縣孫方增
查該令會同番禺縣李令督帶鄉團攻破新造市頭等處賊營

先後獲犯一千餘名又帶勇於兩岸追勦截殺逃匪甚多並隨
同本司管理文案辦事悉心不辭勞瘁洵屬出力之員可否
仰乞
恩施免補本班以同知補用
署沙灣司巡檢平圃司巡檢鄒宗耀
查該員督帶鄉練進攻新造甚為得力並管理各路兵勇船隻
亦極妥協前於佛山案内擬請以縣丞遇缺即補並
賞戴藍翎此次應否獎勵之處出自
鈞裁
卸茭塘司巡檢捐升縣丞徐世琛
查該員於沙茭地方最為熟悉民情愛戴遍令各鄉團練悉
皆響應隨同官兵攻勦並勸諭本屬殷戶捐籌經費秉公無
私衆情悅服此次沙茭捐輸踴躍該員之力居多可否仰乞
憲恩俟該員服闋到省後免補縣丞以知縣補用之處出自
鴻施
署茭塘司巡檢委用巡檢于沆
查該員督帶團練隨同勦捕並督同各鄉團練先後獲解多犯
辦事實心不遺餘力擬請俟補缺後以縣丞補用

署黃鼎司巡檢准補慕德里司巡檢朱用孚
查該員先派在石硝銀河督帶水陸壯勇堵勦陳頭陳村等
匪要隘該匪屢次攻撲均被擊敗嗣隨同本司往來催趲各師
船悉合機宜均臻妥善前於北路案内擬請以縣丞遇缺即補
佛山案内將該員勞績最著瀝陳
鈞聽此次應如何鼓勵之處出自
憲恩
合浦縣丞李本立
分缺先用縣丞倪衡
查該二員管理支應軍火隨同水陸攻勦幾次冒險前行甚為
出力前於北路案内擬請
賞戴藍翎如已仰邀
恩准此次應否獎勵之處伏候
鈞裁

[redacted]

謹將此次勦辦匪徒自咸豐四年五月起至五年正月底止收支經費各
款銀數開列呈
電
計開
一由局領存藩庫銀三萬三千零六十兩
又收存道庫備發本案採辦米石及擬借銀三萬零二百兩內除正月二十九日
支還銀三千八百兩尚銀二萬六千四百兩
又收存粵海關移解惜字館經費紋銀五千兩換番補水銀五百兩共
銀五千五百兩
又收存南海縣李令飭催紅单船逃脫原認保店繳補兩月船價工食
銀五百九十六兩六錢
一由廣州府領存藩庫銀二十二萬二千兩
又收存南番二縣屬當商繳還捕盜生息帑本銀一十四萬六千一百
四十六兩零二分三厘
又收存快船捕費發當生息本銀九千二百二十九兩八錢九分八厘
又收存惠濟義倉發當生息本銀六萬九千九百九十九兩九錢九分
八厘
又收存桑園圍基發當生息本銀一萬六千零六十兩
又收存八旗馬價發當生息本銀三萬六千二百八十七兩零四分二厘
又收存江南糧臺帶回扣留擬還廣東墊欵銀三萬四千五百兩
一由局收存廣州府解繳庫存閒款充公銀二千七百五十七兩六錢八
分二厘

一由廣州府收存西關新老城捐輸經費銀五十三萬七千三百零一兩
五錢九分三厘
一由局另收官紳捐輸經費銀八萬二千七百六十八兩五錢
一由廣州府收存紳士伍崇曜梁綸樞等預借關餉及傾銷銀行抽分共
銀一十七萬三千六百七十二兩八錢二分內（預借關餉銀一十四萬六千六百七十二兩八錢二分 傾銷銀行抽分銀二萬七千兩）
以上十五款共收銀一百三十九萬六千二百八十兩零一錢五分
六厘
一由局收奉 憲臺發借銀四千兩
又收存 將軍籌借庫款銀七千兩
又收存運庫籌借銀一千兩
又收存廣州府籌借銀三千伍百兩
以上四款共暫借銀一萬五千五百兩（係正月十八日進攻新造備支兵勇口糧）
前項收存及暫借十九款共銀一百四十一萬一千七百八十兩零
一錢五分六厘

四年五月至十二月底支款
各處領用經費銀一十萬零四千九百兩
各路官兵壯勇薪糧船隻價值水手工食銀七十六萬三千七百九十
四兩一錢五分三厘
犒賞撫卹銀一十四萬六千九百零六兩二錢八分
製造軍裝器械銀一十四萬零五百二十九兩八錢一分二厘
採辦米石夫船各價并乾糧油燭襍款銀一十二萬四千二百八十五
兩一錢三分
以上自四年五月開局起至十二月底止共支用銀一百二十八萬
零四百一十五兩三錢七分五厘
五年正月支款
署東莞縣華令領用經費銀五千兩
各路官兵壯勇薪糧船隻價值水手工食銀九萬九千九百零九兩零
六分二厘

犒賞撫卹銀八千二百九十六两八錢

製造軍裝器械銀七千零七十四两一錢六分

夫船各價并乾糧油燭襍款銀一萬零一百六十八两七錢九分八厘

以上五年正月各項共支用銀一十三萬零四百四十八两八錢二分

前項自四年五月起至五年正月止本局共支銀一百四十一萬零

八百六十四两一錢九分五厘

計存銀九百一十五两九錢六分一厘

另欵

一由藩庫先後支過各項經費列单移局開報銀一十九萬九千五百二

十两零四錢三分九厘

以上另欵連本局共支用銀一百六十一萬零三百八十四两六錢三

分四厘

[redacted]

謹將水陸兵勇克復佛山全鎮各備弁開送次為出力弁勇
擬請外奬轉乞
憲恩分別給予奬勵彙開清摺恭呈
鈞核
計開
護理順德協中軍都司水師提標前營左哨千總馮元亮開送內
順德協右營候補外委六品頂戴程廷綱
查該弁前經兩次記名外委儘先拔補此次克復佛山最為出力擬請
拔補外委補缺後以把總補用
順德協左營候補外委六品頂戴陳鎮邦
查該弁克復佛山最為出力擬請以外委拔補補缺後以把總補用
候補外委六品頂戴袁仕昌
查該弁克復佛山著有勞勣擬請以外委拔補
順德協左營記委六品頂戴
李福新
馮仕昌
馮國賢
以上三名擬請以外委儘先拔補
廣協左營記委陸成彪
擬請
賞給六品頂戴以外委儘先補用
六品頂戴勇目關福安

擬請撥順德營以外委補用
奉准撥營充伍六品頂戴勇目陸祥
擬請以外委拔補
頭等出力勇目
劉　康
梁鴻年
楊湛原
羅　壽
以上四名擬請
賞給六品頂戴撥順德營以額外外委拔補
署五斗口司巡檢張金鑑開送內
順德協額外葉日陞
擬請以外委用
撫標記委冼　安
擬請以額外用
六品頂戴記委楊世忠

擬請撥廣協以額外用
記委頂戴勇目蔡克勝
擬請撥潮州營以額外用並
賞換六品頂戴
廣協額外黃　廉
該弁前於石井石門案內請以外委用此次擬請
賞給六品頂戴
九品頂戴勇目陳勝安
擬請撥順德營充伍
九品頂戴勇目陳鈞偉　韓桂化
以上二名擬請撥香山營充伍
勇目彭有　馬英光　劉鳳書
以上三名擬請
賞給九品頂戴

F.O.682/253A/3(90)

護理順德協左營都司馮元亮謹將五年春收復順德
縣城原委開具節略恭呈
台電
計開
竊元亮會同江村司沈駿選奉 前臬憲沈委帶兵

90

勇自收復石硝蔗園即於咸豐五年二月初八日由石硝
蔗園拔營進紮文海乘機進剿初九日克復陳村一帶分
兵住防迨二十二三及三月初二等日督率兵勇攻剿海上
匪船獲勝十六日由陳村進剿克復附近順城之烏洲鷄
洲大洲等處十七日兵勇奮激乘勝擊敗附城之桂畔海
賊匪此後賊匪聞聲喪胆各自逃散水陸始通十八日官
軍得以次第入城至復城後隨同敝協憲督率兵勇前
後共計拏獲逆犯偽元帥羅采瀾鄧幅靈偽先鋒梁禮
升羅亞囫邱亞六等約一千二百餘名均經移解
永桼審辦理合註明

敬密稟者本月初一日據錦瀾鋪工部主事黎思劬等稟稱竊職等辦理錦瀾鋪防禦本日有兵勇數十人身無號衣又不通知本鋪公局即將洪賊梁亞榮魚塘漁取職等帶同壯勇查問伊聲稱係彩陽堂孔千總兵勇及著伊文出號衣腰牌為憑便云紳衿任由伊等拿鎖因引潘涌等鋪為例查數十人內識得張時行李朝泰陳振聲梁亞勝陳亞進五人並註明梁亞勝係賊營洪壽堂旂頭等語初三日又據潘涌鋪公局職監鄧龍驤稟稱正月二十五日突被武弁李大

濱委陳亞女率兵到局聲言報仇徑將職監鎖拏並壯勇一名黃亞德所有局內軍械防禦什物以及衣物盡行掠去一路毒打碎扯衣服鎖在孔副爺差艇艙內二十六日孔千總開堂行刑背挖苦打幾於絕命又賄營兵鄺鴻佑當面誣扳職監垂死不甘招認至二十八日省城總局紳士梁應棠原與職監同街聞知冤屈手書寄到實力取保始行釋放職監如縱犯法紀例該傳訊不應擅拿刑辱尤恐後來再行誣捏與得具詞引身告退乞另委正派之人代司局事等語

44

3

P.3

F.O.682/378B/1(45)

同日又據大基舖公局紳耆黎上選黎裕成等稟稱竊生等於本月
初一日在鯉魚沙地方購線拏獲匪犯莫佐廷一名確知該犯係東
莞人於去年為匪作惡先在五壽堂後在聚順堂無惡不作已於初
二日解送審辦在案此日忽有二十餘人內有二人身穿號衣字跡
糊塗自稱沙口佛勇跑壯勇吳應華等放出莫佐廷如果不早放出
定即邀同多勇毀拆公局難保不復再來滋事等語卑職等伏查佛
勇恃衆恣橫久在

45

4

P.4

F.O.682/378B/1(45)

、憲明洞燭之中計自上年十一月初間移營進紮佛山之後各勇獲解
滋事佛勇並彩陽堂雇替兵丁幾無虛日本月初二三日疊據錦瀾
潘涌大基等舖公局司事紛紛具控該勇輒敢糾衆多人妄拏無辜
劫犯復仇人心惶惶道路以目若不及早設法駕馭誅棄其尤誠恐
該勇等胆益張大勢必無所不為尤可慮者現在各營所獲之犯盡
解佛山一經委員審明即行正法此後各路解犯日多更難保無斷
嚙遲究等弊況該勇又紮營在近日閒游街遊行肆無忌憚賓齒地

P.5

FO.682/378B/1(45)

5

虞至各舖公局司事因畏該勇不時滋事尋釁人人想引身告退此奉
列憲諄諭團練卑職等又幾費經營奚堪該勇等任意作践輙鬧公
局將防賊軍器搶掠一空若再隱忍不言勢必釀成大患茲特據實
稟陳於
憲臺之前務乞
鈞裁藉制消患未萌洵為
德便合詞稟陳恭請

P.6 end

FO.682/378B/1(45)

6

勛安伏惟
慈鑒卑職致莊全鑑謹稟

東稿吏何長据

稟本年閏七月二十九日具奏粵東軍務吃緊差遣需人所有水陸各營員缺現擬查照成案毋庸等候部文開缺即行揀員請補緣由今于十二月十六日奉到

硃批著照所請行兵部知道欽此查廣東省有廣州協右營守備黃者華擬補永安營都司萬州營中軍守備張得勝題請升補崖州協中軍都司三江協左營守備車定海推升貴州天柱營都司瓊州鎮右營守備杜集祥推陞河南陳州營都司欽州營中軍守備呂廷邦陞路提標前營中軍守備彭飛瓏于軍政案內劾叅陽春營守備張敏和題請勒休潮州鎮中營守備劉秉韜病故黃岡協右營守備鍾慶瑞在羅定州屬新圩口勦匪打仗陣亡所遺守備九缺需弁請補查廣州協右營守備係題調之缺應否毋庸揀員調補于摺內聲明各守備均無堪以調補在于合例應陞千總內揀員奏請陞補又定例陸路守備缺出輪用應各項應陞人員補用者先以奉

旨回任候題及軍政卓異並歷俸三年出兵著績之千總補用如無此數項人員即于奉

旨回任候推千總內題補等因合將合例陞補之守備千總開列送候

揀選[illegible]員奏請陞補具[illegible]例之員亦附開呈

(2)

閱

計開

即以張[illegible]拔補
廣州協右營守備缺
陸路題調缺 駐劄廣州老城

[illegible]拔補
萬州營中軍守備缺
陸路烟瘴題缺 駐劄萬州城

即以[illegible]拔補
三江協左營守備缺
陸路題缺 駐劄鉄坑汎陽山縣地方

[illegible]拔補
瓊州鎮右營守備缺
陸路題缺 駐劄瓊州府城瓊山縣地方

[illegible]拔補
欽州營中軍守備缺
陸路烟瘴題缺 駐劄欽州城

即以[illegible]拔補
陸路提標前營中軍守備缺
陸路題缺 駐劄龍川縣城

[illegible]拔補
陽春營守備缺
陸路題缺 駐劄陽春縣城

[illegible]拔補
潮州鎮中營守備缺
陸路題缺 駐劄潮州府城

[illegible]拔補
黃岡協右營守備缺
陸路題缺 駐劄大城所城饒平縣地方

(3)

督標右營左哨千總 黎榮超

年三十八歲高要縣人由世職

道光二十年十二月十二接劄

咸豐三年九月准安徽撫咨具奏該弁在江家嘴洪家埠勦賊連

勝出力于三年八月二十一日內閣奉

上諭著以應升之缺升用

該弁于陽春營守備缺係籍隸本府

陸路提標中營右哨千總韋敬章

年三十七歲香山縣人由武生充伍

咸豐元年二月初八接劄

該弁因勦辦廣州匪徒出力保奏于二年正月十八日內閣奉

上諭著賞戴藍翎以守備升用等因欽此

又勦辦廉州股匪出力保奏于二年八月初一日奉

上諭著俟補缺後以都司補用先換頂戴等因欽此

該員于廣州協右營守備缺籍隸本府

該員帶兵赴江南勦匪

(4)

清遠營左營左哨千總賴明貴

年五十八歲清遠縣人由行伍
道光十九年十二月二十五接劄
該弁于道光二十二年十月間因管帶壯勇防堵出力賞五品
頂帶記名以應升之缺升用
又因勦辦英逆一帶匪徒出力保奏于元年十一月二十八日內閣奉
上諭著以守備升用並賞帶藍翎
該弁于廣州協右營守備缺係藉隸本府

潮州城守營右哨千總葉逢清

年三十四歲歸善縣人由監生捐營千總
道光二十九年三月二十三接劄
該弁首先拏獲隣境斬梟盜犯梁大彩等奏准 兵部議覆
遇有陸路應升守備之缺即行升用先換頂戴毋庸送部俟升
補給咨時聲敘
該弁于陸提前營中軍守備缺係藉隸本府

潮陽營右哨千總林應瑞

年五十三歲歸善縣人由行伍
道光三十年七月十四接劄
該弁因勦辦廉州匪徒出力保奏奉
旨以守備升用
又勦辦廉州股匪出力奏奉
上諭著賞戴藍翎
欽差大臣向 奏軍營出力人員奉
上諭著以守備儘先補用
該弁于陸提前營中軍守備缺係藉隸本府出師江南

平鎮營左哨千總邱京堂

年四十六歲鎮平縣人由行伍
道光十七年十一月十五接劄
該弁首先拏獲隣境斬決盜犯梁亞四等奏准 部覆遇
有陸路應升守備之缺即行升用先換頂帶毋庸先行送部
俟升補給咨時聲明

廣州協左營右哨千總何雲章

年四十五歲增城縣人由行伍
道光二十六年九月十二接該協右營右哨千總劄付續調補
此缺
該弁因勦辦廣寧一帶匪徒出力奏奉
上諭著以守備升用先換頂戴
又首先拏獲隣境盜犯關亞幅等奏准 部覆俟守備補缺後以
遇有陸路應升都司之缺即行升用先換頂戴毋庸送部俟升
補給咨時聲明
該弁于廣州協右營守備缺係藉隸本府

惠州協左營右哨千總夏得光
年[illegible]人由行伍
道光二十五年十一月十一接劄
該弁因勦辦英德一帶匪徒出力奏奉
上諭著以守備升用並賞戴藍翎
該弁于陸提前營中軍守備缺係籍隸本府

和平營千總梁肇慶
年三十五歲嘉應州人由承襲恩騎尉
咸豐元年二月十六接劄
該弁因勦辦英德一帶匪徒出力奏奉
上諭著以守備升用先換頂戴

(5)

四會營千總馬有滙
年四十六歲廣東駐防黃鑲紅旗漢軍人由武舉
咸豐元年三月初一接劄
該弁勦辦廣寧一帶匪徒出力奏奉
上諭著以守備升用先換頂戴

俸滿保送並預保奏　旨回任候題千總

高州鎮右營右哨千總楊紹賢
年五十三歲茂名縣人由行伍
道光十五年十月二十三接劄
曾經出兵歷俸已滿三年
該弁初次三年期滿保送赴京引
見于二十五年五月十一奉
旨著回任照例以守備題補欽此
該弁在那彭江河勦滅黃晚劉八股匪打仗出力于元年十一月
飭行記名以守備升用

雷州營右營右哨千總高鸞
年四十四歲茂名縣人由行伍
道光二十一年三月二十七接劄
該弁因預保並六年俸滿保送于二十七年十月二十一日引
見奉
旨准其預保註冊著回任照例以守備題補
又首先拏獲隣境盜犯陳群欣等經撫院會奏請俟
守備補缺後遇有廣東陸路都司缺出即行升用先換頂
帶仍俟都司補缺後再行送部引
見

(6)

歷俸已滿三年曾經出兵千總

督標中營右哨千總張彪
年四十二歲歸善縣人由行伍
道光三十年十一月初五接劄
該弁于陸提前營中軍守備缺係籍隸本府

(7)

督標前營右哨千總張九經
年四十七歲高要縣人由行伍
咸豐元年三月十一接劄
該弁于陽春營守備缺係籍隸本府

陸路提標左營左哨千總陳棱標
年四十七歲嘉應州人由武舉
咸豐元年二月十四接劄

陸路提標右營右哨千總黃溥霖
年五十五歲歸善縣人由世職
道光二十六年三月二十一接劄
該弁于陸提前營中軍守備缺籍隸本府

陸路提標前營左哨千總張國琪
年三十八歲歸善縣人由行伍
咸豐元年八月二十二接劄
該弁于陸提前營中軍守備缺係籍隸本府

瓊州鎮右營右哨千總鄭家鵬
年三十二歲琼山縣人由行伍
元年十一月十一接劄
該弁于萬州營守備琼州鎮右營守備缺係籍隸本府

平鎮營右哨千總楊裕清
年四十歲歸善縣人由行伍
道光二十六年六月初五接劄
該弁于陸提前營中軍守備缺係籍隸本府

廉州營右哨千總鄧國輝
年五十歲茂名縣人由行伍
道光二十九年四月初十接廉州營左哨千總劉續調補此缺

欽州營左哨千總張永昌
年四十九歲茂名縣人由行伍
道光三年九月二十一接劄

（8）

儋州營陸路左哨千總唐太陞

年四十七歲瓊山縣人由行伍
道光二十八年四月初三接劄
該弁于萬州營中軍守備瓊州鎮右營守備缺係籍隸本府

肇慶協左營右哨千總羅曾興

年四十八歲順德縣人由監生捐納營千總
道光二十八年三月二十接劄
該弁因首先拏獲盜犯馮潤勝等 奏請以守備
即行升用
該弁于廣州協右營守備缺係籍隸本府

俸滿保送并預保回任候推千總

雷州營左營左哨千總孫勝宗

年四十七歲石城縣人由行伍
道光十九年八月十九接劄
曾經出兵歷俸已滿三年
該弁先因預保并六年俸滿保送引
見于道光二十七年十月二十四日奉
旨准其預保註冊回任照例候推等因欽此

永安營右哨千總劉國全

年三十四歲歸善縣人由行伍
道光二十四年三月十三接劄
該弁初次三年期滿考驗弓馬中平未便仍留候題咨
部降為候推
該弁于陸提前營中軍守備缺係籍隸本府

不合例陞補守備之千總

督標中營左哨千總黃者忠

新拔未給劄

督標左營左哨千總羅逢濤

擬補徐聞營守備

(9)

右哨千總杜佳才　因傷殞命

督標前營左哨千總羅宇乾　新拔未給劄

後營右哨千總馬超亮　二年三月十九接劄歷俸未滿三年

撫標左營左哨千總熊應榮　新拔未給劄

右哨千總陶定邦　擬補肇慶協右營守備

右營右哨千總鍾汝驤　新拔未給劄

陸路提標中營左哨千總韓國治　新拔未給劄

左營左哨千總戴文英　新拔未給劄

左營右哨千總黄仲和　三年四月初十接劄曾經出兵歷俸未滿三年

前營右哨千總栗友鵬　新拔未給劄

後營左哨千總連明　新拔未請劄

南韶連鎮中營左哨千總班超保　新拔未給劄

右哨千總張瑞祥　俸滿留任之弁

南韶連鎮左營左哨千總林國釗　二十九年十月初三接劄未經出兵歷俸未滿六年

左營右哨千總唐遇貴　三年四月初八接劄曾經出兵歷俸未滿三年

右營左哨千總劉大齡　二年三月初一接劄曾經出兵歷俸未滿三年

右營右哨千總孔超齡　新拔未給劄

清遠營右營右哨千總梁肇倫　新拔未給劄

南雄協左哨頭司千總黄繼鳳　新拔未給劄

三江協左營左哨千總張開平　新拔未請給劄

右哨千總鍾德勝　拔補未給劄

右營左哨千總馬廷爵　拔補未給劄

佛岡營左哨千總張瀚　題升督標後營守備

連陽營左哨千總朱鸞　新拔未請劄

(12)

右哨千總鍾宦龍　新拔未請劄

潮州鎮中營左哨千總賴成模　新拔未請劄

右哨千總何世綸　新拔未給劄

左營左哨千總邱雲龍　拔補未給劄

右哨千總陳明德　拔補未給劄

右營左哨千總謝清榮　拔補未給劄

右哨千總方有龍　新拔未請劄

黃岡協左營左哨千總姚爵階　拟補潮陽營守備

右哨千總李瑄芳　新拔未請劄

黃岡協右營左哨千總林振茂　該弁有余張氏被劫案疎防奪汛

黃岡協右營右哨千總鄭景元　奉旨著以都司儘先補用

饒平營左哨千總吳繼承　新拔未請劄

右哨千總黃朝恩　拟補南韶連鎮左營左軍守備

(13)

(14)

潮陽營左哨千總王者香　新拔未請劄

惠來營左哨千總李際昌　二年三月十五接劄曾經出兵歷俸未滿三年

右哨千總陳鳳儀　新拔未請劄

興寧營千總李定魁　元年七月二十四接劄未經出兵歷俸未滿六年

高州鎮左營左哨千總張永清　新拔未請劄

右哨千總梁國安　奉旨着以都司補用

右營左哨千總劉殿嵩　有疎防盜案及歷俸未滿三年

羅定協右營千總陳連芳　俸滿留任

河頭汛千總葉廷安　因案撤任解審

欽州營右哨千總廖達章　批補雷州營右營守備

廉州營左哨千總李潤　俸滿留任

(15)

羅定協左營千總楊紹能　擬補雷州營左營守備

化石營千總譚名標　新拔未請劄

雷州營左營右哨千總蘇廣模　新拔未請劄

右營左哨千總黃炳忠　新拔未請劄

徐聞營千總吳振安　二年五月二十接劄　曾經出兵歷俸未滿三年

瓊州鎮左營左哨千總陳蛟龍　道光三十年十月十五接萬州營右哨千總劄續調補此缺未經出兵歷俸未滿六年

右哨千總李元第　新拔未請劄

右營左哨千總吳成龍　新拔未請劄

儋州營陸路右哨千總張朝陞　俸滿留任

萬州營左哨千總顧文秀　拔補未給劄

右哨千總王汝翬　新拔未請劄

(16)

崖州協左哨千總高魁亮　新拔未請劄

右哨千總吳會麟　拔補未請劄

廣州協左營左哨千總馬兆奎　拔補未給劄

右營左哨千總保安吉　新拔未請劄

右哨千總黃贊彪　新拔未請劄

惠州協左營左哨千總馮樹屏　撥補三江協右營守備

(17)

永安營左哨千總黃大榮　新拔未請劄

肇慶協左營左哨千總何振標　奉旨着以都司儘先補用

右營左哨千總柯維　拔補未給劄

右營右哨千總徐兆麟　撥補惠州協右營守備

那扶營千總胡陞　有疎防留業停陞

(18)

陽春營千總王勝彪 勝　俸滿留任

增城營左營左哨千總謝汝齡　該弁捐輸請以都司分發本省補用

右哨千總周大安　俸滿留任

右營左哨千總顧三欽　援補未給劄

右哨千總孫東暘　援補未給劄

永靖營右哨千總陳際昌　有疎防盜案

潮州城守營左哨千總李從龍　有母喪扣至咸豐七年正月二十九日服闋

十二月廿六日

F.O.682/137/6 (1:F,E)

史[redacted]
廖[redacted]

聲東

點名單

局憲發下

差何安

高長年 收回 即高九如 番禺在籍戶部主事 押南海監

控訊只認被擄打單及送

收當本銀借全行翻異款

有避就情事候提林鞍

聯等質訊供錄

三月、初四日單

F.O.682/137/6 (1:F,E) 2

高長年即高九如供年卅九歲番禺李村人父親
高振玉捐充孫李興寧于咸豐二年十月
內身故母親魏氏已故兼娶妻張
氏已故生有二子大子名佐朝次子名佐
臣我于道光廿三年間捐納戶部主事
廿四年上京当差廿五年回家後未有到
京去年八月廿八九等日被賊及陳光隆
夥匪數百到我家把我擄捉在中村社學
閑禁勒艮八千兩至九月初間交艮贖行
贖回各賊匪後來又把我所開的當鋪估去
任他減利放贖共虧去當本三四千兩
又于去年各賊滋事時已先將家內防護

火藥先行丟棄恐他到廠并未經過火
藥谷米及聽信拼命的子前去泉府憲提訊
我因一時心慌中亂隨已混供到陳光隆平日并
未相識前往到五城家雇工我于去年九月
被護續回時曾到親家彭位輝家閒坐
一次雖未有與城外李亞財陳光隆二人
同在彭位輝家商量攻打新造砲台
子至親教的林亞聚林敬聯二人素不
相識求開恩

三月　初四　日供

FO.682/137/6(1:D,c,B)

史 廖

聲東

點名單

局憲發下

差何安 10

高長年 即高九如 押南勳

林敬聯 均收（閱）

林亞聚 以上二名押勳監

提回質訊高長年堅不供認

隨賊拜會議事及嚇詐賊贓

情事顯係畏罪翻異候再提

回林敬聯並嚴訊林亞聚人甚

三月十六日單

龍贊情供免録

FO.682/137/6(1:D,c,B) (10)

林敬聯供：番禺縣牛塘鄉人，年卅四歲，父親已

故，母親何氏，年四十八歲，無兄弟妻子，平

日寫洋畫度活。去年六月拜會，後隨同

陳先隆在東圃地方豎旗，小的當三法

大元帥。至十二月初三日同陳先隆到河

南大塘地方住劉達月與官兵打仗，陳

先隆被官兵用鎗打死，屍首無存。

初八日被官兵打散撇回。陳先隆于去年

六月廿六日到李村高長年即高九如

家與他拜會，鄧亞洪為走毋，不知姓名人

為[illegible]文書，拜會的高九如出銀多少及同

拜人數，小的不知道。後來陳先隆同李亞

計到李村把高九如拜去賊黨打單

此時高九如稱說自己係要有有成的人在省
到城，若有失歉面是以同到中村親戚彭法
輝家住了三日，勒艮方許放回。其在彭法
輝家與陳先隆們所講說話，聞得有議及
攻打新造炮台的了。後高九如在家時
他的愛家高幹才送火藥三埕及谷米一萬斤又弁
小的帶回城，若在用至陳先隆打草名
艮兩有無寄在高九如家。後高九如連
自己資財一併寄在省城戚友家藏
匿，等了日的不知道。今蒙提擬審，供的
是實。

三月　　日供

FO.682/137/6 (1:D,C,B)

高長年即高九如，供：城破，並沒與陳先隆
拼全及南李王計們在彭法輝家商
量攻打新造炮台等事。陳先隆亦無
把他打草艮兩寄頓。賊家弁職連自
己資財一併寄在省城戚友家藏匿。至
高幹才係我侄子，同城當家，向在藍埠
居住。現提到的林致聯素不認識，向
無給過火藥谷米與叫高幹才至南
林致聯帶去城若的了。實有火藥
兩埕在當舖內防虞，後被城收當者估
據，就把火藥挖去。是實。

三月　　日供

謹將此次勸辦匪徒自咸豐四年五月起至五年二月底止收支經費各
款銀數開列呈
電
計開
一由局領存藩庫銀三萬三千零六十兩
又收存道庫備發本案採辦米石銀一萬七千二百兩　另前借用銀一萬三千兩已于正二兩月支還訖
又收存廣州府解繳庫存閒款充公銀二千七百五十七兩六錢八分二厘
又收存南海縣李令飭催紅單船逃脫原認保店繳補兩月船價工食
銀五百九十六兩六錢
又收存官紳捐輸經費銀九萬二千七百六十八兩五錢
又收存夏建亭捐輸紋銀換番補水銀五百兩
又收存順德公局捐繳及借用銀四萬兩
又收存鹽知事周輔繳充公用銀一千兩　另繳存運庫銀五百兩收抵本局前借之數
又收存番禺舉人陳龍韜先繳辦理沙茭經費花紅銀一萬二千兩

一由廣州府領存藩庫銀二十二萬二千兩
又收存南番二縣屬當商繳還捕盜生息帑本銀一十四萬六千一百
四十六兩零二分三厘
又收存快船捕費發當生息本銀九千二百二十九兩八錢九分八厘
又收存惠濟義倉發當生息本銀六萬九千九百九十九兩九錢九分八厘
又收存桑園圍基發當生息本銀一萬六千零六十兩
又收存八旗馬價發當生息本銀三萬六千二百八十七兩零四分二厘
又收存江南糧臺帶回和留撥還廣東墊款銀三萬四千五百兩
又收存西關新老城捐輸經費銀六十萬零七千六百四十五兩零二
分三厘
又收存紳士伍崇曜梁綸樞等預借關餉及洋貨棉花等行籌繳并傾
銷銀行抽分共銀二十四萬零七十二兩八錢二分內　預借關餉銀一十六萬一千六百七十二兩八錢二分洋貨棉花兩行籌繳銀五萬一千四百兩傾銷銀行抽分銀二萬七千兩
以上十八款共收銀一百五十八萬一千八百二十三兩五錢八分六厘
一由局收奉　憲臺發借銀四千兩　已繳還銀二千兩　尚借銀二千兩

又收存　将軍籌借庫款銀七千两
又收存運庫籌借銀一千两已據盐知事周輔鑾充公用銀五百两抵還外尚借銀五百两
又收存廣州府籌借銀三千五百两
以上四款共暫借銀一萬三千两係正月十八日進攻新造備支兵勇口糧
前項收存及暫借二十二款共銀一百五十九萬四千八百二十三
两五錢八分六厘

四年五月至五年正月底支款
各處領用經費銀一十萬零九千九百两
各路官兵壯勇薪糧船隻價值水手工食銀八十六萬三千七百零三
两二錢一分五厘
犒賞撫卹銀一十五萬五千二百零三两零八分
製造軍装器械銀一十四萬七千六百零三两九錢七分二厘
採辦米石夫船各價并乾糧油燭襍款銀一十三萬四千四百五十三
两九錢二分八厘
以上自四年五月開局起至五年正月底共支用銀一百四十一萬
零八百六十四两一錢九分五厘

五年二月支款
各處領用經費銀七千两内廣西右江張道領銀五千两署三水縣沈令領銀二千两
各路官兵壯勇薪糧船隻價值水手工食銀一十四萬零四十一两八
錢五分三厘
犒賞撫卹銀一萬零五百六十两零一錢三分
製造軍装器械銀九千六百七十九两八錢一分九厘
夫船各價并乾糧油燭襍款銀一萬五千六百五十二两九錢五分
以上五年二月各項共支用銀一十八萬二千九百三十四两七錢
五分二厘
前項自四年五月起至五年二月止本局共支銀一百五十九萬三千
七百九十八两九錢四分七厘
計存銀一千零二十四两六錢三分九厘
另款
一由藩庫先後支過各項經費列单移局開報銀二十萬零一千五百二
十两零四錢三分九厘
以上另款連本局共支用銀一百七十九萬五千三百一十九两三
錢八分六厘

[redacted]

據葉祖扶供年四十二歲博羅石灣人父親已故母親李氏兄弟都沒
妻李氏生子一人因元帥何亞六於前年十一月十一日到增城東門直街
天錫糖房住並常到小的經綸蘇杭店買貨因此認識相好至上年正
月二十八日又在張家祠舞獅子遂與結拜兄弟三月內又在張家祠拜
會約四十餘人同拜何亞六為老母每人捐銀三錢六分當時叫小的當紅棍

92

張亞良當草鞋麥亞和當白紙扇五月十五日在石龍商量起旂十八日打單
二十二日攻破莞城進城連石龍共搶得銀約十萬并捉拏莫都司二十八日解
到石龍交與何亞六斬首懸示是時小的在增城招集人馬六月初四日帶
有二百餘人到黃涌是日被官兵打敗何亞六帶同李亞進張亞良與小的
四人逃往增城西山蔡姓書舘居住寫信各處招人馬後伊弟何元帥亞八
梁亞成劉英才陳世旭屈軍師良混名屈元君梁喜中不知姓槐花序齊
到了十五十六日遂聚有萬餘人馬內東莞來有六七千人增城來有
千餘人博羅來有千餘人十八日竪旂札營封小的陸路都總管大元帥
兼管粮台左司馬封李亞進運粮都督張亞良六月二十一日被外甥陳
維嶽知道他做紅頭賊拏去殺了七月十八日先打橋頭村小的執令箭
捉拏陳維嶽其時陳維嶽走了錢銀早已寄開搶得猪牛數十隻衣服燒

燬并燒去陳維嶽房子即日同攻打增城百姓開城進城捉獲縣主倪太爺兄弟將他腿上斬了一刀拉到西山關禁牛欄裏內有入党紳耆們保住太爺怕殺他受害遂將太爺釋放何亞六仍回西山搶得當鋪及各店打单銀兩有三萬餘兩交小的打单印票銀四千餘兩現銀千餘兩派小的守城因衙門已拆燬小的就在羅家祠住札統帶五十旂共有一千八百人何亞六二十八日在增城動身帶有八千人馬先到仙村後到省城東門外燕塘李文茂甘亞仙又邀何亞六至佛山鎮市打北門兩天先勝後敗殺斃兄弟數百餘人因此何亞六心懷不甘李文茂手下頭目殺了初四日何亞六遂帶數千人馬往佛山與陳開合夥各元帥分佈地方住

守是日紳士將倪太爺羅大老爺送回城中小的隨後亦到佛山何亞六與陳開吩咐小的與冼老七散同夥口粮每天一人米一升錢三十文何亞六在佛山分得銀三四萬兩小的打過仗十餘次每次俱執令箭督帶三十旂每旂二十二人內有頭目畢慶官張亞高二人打殺官兵數百後官兵亦打死兄弟千餘人十一月初二日放火燒佛山店房何亞六帶三四千人馬小的亦帶三十旂人馬到陳頭會同陳洸滙何得乾等札營十二月連次攻打河南陳洸滙在鎖龍橋被官兵打死後又打仗敗了散回新造過年至本年正月十八日又被官兵打得大敗小的逃回甘竹後逃到新安黃松崗十五日被官兵捉獲何亞六手下俱剃辮子中間頭髮為記何亞六將辮全剃前面仍留髮聞何亞六現又帶三千人馬逃到英德地方是實

[redacted]

謹將奉飭自咸豐元年八月起至本年三月止陸續製造及撥出現存帳
房各數目備列清摺呈
閲
計開
咸豐元年八月二十五日製造帳房一百頂
咸豐元年閏八月初九日製造帳房七十頂十四日製造三十頂共一百頂
咸豐元年十月二十五日製造帳房一百頂
咸豐二年三月十一日製造帳房一百六十頂四月初二日製造四十頂共二百頂
咸豐二年四月初二日製造帳房二百頂
咸豐二年六月十三日製造帳房一百頂

咸豐二年七月二十四日製造帳房三百頂
咸豐二年八月初一日製造帳房二百頂
咸豐二年九月十四日製造帳房二百頂
咸豐四年六月十六日製造帳房一百頂
咸豐四年七月初九日製造帳房一百頂
咸豐四年七月十九日製造帳房一百頂
咸豐四年閏七月初九日製造帳房一百頂
咸豐四年八月二十四日製造帳房一百頂
咸豐四年九月二十五日製造帳房一百頂
咸豐四年十月十二日製造帳房一百頂
咸豐四年十二月初九日製造帳房一百頂
以上總共製造帳房二千三百頂

咸豐元年八月二十六日廣州協右營千総黄曜吉管帶壯勇赴羅鏡
領用帳房八十六頂
閏八月初九日水師提標後營額外劉士章管帶壯勇赴封川領用
帳房二十二頂
閏八月十一日順德協右營千総閔鵬飛管帶壯勇赴封川領用帳
房五十二頂
九月二十一日順德協右營外委馮元亮在羅定管帶壯勇領用帳房
三十頂
咸豐二年二月二十九日順德協右營外委馮元亮在羅鏡管帶壯勇領
用帳房八十頂
三月十四日武舉孔継堯管帶壯勇前赴封川領用帳房一百六十五頂
五月十一日卸代理揭陽縣王皆春新招潮勇赴湖南領用帳房一百頂
六月十二日挑選督標兵丁六百名跟隨前往廣西剿捕撥交帳房七
十三頂
六月十三日水師提標後營李遊擊在封川防堵請更換撥交帳房
三十八頂

六月十四日千総閔鵬飛額外劉士章管帶壯勇在封川防堵請更
換撥交帳房七十二頂
七月初五日　高州福鎮帶兵勇赴廣西剿捕撥交帳房一百八十二
頂　内有馮元亮繳回八十頂寔撥出帳房一百零二頂
七月初八日　高州福鎮管帶兵勇赴廣西撥交帳房一百頂
七月十七日千総黄曜吉管帶壯勇赴韶關領用帳房八十六頂
七月二十八日武舉孔継堯管帶壯勇前赴連州領用帳房一百七十頂
八月二十六日交額外張廷亮解赴梧州　督憲行轅繳上帳房八十頂
九月十七日移送中協給交把総藍鎮領回帶督標兵丁前赴韶關應
用帳房六十頂
咸豐三年八月初五日奉行派委左營記委盧龍赴解往肇慶協轉
給潮州千総黄大榮領用帳房十三頂
八月初六日千総黄曜吉管帶東勇赴韶關領用帳房九十頂
咸豐四年六月初一日護新會營衛叅將奉委召募壯勇來省防剿應
用帳房四十頂
六月初九日陸路提標後營守備陳國輝奉委管帶提標潮州鎮標兵

勇來省防剿領用帳房二十頂

六月十七日陸路提標後營守備陳國輝管帶提標兵勇來省防剿因前領帳房不敷再領用帳房五頂

六月二十三日准總局移取撥交右營記委劉士高管帶壯勇應用帳房五十五頂

六月二十五日右營守備尹達章奉委管帶陸路提標弁兵在西関防剿差外委夏建和等領用帳房十五頂

六月二十五日督標肇協七營兵丁在三元里打仗遺失奉飭撥補交督標千總何兆熊等領用帳房三十六頂

六月二十六日陸路提標後營守備陳國輝管帶潮州兵勇在省防剿因前領帳房不敷再領用帳房四頂

六月二十九日准總局移取撥給撫標左營千總熊應飛雇募潮勇應用帳房二十頂

七月初九日准總局差五斗口巡撿涂陽麟移取帳房六十頂

七月二十七日三水營外委黃鏞由船帶回東勇領用帳房二十八頂

八月初二日廉州營曾遊擊奉委管帶督標兵丁在城北防剿差督標中營額外曾得彪領回更換帳房四十一頂

八月初六日准總局差委員吳邦英移取回局撥給應用帳房五十頂

八月二十日廉州營曾遊擊奉委管帶督標肇協兵丁在城北防剿差弁領回更換應用帳房三十六頂

八月二十八日准總局委員姜霖移取回局撥給舉人冼佐邦團練壯丁剿捕應用帳房五十頂

九月十二日順德協右營守備林定祥領回轉交千總吳銓光等管帶順德協兵丁二百名前往北路耆定砲臺防守應用帳房二十六頂

九月十七日准總局函取專差委員楚湘涵領運回局撥用帳房一百頂

十一月十一日准總局函取專差委員金元領回運往佛山壯勇上岸紮營應用帳房一百四十頂

十一月十六日准總局移取專差委員李懋康領回運往佛山剿匪應用帳房五十頂

咸豐五年三月初四日准總局函取專差委員李懋康領回解交廣州府隨員沈嵩齡查收撥給大歷鄉勇應用帳房一百頂

以上總共撥出帳房二千二百九十五頂通共製造帳房二千三百頂除撥外尚實存帳房五頂

越汲

咸豐五年四月十九

委

給護理肇慶協中軍都司柯維委牌

P.1　F.O.682/327/3(39)

為委護事，照得署肇慶協中軍都司事督標左營右哨千總杜佳才被賊砲傷殞命，所遺都司事務，查有肇慶協右營左哨千總柯維堪以護理，合就給委。為此牌給該千總，即便遵照前赴護理肇慶協中軍都司事務。肇城甫經收復，該護都司務須整飭營伍，督飭弁兵認真防勦，毋得因循懈怠，有負委任。凛之慎之。

一牌給護理肇慶協中軍都司事該協右營左哨千總柯維准此

護理所有委牌，合發轉給。為此牌仰該將即將發去委牌轉給柯維收領，前赴護理，取具到護日期報查。其所遺千總汛務，該將并即揀弁呈請給委，毋違。速署

一行　肇慶協　計發委牌一張

護理除繕委牌，檄發肇慶協轉給。云云速署

外，合就檄行。為此牌仰該司即便查照，毋違。

一行　東藩司

P.Z. and

逕署及行東藩司遵照依租應咨會為此合咨

部院
將軍
提督
請煩
查照施行、

一咨　東○撫院、　將○軍、　陸○路提督、

咸豐五年四月十九日東稿吏何長琚

行

給護理肇慶協中軍都司柯維圭牌

F.O.682/327/3(40)

肇慶協中軍都司事務以千總柯維菼理

為咨明/移明/行知/咨會事。照得署肇慶協中軍都司事督標左營

右哨千總杜佳才，被賊砲傷殞命，所遺都司事務，查

有肇慶協右營千總柯維菼堪以委署

飭遵照外，所有越級委護緣由，相應咨明，為此合咨

貴部，請煩察照施行。

一咨 兵部

遵照，并將越級委護緣由咨明

兵部外，相應移明，為此合移

貴科，煩為查照施行。

一移 兵科

兵部及移明

兵科外，合就檄行，為此牌仰該將司即便查照毋違。

一行 肇慶協、東藩司

兵科，並行肇慶協、東藩司查照外，相應咨會，為此

合咨

貴部院/將軍/提督 請煩/煩為 查照施行。

一咨 東撫院、將軍、陸路提督

受業楊　琳頓首謹稟
老夫子大人函丈　琳自别
鱣堂久違
馬帳光陰易逝倏隔數秋恭惟
老夫子大人壽隨德介
福與時增良符心頌　琳以遠隔山河不獲時承
提命株守兔園毫無寸進有負
深恩何堪言狀而茲有不得不向
老夫子泣訴者自去歲六月逆匪何丙梁新等糾合内外土客紅匪千餘人突攻
高明縣城城守藍聞風先逃大失民望賊遂蜂擁入城奪倉穀分庫金毁官衙
放囚犯焚刼民居財物勒單肆毒　琳即隨衆紳各督子弟入城攻擊斃賊三名
傷賊十餘名無奈賊衆勇寡督戰監生譚汝漢丁壯譚亞庚拒賊斃命旋激厲
各鄉添集丁壯竭力合攻賊始退出城外數里屯聚嗣因土客紅逆同而不和客
逆偽將軍華仙被逆首何丙所殺客黨區五顏秋林等在山塘口别豎旗幟
而黨羽遂分衆紳復集昇平堡内設局捐貲團練鄉勇四百名給粮備械巡
緝防堵賊聲稍挫殊意一波未平一波復起客籍業少人衆素蓄吞佔土著田
庄之心客紳李天參朱景旦客民葉帝福等乘機竊發糾連本邑及外縣客
匪在金谷湖高湖龍塘等處歃血結盟名爲聯堡防堵實則聚黨作奸各向
山頭立寨齊豎六縣同心天下無敵旗幟偽稱先鋒旗首名目勒單不遂指爲
藏匪刼殺隨之性貪似狼勢猛於虎旁衿盡策婪老分肥丁男肆殺子婦運
賍斬刈良民爭分烹食汚良家女擄富户兒房屋俱灰土田盡佔合縣罹災
輪門受害數其兇暴更僕難終請就其被禍尤慘者爲
老夫子畧陳之客籍於去年八月間先向高村焚刼殺斃紳耆男婦數十命莫敢
攖鋒其勢漸熾澤河地沃人饒久爲客籍垂涎十月中故以追租起釁聲
言不殺不休二十一日伊鄉齊集清平堡衆紳前往理勸詎料先受其害候選
訓導何雲卿千總黄俊權及監生麥廷光劉述修職員程耀才等十餘人俱
被掩殺乘勢攻陷澤河村殺斃前普寧縣教諭曾邦彥生員曾貫傳曾希
顏武生曾兆桐曾遜顏職員曾文郁等十餘名伊堡内聞變護救大遭屠
戮計殺者壯婦穉二千餘命年少婦女多被所擄殊賊心未足復連陷版村
丁田榕樹等十餘鄉殺人數百又連日在山頭巡察遇有屍親到尋復行屠
殺以致屍横遍野無敢認殮似此冤沉大海莫由申訴乃伊等自知罪不容

誅欲以復城之功掩其滔天之惡旨隨藍城守協同敝堡壯勇進攻賊巢殺
賊多名餘賊遠遁並請留勇守城
縣主方謂彼知公義不敢復蹈前非因諭令各鄉捐貲出粟供其口粮殊伊等
倚勢作威只圖蠶食挾官逞毒大肆鴟張縣屬西南百餘鄉僅留數村未經
焚括東北數十里只存五社未受殲屠至楊梅一路被括之後又復私征每畝
稅銀八分以飽虎慾其有赴縣呈控者詞未入衙而禍不旋踵是以忍氣呑
聲甘受荼毒轉又移害鄰封因遏糴搶粟之故釀成要邑三十六鄉之禍
互相尋仇遂於正月廿九日招集鶴邑雙附二都及各屬客匪數千屯聚高
溯龍塘西逕等處仍勒敝堡供應口粮一有不給即向紳士持刄嚇殺
縣主知之亦無如何祇得迭次諭令堡內派捐充彼支費幸而天鋤其奸往
括三十六鄉大受挫折一朝覆敗連夜奔逃乃所過之鄉猶且肆行刼掠其
積惡然也於是遷怒本境旋於二月十七日糾衆攻獨岡村殺斃生員楊容光
候選縣丞楊朝元監生嚴儀邦及耆壯男婦數十命十八日攻歌樂村殺斃
監生潘邦文何拔修及耆老男婦近千命伊村因與拒敵故受禍尤烈二十一
日攻溯錦村殺斃耆壯婦穉數十命五日之內連陷三鄉慘遭屠掠後復
連日搜括大溯茶山梧桐水尾等處數十鄉或一日連括數鄉或一鄉連括
數日至於一家一人之害如敝堡劉泰階者身首異處受禍雖慘然亦
不勝屈指矣迨四月肇城復後
縣主僅留守城客勇百五十名而所散千餘人竟沿途搶刼勒索憑空民
命之生僅存旦夕耳嗟嗟率土之濱莫非王民生者家室流離死者屍
骸暴露鄉民何辜遭此慘毒數難擢髮言實痛心迹其行爲甚
於紅逆誠有如
縣主之所切責者今聞
督憲大人公忠素著
威德兼施昌垣肅清士民感戴現在肇郡重覩
化日何以敝邑獨隅
恩波皆由伊等爪牙兇暴耳目衆多薄言往愬逢彼之怒將受禍更有不
堪言者抑思括鄉村呑土田
王章不宥戮紳耆淫婦女天理何容而伊等竟肆行無忌雖曰天網恢恢終
當有報而及今不報恐邑內生靈靡有孑遺矣琳遭逆亂幸託
福蔭性命苟存有懷莫訴據事直書淚隨筆下祇得質之
老夫子大人以見天心之有可知有不可知者此後倘獲如天之福掃彼妖氛
蘇我族類固琳之所深望抑亦琳之所未敢必者也肅此叩稟伏惟
慈照並請
崇安不一
蒲月初一日敬稟

P1

F.O.682/378B/1(58)

敬稟者竊卑職自抵任後雖獲犯已及四千名之多而首逆陳大
春吉等因先已遠適致未就獲但每於研訊匪黨之時莫不逐加
盤詰首匪踪跡兹有聞拿赴局投首匪犯劉植榮一名訊據供稱
伊前因英清土匪滋事投充壯勇蒙給軍功六品頂戴迨後常赴
廣西販賣布疋生理與陳大春吉同鄉居住素識往來探得陳大
春吉於本年四月初間在九江沙口與不識名之馮姓僞師爺假
裝拆字模樣潜至肇慶越城地方欲往廣西賀縣城外中雜街永

P2

F.O.682/378B/1(58)

安館躲避因該館係伊逢簡鄉人劉華芳即劉榮升所開那劉華
芳係用劉升之名充當賀縣差役陳大春吉與他交好從前犯案
在逃時亦在縣差劉升來慶兩人館內避匿現聞陳大春吉仍在
劉升等館伊實止與陳大春吉素識往來並無隨同為匪不法之
事等供查該犯既與首逆陳大春吉交好往還據供並無隨同為
匪顯有狡飾容俟嚴訊確情再行分別按辦惟所稱陳大春吉因
與廣西賀縣差役劉升來慶交好現聞該首匪仍在劉升等館藏

匿之處果否屬實原難深信但既有此說亦不敢壅於
上聞理合據供密禀
憲臺察核可否轉回
爵督憲密札嚴飭廣西梧州府轉飭賀縣帶同該縣差役劉升來
慶馳赴城外中雜街永安館查拘陳大奉吉務獲以期首逆早除
不致蔓延為患實為公便肅此稟恭請
崇安卑職[illegible]謹稟

咸豐五年五月 函 到

[redacted]

謹將此次勸辦匪徒自咸豐四年五月起至五年四月底止收支經費各
款銀數開列呈
電
計開
一由局領存藩庫銀三萬三千零六十両
又收存運庫撥解快船捕費發當生息本銀二千両
又收存道庫備發本案採辦米石銀一萬七千二百両
又收存廣州府鮮繳庫存閒款充公銀二千七百五十七両六錢八分
二厘

又收存南海縣李令飭催紅單船逃脫原認保店繳補兩月船價工食
銀五百九十六両六錢
又收存官紳繳赴本局捐輸銀一十九萬二千七百八十両零九分八厘
又收存夏建亭捐輸紋銀換番補水銀五百両
又收存順德公局捐繳銀八萬五千五百両 此款截至四月底據署順德縣李令催繳銀九萬零五百両除歸入本局收捐輸銀五千両外尚銀八萬五千五百両
又收存平洲沙茭兩局各捐繳銀一萬両共銀二萬両
又收存番禺舉人何壯猷辦理沙茭備繳籌補口糧花紅銀七萬五千両
又收存番禺舉人陳龍韜辦理沙茭備繳籌補口糧花紅銀六萬二千両
又收存通事館繳充公用銀二千五百両
又收存高長年繳充公用銀一萬両
以上共收銀五十萬零三千八百九十四両三錢八分
一由廣州府領存藩庫銀二十二萬二千両
又收存南番二縣屬當商繳還捕盜生息帑本銀一十四萬六千一百
四十六両零二分三厘

又收存快船捕費發當生息本銀九千二百二十九兩八錢九分八厘
又收存惠濟義倉發當生息本銀七萬兩
又收存桑園圍基發當生息本銀一萬六千零六十兩
又收存八旗馬價發當生息本銀三萬六千二百八十七兩零四分二厘
又收存江南糧臺帶回扣留撥還廣東墊款銀三萬四千五百兩
又收存西關新老城捐輸經費銀六十六萬六千四百九十六兩五錢
七分一厘
又收存紳士伍崇曜梁綸樞等預借關餉并傾銷銀行抽分共銀三十
萬零四千一百零六兩九錢八分內 預借關餉銀二十七萬七千一百零六兩九錢八分傾銷銀行抽分銀二萬七千兩
以上共收銀一百五十萬零四千八百二十六兩五錢一分四厘
一由局收存 將軍籌借銀七千兩
又收存廣州府籌借銀三千五百兩
以上暫借尚未還銀一萬零五百兩 係正月十八日進攻新造備支兵勇口糧
一由局收奉 憲臺發借撥解陸路崑提督領用經費銀四千兩

前項收存及暫借大共二十五款共銀二百零二萬三千二百二十
兩零八錢九分四厘
四年五月至五年三月底
各處領用經費銀一十二萬六千四百兩
各路官兵壯勇薪糧船隻月租水手工食銀一百一十二萬三千七百
三十四兩六錢零三厘
犒賞銀一十二萬七千三百一十四兩三錢零五厘
撫卹銀四萬五千四百五十二兩六錢
製造軍裝器械工料銀五萬八千二百二十一兩二錢三分四厘
製造砲子鉛子群子工料銀五萬一千七百六十五兩九錢八分七厘
採辦硝磺價銀一萬八千四百九十三兩一錢二分
採買及製造火藥工料銀三萬七千四百零七兩八錢八分二厘
搭蓋蓬廠修船工料銀四千五百五十四兩五錢五分九厘
修理城垣砲台堵塞河道工料銀一萬七千八百五十九兩五錢五分
船脚夫價各項役食銀六萬八千三百四十九兩零八分一厘

採辦米石乾糧油燭襍款銀八萬四千零四兩九錢一分六厘

以上自四年五月開局起至五年三月底止共支用銀一百七十六
萬三千五百五十七兩八錢三分七厘

五年四月支款

各處領用經費銀三萬三千二百兩內廣西張臬司領銀二萬七千二百兩陸路崑提督領銀六千兩

各路官兵壯勇薪糧船隻月租水手工食銀一十五萬八千九百四十兩零
三錢零五厘內本局支發各起薪糧等項銀九萬八千九百四十兩零三錢零五厘連張臬司統帶兵船在內又沈署運司帶赴北江勦捕經費銀六萬兩

犒賞銀一萬四千七百五十一兩六錢內各兵勇收復順德賞銀六千兩又在琴沙砲台勝仗及收復肇城賞銀六千兩奪獲賊船賞銀一千四百四十兩獲犯等項賞銀一千三百一十一兩六錢

撫卹銀三百五十七兩四錢

製造軍裝器械工料銀二千六百零一兩一錢六分

製造砲子鉛子群子工料銀五千零一十兩

採辦硝價銀二萬零五百七十四兩此項硝價內有三月先行支付至本月彙總出數故有二萬餘兩之多合註明

採辦及製造火藥工料銀二千八百兩

船脚夫價各項役食銀一萬一千三百七十九兩一錢二分五厘

乾糧油燭襍款銀二千一百六十八兩三錢二分九厘

以上五年四月各項共支用銀二十五萬一千七百八十一兩九錢
一分九厘

前項自四年五月起至五年四月底止本局共支銀二百零一萬五
千三百三十九兩七錢五分六厘

計存銀七千八百八十一兩一錢三分八厘

另款

一由藩庫先後支過各項經費列單移局開報銀二十萬零六千五百二
十兩零四錢三分九厘

以上本局及另款共支用銀二百二十二萬一千八百六十兩零一錢
九分五厘

[redacted]

廿逵章雇三板船

十月二十四日用銀六百八十二兩七錢
十一月十三日用銀六百五十五兩七錢
十二月十三日用銀六百五十一兩二錢
五年正月初十日用銀六百五十一兩二錢
二月初十日用銀六百五十一兩二錢
三月十三日用銀六百五十一兩二錢
四月十五日用銀六百五十一兩二錢
五月十四日用銀六百五十一兩二錢

十月二十六日用銀七十四兩一錢置辦軍裝
十一月二十四日用銀六百五十一兩二錢
十二月二十五日用銀六百五十一兩二錢
正月二十六日用銀六百五十一兩二錢
二月二十六日用銀六百五十一兩二錢
三月二十五日用銀六百五十一兩二錢
五月初一日用銀六百五十一兩二錢
五月二十日用銀一千三百零二兩四錢

以上共用銀一萬零五百二十九兩二錢

佛鎮賊匪業經一律蕩平雖內匪間有潛伏外匪不無覬覦幸軍威大振指日住扎內地自當掃數殲除惟各起兵勇不能久駐佛山該鎮必須亟籌經費添募壯勇實力防堵奈汾水一帶焚燬之後富紳動言無款可籌其實佛山貴家巨室現寓省城者如肯鼎力捐輸旬日間不難迅速集事謹將富紳姓名開列

一松桂里梁族嘗項最優分三房居住長房梁九章梁九圖兄弟家貲不下五六萬二房梁植棠兄弟不下三萬三房梁應棠兄弟不下十餘萬前在佛山公局捐銀三千兩分派各房兄弟每人不過捐銀二三百殊不滿鄉人之意

一李都轉嘗項不下三萬李應棠兄弟析產每人亦不下四萬

一蔡錫麟每歲納糧銀約一百五十餘兩其現銀多出貴於各銀鋪

一林楊攀每歲納糧銀約一百三十餘兩其現銀多出貴於各銀鋪

一前任湖南理猺廳張日強在省開克昌銀店任春在第十甫家貲不下十萬向規避捐輸似宜切責

一區士玲家貲不下十餘萬現貯銀在省城洋行亦五六萬

一吳中丞封翁嘗項最優中丞兄弟九人各得家產亦不下萬餘銀其居積最多者吳綬光約五六萬吳爍光亦三萬餘

一王福康兄弟於佛山黃鼎兩局及南順營均有捐僉數亦不少若竭蹶之下酌量再捐亦鼓舞富家之一道也

一莫以枋兄弟祖嘗私產雖不甚優惟素負鄉望若酌量加捐尤足令富家心服

已上各紳均有現銀寄頓省城耳目彰彰衆証確鑿萬懇密諭沈道憲札該紳等於旬日間速籌款項十萬左右迅即名募四堡練勇一千名協同孔繼堯壯勇防守併在柵下一帶築台設砲布置周密佛山方保無虞

佛山富紳除數家之外尚難悉數但因逃難遷往別處刻下遠難來省若概令一齊捐輸恐數家轉得藉端推諉未免躭延時日萬懇責成該紳等先籌此款其餘另札勸捐令該紳等知事有均及庶不畏獨任之難

謹將未在省之富紳開列

一已故職員伍名成即駱中丞之壻家貲不下二十萬該員繼嗣未定舉人伍蔭棠是其從兄

一高焯中家貲亦五六萬

一楊清芳之從姪楊健家貲不下十萬

此外富紳多有未及開列者如梁李數大姓鼎力捐輸自必各舉所知當有陸續報捐之效

一佛鎮之田五十餘頃若計畝起科尚可得銀二三千兩

一佛鎮議設團練總局仍於二十七鋪地方各設一分局現蒙分憲借給各鋪軍裝自後按戶抽丁輪門看守所有置備軍械與及雜項俱在該鋪籌辦銀兩不從捐輸款內支應

說是逆首陳顯良亦已轟斃等語又探得張臬司在藤縣先撥壯勇由陸
路進勦於本月十四日攻至蒙江口上之四旺圩與該處土匪打仗初次路途生
疎偶然小挫現聞連日俱獲勝仗現見潘祭將等拖船泊在梧州河面防
堵謹將確實情形理合呈報

五月　　日呈

FO.682/378B/1(52)

前承

大人面諭公推方正紳士辦理團練事宜理合繕寫闔鄉公推紳士姓名清單呈

電是否有當恭候　札示

計開

文紳士籌辦團務　舉人何瑞萱　廩生何業　原任陽山縣訓導何東瑩　原任曲江縣訓導劉大業

舉人李永錫　舉人董岳慶　職員劉大經　生員麥光熊　職員麥紹康　生員李寬泰

職員何朝輔

武紳士管帶壯勇　武進士何兆祥　武舉鍾耀祥　武舉何光亮　武舉盧殿棟　武舉何龍儀

武監生何榮標

現在業戶籌辦經費加意團練日間定當聯稟恭此附陳

咸豐五年　五月　日稟單

呂子桂即呂茂焰供年五十二歲鶴山縣藥逕司維墪
鄉人父母俱故並沒兄弟娶妻馮氏未生子女小的于
道光十七年歲考蒙　李學憲取進第八名縣
學咸豐元年歲考蒙　全學憲取准一等九名
保廩一向在家教讀度日去年六月二十八日小的
听從黃亞永邀在本村義學拜会同夥二百人黃
亞永為男父陳海為老母拜時設立同義堂名
小的出銀一元稭上有手捧五色旂拜畢給还硃
砂錢三文為記即日小的投入鶴山縣屬藥逕
司維墪偽元帥呂雄傑賊巢封小的為軍師
李贊結為副元帥呂亞義為左營都督李
亞礼為右營都督黃永鴻為中營都督呂培
杰邝亞仰為条贊呂亞觀黃亞如李亞政馮
大口日為先鋒馮大水棋馮亞甯呂亞九呂亞
丁為總旂頭其餘各小旂頭日久不能記憶
七月十一十二等日小的與偽元帥呂雄傑帶
同夥党千餘往攻鶴山縣城東門其餘各南
北西城門係馮坤夥党攻的即于十二日將城
攻破小的與馮坤們進城將馬太爺扡提帶
往藥逕司属水東鄉和平社學閑禁三日
逼勒從匪馬太爺不依小的與馮坤們于七月
十五日二更時候派旂頭馮亞意帶有
夥党廿餘人將馬太爺用草繩綑綁
帶往大雁山海边殺斃將屍首丢
棄在海中現在不知下落是月下
旬不記日期小的派撥呂雄傑帶同
夥千餘往鶴山縣属四合彩紅嶺各
地方與鄉民打仗六次閏七月初旬

小的帶有維整船十六號往佛山投入陳開
賊營小的仍為軍師住扎在臨海廟河面不記月日
派撥各夥在陳頭佛山沙口臨海廟大歷各地
方與官兵鄉民打仗三十次小的均係派撥並無
督帶小的曾於七月內不記日期在維整鄉與呂
文國黃開權們打單得銀八千兩又在羅江鄉葉
姓打單得銀一萬兩並往各鄉不記次數打單得銀
四萬兩合共打單得銀五萬八千兩俱交偽元
帥呂雄傑大營支用又在佛山時與各街舖店
不記次數共打單得銀二十餘萬兩均交陳開
大營支用小的於七月初二日在鶴山屬維整賊巢
往順德屬甘竹海面灣泊賊船截搶適肇慶府任
大老爺並委員孫天保官船經過小的就派夥党
截搶並將任大老爺並委員孫天保捉拏是月初
四日派令副元帥李贊結將任大老爺並委員孫天
保解往佛山交陳開賊營任大老爺在左邊打鉄街

佛山書院關禁委員孫天保併有廣西蒼梧縣陳
太爺併不識姓名官一員在和尚能駐扎正埠右
營關帝廟關禁九月二十日二更時候陳開與小的併
封滿和尚能霍輝李從龍陳麒麟祥黃直們恐
怕官兵打入佛山就將任大老爺帶往知朱山派
令潘亞八下手用刀斬斃將屍首丟棄柵下河面
現在不知下落至關禁委員孫天保廣西蒼梧
縣陳太爺及不識姓名官一員十一月初三日被官兵
攻破賊巢逃走去了小的因被賊營燒燬就帶有
坡山船十一號逃走回鶴山屬維整賊巢本年二月十
九日因無糧各散逃走小的回家躲避六月初三日小
的來省路過果欄地方即日被紳士捉獲小的到案
小的寔係拜會從賊偽封軍師派撥打仗三十六次攻
城二日擄捉斃官二員前後共打單得銀二十五萬
八千餘兩至大元帥呂雄傑于二月十一日知罪難逃服
毒身死陳開封滿們逃往何處小的不知道是寔

[redacted]

謹將賀縣土著人民被惠潮嘉客匪擾害情形列摺恭呈

憲鑒

查廣西賀縣地方向有廣東惠潮嘉客人前來批耕土著人田地日久寄籍斯土咸豐四年三月間有廣肇游匪梁雞仔盛等在昭平之英家街與該處寄籍客匪爭鬥乃賀縣客匪頭目陳德合等糾衆越境迎敵游匪入賀境與鬥該客匪擊退游匪後恃強滋擾焚刦村市殺戮無辜將富川羊頭街賀縣河東街兩市掃刦又將八步街大市燒燬殆盡廣肇客商失本千百萬棄業奔逃該客匪又

以土著人弱肆行刦掠該地方文武坐視不理更致客匪猖獗於四年四月二十九
六月二十三四五六等日該匪疊次圍城捉人支解索得銀錢始退仍紮離城十
餘里地方將四鄉遍行焚燬慘烈已極見物即搶逢人即殺荼毒淫污無所
不至土著人流離轉徙被焚數百村被殺被擄及避賊溺死者數千人前許
臬司在梧州時訪聞情形派委員蕭令來賀查辦該匪稍為斂跡仍設
局抽稅搶擄如故嗣於八月初間蕭令奉委署理賀篆傳令客籍紳士曉諭
彈壓奈抗不遵蕭令拏辦搶擄之匪該匪恨官於八月十六七二十七八等日
糾集七八千人屢次攻城經蕭令督率兵壯土著團練登陴固守用大炮轟斃
匪徒百餘人該匪敗退開城追擊又斃匪徒數百人渡河溺斃者不計其數
該匪嗣後退踞永慶蓮塘沙田道石鵝塘黃田大會等墟及附墟各村占
踞土著人房屋田地時時滋擾鄉民多避入城飢寒病死各半現在蕭令
諭飭公正紳耆不分土客聯絡剿匪無如客匪首劉洪潰羅亞會陳德
合黃杰龍何觀保鄒亞蘭鍾林秀等匪黨已衆賊粮亦足不獨蹂躪賀
境且往昭平富川平樂及湖南江華一帶滋擾非官兵勦洗實難剪除

附錄客匪偽示

平安堂奉縣主韓都司陽總督惠潮嘉三州軍馬羅鍾黃為通行曉諭急宜納款投降各全性
命事照得爾土著紳耆士民籍貫數百年估盡良田美宅兄弟等僻處偏隅衆寡
不敵或為批田重租或為揹銀入籍種種惡焰受辱難禁今蒙縣主仁恩都司憐愛
於四月二十間客授委諭勦絶通縣土著八步街蘆江村環塘寨湴田寨塘腦寨小島
寨平安寨南蛇塘金鵞堂等處逆命業經大兵焚廬劫殺望風投順者不一其地本
軍俱從寬處治惟有栗木街松柏寨麥田三架灘高家寨黎家寨白沙六寨東
球寨廟村大坪寨螺嶺洲蓮塘坪並城廂内外上下河東一帶不計等寨負蠢
不服殊屬可惡本軍糾集官兵陸續進勦斬草除根決不為爾土著寬宥自示
之後爾土著順時聽天急照前帖禮儀送歸本營蓮塘墟具結報降實為萬幸
倘仍蹈轍膽敢違抗一經殄滅那時噬臍悔之無及諭此切切毋違特示　遵

咸豐四年六月十二日曉諭　　貼城外河東街

謹將此次勦辦匪徒自咸豐四年五月起至五年五月底止收支經費各
款銀數開列呈
電
計開
一由局領存藩庫銀三萬三千零六十兩
又收存運庫撥解快船捕費發當生息本銀二千兩
又收存道庫備發本案採辦米石銀一萬七千二百兩
又收存廣州府解繳庫存閒款充公銀二千七百五十七兩六錢八分
二厘
又收存東莞縣繳回當本生息銀一萬兩
又收存南海縣李令飭催紅單船迯脫原認保店繳補兩月船價工食
銀五百九十六兩六錢
又收存官紳繳赴本局捐輸銀二十二萬七千零六十五兩六錢三分
八厘
又收存夏建亭捐輸紋銀換番補水銀五百兩（除撥還補捐銀二兩又移解藩庫部飯照費銀八十七兩六錢）
寔銀四百一十兩零四錢
又收存順德公局捐繳銀八萬九千五百兩（此款截至五月底據署順德縣李令催繳銀九萬四千五百兩除歸入本局收捐輸銀五千兩外尚銀八萬九千五百兩）
又收存平洲沙茭兩局各捐繳銀一萬兩共銀二萬兩
又收存番禺舉人何壯猷辦理沙茭備繳籌補口粮花紅銀八萬五千兩
又收存番禺舉人陳龍韜辦理沙茭備繳籌補口糧花紅銀七萬五千兩
又收存通事館繳充公用銀二千五百兩
又收存高長年繳充公用銀一萬兩
又收存抄變賊産繳價銀八百三十七兩九錢

又收存順德縣紳士梁鶴年捐領火藥砲子繳價銀八百七十五兩
以上共收銀五十七萬六千八百零三兩二錢二分
一由廣州府領存藩庫銀二十二萬二千兩
又收存南番二縣屬當商繳還捕盜生息帑本銀一十四萬六千一百
四十六兩零二分三厘
又收存快船捕費發當生息本銀九千二百二十九兩八錢九分八厘
又收存惠濟義倉發當生息本銀七萬兩
又收存桑園圍基發當生息本銀一萬六千零六十兩
又收存八旗馬價發當生息本銀三萬六千二百八十七兩零四分二厘
又收存江南糧臺帶回扣留撥還廣東墊款銀三萬四千五百兩
又收存西關新老城捐輸經費銀七十五萬一千七百一十六兩六錢
五分一厘
又收存紳士伍崇曜梁綸樞等預借關餉銀二十七萬七千一百零六
兩九錢八分（此項銀兩准粵海關移知扣收關稅銀四萬零九百一十八兩七錢九分五厘計尚借銀二十三萬六千一百八十八兩一錢八分五厘統俟和完列入奉撥關餉項下）
又收存預借關餉平餘銀二千一百六十一兩四錢三分
又收存傾銷銀行抽分銀二萬七千兩
以上共收銀一百五十九萬二千二百零八兩零二分四厘

一由局收存　將軍籌借銀七千兩
又收存廣州府籌借銀三千五百兩
以上暫借尚未還銀一萬零五百兩（係正月十八日進攻新造備支兵勇口糧）
前項收存及暫借共銀二百一十七萬九千五百一十一兩二錢四
分四厘
四年五月至五年四月底
各處領用經費銀一十五萬九千六百兩
各路官兵壯勇薪糧船隻月租水手工食銀一百二十八萬二千六百
七十四兩九錢零八厘
犒賞銀一十四萬二千零六十五兩九錢零五厘
撫卹銀四萬五千八百一十兩
製造軍裝器械工料銀六萬零八百二十二兩三錢九分四厘
製造砲子鉛子群子工料銀五萬六千七百七十五兩九錢八分七厘
採辦硝磺價銀三萬九千零六十七兩一錢二分

採買及製造火藥工料銀四萬零二百零七兩八錢八分二厘
搭蓋蓬廠修船工料銀四千五百五十四兩五錢五分九厘
修理城垣砲臺堵塞河道工料銀一萬七千八百五十九兩五錢五分
船脚夫價各項役食銀七萬九千七百二十八兩二錢零六厘
採辦米石乾糧油燭襍款銀八萬六千一百七十三兩二錢四分五厘
以上自四年五月開局起至五年四月底止共支用銀二百零一萬五千三百三十九兩七錢五分六厘

五年五月支款

各處領用經費銀二萬一千兩內廣西張臬司領銀一萬四千兩陸路崑提督領銀六千四百兩署樂昌縣方鑑源領銀六百兩
各路官兵壯勇薪糧船隻月租水手工食銀一十一萬一千零一兩二錢三分五厘內本局支發駐省附省分赴惠州西江勦匪各起銀六萬八千零一兩二錢三分五厘又解赴沈署運司行營備支北江勦捕經費銀四萬兩署廣州府郭守帶赴九江勦捕經費銀三千兩
犒賞銀一千三百二十四兩三錢內節賞銀一千一百一十八兩五錢獲犯及砲賞銀二百零五兩八錢
撫卹銀二百一十七兩五錢
製造軍裝器械工料銀六百五十六兩零五分五厘
製造砲子鉛子群子工料銀五千六百零五兩
採辦硝價銀六千六百二十三兩零四分八厘
製造火藥工料銀一千六百七十五兩一錢八分
修船工料銀二十四兩零六分六厘
船脚夫價各項役食銀二千四百八十七兩二錢三分
油燭襍款銀一千七百五十三兩四錢八分八厘
以上五年五月各項共支用銀一十五萬二千三百六十七兩一錢零二厘
前項自四年五月起至五年五月底止本局共支銀二百一十六萬七千七百零六兩八錢五分八厘
計存銀一萬一千八百零四兩三錢八分六厘

另款

一由藩庫先後支過各項經費列單移局開報銀二十萬零六千五百二十兩零四錢三分九厘
以上本局及另款共支用銀二百三十七萬四千二百二十七兩二錢九分七厘

謹將硝商尚未領價煎辦各案借撥局硝數目開列呈

閱

計開

此款硝價未奉籌款還額

一自道光二十八年十二月起至咸豐五年五月止製造軍需火葯共借撥局硝七十五萬四千五百餘斤

一咸豐四年三月閩省採買硝八萬斤

一未煎補前府薩任缺硝九萬八千九百七十二斤零九錢九分八 價銀繳存藩庫合註明

一各臺船咸豐三四年分未買補還局硝二萬八千四百八十八斤零 價銀存藩庫

以上通共未買補還局硝九十六萬一千九百八十八斤零 其各案硝斤均未領價煎辦合註明

隸下右營戈什哈馮汝輝敬禀者茲於五月初十日前往西江探聽十八日抵藤
縣上之濛江口見崔連升吳邦英劉錦榮等巡船波山船舢板船俱在該處灣
泊查各船云於本月十五日由藤縣開船跟隨張臬司十七日未刻抵該江口探
得日前竄上潯州之匪船約數百隻內有炮火船百餘隻其餘貨船小艇居多
仍在該州日與團練打仗尚未勦滅張臬司崔連升等督率各船赶緊進勦
各船水手互相推倘說是我師船少實難進仗是至本月十九日尚在該江口
逗遛現下各帶船員弁甚為着急再探得在後由藤縣逃竄之匪船竄至濛江
上彼該處團練攻擊奪獲匪船大小數十隻斃匪甚多內有拿獲匪犯審訊

(1)

揭

廣東陸路提標後營遊擊行營關防

咸豐五年七月廿五日到

署陸路提標後營遊擊奏陞廣州協中軍都司陞用遊擊陳國輝今將統領惠潮官兵壯勇進勦新造大石收復南安台等處尤為出力弁兵壯勇理合列摺呈

核伏乞轉請奏奬以示鼓勵施行

計開

帶兵官四員内

永安營把總六品頂戴記名遇缺儘先拔補千總陳熊光該員前在省垣勦辦案内保舉曾請免補千總以守備遇缺儘先即

(21)

補並　賞戴花翎

提標右營把總六品頂戴夏建和該員前在省北勦辦案內保舉曾請以千總遇缺儘先拔補並賞戴藍翎

永安營外委六品頂戴記名遇缺儘先拔補把總李榮彪該員前在省北勦辦案內保舉曾請俟補把總後以千總拔補並賞戴藍翎

提標前營外委六品頂戴記名遇缺儘先拔補把總黃立琦該員前在省北勦辦案內保舉曾請俟補把總後以千總拔補並賞戴藍翎

帶勇官三員內

督標中營把總六品頂戴何鳴霄該員前在省北勦辦案內保舉曾請以千總拔補後升用守備並賞戴藍翎

提標右營外委六品頂戴李　勝該員前在省北勦辦案內保舉曾請以把總遇缺儘先拔補後以千總拔補並賞戴藍翎

廣協永靖營外委六品頂戴張晟該員前在省北勦辦案內保舉曾請以把總遇缺儘先拔補並賞藍翎

兵丁一十六名內

提標六品頂戴記名額外遇缺拔補五名　許連芳　李菲光　劉正開

嚴雲龍　陳必熊　並以上五名均在省北勦辦案內保舉請免補額外以外委遇缺儘先拔補　賞戴藍翎

六品頂戴隊目一名　邱朝彪　該兵前在省北勦辦案內保舉請以外委拔補並　賞戴藍翎

六品頂戴記名額外遇缺拔補二名　張俊彪　彭兆升　以上二名均在省北勦辦案內保舉請　賞戴藍翎

六品頂戴兵丁二名　黎仁喜　李林升

記委頂戴兵丁三名　廖廷貴　羅振梅　王振亮

兵丁一名　賴文琦

以上六名均在省北勦辦案內保舉請　賞戴藍翎

(3)

潮州鎮標六品頂戴兵丁一名　鄭光　該兵前在省北勦辦案內保舉請　賞戴藍翎

廣州協記委兵丁一名　潘朝選　該兵前在省北勦辦案內保舉請以記名額外遇缺拔補並　賞戴藍翎

把總何鳴霄招募潮勇隊內

總管潮勇頭目六品頂戴一名　辛登元

記委頂戴隊目五名　陳嘉　古捷芳　劉得　湯順　徐狂

(8)

外委李勝招募潮勇隊內

總管潮勇頭目六品頂戴一名　陳古鰲

[redacted]

六品頂戴隊目一名　吳角

記委頂戴隊目四名　黃陸　楊錐　蕭大榮　楊得安

以上十二名均在省北勦辦案內保舉請　賞戴藍翎

以上統共兵勇二十八名于勦辦省北之後復隨平戰勦辦新造大石等處皆能著績立

功始終如一可否優加鼓勵之處出自　恩施

又前于省北勦辦案內出力兵勇因名數本多未敢俱請

奏奬是以另列外奬一摺具呈轉請

爵督憲鼓勵尚未奉到文行今擇其續于勦辦新造案內始終奮勇議請從優改入

奏奬案內保舉並內有前在省北未經保舉此次勦辦新造等處最為出力者合並開列呈核

伏乞

(51)

懇予鼓勵

提標記委兵丁三名 翟桂香 趙頌平 邱朝光 以上三名前于勒辦省北案內請換六品頂戴今請添入勒辦新進案內 奏賞藍翎

六品頂戴兵丁一名 曾朝江 議請 賞戴藍翎

記委頂戴潮勇隊目五名 林順高 黃文龍 葉園 鄭福 楊誦 以上五名前于勒辦省北案內請換六品頂戴今請添入勒辦新進案內 奏賞藍翎

又次爲出力記委頂戴兵丁六名 劉榮泰 曾洪亮 江華高 魏得升 劉勝光

陳雄高 以上六名稟請外獎 賞換六品頂戴

次爲出力兵丁十二名

魏廷珍請 賞記名額外拔補

(6)

李泰光　劉培蒼　温得勝　吳恩超　利連海　張英超　黄洪升

李英華　黎任瑞　幸得亮○　鍾廷亮以上十一名請賞記委頂戴

廣東陸路提標後營遊擊行營關防

咸豐五年七月十七日

廣東陸路提標後營遊擊行營關防

謹將此次勸辦匪徒自咸豐四年五月起至五年六月底止收支經費
各款銀數開列呈
電
計開
一由局領存藩庫銀三萬三千零六十兩
又收存運庫撥解快船捕費發當生息本銀二千兩
又收存道庫備發本案採辦木石銀一萬七千二百兩
又收存廣州府鮮繳庫存閒款充公銀二千七百五十七兩六錢八
分二厘
又收存東莞縣繳回當本生息銀一萬兩
又收存南海縣李令飭僱紅單船逃脫原認保店繳補兩月船價工
食銀五百九十六兩六錢
又收存官紳繳赴本局捐輸銀二十七萬九千零二十二兩九錢五
分八厘
又收存夏建亭捐輸紋銀換番補水除撥還補捐及部飯照費外寔
銀四百一十兩零四錢
又收存順德公局捐繳銀九萬七千五百兩此款截至六月底止據繳銀一十萬零二千五百兩除歸入本局收捐輸銀五千兩外尚銀九萬七千五百兩
又收存平洲沙茭兩局各捐繳銀一萬兩共銀二萬兩
又收存番禺舉人何壯猷辦理沙茭備繳籌補口糧花紅銀八萬五
千兩此款原收銀一十二萬兩內有三萬五千兩撥歸本局收捐輸項內寔入本款銀八萬五千兩
又收存番禺舉人陳龍韜辦理沙茭備繳籌補口糧花紅銀五萬八
千兩此款原收銀八萬兩內有二萬二千兩撥歸本局收捐輸項內寔入本款銀五萬八千兩
又收存高長年繳充公用銀一萬兩
又收存各處繳充公用銀九千七百兩內通事館繳銀二千五百兩孔劉兩姓繳銀七千二百兩
又收存抄變賊産繳價及罰項共銀四千七百七十七兩九錢

又收存順德縣紳士梁鶴年捐領火藥砲子繳價銀八百七十五兩

以上共收銀六十三萬零九百兩零五錢四分

一由廣州府領存藩庫銀二十二萬二千兩

又收存南番二縣屬當商繳還捕盜生息帑本銀一十四萬六千一百四十六兩零二分三厘

又收存快船捕費發當生息本銀九千二百二十九兩八錢九分八厘

又收存惠濟義倉發當生息本銀七萬兩

又收存桑園圍基發當生息本銀一萬六千零六十兩

又收存八旗馬價發當生息本銀三萬六千二百八十七兩零四分二厘

又收存江南糧台帶回扣留撥還廣東墊款銀三萬四千五百兩

又收存西關新老城捐輸經費銀八十一萬一千二百七十三兩八錢八分一厘

又收存紳士伍崇曜梁綸樞等預借關餉銀二十七萬七千一百零六兩九錢八分此項銀兩准粵海關移知扣收關稅銀一十萬零一千六百七十二兩八錢二分計尚借銀一十七萬五千四百三十四兩一錢六分統俟扣完列入奉撥關餉項下

又收存預借關餉平餘銀二千一百六十一兩四錢三分

又收存傾銷銀行抽分銀二萬七千兩

以上共收銀一百六十五萬一千七百六十五兩二錢五分四厘

一由局收存　將軍籌借銀七千兩

又收存廣州府籌借銀三千五百兩

以上暫借尚未還銀一萬零五百兩係正月十八日進攻新造備支兵勇口糧

前項收存及暫借共銀二百二十九萬三千一百六十五兩七錢九分四厘

四年五月至五年五月底

各處領用經費銀一十八萬零六百兩

各路官兵壯勇薪糧船隻月租水手工食銀一百三十九萬三千六百七十六兩一錢四分三厘

犒賞銀一十四萬三千三百九十兩零二錢零五厘

撫卹銀四萬六千零二十七兩五錢

製造軍裝器械工料銀六萬一千四百七十八兩四錢四分九厘

製造砲子鉛子群子工料銀六萬二千三百八十兩零九錢八分七厘
採辦硝磺價銀四萬五千六百九十兩零一錢六分八厘
採買及製造火藥工料銀四萬一千八百八十三兩零六分二厘
搭蓋蓬廠修船工料銀四千五百七十八兩六錢二分五厘
修理城垣砲臺堵塞河道工料銀一萬七千八百五十九兩五錢五分
船脚夫價各項役食銀八萬二千二百一十五兩四錢三分六厘
採辦米石乾糧油燭襍款銀八萬七千九百二十六兩七錢三分三厘
以上自四年五月開局起至五年五月底止共支用銀二百一十
六萬七千七百零六兩八錢五分八厘

五年六月支款
陸路崑提督領用經費銀一萬四千兩
各路官兵壯勇船隻月租水手工食銀七萬七千八百九十二兩九
錢四分一厘
犒賞銀六十六兩
撫卹銀三百零二兩
製造軍裝器械工料銀一千三百二十九兩九錢五分
製造砲子鉛子群子工料銀二千一百七十七兩七錢
採辦硝價銀二千八百零八兩
製造火藥工料銀一千五百六十兩
發還尹達章二月內堵塞文滘口等處河道工料銀三百五十四兩
九錢三分八厘
船脚夫價各項役食銀一千零二十三兩二錢五分九厘
油燭襍款銀七百八十五兩一錢九分八厘
以上五年六月各項共支用銀一十萬零二千二百九十九兩九
錢八分六厘
前項自四年五月起至五年六月底止本局共支銀二百二十七
萬零六兩八錢四分四厘
計存銀二萬三千一百五十八兩九錢五分

另款
一由藩庫先後支過各項經費列單移局開報銀二十萬零六千五百
二十兩零四錢三分九厘
以上本局及另款共支用銀二百四十七萬六千五百二十七兩二
錢八分三厘

FO.682/325/3 (29)

謹將此次勦辦匪徒自咸豐四年五月起至五年七月底止收支經費各款銀數開列呈

電

計開

一由局領存藩庫銀三萬三千零六十兩

又收存運庫撥解快船捕費發當生息本銀二千兩

又收存道庫備發本案採辦米石銀一萬七千二百兩

又收存廣州府解繳庫存閒款充公銀二千七百五十七兩六錢八分二厘

又收存東莞縣繳回當本生息銀一萬兩內（水操防吏經費銀九千九百八十三兩九錢零一厘　排鍊經費銀一十六兩零九分九厘）

又收存南海縣李令飭催紅單船追脫原認保店繳補兩月船價工食銀五百九十六兩六錢

又收存官紳繳赴本局捐輸銀二十六萬八千四百零八兩九錢五分八厘

又收存夏建亭捐輸紋銀摸番補水除撥還補捐及部飯照費外實銀四百一十兩零四錢

又收存順德公局捐繳銀一十七萬九千兩（此款截至七月底據繳銀一十八萬四千兩除歸入本局收捐輸銀五千兩外尚銀一十七萬九千兩）

又收存平洲沙茭兩局各捐繳銀一萬兩共銀二萬兩

又收存番禺舉人何壯猷辦理沙茭備繳籌補口糧花紅銀八萬五千兩（此款原收銀一十二萬兩內有三萬五千兩撥歸本局收捐輸項內實入本款銀八萬五千兩）

又收存番禺舉人陳龍韜辦理沙茭備繳籌補口糧花紅銀五萬八千兩（此款原收銀八萬兩內有二萬二千兩撥歸本局收捐輸項內實入本款銀五萬八千兩）

又收存高長年繳充公用銀一萬兩

又收存九江堡捐繳銀四萬二千零六十兩

又收存各處繳充公用銀九千七百兩內（通事館繳銀二千五百兩　孔劉兩姓繳銀七千二百兩）

又收存抄變賊產繳價及罰項共銀六千四百三十八兩零二分

六厘

又收存順德縣紳士梁鶴年捐領火藥砲子繳價銀八百七十五両

又收存廣西張臬司解撥備支西江剿捕兵勇口糧銀三千両

以上共收銀七十四萬八千五百零六両六錢六分六厘

一由廣州府領存藩庫銀二十二萬二千両

又收存南番二縣屬當商繳還捕盜生息帑本銀一十四萬六千

一百四十六両零二分三厘

又收存快船捕費發當生息本銀一萬六千四百零五両四錢六

分三厘

又收存惠濟義倉發當生息本銀七萬両

又收存桑園圍基發當生息本銀一萬六千零六十両

又收存八旗馬價發當生息本銀四萬零一百六十九両七錢六

分二厘

又收存江南糧台帶回扣留撥還廣東墊款銀三萬四千五百両

又收存西關新老城捐輸經費銀七十九萬五千七百七十八両

六錢三分七厘

又收存紳士伍崇曜梁綸樞等預借關餉銀二十七萬七千一百

零六両九錢八分（此項銀両准粵海關移知扣收關稅銀一十七萬三千零五十五両零四分計尚借銀一十萬零四千零五十一両九錢四分統俟扣完列入奏撥關餉項下）

又收存預借關餉平餘銀二千一百六十一両四錢三分

又收存傾銷銀行抽分銀二萬七千両

以上共收銀一百六十四萬七千三百二十八両二錢九分五厘

一由局收存　將軍籌借銀七千両（此係本年正月十八日進攻新造暫借備支兵勇口糧）

前項收存及暫借共銀二百四十萬零二千八百三十四両九

錢六分一厘

四年五月至五年六月底

各處領用經費銀一十九萬四千六百両

各路官兵壯勇薪糧船隻月租水手工食銀一百四十七萬一千

五百六十九両零八分四厘

犒賞銀一十四萬三千四百五十六両二錢零五厘

撫卹銀四萬六千三百二十九両五錢

製造軍裝器械工料銀六萬二千八百零八両三錢九分九厘

製造砲子鉛子群子工料銀六萬四千五百五十八両六錢八分六厘

採辦硝磺價銀四萬八千四百九十八兩一錢六分八厘
採買及製造火藥工料銀四萬三千四百四十三兩零六分二厘
搭蓋篷廠修船工料銀四千五百七十八兩六錢二分五厘
修理城垣砲臺堵塞河道工料銀一萬八千二百一十四兩四錢
八分八厘
船脚夫價各項役食銀八萬三千二百三十八兩六錢九分五厘
採辦米石乾糧油燭柴款銀八萬八千七百一十一兩九錢三分一厘
以上自四年五月開局起至五年六月底止共支用銀二百二
十七萬零六兩八錢四分四厘

五年七月支款
各處領用經費銀三萬八千八百七十九兩八錢九分六厘内
陸路提督領銀七千兩韶州府領銀二萬五千兩廣
西隨營支應委員候補知縣鍾斯敬領銀六千八百七十
九兩八錢九分六厘
各路官兵壯勇薪糧船隻月租水手工食銀四萬八千四百八十
兩零三錢二分七厘
撫卹銀四兩
製造軍裝器械工料銀四百四十九兩三錢二分四厘
採辦硝價銀三千零四十二兩七錢五分
製造火藥工料銀五百二十兩
修船工料銀一百四十五兩九錢八分
船脚夫價各項役食銀四千六百一十五兩六錢五分
發還東莞縣前繳排鍊經費原本銀一十六兩零九分九厘
移解藩庫提用東莞縣發當生息水操防夷經費自本年四月初
一日起至六月底止應一季息銀二百四十九兩五錢九分八厘
油燭柴款銀五百五十七兩零二分九厘
以上五年七月各項共支用銀九萬六千九百六十兩零六錢
五分三厘
前項自四年五月起至五年七月底止本局共支銀二百三十
六萬六千九百六十七兩四錢九分七厘
計存銀三萬五千八百六十七兩四錢六分四厘

另款
一由藩庫先後支過各項經費列单移局開報銀二十萬零六千五
百二十兩零四錢三分九厘
以上本局及另款共支用銀二百五十七萬三千四百八十七兩
九錢三分六厘

FO.682/391/3(54)

現竄潯郡賊首陳顯良 陳開 和尚能 李容
李文茂 李亞計 區閏 梁培友 伍百結
周英 周發 馮鷗仔 大叫昌 東莞萬
肥林

謹將城西局捐輸數目恭摺呈

電

城西局自咸豐四年七月起至五年八月十四日止

捐數開列

紳商捐輸銀肆拾玖萬伍仟貳佰壹拾伍兩零壹分

各街捐輸銀壹萬捌仟玖佰叁拾壹兩貳錢零捌厘

共捐輸銀伍拾壹萬肆仟壹佰肆拾陸兩貳錢壹分捌厘

已收銀肆拾肆萬肆仟貳佰肆拾肆兩貳錢壹分捌厘

未收銀陸萬玖仟玖佰零貳兩

支數開列

一繳　總局銀叁拾捌萬貳仟肆佰伍拾叁兩零零壹厘

一支城西陸勇銀伍萬肆仟捌佰柒拾捌兩貳錢肆分由馬千總開報

一支城西水勇銀貳萬陸仟貳佰兩由尹叅戎開報

一支硝價銀貳仟壹佰貳拾伍兩肆錢壹分

一支沙茭局借項銀壹萬陸仟兩

共支出銀肆拾捌萬壹仟陸佰伍拾陸兩陸錢伍分壹厘

除現收來銀肆拾肆萬肆仟貳佰肆拾肆兩貳錢壹分捌厘實不敷銀叁萬柒仟肆佰壹拾貳兩肆錢叁分叁厘係銀號代墊過應於未收捐項扣還交回銀號清數合併聲明

八月十五日起至九月十五日止

又續捐輸共銀貳萬陸仟零零陸兩叁錢

已收銀壹萬貳仟壹佰玖拾兩

未收銀壹萬叁仟捌佰壹拾陸兩叁錢

乙卯歲酉月巳將庚戌日未時

丁卯命晝占援救潯州府城利於何日進兵

不備退間

龍	午	亥	壬	子	丙	亥
六	辰	卯	庚	丑	甲	朱
蛇	寅	朱	戌	虎	空	○

龍	六	虎	龍
午	辰	申	午
庚	午	戌	申

卯朱	辰勾	巳青	午龍
寅蛇			未空
丑貴			申虎
子后	亥陰	戌玄	酉常

本命 進都 行年

不備課。如圓物有缺。方物只有三面。兩缺其一之象。是應在潯州府城。現已危殆之極。向何日進兵。即須目下。不遑待矣。在本月二十四日巳前。可獲轉危為勝。蓋退間逢空。反以進論。是兵勇無可退步。只可進也。若二十四甲寅以後。勇氣不如前矣。論大局須趁秋令進援。交冬則更難也。

FO.682/391/3(53)

乙卯歲 酉月 巳將 庚戌日 巳時

丁卯命 晝占 潯州府城可保否兵勇得力否

伏吟斷橋

白蛇勾	申寅巳	財才亥	甲戌辛	才卯財	戊空乙	卯〇才

白	白	元	元
申	申	戌	戌
庚	申	戌	戌

將弁姓字 酉金 劉錢金鈕 鄭舟 取義 象形

巳勾	午龍	未空	申白
辰六			酉常
卯朱			戌元
寅蛇	丑貴	子后	亥陰

本命 年行 遊都

伏吟課。憂悶之象。況中傳逢空。秋木真空。謂之斷橋。以此推之。斷橋則兵勇難以得力。伏吟則城中憂悶難免。必有不全之應。況白蛇入傳。賊勢頗猖獗。但酉官為城廓。得太常加臨。必有酉金姓名之將弁（劉號是）禦侮。於萬危之際而復其元。此雖有不全。而復之尚速耳。

所喜在十八、十九。及日下兩日若到廿五。又不憂矣。

謹將讞局自咸豐四年閏七月中旬起至五年九月底止收到審辦
并現押各犯清數開列呈
電
計開
閏七月中旬共收犯一百零九名內
正法三十九名
保釋五十三名
各項病故十六名
除外現押一名 未定供
閏七月下旬共收犯一百六十四名內
正法七十六名
保釋五十六名
各項病故二十八名
除外現押四名內 彙辦一名 未定供三名
八月上旬共收犯一百四十九名內
正法九十二名
保釋三十四名
各項病故十八名
除外現押五名內 彙辦二名 未定供三名
八月中旬共收犯一百二十九名內
正法七十八名
保釋三十七名
各項病故十三名
除外現押一名 未定供
八月下旬共收犯一百四十二名內
正法九十二名
保釋二十五名
各項病故十九名
除外現押六名內 彙辦一名 未定供五名
九月上旬共收犯一百四十八名內

正法七十八名
保釋五十二名
各項病故十五名
發審一名
除外現押二名内（彙辦一名 未定供一名）
九月中旬共收犯一百三十九名内
正法一百零五名
保釋一十五名
各項病故十九名
除外現押無
九月下旬共收犯一百一十二名内
正法七十一名
保釋三十名
各項病故七名
除外現押四名（均未定供）
十月上旬共收犯二百五十四名内
正法一百九十五名
保釋二十七名
各項病故二十八名
除外現押四名内（彙辦三名 未定供一名）
十月中旬共收犯一百三十七名内
正法一百零八名
保釋十名
各項病故十二名
除外現押七名内（彙辦三名 未定供四名）
十月下旬共收犯一百三十四名内
正法八十二名
保釋三十二名
各項病故十五名
除外現押五名（均未定供）
十一月上旬共收犯二百六十一名内
正法一百一十一名
保釋一百一十八名
各項病故三十一名
除外現押一名（候彙辦）
十一月中旬共收犯二百二十名内

正法一百零七名
保釋七十六名
各項病故三十四名
除外現押三名均未定供
十一月下旬共收犯一百九十四名內
正法一百二十七名
保釋二十八名
各項病故三十三名
除外現押六名內彙辦四名未定供二名
十二月上旬共收犯四百零一名內
正法一百九十名
保釋一百一十三名
各項病故八十八名
發審一名
除外現押九名內彙辦三名未定供六名
十二月中旬共收犯四百零八名內
正法二百八十名
保釋五十四名
各項病故六十六名
發審一名
除外現押七名內彙辦五名未定供二名
十二月下旬共收犯四百六十八名內
正法三百三十二名
保釋四十八名
各項病故七十八名
除外現押十名內彙辦八名未定供二名
正月上旬共收犯四百四十二名內
正法三百四十五名
保釋四十名
各項病故五十一名
除外現押六名內彙辦三名未定供三名
正月中旬共收犯六百三十六名內
正法五百一十六名
保釋六十二名
各項病故五十二名
除外現押六名內均未定供

正月下旬共收犯一千三百六十一名內
正法一千二百零七名
保釋二十六名
各項病故一百一十名
除外現押十八名內 彙辦十一名 未定供七名
二月上旬共收犯一千二百八十名內
正法一千乙百八十八名
保釋一十二名
各項病故六十四名
除外現押十六名內 彙辦十一名 未定供五名
二月中旬共收犯六百一十八名內
正法五百五十六名
保釋一十二名
各項病故四十三名
除外現押七名內 彙辦一名 未定供六名
二月下旬共收犯六百九十名內
正法五百八十九名
保釋五名
各項病故七十三名
發審一名
除外現押二十二名內 彙辦一十六名 未定供六名
三月上旬共收犯四百九十八名內
正法四百四十二名
保釋九名
各項病故三十八名
除外現押九名內 彙辦二名 未定供七名
三月中旬共收犯五百一十二名內
正法四百四十五名
保釋一十四名
各項病故四十四名
發審二名
除外現押七名內 彙辦三名 未定供四名
三月下旬共收犯七百零五名內
正法六百三十名
保釋一十四名
各項病故五十名

除外現押十一名內彙辦一名未定供十名
四月上旬共收犯一千三百七十九名內
正法一千二百八十四名
保釋十五名
各項病故六十四名
發審一名
除外現押一十五名內彙辦五名未定供十名
四月中旬共收犯一千八百五十六名內
正法一千六百八十四名
保釋五名
各項病故一百四十八名
除外現押十九名內彙辦九名未定供十名
又四月十四日起至二十日止廣府分局共收犯七百七十九名內
正法七百一十七名
保釋三名
各項病故三十二名
發審一名
除外現押二十六名內彙辦二十三名未定供三名

四月下旬共收犯九百零四名內
正法八百三十名
保釋三名
各項病故五十六名
除外現押一十五名均彙辦
又四月下旬廣府分局共收犯七百九十三名內
正法七百一十二名
保釋三名
各項病故四十名
發審二名
除外現押三十六名內彙辦三十名未定供六名
五月上旬共收犯一千零五十六名內
正法一千零零九名
保釋一名
各項病故四十名
除外現押六名內彙辦五名未定供一名
又五月上旬廣府分局共收犯九百二十六名內
正法八百五十六名

保釋一名
各項病故三十七名
發審一名
除外現押三十一名內彙辦二十七名 未定供四名
五月中旬共收犯一千二百二十五名內
正法一千一百五十八名
保釋四名
各項病故四十八名
除外現押一十五名內彙辦七名 未定供八名
又五月中旬廣府分局共收犯九百四十八名內
正法八百八十名
保釋二名
各項病故三十九名
發審五名
除外現押二十二名內彙辦一十九名 未定供三名
五月下旬共收犯九百四十三名內
正法八百九十名
保釋三名

各項病故三十八名
除外現押一十二名內彙辦三名 未定供九名
又五月下旬廣府分局共收犯七百四十八名內
正法六百九十二名
保釋三名
各項病故二十五名
發審二名
除外現押二十六名內彙辦廿二名 未定供四名
六月上旬共收犯九百零八名內
正法七百三十三名
保釋二十名
各項病故一百三十名
除外現押二十五名內彙辦一十五名 未定供十名
又六月上旬廣府分局共收犯八百二十名內
正法七百七十五名
保釋一名
各項病故十八名
發審一名

除外現押二十五名內彙辦廿四名未定供一名

六月中旬共收犯七百六十八名內

正法七百零二名

保釋六名

各項病故四十二名

除外現押一十八名內彙辦七名未定供十一名

又六月十一日起至十九日併局止廣府分局共收犯五百八十六名內

正法五百四十五名

保釋一名

各項病故二十一名

除外現押一十九名均彙辦

六月下旬共收犯九百九十九名內

正法九百三十五名

保釋四名

各項病故三十八名

除外現押二十二名內彙辦一十九名未定供三名

七月上旬共收犯一千六百五十八名內

正法一千五百七十九名

保釋四名

各項病故五十四名

除外現押二十一名內彙辦一十九名未定供二名

七月中旬共收犯一千六百一十二名內

正法一千四百九十名

保釋三名

各項病故七十名

除外現押四十九名內彙辦三十七名未定供十二名

七月下旬共收犯九百六十三名內

正法九百零九名

保釋一名

各項病故四十名

除外現押一十三名內彙辦六名未定供七名

八月上旬共收犯一千三百九十三名內

正法一千三百一十九名

保釋九名

各項病故三十七名

除外現押二十八名內彙辦二十四名未定供四名

八月中旬共收犯七百五十四名內
正法七百零三名
保釋三名
各項病故三十四名
除外現押一十四名內彙辦一十一名
未定供三名
八月下旬共收犯八百八十名內
正法七百九十五名
保釋六名
各項病故三十七名
除外現押四十二名內彙辦三十二名
未定供十名
九月上旬共收犯七百七十二名內
正法六百八十八名
保釋無
各項病故三十二名
除外現押五十二名內彙辦三十二名
未定供二十名
九月中旬共收犯六百九十名內
正法五百八十三名
保釋二名
各項病故三十五名
發縣二名
除外現押六十八名內彙辦五十四名
未定供十四名
九月下旬共收犯四百二十六名內
正法三百五十九名
保釋無
各項病故二十五名
除外現押四十二名內彙辦三十一名
未定供十一名
通共收到三萬五千零九十七名內
通共正法三萬零九百零八名
通共釋放一千一百零五名
通共病故二千二百二十五名
通共發審二十名
除外通共現押八百三十八名內
通共彙辦五百七十五名
通共未定供二百六十三名

F.O.682/1971/49

倡首勸團太平等聯街值事捐職從九品陳珍泉張紹德梁榮嘉梁佐時崔夢高

黃朝芳勷辦太平等聯街團練事件候選從九品楊慶永等謹將 職等 倡捐支

銷銀數並各聯街捐發練勇口糧及支銷各項經費又獲犯名數分晰開列清摺

呈請

電鑒

一咸豐四年十月 職等 倡捐製造各色器械銀五百七拾叁兩壹錢

一又 職等 倡捐壯勇號衣銀貳百捌拾貳兩

一又職等倡捐旗幟竹帽銀壹百五拾四兩貳錢

一又職等倡捐招募防勦壯勇貳百名每名按月給口粮銀六員五毫自十月十八日起至本年正月十七日止計銀貳千八百八兩并聲明正月十七日以下分歸七營由聯街捐項內辦理

一又職等是月二十七日奉 諭團集七街壯勇會哨巡緝城西等街按名犒賞倡捐銀捌百四拾六兩

一又職等倡捐購線獲犯偹賞花紅銀壹百貳拾五兩

一又職等倡捐歲暮壯勇不分晝夜常川巡緝賞給辛勞銀壹百九拾七兩四錢

一又鴻發堂倡捐經費銀伍千兩此項因職等陳珍泉等去年倡首團練措資未及由陳珍泉在鴻發堂借出銀五千兩支應偹造器械及經費等用後珍泉等七名派捐歸款鴻發堂惟鴻發堂自願將此項捐入職等團練公所壯勇經費懇 恩歸入軍需案內辦理俟其另具姓名籍貫三代再行具禀擬請 獎勵可否之處出自 憲裁施行

以上各款計銀玖千九百捌拾五両七錢俱係由職等倡捐支銷懇請歸入軍需案内飭局核明辦理准照捐數分別　奬勵可否之處出自

憲恩施行

一贖聯各街自本年正二兩月起至八月底止捐給七營并派守各街壯勇口粮銀貳萬叁千七百九十叁両壹錢

一支銷七營并各街軍裝號衣竹帽銀貳千四百貳拾五両五錢

一支銷各營蓬廠工料銀九百弍拾叁両貳錢

一支銷公所並各聯街鄉約公所各項費用銀壹千四百九拾四両四錢

一支銷各聯街鄉約獲犯花紅銀叁百七拾八両

以上五款共支給銀貳萬九千壹拾四両壹錢俱係職等會同各聯街值事按月

按街捐簽發給壯勇口粮并支各項費用惟各聯街值事辦理半載有餘尚
屬無悞懇請援照二十九年各街防夷成案從優先行　奬勵以昭激勸可
否之處出自
憲恩施行至八月以下各壯勇口粮并各項經費仍照前章辦理俟奉　撤時再
行繕彚清摺報案
一咸豐四年十二月起至本年九月内計獲凌遲匪犯鄧亞珮崔濟雄胡亞泰韓恒
卓湯威章何耀垣易亞倫七名計獲斬决匪犯尤榮勲等叁百名
以上總共計獲匪犯叁百七名懇請將戢等　獲犯傚勞飭局歸併案内擬請
奬勵可否之處出自
憲恩施行至九月底以下獲犯俟奉　撤時再行彚摺報

F.O.682/138/5 (19)

轅下武巡捕梁玉瓏謹將驗收大小砲子群子數目開列呈

閱

計開

壹斤重子貳千捌百壹拾顆　重貳千柒百柒拾貳斤

貳斤重子伍千伍百叁拾顆　重壹萬零柒百肆拾伍斤

叁斤重子肆千零柒拾叁顆　重壹萬貳千壹百柒拾斤

19

肆斤重子貳千陸百捌拾顆　重壹萬零陸百零壹斤

伍斤重子叁千肆百伍拾顆　重壹萬柒千貳百玖拾肆斤

陸斤重子叁千肆百貳拾顆　重貳萬零叁百貳拾斤

柒斤重子貳千肆百顆　重壹萬陸千捌百玖拾斤

捌斤重子貳千伍百顆　重壹萬玖千捌百柒拾貳斤

玖斤重子貳千貳百叁拾捌顆　重壹萬玖千玖百貳拾伍斤

拾斤重子貳千貳百伍拾貳顆　重貳萬貳千叁百柒拾壹斤

拾壹斤重子壹千零貳拾陸顆　重壹萬壹千壹百柒拾貳斤

拾貳斤重子玖百捌拾肆顆　重壹萬壹千陸百陸拾叁斤

拾叁斤重子柒百陸拾捌顆　重玖千柒百玖拾肆斤

拾肆斤重子叁百柒拾貳顆　重伍千壹百叁拾壹斤

拾伍斤重子陸百貳拾顆　重玖千貳百捌拾斤

合共大小砲子叁萬伍千壹百貳拾叁顆　重貳拾萬斤
另群子拾萬斤
總共大小砲子群子叁拾萬斤
內除廣協發去
貳斤重子共壹千壹百肆拾顆　重貳千貳百捌拾斤
叁斤重子共貳千顆　重陸千斤
肆斤重子共叁百伍拾伍顆　重壹千柒百貳拾斤
伍斤重子共陸百顆　重叁千斤
陸斤重子共伍百玖拾伍顆　重叁千伍百柒拾斤
柒斤重子共叁百伍拾顆　重貳千肆百伍拾斤
共計發去大小砲子伍千零肆拾顆　重壹萬玖千零貳拾斤
除發去外尚存大小砲子叁萬零零捌拾叁顆

另拾群子壹拾萬斤

重壹拾捌萬零玖百捌拾斤

總共實存大小砲子群子共重貳拾捌萬零玖百捌拾斤

存貯廣協永豐倉

咸豐伍年拾月

日摺

謹將此次勸辦匪徒自咸豐四年五月起至五年十月底止收支經
費各款銀數開列呈
電

計開
一由局領存藩庫銀三萬三千零六十兩
又收存運庫撥解快船捕費發當生息本銀二千兩
又收存道庫備發本案採辦米石銀一萬七千二百兩
又收存廣州府解繳庫存閒款充公銀二千七百五十七兩六錢
八分二厘
又收存東莞縣繳回水操防夷經費發當生息本銀九千九百八
十三兩九錢零一厘
又收存南海縣李令飭催紅單船逃脫原認保店繳補兩月船價
工食銀五百九十六兩六錢
又收存官紳繳赴本局捐輸銀二十八萬三千八百二十八兩三錢
又收存夏建亭捐輸紋銀換畨補水除撥還補捐及部飯照費外
寔銀四百一十兩零四錢
又收存順德公局捐繳銀三十三萬五千兩除撥歸本局收捐輸銀五千兩外尚銀
三十三萬兩
又收存平洲沙茭兩局各捐繳銀一萬兩共銀二萬兩
又收存畨禺舉人何壯猷辦理沙茭備繳籌補口粮花紅銀一十
二萬兩除撥歸本局收捐輸銀三萬五千兩外尚銀八萬五千兩
又收存畨禺舉人陳龍韜辦理沙茭備繳籌補口粮花紅銀八萬
兩除撥歸本局收捐輸銀二萬二千兩外尚銀五萬八千兩
又收存高長年繳充公用銀一萬兩
又收存九江堡捐繳銀七萬九千七百二十六兩六錢六分六厘
又收存各處繳充公用銀九千七百兩內通事館繳銀二千五百兩孔劉兩姓繳銀七千二百兩

又收存抄變賊產繳價及罰項共銀九千五百四十三兩六錢二
分六厘
又收存順德縣紳士梁鶴年捐領火藥砲子繳價銀八百七十五兩
又收存廣西張臬司解撥備支西江勦捕兵勇口糧銀四千兩
以上共收銀九十五萬六千六百八十二兩一錢七分五厘
一由廣州府領存藩庫銀二十二萬二千兩
又收存南番二縣屬當商繳還捕盜生息帑本銀一十四萬六千
一百四十六兩零二分三厘
又收存快船捕費發當生息本銀一萬六千四百零五兩四錢六
分三厘 隆支還慕德芟塘兩局快船捕費本銀六千二百六十二兩八錢八分六厘外尚銀一萬零
一百四十二兩五錢七分七厘
又收存惠濟義倉發當生息本銀七萬兩
又收存桑園圍基發當生息本銀一萬六千零六十兩
又收存八旗馬價發當生息本銀四萬零一百六十九兩七錢六
分二厘
又收存江南糧臺帶回扣留撥還廣東墊欵銀三萬四千五百兩

又收存西關新老城捐輸經費銀八十九萬六千九百四十七兩七
錢五分四厘
又收存紳士伍崇曜梁綸樞等預借關餉銀二十七萬七千一百
零六兩九錢八分 此欵已收關稅歸還訖下次列入奏撥關餉項內
又收存關餉平餘及紋水共銀九千零一十六兩六錢三分五厘
又收存傾銷銀行抽分銀二萬七千兩
以上共收銀一百七十四萬九千零八十九兩七錢三分一厘
一由局收存 將軍籌借本年正月十八日進攻新造備支兵勇口糧未還銀二千兩
前項收存及暫借共銀二百七十萬零七千七百七十一兩九錢
零六厘
四年五月至五年九月底
各處領用經費銀二十九萬二千五百三十七兩四錢一分
各路官兵壯勇薪糧船隻月租水手工食銀一百六十三萬三千四
百八十九兩零五分二厘
犒賞銀一十四萬三千八百一十八兩三錢零五厘
撫卹銀四萬九千四百八十兩零七錢
製造軍裝器械工料銀六萬五千一百一十一兩七錢六分三厘

製造砲子工料銀六萬八千三百八十九兩六錢八分七厘
採辦硝礦價銀五萬一千五百四十兩零九錢一分八厘
採買及製造火藥工料銀四萬四千二百四十七兩八錢六分二厘
搭蓋蓬廠修船工料銀四千七百二十四兩六錢零五厘
修理城垣砲臺堵塞河道工料銀一萬九千零九十三兩八錢二分五厘
船腳夫價各項役食銀九萬八千六百零七兩五錢一分二厘
採辦米石乾糧油燭樵款銀九萬零六百三十七兩一錢八分八厘
以上自四年五月開局起至五年九月底止共支用銀二百五十六萬一千六百七十八兩八錢二分七厘

五年十月支款

各處領用經費銀四萬零二百八十兩零九錢九分內廣西梧州府陳瑞芝領給潮勇口糧船價帳房銀五千八百九十兩崑提督在韶提用客商經費歸還銀八百兩又赴惠州勦匪銀四千兩韶州府吳守領銀二萬兩高廉伊護道領銀九千五百九十兩零九錢九分
各路官兵壯勇薪糧船隻月租水手工食銀五萬九千六百一十五兩六錢五分
製造抬鎗軍裝工料銀一千四百零九兩二錢二分
製造砲子工料銀二千八百兩
船腳夫價各項役食銀七百一十四兩三錢七分五厘
備辦樵款銀二百二十八兩一錢八分八厘
以上五年十月各項共支用銀一十萬零五千零四十八兩四錢二分三厘
前項自四年五月起至五年十月底止本局共支銀二百六十六萬六千七百二十七兩二錢五分
計存銀四萬一千零四十四兩六錢五分六厘

另款

一由藩庫先後支過各項經費列單移局開報銀二十萬零六千五百二十兩零四錢三分九厘
以上本局及另款共支用銀二百八十七萬三千二百四十七兩六錢八分九厘

謹將奉飭陸續鑄造及收儲撥出現存各封群砲子斤重數目開列恭呈

憲鑒

計開

咸豐四年五月二十八日收

新鑄封口子一十六萬斤

群子五萬九千三百斤

六月二十三日收

新鑄封口子四萬斤

群子七百斤

閏七月初四日收

添鑄封口子三萬四千斤

群子六千斤

八月初七日收

添鑄及購買封口子二萬六千斤

群子四千斤

八月二十五日收

添鑄封口子二萬斤

群子一萬斤

九月初十日收

添鑄封口子一萬斤

九月二十一日收

添鑄封口子一萬斤

十月十七日收

添鑄封口子二萬斤

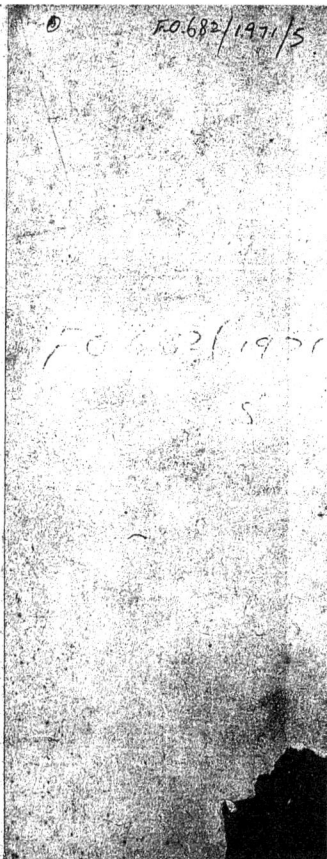

群子一萬斤
以上鑄造封口子三十二萬斤每百斤價銀二兩五錢共該銀八千兩
群子九萬斤每百斤價銀三兩共該銀二千七百兩
合共該價銀一萬零七百兩
十一月十二日收
添鑄封口子二萬斤
十一月二十六日收
添鑄封口子二萬斤
十二月初三日收
添鑄封口子二萬斤
十二月二十日收
添鑄封口子二萬斤
群子一萬斤
十二月二十九日收
添鑄封口子二萬斤

群子一萬斤
咸豐五年正月初六日收
添鑄封口子二萬斤
群子一萬斤
二月初三日收
添鑄封口子二萬斤
三月初七日收
添鑄封口子二萬斤
群子一萬斤
以上添鑄封口子一十六萬斤每百斤價銀三兩二錢共該銀五千一百二十兩
群子四萬斤每百斤價銀三兩七錢共該銀一千四百八十兩
合共該價銀六千六百兩
統共鑄造及購買共封口子四十八萬斤
群子一十三萬斤

共該價銀一萬七千三百两
另四年閏七月初四日收赴
理事廳領回試演新夷砲用剩封口子一千零二十斤
十三日收
右營守備尹達章在經和棧起出封口子一千五百三十五斤
群子一千八百九十三斤
八月二十七日收
水師提台差陳錦榮解来封口子四千六百九十八斤
梹榔群子三千四百斤
九月初四日收
水師提台差毛旭升解来封口子三千四百六十三斤
梹榔群子二千一百四十七斤
九月十五日收
水師提台差弁汪起容解来封口子三千七百九十八斤
梹榔群子二千六百斤

九月十九日收
水師提台差弁毛旭升解来封口子二千零六十二斤
梹榔群子一千四百斤
十月初五日收
水師提標差弁蘇鴻圖解来封口子四千斤
梹榔群子一千斤
十月十一日收
水師提標差弁汪起容解来封口子二千九百七十三斤
梹榔群子二千八百斤
十月二十二日收
水師提台差弁歐陽光解来封口子二千五百二十斤
群子一千五百斤
十月二十六日收
水師提台差弁陳正高解来封口子二千七百八十五斤
群子三千三百斤

十一月初五日收

水師提台差弁朱耀宸觧来封口子二千二百八十一斤

群子一千七百五十斤

以上共收儲封口子三萬一千一百三十五斤

群子二萬一千七百九十斤

以上鑄造收儲合共封口子五十一萬一千一百三十五斤

群子一十五萬一千七百九十斤

咸豐四年五月二十八日

護督標黄叅將水師提標後營梁遊擊王振高等領去封口子一萬五千斤

群子一萬斤

六月初二日

卸海口營守備黄彬領去封口子六萬零零三十二斤

群子七千九百斤

初四日

候補把總莫耀宗等領去封口子一千零六十一斤

群子四百斤

十三日

督標崔叅將差外委陳志祥領去封口子六百二十五斤

群子五百斤

十四日

護新會營衛叅將領去封口子三百二十三斤

十七日

護督標右營黄叅將水師提標後營梁遊擊王振高等領去封口子一萬零一百斤

群子九千九百斤

十九日

卸海口營守備黄彬領去封口子二千四百四十七斤

群子六千斤

二十二日
護督標黃叅將水師提標後營梁遊擊玉振高等領去封口子三千四百七十六斤
群子二千斤
肇慶府任守領去封口子七百六十二斤
群子二百斤
二十三日
督標水師營崔叅將差弁馮祖瑞領去封口子一百八十四斤
群子五千斤
二十六日
將軍差左司外郎孔慶堂領去封口子五千五百八十一斤
二十七日
卸海口營守備黃彬領去封口子一千六百七十三斤
群子一千斤
護督標黃叅將差弁領去封口子一千零一十二斤
撫標把總熊應榮差記委熊士仁領去封口子七十斤

群子一百斤
將軍差弁孔慶堂領去封口子三千三百三十三斤
七月初一日
海口營守備黃彬領去封口子六千一百八十斤
初六日
護督標右營黃叅將水師提標後營梁遊擊等領去封口子三千二百七十四斤
初八日
護督標右營黃叅將領去封口子三千一百四十八斤
十二日
護督標右營黃叅將請領差順德協記委蔡春林解去群子六千斤
十四日
香山協右營守備陳貞標差外委蔡茂清領去封口子一千六百五十四斤
群子三百斤
十六日
督標把總皃芳領去封口子八千一百三十斤

群子一千六百斤

十七日

六門緝私管帶巡船高要縣生員葉汝駿已革都司諸文標領去封口子一千七百四十四斤

十八日

水師提標後營盧遊擊請領差記委蔡春林解去群子五百斤

卸海口營守備黃彬領去封口子三萬四千九百四十七斤

群子九千斤

二十一日

香山協把總戴朝元等領去封口子五千八百三十三斤

群子九百斤

二十三日

護新會營衛參將差弁吳洪光領去封口子九十七斤

群子一百斤

水師後營守備羅福安差弁黃國昌領去群子二百斤

二十四日

卸海口營守備黃彬領去群子一千斤

三水營外委黃鏞領去封口子三十七斤

群子五十斤

二十七日

奉飭給交大歷紳士陳錦蕃領去封口子五十斤

群子一百斤

閏七月初四日

護督標右營黃參將領去封口子五千斤

群子一千五百斤

順德協記委蔡春林領去封口子四十斤

群子三十斤

奉飭給交東京船戶金興發金和順領去封口子四百五十三斤

群子二百斤

初六日

奉飭給交三水營外委黃鏞領去封口子一千五百四十三斤

總局差委員莫東奎領去封口子五百零三斤
群子一百八十斤
初八日
水師提標中軍潘參將差外委梁福領去封口子一千四百二十二斤
群子二百七十斤
初九日
又領去封口子八百八十八斤
群子三百斤
護新會營衛參將差記委鍾國安領去封口子四十九斤
陸路提標左營守備陳定邦差記委黃得功領回耆定砲台應用封口子七百三十七斤
十一日
陸路提標左營守備陳定邦差武舉何奎光領回耆定砲台應用封口子七百三十七斤
群子二百斤
十二日
護督標右營黃參將差弁區存義領去封口子二千八百五十九斤

十三日
大歷汛把總保安吉領回轉交紳士阮蓀等應用封口子二百斤
十六日
管帶安邑壯勇撫標額外賴永清請領用去封口子十一斤
群子五斤
十七日
六門緝私司事生員葉汝駿領去封口子八百九十八斤
十八日
群子三百斤
護新會營衛參將差記委莫其昌領去封口子一千三百八十六斤
十九日
群子三百斤
陸路提標右營外委任可均領去封口子三百二十四斤
二十二日
群子三百斤

卸署海口營守備黄彬領去封口子一萬一千四百三十一斤

群子二千五百斤

二十三日

護督標右營黄叅將請領給差順德協記委蔡春林觧去封口子三千斤

八月初二日

護督標右營黄叅將差弁區存義領去封口子五千斤

初三日

水師提標後營盧遊擊領去群子四百斤

初五日

總局差委員陳光亮領回觧往永康砲台應用封口子八百一十九斤

初七日

護督標右營黄叅將請領給差蔡春林觧去封口子四千八百三十五斤

群子一千斤

水師提標中軍潘叅將領去封口子七百三十一斤

群子二百斤

陸路提標左營守備陳定邦差武舉何奎光領回耆定砲台應用群子二百斤

初八日

總局差撫標記委何大榮領回運往小北較場東莞營邑營盤應用封口子一百二十斤

群子一百斤

初十日

督標把總崑芳領去封口子三千三百七十斤

十一日

水師提標中軍潘叅將差弁陳棟鰲領去封口子二千七百斤

十二日

護督標右營黄叅將差弁馮國光領去封口子四千四百三十二斤

十三日

護督標右營黄叅將請領給差記委蔡春林觧去封口子三千二百三十一斤

十四日

署順德協左營守備馮元亮領去封口子四百斤

群子五百斤

十五日

督標水師梁叅將差弁區貴陞領去封口子五百五十四斤

群子三百斤

十七日

署順德協左營守備馮元亮領去封口子二千斤

群子二千斤

十九日

護督標右營黃叅將請領給差記委蔡春林觧去封口子五千九百二十斤

二十四日

順德協左營守備馮元亮領去封口子二千五百斤

群子五百斤

二十五日

水師提標右營曾遊擊領去封口子二千八百一十九斤

群子七百五十斤

總局函取給文童帶六門巡船生員葉汝駿領去封口子二千二百零七斤

群子六百斤

二十六日

奉飭給文順德協左營守備馮元亮領去封口子一千斤

二十八日

總局移取給文大圍堡生員吳日升領去封口子三十斤

群子一百斤

二十九日

陸路提標後營陳遊擊領去封口子一百斤

護督標右營黃叅將請領給差記委蔡春林觧去封口子三千零二十二斤

三十日

永靖營外委馮國光領去封口子一千九百一十四斤

群子三百斤

總局函取給文水師提標記委湯麒良領去封口子二百零七斤

九月初二日

總局函取給差督標水師營把總劉國翰觧往五斗口呈王臬司轉交孔繼堯等應用封口子四百八十三斤

群子六百斤
奉飭給交署順德協左營守備馮元亮領去封口子八百斤
初三日
總局移取給交五斗口司張金鑑領去封口子四十斤
奉飭給交順德協守備馮元亮差弁領回轉給宋浩湘應用封口子一千零六十三斤
群子五百斤
初四日
六門緝私生員葉汝駿領去封口子一千零零七斤
初五日
總局移取給差記委李逢春解局查收分給淇澳沙灣各巡船應用封口子八百九十斤
初六日
順德協守備馮元亮領去封口子四百六十斤
初八日
署香山協都司陳貞標領去封口子一千零七十一斤
群子三百斤

護督標右營黃叅將請領給差潘雄才解去封口子三千九百零七斤
署水師提標曾遊擊差弁梁福領去封口子二百九十七斤
十一日
奉飭給交署順德協守備馮元亮轉交職員宋浩湘領用封口子二千八百斤
永靖營外委馮國光領去封口子五百四十一斤
十三日
奉飭給交候補把總蘇海領去封口子八百六十二斤
群子二百斤
永靖營外委馮國光領去封口子五百二十八斤
十五日
奉飭給交順德協守備馮元亮轉交紳士宋浩湘領用封口子二千零四十斤
卸海口營守備黃彬領去封口子一萬二千六百七十斤
群子六千斤
奉飭給交大圃紳士葉炳華領去群子六百斤
二十日

奉飭給交順德協守備馮元亮轉交順德紳士宗浩湘領用封口子八百四十四斤

奉飭給交督標把總崑芳領去封口子五百七十斤

二十二日

水師提標右營曾遊擊領去封口子三千零八十九斤

二十四日

護督標右營黃叅將領去群子一千斤

二十五日

永靖營外委馮國光領去封口子二千零八十四斤

群子四百斤

二十六日

順德協左營守備馮元亮領去封口子九百八十四斤

二十八日

奉飭給交督標雲騎尉嚴君佐領去封口子六百四十七斤

總局移取給交撫標千總熊應榮領去群子五百斤

奉飭給交大圍紳士葉炳華領去群子五百斤

十月初七日

補用守備孔繼堯領去封口子五千一百三十四斤

群子三千斤

十四日

奉飭給交紳士宗浩湘領去封口子二千三百九十七斤

十五日

奉飭給交候補把總蘇海領去封口子四千七百九十七斤

群子一千斤

護惠來營陳遊擊差効力武舉何奎光領回着定砲台應用群子二百斤

十七日

總局差委員徐溥文領回轉給守備黃彬應用封口子一萬一千八百二十七斤

總局移取給差督標外委陳光亮領回轉給順德武進士關兆能等應用封口子三千七百七十斤

十八日

署順德協左營都司霍高彪領去封口子二千五百九十二斤

水師提標右營曾遊擊領去封口子三千四百七十一斤

群子三千斤

十九日

水師提標右營曾遊擊領去封口子四千零二十六斤

二十日

永靖營外委馮國光領去封口子一千四百六十五斤

群子四百斤

二十六日

廣協右營守備尹達章領去封口子六千七百五十二斤

群子三千斤

永靖營外委馮國光領去封口子一千三百四十四斤

二十八日

奉飭給交海口營候補外委黃威領去羣子二千四百斤

奉飭給交督標中營外委鍾光苐領去封口子一千零七十一斤

群子五百斤

十一月初一日

奉行給交護新會營叅將領運回新會縣城應用封口子四千斤

群子五百斤

初三日

永靖營外委馮國光領去群子四百斤

初八日

永靖營外委馮國光領去封口子一千四百九十一斤

群子五百斤

初十日

奉行給交順德協紳士梁鶴年領去封口子五百二十二斤

群子四百斤

十一日

奉飭給交海口營把總黃威領去群子二千斤

陸路提標後營陳遊擊領去封口子九十三斤

督標把總崑芳領去封口子二千五百一十三斤

總局函取給交委員金元領回運往佛山應用群子三千斤

十三日
總局函差委員顧侃領回運往佛山應用封口子三千二百九十斤
十八日
奉飭給交水師提標中營千總梁正高等差外委何朝英領去群子四千斤
二十日
水師提標中軍潘叅將領去封口子三千四百七十七斤
群子一千斤
總局函差委員顧侃領回解赴獵德砲台交盧遊擊領用群子八百斤
二十一日
署前山營都司黃彬領去封口子二千五百零二斤
廣州協右營守備尹達章領去封口子五千八百四十五斤
群子一千斤
二十二日
永靖營外委馮國光領去封口子一千二百一十一斤
群子五百斤

順德協守備馮元亮領去封口子四百四十六斤
廣州協右營守備尹達章領去封口子一千斤
群子一千斤
二十三日
永靖營外委馮國光領去封口子一千五百三十七斤
群子五百斤
二十八日
永靖營外委馮國光領去封口子二千二百四十四斤
十二月初二日
廣州協右營守備尹達章領去封口子一千三百四十一斤
初六日
奉飭給交六品軍功朱芳領去封口子五百五十二斤
十一日
廣州協右營守備尹達章領去封口子七百八十九斤
大鵬協把總姜荣領去封口子一千二百六十一斤

十七日
奉行給交順德協紳士梁鶴年等領去封口子九百九十四斤
二十八日
奉飭給交城北安良局舉人梁葆訓等領去封口子二百斤
五年正月十四日
順德協右營記委鄧行素領去封口子一千七斤
四月十三日
廣西張臬司委員江肇成領去封口子一千一百七十一斤
群子四千斤
五月初六初八初九等日
御署海口營李參將共領去封口子七萬零九百七十八斤
以上共撥出封口子四十四萬二千九百六十二斤
群子一十一萬四千五百三十五斤
除撥外尚存封口子六萬八千一百七十三斤
群子三萬七千二百五十五斤

①

FO 682/68/3(29)

稟者晚生亮星更蕃二人二名倩快小艇分
投往東涌澳門附近一帶海島偵探清匪緣
由呈稟
亮晚至港有生亮莊口兜共僉助洋良盧寫員
洋酒二百個打臣（番語十二樽為一個打臣）並麵飽禮物隨即二更備
火船來有短髮頭探寡眾云勸兜兵頭羅丘
相安生理之說又蒙兜兵先有聯名賓劉兜兵
能得入城買歇了生亮故將勸兵惟贊由强
臣（此番兜名字係港中第他本錢極大）獨出手眾前來肯聯名後又拒劫會議兵
交來文書與伊借兵餉不允兜兵頗甚怒云
蒙早來港點綠衣里兜兵壹百名又說港匪徒率
名搭火船一隻大嗱𦨭一隻拖帶上省現見九龍海
面佛頭門口有賊船三十餘隻云是福建遊股海
賊約有一千之數前數天有嗱𦨭十五隻上省

河內有福建此股匪及各處洪匪共約五百餘名
分佈省河，巨查東礮臺擄西塘鹽塘船八隻，又搶
往來貨艇並艇仔衣物，種種不堪。另工人往澳門打探，
經過金星之右，有高之拖船五十隻泊此，不甚重
載，掛起大紅旗，軍械礮火鮮明，不知人數多
少，又不曉是良是歹。查此幫船竟欲何為也。澳
門現聚匪徒不少，多不欲從鬼子來省攻打，俱
三五十人結隊用艇，在海上擄掠為生耳。
十一日申刻經由虎門而返，在海面望見各營甚少，當中
亦不甚嚴密，款上各炮甚細，看目前次被全講
勝，是以不敢到現虎門裏邊，仍有鬼兵船二隻堵
禦，俾撈大船出入。上至長洲黃埔，工人被鬼船拉搜
去，使剩艮兩零三分，銅錢一百五十文，夾袍一件，尚講許
多好話，方能脫身。該埠及六步司至南岡鄉等處
出劫龍艇，擄奪商民貨物，各處實難走動，亦二
工人稟稿 于十二寅刻回來
另呈省河事由覽

②

F.O.682/68/3 (29)

十二早五鼓未知何人用此毒計將大眼雞船一只蝦挑船一
隻燗舊船三隻俱載柴草油籮直白鵝潭石圍塘
角燃燒藉他散亂順流而下竟多人牽引齊直逼
至鬼兵船傍反被鬼三板鉤索住內有一隻流至
花地口信隆煤廠（此廠晚生數東許平遠所開）險被燒燬幸早覺即用
長竹竿頂去倘被鬼子報道賠累不淺　祈詢及
此等人用此計的甚候事不出現居鬼船嚴謹巡查並多
設鬼板艇梭織午後有絲綢艇七隻（此艇如渡船一般停泊十隻或八隻而行船堅炮多防未有賊搶也）
被鬼兵拉了僅準人客埋街餘外盡搜一空各船現
未敢行中剩又收河面一帶船艇俱疑逐並諭出告示
抄白另頁呈電西安炮台所鑽開之炮眼復被
英鬼釘回又敵燗尽將其台上廠碼搬清唐見船並
嘩（頭）艇灣炮台邊兼鬼兵在其台上持鳥鎗防守
見之令人髮指

晚生業蒙委募勇弍百名並巡船二隻又小艇二十隻並置
買噴筒鎗炮火藥炮碼鉛碼刀牌大索等俱備照
費用艮千兩尚要籌畫壯勇口糧下屆具列明
冊稟報 大憲定給札諭執照並懇請憲給領回
名款銀兩以應急需擬先立些功勍乃領行彙寄
請爲 訓示免同事人猜疑現收勇一百名劄黃沙以
駕駛小艇又撥一百名並巡船二隻灣泊黃竹岐之上三汊
海口巡查以堵禦神安金利三江司屬河面免匪擾
劫又洪匪窺伺之處如近省河偶遇 會出以便戰
攻逐是否有當統並 示知速中草稟

上

老友子大人鑒前

十月十二辰刻 晚生陳肖伸叩稟

節畧

何若庸係順德縣水利司西岸鄉監生，年四十八歲，在佛山通津坊公信棉花店傭工，其店係王化新出本開張。該何若庸族內有逆匪何庸鑾，隨同伊父何銓賢，糾集會匪何餘光、何降成、黎會榮等，設立偽大營，豎立大旂，自稱忠義堂偽軍師大元帥，肆行打單掠劫。于六月廿二日，何若庸之胞弟職員何崑率同壯勇彈壓，慘被何庸鑾、何銓賢父子糾合多匪虜捉，即將何若庸兄弟等五家財物搶掠一空，并盡將房屋拆毀。何若庸兄弟五

2

共五人，其何以勤係何若庸胞兄，已故，何崑係第三胞弟，四弟係何培玉，都
在佛山傕工，何麟書排行第五，亦係在佛山傕工，何若庸則排行第二，何崑之
妻室羅氏及妾婢女共五口，都被何庸鑾父子率匪拉出大營，今不知下落，那
逆匪何庸鑾父子糾集逆賊在本族祠內住札，何若庸親眼看見胞弟何崑慘
被逆匪何庸鑾父子屠殺斃命，惟時呼天莫及，該匪何庸鑾于十月廿二日胆
敢潛來省城探聽消息，何若庸就于本日在街上碰見，即密報佛山分府
南科典吏彭軒，率同壯勇在聯興街捉獲逆匪何庸鑾一名，即解交總局
審辦，又于十月廿五日傳何若庸到局，經張衡太爺審訊，偏執非親眼看見，斷
不能堅執確指云云，隨于十一月初二日，張太爺傳何若庸覆審，當即被押在
南海號房，該匪現押番禺羈所，等節是實。
再初二日張太爺覆審，曾當堂勒令何若庸具結和息，因何若庸便可放釋，不肯枉
結，是以于十一月初二日依舊被押，現該匪又假托染病，希圖設法釋放。

東門內夾道現存咸豐四年改鑄砲位七尊

重一千七六百觔不等

開東閘查城委員可以同往照驗

肅稟者羅格鄉巨匪何亞翰四年六月後與未獲案之逆
匪何亞賓混名生鬼賓何亞富混名三弟富何亞顯招集
佛山戲班逆匪張亞榮等到何姓地面開斗誘人入會監
禁同族何成有何廷繡杜絕水米每人逼勒銀叁拾兩逼
勒何其祥銀貳拾兩逼勒何懋昭何俊昭銀兩綑縛何俊
昭之子何才到禾雀網地面敲捍難堪幾於氣絕綑縛何亞
蘊之母親逼勒銀兩尤為兇横其餘逼勒各兄弟或五兩或
三兩不計其數後又昏夜率同何姓逆匪闖入何瑞如等十五
家將衣服首飾谷米搶掠一空又曾手執紅旗指揮多人搶
去紫洞墟萬隆當店銀兩衣物首飾盡行搬清隨到官山
墟永洪堂賊首梁藤包蘇處充當偽先鋒續又建竪後和
義堂偽旗偏遊各鄉到佛山大基尾和義堂賊首拚命發處
為偽軍師屢與　官兵九十六鄉打仗又編招引水陸外匪焚
燒紫洞墟場流滘鄉房屋藉端抄搶慘酷異常種種兇横擢
髮難數迨　官兵收復佛山該匪躲匿數年本年四月廿一日
練勇往紫洞墟搜捕在怡和堂烟館門首拏回鄉局四月廿五
日羅格團局紳冼佐邦羅熊光等鮮赴省局但恐該匪多方
狡展堅不認供又聞該犯現在竭力賄囑番禺縣屯房書辦
何姓及差役希冀釋脫貽害匪輕迫得將該犯惡跡分别
聲明籲請
憲臺摘伏發奸速正典型實為公便
再稟者查得巨匪何亞翰逃回後仍膽敢在紫洞墟棉花街
怡和堂開鴉片煙館廿一日拿到鄉局後仍囑付夥黨何能有
在怡和堂販賣洋煙大為地方之患可否
札飭隆慶汛鍾祥光營主查封紫洞墟怡和堂煙館庶免
匪人藏匿致生事端
何亞富即三弟富係佛山賊營日義堂後和義堂兩處偽先
鋒屢次抗拒　官兵威逼父叔兇惡殊常該逆係佛山分府
差役何成胞弟探得前數年該逆逃匿香港近來或在
該兄差館或在鷹沙該兄所開娼寮賭館煙館肆無忌
憚可否
札飭佛山分府嚴令何成即何繼交出何亞富究辦以正國法而快人心

[redacted]

謹將北路已獲未獲首要各逆匪列摺呈

電

計開

已獲北路首要各逆犯其在他處住扎曾來北路滋擾者均附

甘　先　元帥扎佛嶺市

龍秀閏　元帥扎江村

高社戊　元帥甘先夥

盧仕仔　元帥甘先夥

甘亞盛　元帥甘先夥

鄧亞佩　元帥李文茂夥

葉亞来　元帥李文茂夥

林亞有　元帥扎花縣白坭

劉建勲　元帥甘先夥　三水縣武舉

任　暄　元帥扎花縣炭步

鄧亞南　元帥扎官窯

翁芹芳　元帥扎四會潯沙廟

馮　丁　元帥扎花縣

馮　添　元帥扎花縣

薛　發　元帥扎清遠太平

甘欣潰　元帥甘先夥

招宏樹　元帥甘先夥

蕭　基　都督甘先夥

徐天成　都督甘先夥

羅亞陳　都督甘先夥

蘇亞宿　都督甘先夥

黃　五　都督甘先夥

楊　勤　都督甘先夥

陳亞可　都督甘先夥

高亞三　都督甘先夥

沈懷昌　都督甘先夥

蘇平灼　都督甘先夥

何敬修　都督甘先夥

李亞標　都督甘先夥

戴亞滌　都督甘先夥

朱亞習　都督甘先夥

譚和尚自　都督甘先夥

高亞由　都督甘先夥

楊騏輝　都督甘先夥

蘇萬寬　都督甘先夥

何亞靈　都督甘先夥

鄧亞耀　都督甘先夥

陳火姑　都督甘先夥

戚亞賤　都督甘先夥

趙　添　都督甘先夥

蘇耀基 都督甘先彩
黃亞九 都督甘先彩
張誊正 都督劉顛顯彩
李亞賔 都督劉顛顯彩
沈亞廣 都督劉顛顯彩
陳大望 都督李文茂彩
梁亞土 都督李文茂彩
張大王成 都督李文茂彩
湯汝霖 都督任暄彩
盧丙仔 都督湯澤彩
林亞純 都督劉顛顯彩
吴亞湛 軍機通政司甘先彩
曾子安 參謀甘先彩
李雄進 司馬甘先彩
陳亞佑 師爺甘先彩
黎亞訛 分府張斌彩
黃三全 將軍甘先彩
周世桓 軍師甘先彩
龍溺基 軍机文房甘先彩 花縣生員
顏　得 大司馬甘先彩
李雨林 將軍甘先彩
劉亞成 軍師甘先彩
區偉英 師爺甘先彩
譚　名 指揮使甘先彩
馮　炳 軍師甘先彩
譚　章 軍師甘先彩
明佐綱 催粮官甘先彩
王福謙 軍師甘先彩
曾文升 軍机師爺甘先彩
曾永章 師爺甘先彩

曾遂中 運粮官甘先彩
葉亞枝 收粮官甘先彩
曾亞石 三法司甘先彩
龍亞雅 千總甘先彩
楊耀登 軍師甘先彩
楊達蒼 將軍甘先彩
蘇耀璣 師爺甘先彩
楊興太 護衛軍甘先彩
楊裕蒼 衛軍甘先彩
蘇聯金 衛軍甘先彩
楊顯高 衛軍甘先彩
鄺亞糠 偽從化縣甘先彩
高進言 軍師甘先彩
甘健昇 師爺甘先彩
譚秋成 師爺甘先彩
周　斌 師爺甘先彩
胡世寵 軍師甘先彩
黃亞江 師爺甘先彩
段文輝 教師甘先彩
何幅喜 司馬甘先彩
陳亞樹 軍師甘先彩
姚成基 軍師甘先彩
楊熊彪 粮台甘先彩
何壯能 師爺札佛嶺市
楊廣全 護衛甘先彩
蘇亞玉 總旗頭甘先彩
何亞派 總旂頭甘先彩
劉亞威 大旂頭甘先彩
何福聖 先為梁下何穗珍軍師後帶十旂叔甘先
梁作霖 司馬札清遠縣

陳朝魁 司馬劉顛顯夥
王義權 軍師劉顛顯夥
陳敬祥 軍師劉顛顯夥
黃卓觀 司馬劉顛顯夥
李伯瑜 參贊李文茂夥
畢汰子常 師爺朱子儀夥
周　幹 軍師任暄夥 廪生
湯炳良 副軍師湯澤夥 生員
湯大慶 副軍師湯澤夥
黃亞行 先鋒甘先夥
關　起 先鋒甘先夥
曾亞容 先鋒甘先夥
曾亞稔 先鋒甘先夥
鄧五妹 先鋒甘先夥
劉亞復 先鋒甘先夥

黃亞揚 師爺劉顛顯夥
葉亞式 參贊劉顛顯夥
劉衙方 軍師劉顛顯夥
邱海東 軍師李文茂夥
顏亞層 中旗頭戎雇将官李文茂夥
李洵穰 軍師朱子儀夥
任亞紹 運粮官任暄夥
湯宗秀 軍師湯澤夥 捐從九
鄧亞順 司馬扎南海西華
吳亞巨 先鋒甘先夥
鄧彰伯 先鋒甘先夥
曾美勝 先鋒甘先夥
曾亞丙 先鋒甘先夥
曾美平 先鋒甘先夥
何肥三 先鋒甘先夥

李洪業 先鋒甘先夥
蘇長連 先鋒甘先夥
李亞祖 先鋒甘先夥
曾　斌 先鋒甘先夥
謝閏興 先鋒甘先夥
譚亞倫 先鋒甘先夥
麥亞灶 先鋒甘先夥
戴社長 先鋒甘先夥
謝亞蔭 先鋒周豆皮春夥
梁文盛 先夥甘先夥
明華保 先鋒甘先夥
簡亞横 先鋒甘先夥
戴亞炳 先鋒甘先夥
戴亞樹 先鋒江受帶夥
楊洪得 先鋒甘先夥

楊旦賓 先鋒甘先夥
曾大頭石 先鋒甘先夥
蔡亞罔 先鋒甘先夥
歐陽古靈 先鋒甘先夥
蘇亞勝 先鋒甘先夥
黃亞東 先鋒甘先夥
李英南 先鋒甘先夥
謝漢勝 先鋒周豆皮春夥
黎　汝 先鋒甘先夥
陳盛寬 先鋒甘先夥
羅亞齊 先鋒甘先夥
袁亞崧 先鋒甘先夥
張亞律 先鋒甘先夥
王亞賜 先鋒甘先夥
關亞熙 先鋒劉顛顯夥

談亞秋 先鋒劉顛顯夥
丁章飛 先鋒劉顛顯夥
洪亞三 先鋒劉顛顯夥
湯亞應 先鋒劉顛顯夥
曾亞慶 先鋒劉顛顯夥
黃亞茂 先鋒劉顛顯夥
黃亞魁 先鋒劉顛顯夥
馮亞才 先鋒李文茂夥
李高佬進 先鋒李文茂夥
任亞靈 先鋒任暄夥
湯亞凱 先鋒任暄夥
任智廣 先鋒湯澤夥
駱萬琮 先鋒呂公照夥
朱北水 先鋒扎卑頭圩
江亞章 先鋒何炳魁夥

鄧亞榮 先鋒劉顛顯夥
張亞熙 先鋒劉顛顯夥
周亞參 先鋒劉顛顯夥
周重家 先鋒劉顛顯夥
李亞靳 先鋒劉顛顯夥
梁泰枝 先鋒劉顛顯夥
袁駢臻 先鋒劉顛顯夥
周亞蘇 先鋒李文茂夥
魏亞二 先鋒李文茂夥
湯果 先鋒任暄夥
黃亞成 先鋒湯澤夥
楊聚興 先鋒朱子儀夥
黃亞知 先鋒呂公照夥
樊卓之 先鋒顏得夥
劉大牛劉 先鋒江揚夥

以上已獲首要各匪共一百九十名

未獲北路首要各逆匪 其在他處任扎曾來北路滋擾者均附

李文茂 元帥扎佛嶺市
畢天葵 元帥扎花縣和平圩
徐大頭堯 元帥扎石井昇平社學
黎開仔 元帥扎從化縣太平圩
陳順 元帥扎佛嶺市
岑聯 元帥扎佛嶺市
甘遇灐 元帥扎佛嶺市
譚洪光 元帥扎花縣大滘圩
劉波 元帥扎官窯
何樹德 元帥扎沙水
馮達昌 元帥扎石井
黎亞皮 元帥扎望岡
曹亞斌 元帥扎官窯

張泥水洸 元帥任和順圩
楊南嬌 元帥扎花縣赤坭圩
黃美好 元帥扎慕德里石馬洪武廟
張斌 元帥扎石井
江亞揚 元帥扎佛嶺市
謝進成 元帥扎佛嶺市
江受 元帥扎佛嶺市
江泥水閏 元帥扎花縣金溪
劉顛顯 元帥扎官窯
陳亞威 元帥扎官窯
呂巨 元帥扎艇江
黃萬芳 元帥扎佛嶺市
蕭亞六 元帥扎蕭岡

黃繼祖　正帥扎花縣塱頭村
黃成煥　副帥扎花縣塱頭村
黃　洸　元帥扎炭步
黃呑挑牛　元帥扎炭步
李鏡芳　元帥扎花縣蓮花塘
麥亞巨　副帥扎花縣白泥圩
陳　琮　元帥扎韶關
陳金剛　元帥扎蘆苞
李亞計　元帥扎鍾村
崔肥濟　元帥扎北路
老朝安　元帥扎南海沙頭
李皮底　元帥扎龍山
葉亞文　都督扎黃岡
黎丙乾　都督扎佛嶺市
林　洪　都督扎佛嶺市
黃　連　都督扎馬霧泌涌
李喜芳　都督扎白雲山龍塘觀
黃　光　都督扎佛嶺市
歐陽亞英　都督扎佛嶺市
朱亞汪　都督扎佛嶺市
朱亞春　都督扎佛嶺市
朱亞保　都督扎佛嶺市
王　賓　都督扎佛嶺市
蔡亞得　都督扎佛嶺市
周亞春　都督扎佛嶺市
黃　珠　都督扎佛嶺市
曾德桂　都督扎佛嶺市
劉亞唐　都督扎佛嶺市
盧　光　都督扎佛嶺市
戴　章　都督扎佛嶺市

張幅彩　都督扎佛嶺市
陳萬芳　都督扎佛嶺市
趙亞添　都督扎塘涌
黃亞郁　都督扎佛嶺市
歐陽壽　都督扎從化縣屬何木逕橋
金　鳳　都督扎從化縣屬何木逕橋
鄺亞碧　都督扎從化縣屬何木逕橋
歐陽大聯　都督扎從化縣屬何木逕橋
甄連科　都督扎從化縣屬何木逕橋
李亞瑞　都督扎從化縣屬何木逕橋
林亞其　都督甘先影
陳　崧　都督扎官窑
周世然　都督扎官窑
陳亞昌　都督扎金溪
黃亞皮連　都督扎石井
胡　聰　都督扎燕塘
黃　保　都督扎石井
黃亞庚　都督扎燕塘
伍火屎仔　都督扎燕塘
李亞新　都督扎江夏村
梁炳倫　都督扎燕塘
胡　珠　都督扎三江圩
麥亞沛　都督扎花縣西泥圩
凌林山　軍師扎佛嶺市
馮　章　軍師扎佛嶺市
葉亞獼　軍師扎佛嶺市
曾亞養　軍師扎佛嶺市
甘亞松　軍師扎佛嶺市
陳國安　軍師扎赤泥圩
葉亞章　大司馬扎佛嶺市

高亞成 将軍扎蕭岡
鍾亞澤 軍師扎官窰
彭亞科 軍師扎官窰
何炳奎 舉人 軍師扎佛嶺市
麥 芳 參贊扎佛嶺市
呂仁山 軍師扎下沙
區師爺 軍師扎官窰
葉亞色 軍師扎和順竹園尾
余得淮 軍師扎花縣白坭圩
蘇亞乙 総旂頭扎江村
梁亞國 総旂頭扎江村
黎 旦 総旂頭扎石門
吳亞能 総旂頭扎佛嶺市
吳亞賢 総旂頭扎金利圩
張世德 総旂頭扎江村

陳彥端 軍師扎官窰
彭昌南 軍師扎官窰
劉火帝 副将扎官窰
周 鰲 軍師扎佛嶺市
鄒 超 三法司扎鯉魚潭
湯 靄 司馬扎炭步
黃子垣 軍師扎花縣塱頭村
麥亞佐 司馬扎花縣白坭圩
黎安邦 軍師扎蘆苞
譚亞田 総旂頭扎江村
何亞敬 総旂頭扎江村
徐亞興 総旂頭扎佛嶺市
湯長積 総旂頭扎佛嶺市
毛祖升 総旂頭扎白石堡瀝口村
張玉綿 総旂頭扎石門西華寺

陳 剛 総旂頭扎佛嶺市
關 芝 総旂頭扎郭家塱
簡亞坤 総旂頭扎江村
鄧亞閏 総旂頭扎石門
張任秀 総旂頭扎橋頭市
李慶芳 総旂頭扎龍潭圩
鄺騰交 総旂頭扎石門新村
羅亞藕 総旂頭扎花縣兩龍圩
蘇 昌 総旂頭扎佛嶺市
黃 仁 総旂頭扎佛嶺市
龍亞應 総旂頭扎佛嶺市
蔡亞潰 総旂頭扎佛嶺市
黃亞生 総旂頭扎佛嶺市
梁亞桂 総旂頭扎佛嶺市
畢亞耀 総旂頭扎佛嶺市

何 標 総旂頭扎佛嶺市
譚 照 総旂頭扎和紗岡
梁亞五 総旂頭扎江村
鄧亞息 総旂頭扎新村
李達芳 総旂頭扎江村
黃亞七 總旂頭扎佛嶺市
朱亞桂 総旂頭扎佛嶺市
陳 安 総旂頭扎佛嶺市
區 昌 総旂頭扎佛嶺市
伍 如 総旂頭扎佛嶺市
黃亞信 総旂頭扎佛嶺市
周廷傑 総旂頭扎佛嶺市
蔡亞四 総旂頭扎官橋
周 三 総旂頭扎佛嶺
陸炳賢 総旂頭扎蕭岡

侯亞相 總㫋頭扎佛嶺市
畢亞根 總㫋頭扎佛嶺市
勞亞海 總㫋頭扎佛嶺市
陳亞亨 總㫋頭扎佛嶺市
曾應 總㫋頭扎花縣馬嶺
徐亞連 總㫋頭扎佛嶺市
徐亞揚 總㫋頭扎佛嶺市
徐亞細 總㫋頭扎佛嶺市
湛亞泉 總㫋頭扎佛嶺市
江亞上 總㫋頭扎佛嶺市
嚴亞沃 總㫋頭扎佛嶺市
王狗娣 總㫋頭扎石井橋
陳亞蘇 總㫋頭扎石井
梁金成 總㫋頭扎花縣三椏村
曾亞祥 總㫋頭扎溢湖

陳亞瑶 總㫋頭扎佛嶺市
梁亞成 總㫋頭扎蕭岡
徐亞牛 總㫋頭扎佛嶺市
龍亞偉 總㫋頭扎佛嶺市
江亞讓 總㫋頭扎佛嶺市
羅亞二 總㫋頭扎龍塘觀
張亞華 總㫋頭扎佛嶺市
黃亞滔 總㫋頭扎金利亭岡
吳亞真 總㫋頭扎佛嶺市
利均如 總㫋頭扎佛嶺市
謝亞容 總㫋頭扎石井
陳炳潰 總㫋頭扎花縣鉄獅嶺
羅軫 總㫋頭扎仁和圩
畢天成 總㫋頭扎牛欄岡
戴釗 總㫋頭扎獅子嶺

黃林 總㫋頭扎佛嶺市後岡
郭金 總㫋頭扎佛嶺市
劉敬坤 總㫋頭扎花縣獅嶺
黃彩 總㫋頭扎佛嶺市
譚星 總㫋頭扎花縣兩龍圩
謝亞允 總㫋頭扎佛嶺市
卓建侯 總㫋頭扎官窑
畢亞明 總㫋頭扎佛嶺圩沙貝
盧喜 總㫋頭扎花縣龍潭圩
趙亞揚 總㫋頭扎佛嶺市
徐鎮東 總㫋頭扎燕塘
黎亞鑑 總㫋頭扎佛嶺市
葉文大 總㫋頭扎佛嶺市
黎亞經 總㫋頭扎佛嶺市
鄧亞奇 總㫋頭扎小補圩

朱補 總㫋頭扎大捕
徐亞得 總㫋頭扎佛嶺市
戴渭仔 總㫋頭扎花縣塘口
黃鎮 總㫋頭扎岡右
黃文 總㫋頭扎岡頂
黃閏升 總㫋頭扎花縣神山
畢志揚 總㫋頭扎花縣紫石岡
鍾亞荷 總㫋頭扎佛嶺市後岡
葉亞登 總㫋頭扎佛嶺市
陳純 總㫋頭扎金山
顏清 總㫋頭扎佛嶺市
黎亞全 總㫋頭扎佛嶺市
李亞祥 總㫋頭扎佛嶺市
黎才喜 總㫋頭扎佛嶺市
劉亞洪 總㫋頭扎佛嶺市

趙　添總旂頭札亭岡
梁亞務總旂頭札佛嶺市
黃亞壬總旂頭札佛嶺市
盧亞聚總旂頭札佛嶺市
劉亞右總旂頭札石井
鍾亞三總旂頭札佛嶺市
盧亞允總旂頭札佛嶺市
胡亞聚總旂頭札佛嶺市
盧亞莊總旂頭札佛嶺市
江亞閏總旂頭札佛嶺市
江亞朋總旂頭札佛嶺市
吳亞强總旂頭札佛嶺市
畢盈開總旂頭札佛嶺市
曾亞復總旂頭札佛嶺市
梁秀全總旂頭札佛嶺市
徐亞成總旂頭札佛嶺市
李亞章總旂頭札佛嶺市
何富仔總旂頭札蕭岡
黃亞長總旂頭札山角村
黃亞義總旂頭札佛嶺市
羅亞愊總旂頭札佛嶺市
徐德章總旂頭札佛嶺市
許亞印總旂頭札佛嶺市
陳文昌總旂頭札佛嶺市
徐廣得總旂頭札佛嶺市
黃亞楗總旂頭札石門
朱亞桃總旗頭札佛嶺市
朱亞土總旗頭札白坭
黃亞郁總旗頭札佛嶺市
黃亞意總旗頭札佛嶺市

范木連總旗頭札佛嶺市
羅亞陳總旗頭札佛嶺市
沈聾成總旗頭札佛嶺市
高亞佑總旗頭札佛嶺市仁和圩
陳亞忞總旂頭札佛嶺市太平墟
黃花頭利總旂頭札仁和圩
鄧遇成總旂頭札石井
李亞平總旂頭札大岡腳
金亞珍總旂頭札北路南村
王搭棚華總旗頭札北門外
何亞閏總旂頭札牛欄岡
郭亞威總旗頭札佛嶺市
李亞贊總旂頭札蕭岡
潘亞迪總旗頭札佛嶺市
毛亞紹總旗頭札佛嶺市
盧　韋總旗頭札佛嶺市
譚江洸總旗頭札花縣大涌圩
鄧亞溰總旂頭札佛嶺市
李日華總旂頭札塘涌
明宏剛總旗頭札橋頭圩
蕭慶才總旂頭札佛嶺市
江受帶總旂頭札佛嶺市
陳亞連總旂頭札夏茅
蔣亞及總旗頭札佛嶺市
陳閏帶總旗頭札石門
李亞茂總旂頭札西華水面
鄧坭水洸總旗頭札南海和順圩
黃得閏總旗頭札石井
林亞有總旗頭札石井
黃亞其總旗頭札蕭岡

李興　總旂頭扎右營
蕭大頭戌　總旂頭扎佛嶺市
霍亞昭　總旂頭扎佛嶺市
鍾亞春　總旗頭扎禺務
李金生　總旂頭扎佛嶺市
葉偉章　總旂頭扎炭步
江亞則　總旂頭扎花縣平山村
鍾亞保　總旂頭扎和平圩
闞瑞敬　總旂頭扎石門
江交帶　總旂頭扎徐山腳
黃進　總旂頭扎清遠盈潭
高成己　總旂頭扎沙水渡頭
曹亞詳　總旂頭扎南海麻奢
陳大　總旂頭扎石井
鄭亞釗　總旂頭扎棠夏
李亞留　總旂頭扎石井
許亞鵬　總旂頭扎淺心
葉亞竹　總旂頭扎馬鞍嶺
吳九十　總旂頭扎禺亭岡
劉亞生　總旂頭扎屋嶺
楊亞南　總旂頭扎石井
謝進成　總旂頭扎石井
高二　總旂頭扎官橋
陳亞甲　總旂頭扎官窰
岑亞聯　總旂頭扎石井
何亞養　總旂頭扎江夏
鄧亞進　總旂頭扎石門
李亞榮　總旂頭扎石井
孫三娣　總旂頭扎官窰
王亞八　總旂頭扎官窰

劉亞衍　總旂頭扎官窰
陳三娣　總旂頭扎官窰
譚亞象　總旂頭扎官窰
劉亞其　總旂頭扎官窰
周亞故　總旂頭扎官窰
黃亞章　總旂頭扎官窰
李亞海　總旂頭扎官窰
周亞義　總旂頭扎官窰
劉亞秀　總旂頭扎官窰
周亞遂　總旂頭扎官窰
謝亞三　總旂頭扎蜆岡
駱九苓　總旂頭扎官窰
黃德　總旂頭扎官窰
吳亞朋　總旂頭扎官窰
湯亞修　總旂頭扎上沙
湯其　總旂頭扎官窰
楊亞振　總旂頭扎蜆子岡
吳亞賢　總旂頭扎金溪圩
朱亞東　總旂頭扎上沙
謝玉明　總旂頭扎官窰
何亞進　總旂頭扎三江
劉火棣　總旂頭扎蜆殼岡
孔大牛岡　總旂頭扎官窰
黃亞牛　總旂頭扎官窰
崔亞蔭　總旂頭扎官窰
閔亞翰　總旂頭扎蜆殼岡
闞亞桃　總旂頭扎蜆殼岡
闞亞順　總旂頭扎官窰
孫亞新　總旂頭扎官窰
梁亦書　總旂頭扎蜆殼岡

鄒亞廸 總旂頭扎振龍圩
孫亞義 總旂頭扎官窑
胡 珠 總旂頭扎官窑
孔亞江 總旂頭扎蜆子岡
黃亞恩 總旂頭扎蜆殼岡
孔亞聰 總旂頭扎石碯
鍾亞兆 總旂頭扎官窑
劉亞勝 總旂頭扎官窑
劉義芳 總旂頭扎官窑
劉亞新 總旂頭扎官窑
劉亞其 總旂頭扎彭边
黃亞如 總旂頭扎官窑
何亞貞 總旂頭扎官窑
周亞田 總旂頭扎官窑
何老二 總旂頭扎官窑

何亞懷 總旂頭扎官窑
唐亞茂 總旂頭扎蜆子岡
黃亞進 總旂頭扎猿崗
孔亞石 總旂頭扎蜆子岡
孫亞丙 總旂頭扎蜆殼岡
李亞威 總旂頭扎蜆殼岡
黃遂意 總旂頭扎官窑
何亞鑾 總旂頭扎官窑
李珠桃 總旂頭扎官窑
譚明光 總旂頭扎蜆子岡
李亞閏 總旂頭扎官窑
林亞友 總旂頭扎官窑
黎班主進 總旂頭扎官窑大基口
劉先鋒德 總旂頭扎官窑
毛爾靈 總旂頭扎金溪

朱雲甲 總旂頭扎花縣炭步
高亞照 總旂頭扎官窑
陳亞邑 總旂頭扎官窑
鄺亞懷 總旂頭扎金溪圩
李亞均 總旂頭扎蜆殼岡
李 松 總旂頭扎官窑街
黃亞象 總旂頭扎官窑
葉亞德 總旂頭扎官窑
鄧亞榮 總旂頭扎師爺
區 標 總旂頭扎南海松岡
劉亞娣 總旂頭扎石井橋
陳星五 總旂頭扎官窑
何金栽 總旂頭扎官窑
黃亞成 總旂頭扎新村
黃亞茂 總旂頭扎官窑

黃太平桶 總旂頭扎官窑
劉草色燕 總旂頭扎蜆岡
何亞相 總旂頭扎沙水岡頭
盧亞安 總旂頭扎官窑
利亞德 總旗頭扎官窑岡頭
何 渚 總旗頭扎沙頭
袁亞津 總旗頭扎官窑
袁亞成 總旂頭扎官窑
何亞友 總旂頭扎官窑
朱金秀 總旂頭扎官窑
陳亞威 總旂頭扎金山
黃亞勝 總旂頭扎官窑
黃亞遂 總旂頭扎蜆子岡
陳元慶 總旂頭扎官窑
黃亞本 總旂頭扎官窑

關茂初總旂頭扎官窰
劉亞燕總旂頭扎蜆子岡
陳淳總旂頭扎佛嶺
周晚祖總旂頭扎佛嶺
張亞亮總旂頭扎官窰
黃亞超總旂頭扎官窰
徐亞壯總旂頭扎官窰
劉萬芳總旂頭扎官窰
徐亞茂總旂頭扎官窰
鄧茂總旂頭扎官窰
陳洪阮總旂頭扎官窰
張先總旂頭扎石井
梁亞飛總旂頭扎蜆殼岡
陳亞四總旂頭扎南海麻奢
蔣達芬總旂頭扎和順圩

謝亞湛總旂頭扎梁號鄉
周長元總旂頭扎佛嶺
周世桓總旂頭扎佛嶺
謝亞狀總旂頭扎官窰
劉亞國總旂頭扎官窰
何亞得總旂頭扎官窰
劉亞得總旂頭扎官窰
譚洪總旂頭扎官窰
黃亞甲總旂頭扎官窰
呂萬芳總旂頭扎官窰
黃亞生總旂頭扎官窰
全安總旂頭扎下沙
劉亞和總旂頭扎蜆殼岡
吳亞炬總旂頭扎橫江
黃進二總旂頭扎廟頭

高佬詳總旂頭扎昇平社學
胡因總旂頭扎三江
李江總旂頭扎步岡
陳亞能總旂頭扎江村
黎祥勝總旂頭扎佛嶺市
張保總旂頭扎燕塘
蘇亞高總旂頭扎石門
洗亞浩總旂頭扎燕塘
鄧亞進總旂頭扎石井
黃亞慶總旂頭扎佛嶺市
邵亞蕃總旂頭扎南海邵边
何亞秧總旂頭扎番禺傍新圩
龍添培總旂頭扎石井
李敬芳總旂頭扎番禺蓮塘
何亞畢總旂頭扎三江舊市頭

李亞堯總旂頭扎官橋市
李亞締總旂頭扎鄧岡
李亞堆總旂頭扎江村
湛明其總旂頭扎佛嶺市
楊亞華總旂頭扎燕塘
李亞日總旂頭扎鯉魚潭
陳亞廣總旂頭扎江村
蒲亞宜總旂頭扎牛欄岡
梁亞沃總旂頭扎石井
陳錫文總旂頭扎橫岡陳家祠
陳亞萬總旂頭扎深村
李亞牛總旂頭扎蜆岡
陳義安總旂頭扎官窰
李亞早總旂頭扎鄧岡
陳潰總旂頭扎三江社學

吳亞洸總旂頭扎石井
楊亞益總旂頭扎石井
鄺亞艇總旂頭扎石門
梁亞真總旂頭扎石門
劉亞有總旂頭扎大布
羅亞掌總旂頭扎磡頭圩
謝朋玲總旂頭扎石井
湯達法總旂頭扎花縣炭步
朱亞翁總旂頭扎江村
黃亞受總旂頭扎炭步
張亞堅總旂頭扎炭步
葉亞達總旂頭扎炭步
羅得其總旗頭扎炭步
任亞精總旂頭扎炭步
邱堂帽總旂頭扎炭步

謝亞牛總旂頭扎江門
陳成萬總旂頭
張亞燦總旂頭扎佛嶺市
姚亞芳總旂頭扎石門
唐昆銘總旂頭扎慕德里司大圃
楊態標總旂頭扎花縣獅嶺
張亞洪總旂頭扎佛嶺市
鄺桂香總旂頭
朱亞勇總旂頭扎炭步
黃亞生總旂頭扎炭步
任亞香總旂頭扎炭步
鄺亞祥總旂頭扎炭步
任亞郁總旂頭扎佛嶺市
湯亞新總旂頭扎炭步
葉華章總旂頭扎炭步

任亞玉總旂頭扎炭步
湯亞富總旂頭扎炭步
易亞章總旂頭扎炭步
湯福有總旂頭扎炭步
賴亞煜總旂頭扎炭步
湯亞蘇總旂頭扎炭步
鍾石右總旂頭扎炭步
湯亞照總旂頭扎蜆子岡
湯亞遂總旂頭扎上沙
周亞寬總旂頭扎下沙
湯亞池總旂頭扎金溪圩
呂火生總旂頭扎官窰街
勞亞三總旂頭扎蜆子岡
杜亞三總旂頭扎蜆子岡
梁亞徐總旂頭扎官窰

羅亞封總旂頭扎炭步
葉亞昌總旂頭扎炭步
任聞寬總旗頭扎炭步
湯亞敬總旂頭扎炭步
湯亞公總旂頭扎炭步
湯亞全總旂頭扎炭步
任三才總旂頭扎炭步
任亞敬總旂頭扎炭步
湯亞和總旂頭扎炭步
何亞金總旂頭扎官窰
湯亞品總旂頭扎官窰
呂亞威總旂頭扎官窰
黃亞連總旂頭扎官窰
黃亞魁總旂頭扎官窰
黃亞義總旂頭扎官窰

梁亞江總旂頭扎官窰　羅亞甲總旂頭扎官窰
陳亞慶總旂頭扎官窰　周自成總旂頭扎官窰
楊亞早總旂頭扎官窰　何亞望總旂頭扎官窰
吳　新先鋒扎赤坭村　劉亞幅總旂頭扎官窰
何　成先鋒扎赤坭圩　陳亞早總旂頭扎官窰
何亞奇先鋒扎赤坭圩　梁亞富總旂頭扎官窰
龍亞巨先鋒扎赤坭圩　陳亞玉總旂頭扎官窰
龍亞祥先鋒扎赤坭圩　湯修元總旂頭扎下沙
周祥才先鋒扎赤坭圩　湯亞安總旂頭扎官窰
龍　為先鋒扎花縣兩龍圩　黃熊光總旂頭扎官窰
呂　掌先鋒扎佛嶺市　梁亞飛總旂頭扎官窰
麥亞福先鋒扎佛嶺市　李亞德總旂頭扎官窰
龍亞周先鋒扎佛嶺市　何樹德總旂頭扎沙水
龍亞乃先鋒扎佛嶺市　胡得廣總旂頭扎四会滘沙廟
鄺　洪先鋒扎金溪　梁亞受總旂頭扎官窰

周二牛先鋒扎官窰　梁亞蛤總旂頭扎官窰
張　大先鋒扎蜆壳岡　周巨成總旂頭扎猿崗
易亞會先鋒扎官窰　呂亞升總旂頭扎官窰
游亞高先鋒扎中沙　陳　二先鋒扎官窰
范亞合先鋒扎江村　陳亞本先鋒扎江村
陳亞就先鋒扎燕塘　賴　郁先鋒扎炭步
湯　輝先鋒扎炭步　張　達先鋒扎炭步
黃　文先鋒扎炭步　朱　社先鋒扎炭步
蔡亞文先鋒扎炭步　陳亘皮全先鋒扎官窰
易亞得先鋒扎官窰　湯亞非先鋒扎炭步
湯亞池先鋒扎炭步

以上未獲首要各犯共五百五十七名

謹將勦除北路賊匪尤為出力之管帶兵勇員弁並隨營當差始終奮勉各員擬請獎勵開具清摺恭請

憲核

計開

管帶兵勇各員弁內

○同知銜香山紳士林福威

查該員督帶林勇來省扎營於北門外最為扼要調度有方紀律嚴明每戰必先執銳衝鋒曾經受傷兩次洵為勞績最著之員可否分次保

奏擬先請以同知分發廣西補用並 賞戴花翎次請免補本班仍留廣西以知府補用之處出自逾格

恩施

○永安營千總黄大榮

查該弁管帶兵勇先在清英南韶等處勦捕出力嗣調回省城復添募潮勇在小北門外扎營攻剿東北兩路各賊巢該弁管束兵勇嚴明身經數十仗每戰必為前鋒親冒矢石破堅擣穴斬搴甚多洵屬勞績尤著可否分別保

奏擬先請以守備補用並 賞戴花翎次請免補守備以都司儘先補用之處出自

恩施逾格

○督標世襲雲騎尉饒錫藩

查該世職管帶潮勇隊伍嚴肅每戰必先衝鋒陷陣膽識兼優世篤忠貞人才出色擬請留營以守備遇缺即補免其赴 部考驗俟補缺後再行給咨赴 部引

見

○撫標左營千總升用守備熊應榮

查該弁管帶兵勇扎營於城外東北兼管淺水船在石井等處水陸各戰俱能奮勇向前不辭勞瘁擬請

賞換花翎

候補縣丞鄭錫琦
查該員管帶潮勇約束得宜最為公正衆勇皆服每戰
必親至陣前督勇衝鋒奮不顧身洵為文員中勇敢
最著尤為出力之員擬請免補本班以知縣補用如可分
次保舉再請　賞戴藍翎出自
恩施

撫標記名外委何其煒
查該弁帮同鄭錫琦管帶潮勇每戰奮勇向前不避
艱險尤為出力擬請以把總儘先拔補並
賞戴藍翎

州同銜南海五斗司巡檢佘陽麟
查該員管帶東莞壯勇扎營于北較場每戰必親自督陣
身先士卒迭獲勝仗斬擒要匪甚多洵屬尤為出力之
員可否分次保舉先請以州同補用次請加知州銜並
賞換花翎之處出自逾格
恩施

署撫標左營把總調補督標後營把總朱國雄
查該弁同佘陽麟等帶東莞壯勇督率公正臨陣向前可
否分次先以千總拔補次請以守備升用並　賞換花翎之
處出自逾格
恩施

撫標右營額外外委吳炳揚
查該弁隨同佘陽麟管帶東勇臨陣指揮每戰衝鋒
在前收隊在後步履如飛膽力過人職道目覩此起壯
勇賴該弁之力居多可否分次
奏奬先請開本缺以把總補用並　賞戴藍翎次請免補把
總以千總儘先拔補出自逾格
恩施

武舉馬有乾
查該武舉管帶穗城壯勇堵剿均屬出力擬請歸營
以守備儘先補用

北門外運送軍火茶粥乾粮各員內
合浦縣丞李本立
候補縣丞報捐分缺間用倪衡
候補縣丞洪立名
平山司巡檢錢壎

以上四員派在北門外管理運送軍火茶粥乾粮各項每
戰俱親送陣前不避艱險籌備無缺晝夜辛勤最為
出力所有李本立倪衡錢壎三員均擬請
賞給六品藍翎其洪立名已有六品翎頂擬請俟補缺後以
知縣用
隨　節辦理軍務并一切差使員弁
捐升不論雙单月侯選通判文昌縣青藍頭司巡檢徐溥文
查該員先在韶關隨　節辦理捕務曾著微勞此次派在
五層樓派委一切差使均屬奮勉可否請開本缺
奏留廣東以通判儘先補用仰乞
恩施
署黄鼎司巡檢准補慕德里司巡檢朱用孚
查該員在五層楼隨辦軍務凡有營務皆該員前往
商酌均臻妥善遇事不辭勞瘁辦理悉合機宜尤為
出力之員擬請開本缺以縣丞遇缺即補仰乞
恩施
博羅縣教諭馮譽驄
該員隨同職道勷辦文案並機密事件俱能悉心料
理均屬妥協自夏徂冬自備資斧日久不倦著有微
勞查該員于本年二月俸滿保薦可否請以知縣歸
部不論雙单月遇缺即選仰乞
恩施
准補感恩縣廣州府經歷殷　輔
該員派令監修城垣城上搬運砲位倍極辛勤其當各
項差使亦屬奮勉急公擬請
賞加知州銜
南海縣典史張樹蕃
查該員派修各砲台工堅用省緝拿奸細不留餘力並
委各項差使悉臻妥善最為得力之員擬請
賞給六品藍翎
督標記名把總中營右哨外委陳光亮
查該弁蒙
派隨同職道差遣遇事勇往並于攻剿蕭岡佛嶺市
等處賊巢持　令壓陣督同兵勇奮力向前尤為出
力擬請
賞戴藍翎

F.O.682/253A/3(70)

[redacted]

調署廣州府南海縣五斗口司巡檢張金鑑謹將稟請
憲恩察轉鼓勵弁目各員名開列呈
電
計開
水師提標中營六品頂戴外委記名即補把總黃春麟可否　賞加千總
有把總缺出遇缺即補
水師提標左營六品頂戴外委記名即補把總歐鎮輝可否　賞加千總
有把總缺出遇缺即補
香山協右營六品頂戴外委記名把總劉釗熊可否　免補外委以把
總補用
香山協左營六品頂戴記委鄭崧可否　賞以外委用

廣協永靖營九品頂戴記名外委盧振邦可否　賞加把總有外委
缺出遇缺即補
廣協額外黃廉可否　賞以外委用
順德協額外葉日陞可否　賞以外委用
撫標額外凌景光可否　賞以外委用
撫標記委冼安可否　賞以額外用
勇目楊逢春前蒙　恩賞記委頂戴可否　賞撥香山營以額外用
勇目何殿輝前蒙　恩賞記委頂戴可否　賞撥撫標以額外用
勇目蔡克勝前蒙　恩賞記委頂戴可否　賞撥潮州營以額外用
勇目楊世忠前蒙　恩賞六品頂戴記委可否　賞撥廣協營以額外用
勇目高鎮前蒙　恩賞九品頂戴可否　賞撥提標中營換六品頂戴
勇目陳勝安前蒙　恩賞九品頂戴可否　賞撥順德營
勇目陳鈞偉、韓桂化前蒙　恩賞九品頂戴可否　賞撥香山營
勇目馬英光、彭有、劉鳳書可否　賞給九品頂戴

[redacted]

謹將覆訊過匪犯蕭亞實供詞列摺呈

電

蕭亞實即永珍混名馬騮寔供年三十五歲香山縣港口人父親已故母親黃氏年六十二歲兄弟三人二弟亞法過繼叔子亞保三弟畢枝已被鄉人捉解香山縣審辦小的居長娶妻曾氏生有一子一女兒子生只數月子女亦被鄉人打死小的平日與盧殿標胥守沙圍咸豐四年閏七月十一梁湛聯吽小的到他瑞錦沙菓木園拜會共八人朱作清為老母黎亞倫為舅父小的出銀三錢六分拜畢分回銅錢二百二十文十二日隨同梁湛聯投入香山縣屬黃圃偽師王鈞成夥內梁湛聯為先鋒派小的在十九號船上頭人林亞得管帶同船二十二人十三日各夥共有二百餘號船隻商量攻打港口梁湛聯着令小的携帶火藥煲四個回本鄉做內應小的應允當携火藥煲四個回鄉因不能下手十三晚即回梁湛聯夥內十四日隨同攻打港口即時攻破入村十五日擄取谷米什物十六日隨同前往攻打香山縣城自十六日起至二十六日止一連攻打十一日攻打不入小的攻城後就逃往澳門躲匿小販度日至本年四月初二日有委員舒坤太爺在前山地方招募壯勇小的就用蕭有亮名字投充壯勇派當五十長管帶壯勇五十名每月工銀十元前往廣西剿捕四月十八在前山開行五月初十日到廣西梧州府十三日與賊匪打仗一次被賊打敗後在梧州押解餉銀往平南三次隨奉

督憲札諭將小的們壯勇撤去七月初四由梧州回來在前山地方躲避八月十九日在前山地方被獲解案小的寔止拜會從賊攻打港口一次攻打香山縣城十一日並沒當先鋒的事是寔

案奉委審逆犯馮雲山家屬馮亞養等一案先經卑府屢提嚴訊堅稱馮雲山外出多年該犯等實不知謀逆情事業經發縣監禁茲奉諭按律擬辦伏查例載反逆案內律應凌遲之子孫訊明不知謀逆情事者無論已未成丁均解內務府閹割發往新疆為奴緣坐婦女發各省駐防為奴今馮亞養年十九歲馮癸茂年十三歲均係馮雲山親子例應解京閹割轉發新疆馮胡氏係馮雲山親母馮練氏係馮雲山嫡妻例應發駐防為奴又歷辦緣坐之案皆係正犯已獲隨同擬辦如正犯在逃則叛屬監候待質誠以知情與不知情必須正犯對質也今馮亞養等獲案五年正犯弋獲無期可否將本案先行具奏聲明監候待質抑馮雲山罪惡甚綦重即將該家屬等飭縣權宜辦理毋庸具奏之處伏候訓示祇遵謹呈

謹將司庫收支營中支存公費銀兩簡明數目開列呈

閱

計開

一項營中支存公費

查公費一項每年在司庫動支銀貳萬陸千零叁拾捌兩貳錢伍分內在

地丁支銀貳萬伍千捌百玖拾肆兩零壹分壹厘倫公息支銀壹百肆拾肆

兩貳錢叁分玖厘由各營領回除支銷營中祭品差費製補鉛藥演放火藥

挽運硝磺脚費修理三板船隻等項外如有餘剩解還司庫收入支存公

費項內逓年支存多寡靡定

舊管咸豐叁年秋季冊報存銀叁萬零玖拾兩零肆錢肆分陸厘伍毫

新收銀柒千肆百柒拾陸兩叁錢捌分叁厘捌毫陸絲

開除

一借支高廉道宗　領剿匪經費銀壹萬兩

一借支咸豐肆年倫給各營公費銀壹萬兩

寔存銀壹萬柒千伍百陸拾陸兩捌錢叁分零叁毫陸絲

壬戌日寅時亥將　占獲首要各犯何日得手

甲寅旬

蛇　酉　六　空
朱　卯　寅　亥
比　木　合　水

青　龍　后　陰
辰　未　申　午　未　申　酉　戌
龍　常

巳　辰　卯　寅　丑　子　亥　戌
貴　蛇　朱　六　勾　青　空　白

申　壬　巳
玄武主盜賊乃乘申金，現妻今金絕之候
巳　申　火剋馬蛇，待久又祖

三傳得一氣相生，乃水生木，木生火，火生出貴人，正應君子道長，小人道消之象。玄武主盜賊，乃乘申金，現妻今正金絕之候。出傳乃巳火剋申金，課格乃元首之課。況巳火又有生助，應在妻財後，賊氣必盡散消滅。首要斷不能逃脫，定遭擒獲。此課貴人乘初傳，自下應上生上，必得高官顯爵，位極一品之兆。賊氣又被貴人剋住，焉能逃脫。雖玄武乘申金，落於亥宮，好在太陽在亥，正當今之時。賊雖藏匿甚秘，必不能逃也。總應在初八、初九、十二、十八、廿二等日，首要各犯必陸續就獲，斷無疑矣。

二月初九已應獲鄧三壽、林三槐
十九日已應又獲黃八毛五
廿二日報獲劉天威
二月廿九獲羅思棠

逢丙日必得手
初九丙寅、十九丙子俱得要犯，廿九丙戌再應，則此課占斷靈驗極矣。

二月十九必全局了事，可以凱旋矣。

電

謹將撫憲批詞一紙呈

查海豐縣業已搃報收復該賊迭次隨同官兵痛加勦

甚多寔屬同仇敵愾忠勇可嘉所有首犯黄殿元等及其

斷不容其漏網仰再協同官兵寔力搜捕必須全數掃除勿留

孽以快人心至各匪産業候飭府縣諭飭紳士逐一查明呈請變

價充公以示懲儆粘抄附

電

計開逆匪姓名住址呈

黃殿元太平圍人 黃履恭東旁人 黃殿臣太平圍人 吳獻芹縣城外人 黃友盧陂兜人

洪連馨竹圍人 王以春下踏人 黃玉心陂兜人 黃提光太平圍人 顏蝦春大坑人

黃見龍陂兜人 陳魁枝員山人 葉仰曾鹿坑人 李長榮鮜門人 顏世亮大坑人

汪源縣差 李能祖縣房 張漢琛石美人 葉亮管南汾人 馬二蝦田心人

黃士哲王埠人 黃娘呈陂兜人 何營 李雲五 葉屘新寮人

王驪金崗圍人 施象與嶺人 黃士拔陂兜人 施夜與嶺人 黃覺太平圍人

何記梅隴人 王蝫金崗圍人 林有利潭涌人 劉振容羊牯埔人 顏延齡大坑人

駱亞鎮 駱亞爾 駱亞鑑長沙新地人 王亞樟 林亞木

林亞悳石美人 楊亞丰新村人 魏亞土鮜平人 鄭亞柰 康伯莿

張亞田長沙人 黃其德黃厝港人 葉亞富 葉九三南汾人 黃亞彩長沙人

再提甘先訊問

由南京回來之宋亞如為老母之亞來為舅父之張

黑骨對為偽大將軍之譚亞石徐超龍戴亞猷譚

細奀鴻都如宋亞秋黄亞枝嚴廣英羅亞陳等均

係何處人氏現在逃往何處逐一訊明

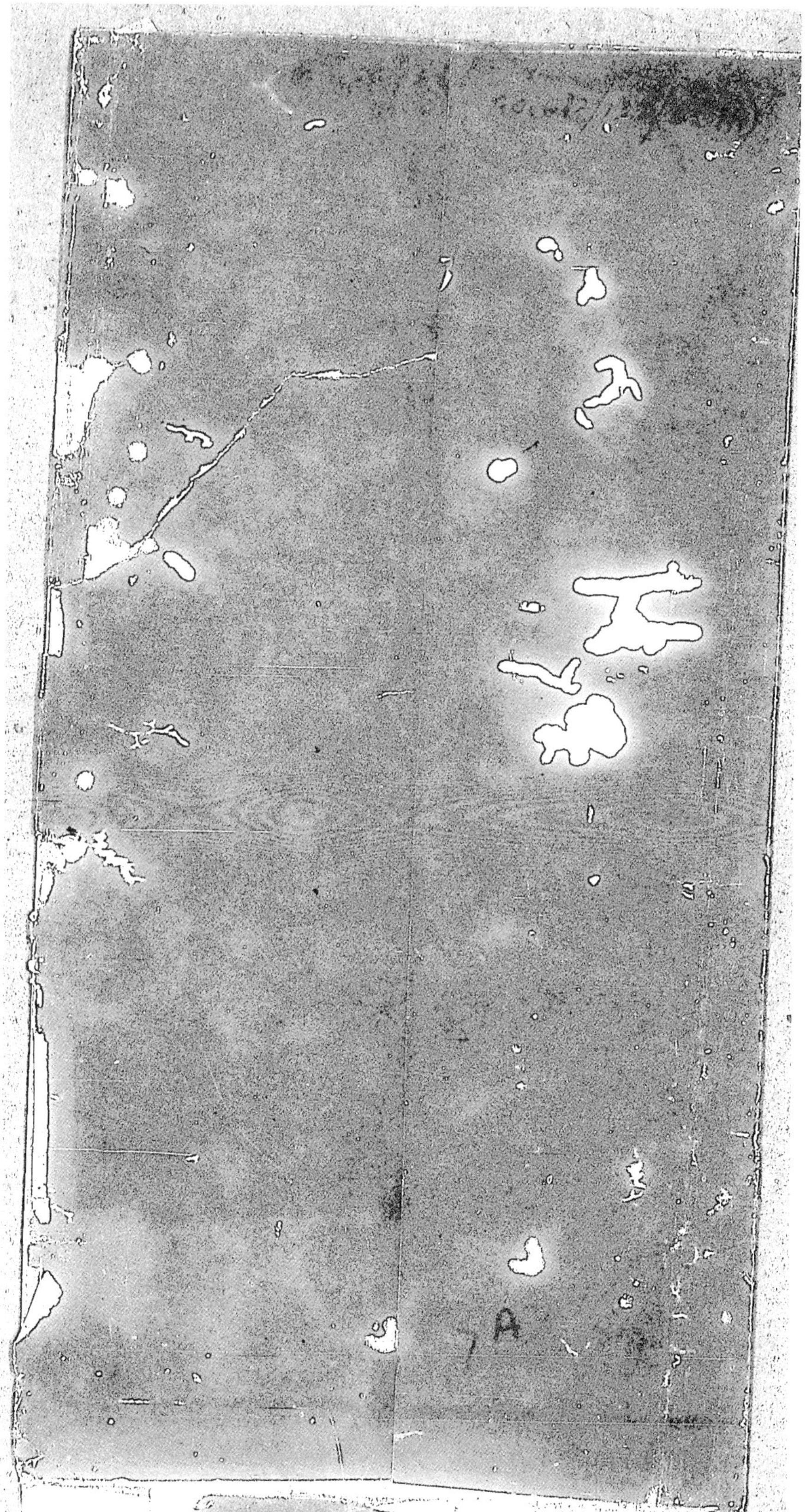

查何崑官咸豐元年四年兩次俱各躲匿未捐前在佛山開有棉花行是以
佛山公局派伊捐銀五百兩自棉花生意不好歇業局中屢請捐輸所恃居
鄉路遠直不到局
李正廣亦係屢延不到現在巨富之家無不捐輸此二人若歸西局勸諭恐
又皖延應請
飭交南海華令等請派捐是為公便謹稟

謹將訊過逆首甘先供開夥黨姓名年籍住址列摺呈

電

宋亞如 係南京來年約五十歲南海縣人在省城內居住上年十二月二十六日在江村被官兵打敗即到西南今年正月同李文茂到廣西梧州府

亞　來 係老母實不知姓年約五十餘歲係嘉應州人本年正月同李文茂到梧州

張黑骨對 係男父年約五十六歲增城縣人上年十二月初間回增城不知住何處

譚亞石 係偽大將軍年約四十歲番禺慕德里司沙塘村人聞本年七月十五日在花縣橫塘被一心約鄉勇拏获

徐超龍係偽將軍年約三十四五歲花縣三牙店人不知逃往何處
戴亞猷係李文茂先鋒年約三十七八歲新會縣不知何鄉人本年正月跟李文茂到梧州
譚細奀係偽將軍年約三十一二歲番禺慕德里司沙塘村人現不在本村不過在近村地方人未走遠
馮郁如係偽將軍年約三十七八歲番禺慕德里司竹𡾟村人本年七月初二由湖南回家初五六逃往增城
朱亞秋係偽將軍年約二十七八歲番禺慕德里司茅山村人現在該村左近
黃亞枝係偽將軍年約三十五六歲番禺慕德里司茅山村人現在湖南郴州
嚴廣英係偽將軍年約三十三歲花縣平山村人現在花縣地方
羅亞陳係偽將軍年約四十歲惠州人客居人和圩三省庄住聞已拏𢿨

謹將剿除北門外棠夏三家店沙涌瑤台牛欄岡義勇祠並蕭岡佛
嶺市等處大小賊巢後復又攻破陳田江夏石井亭岡古廖江村各賊
營斬擒三萬有餘毀巢擣穴奪獲軍械鎗砲茲擬各帶兵勇將備
員弁開送尤為出力員弁兵勇擬請轉稟分次
奏請獎勵彙開清摺恭呈
鈞核

計開

署督標右營叅將曾廷相摺開內

署增城右營守備事左營千總周大安
查該弁防守耆定砲台督砲擊賊數月之久晝夜辛勤嗣又於
九月十三等日隨剿攻破賊巢奮不顧身著有微勞擬請
奏賞藍翎以守備儘先升用先換頂戴

查該弁是否實係出
力職道未知其詳應否
備如所請伏候
鈞核

督標水師營外委記名把總黃龍光
督標中營外委郭元
廣協左營額外楊定邦
以上三弁最為奮勇出力擬請
奏賞藍翎以千把總拔補
增城營把總馬紹芳
督標中營添設額外孫雲彪　六品頂戴步兵劉登貴
督標前營額外馮錦華
督標左營六品頂戴步兵伍長安　八品頂戴守兵曾連勝
廣州協左營六品步兵梁輝光
督標右營八品頂戴步兵莫進貴　何英標
督標水師營八品頂戴步兵朱朝升　趙汝林　龍能陞
以上十二員名最為奮勇擬請
奏賞藍翎其劉登貴伍長安梁輝光朱朝升四名並請以外
委儘先拔補
撫標中軍叅將濟山摺開內
撫標軍功六品藍翎把總杜文芳　梁仕光　陳斌
以上三弁擬請補千總後

奏請以守備升用先換頂戴

撫標軍功六品外委高鵬揚　熊安邦

以上二弁擬請以把總即補並請

奏賞戴藍翎

撫標額外外委何瑞驊　嚴政剛　楊國威

馬兵記委王錫俊　陳潤龍　劉世俊　黃福康

戰兵記委冼鎮邦　丁汝鳳　張保庸　黎勝安

陳龍光　梁俊陞　孫得彪　黎鎮彪

黃朝陞　鄭　英　馬贊陞　胡順龍

邱國安　梁國材　劉安清　黃國賢

胡庚揚　區得揚　鄧良恩　潘元芳

鍾應元　黃贊英　羅　高　馮連陞

彭志高　黎德安

以上弁兵三十三名擬請

奏賞戴藍翎人數較多可否分次請獎之處出自

恩施

提標後營遊擊陳國輝摺開內

永安營把總六品頂戴記名遇缺儘先拔補千總陳熊光

查該弁帶隊打仗數十次迭獲勝仗攻破賊巢均皆身先

士卒奮不顧身擬于勦除佛嶺寺賊匪大營後先請免補

千總以守備補用先換頂戴再于攻破石井等巢內請

賞戴花翎可否出自

恩施

提標右營把總六品頂戴夏建和

督標中營把總六品頂戴何鳴霄

查該二弁迭次打仗均身先士卒奮不顧身捦殺賊匪多名擬

請以千總遇缺儘先拔補並請

奏賞戴藍翎再何鳴霄尤為出力擬于破石井等處賊巢案內

分次請千守備升用先換頂戴之處出自

恩施

永安營外委六品記名儘先拔補把總李榮彪

提標前營外委六品記名儘先把總黃立琦

查該二弁于咸豐三年隨同到韶復帶兵來省迭獲打勝奮

不顧身實屬始終勤奮擬請俟補把總後以千總拔補並請

奏賞戴藍翎

提標右營外委六品頂戴李　勝

查該弁隨同到韶復帶兵來省又帶領添雇潮勇打仗數
十次俱能身先士卒奮勇向前擬請于破佛嶺寺賊營以
把總儘先拔補並
賞戴藍翎再于剿除石井等處賊巢俟補把總後以千總拔
補可否出自
恩施
○永靖營外委六品頂戴張 晟
查該弁歷次打仗奮勇向前不留餘力擬請以把總儘先拔補
並請
奏賞戴藍翎
提標兵丁六品頂戴記名額外遇缺拔補許連芳 ◦李菲光
○嚴雲龍 ○陳必熊 ○邱朝彪 ◦張俊彪
○彭兆陞 ○劉正開
提標記委廖廷貴 羅振梅 王振亮 賴文琦
提標六品頂戴兵丁蔡仁喜 李林陞
潮州鎮標六品頂戴兵丁○鄭 光
廣州協左營記委潘朝選
潮勇頭目六品頂戴辛登元 陳占鰲 吳 角
潮勇隊目軍功頂戴陳 嘉 古旋芳 劉 得

黃陞 楊雄 湯順 徐柱
蕭大榮 楊得安
以上二十八名歷次打仗奮勇爭先始終不懈並有受傷實
屬尤為出力擬請
奏賞戴藍翎其許連芳李菲光劉正開嚴雲龍陳必熊邱
朝彪六名並請免補額外以外委儘先拔補潘朝選一名
請記名額外惟人數較多可否分次請奬之處出自
恩施
總理耆定等砲台事務署清遠營遊擊陳定邦摺開內
○廣州協左營効力武舉捐輸儘先營千總朱朝綱
○廣州協左營把總鍾祥光
查該二弁自去年六月奉派赴砲台肥勇可嘉業經稟請以
千總儘先拔補在案蒙恩准後益加奮勉始終不懈擬請
奏賞戴藍翎
管帶潮勇永安營左哨千總五品頂戴黃大榮摺開內
○和平營千總魏鳴剛
查該弁歷經數十仗身先士卒攻破賊巢搶挌奪砲最為
出力擬請

奏賞戴藍翎

惠州協左營左哨千總李　森

潮州鎮標左營把總記名千總六品頂戴許步雲

查該二弁隨同剿捕身歷數十仗勇敢有為首先攻破

賊巢最為出力擬請

奏賞戴藍翎

惠來營左哨頭司把總六品頂戴羅鵬高

饒平營右哨二司把總六品頂戴黃得勝

查該二弁隨同打仗督隊勇敢先後攻破東北門外各

賊巢衝鋒搗穴斬擒甚多尤為出力擬請記名以千總補

用並請

奏賞戴藍翎

潮州鎮中營右哨外委記補把總六品頂戴方　賞

署黃岡協左營把總記補外委六品頂戴柯忠銘

查該二弁隨同打仗遇敵勇敢攻破東北門外各賊巢擒

斬甚多始終出力擬請方賞俟補把總後以千總補用柯

忠銘免補外委以把總儘先拔補並請

奏賞戴藍翎

潮州鎮中營戰兵記名外委六品頂戴鍾金湘　吳福生

勇目記名額外六品頂戴余　合

潮州鎮左營馬兵記名額外六品頂戴陳義恩

勇目軍功頂戴華本垣

勇目記名額外六品頂戴鄭　集

黃岡協左營戰兵記名外委六品頂戴陳　光

馬兵記名外委六品頂戴周國恩

潮州鎮城守營字識六品頂戴梁棟材

潮州鎮勇目六品頂戴陳　安　林　卯

以上十一名遇敵勇敢首先攻破各賊巢擒斬甚多搶旂

奪砲最為出力擬請華本垣以外委即補陳安林卯以

額外補用並均請

奏賞戴藍翎

管帶熊勇撫標左營千總五品藍翎升用守備熊應棨摺開內

委補撫標左營把總軍功六品梁德顯

查該弁迭次打仗均屬奮勇爭先連破賊巢不避鋒鏑擬

請以千總陞用並請

奏賞戴藍翎

撫標左營効力武舉熊　琛

督標効力武舉熊朝興
撫標右營記委軍功六品熊　昌
以上三弁迭次打仗並帶領淺水船隻均屬勇敢擬請
奏賞戴藍翎其熊昌請以外委拔補
六品藍翎撫標右營外委記名即補把總熊士仁
查該弁管帶兵勇迭次打仗奮勇向前擬請免補把總以
千總遇缺即補
軍功六品歸營外委補用勇目梁華遠　熊應勲
軍功六品勇目張麟釆　黄敬彪
查該勇目等四名迭次水陸打仗奮不顧身施放火砲有準
斃賊多名剿除各賊巢擬請
奏賞戴藍翎
委管林勇候選同知林福威摺開内
總隊林福培
查該員前在江南軍營議叙從九品加捐府經歷不論雙
单月選用此次帮帶林勇迭獲勝仗奮勇當先身受鎗
傷稟蒙賞換六品頂戴擬請
奏賞六品藍翎並免選本班以知縣歸部儘先選用

督領前隊世襲雲騎尉督標効力期滿林福緣
查該襲弁奉撥帶勇十月之久督領打仗迭次獲勝擬請
奏賞花翎並以守備遇缺即補加都司銜先換頂戴
督領中隊捐納縣丞不論雙单月選用林福鄉
查該員迭次督勇打仗均屬奮勇獲勝擬請
奏賞戴六品藍翎並以知縣歸部儘先選用
以上三員所請未免過優
今姑照原擬開列應請
鈞定
督領左隊報捐從九品林福康
查該員前後兩起林勇帮同招募教練迭次打仗獲勝擬請
奏賞戴藍翎並以從九品歸部不論雙单月即選
督領右隊水師提標記委林福石
督領後隊江南上海捕盗局議叙從九品職銜林福熙
帮辦文件監生林資泉
查該員弁督勇打仗均屬奮勉擬請
奏賞六品藍翎其記委林福石以把総即補
帮辦勇務文　通
查該京旗廂黄旂滿洲德克精阿領下人帮辦文件料

理營務均屬得力蒙賞六品頂戴擬請
奏以筆帖式用
帮辦勇務監生林潤泉
查該生帮同招募兩起林勇教練有方擬請
奏加國子監典簿銜
隊目軍功六品劉安瀾
該軍功迭次打仗出力教練壯勇不辭勞瘁擬請
奏賞戴六品藍翎
書識文童劉翰鄉
該童辦事勤慎始終奮勉擬請
奏賞給從九品職銜
書識文童林登第
該童辦事敬勉勤慎可嘉擬請
奏賞給從九品銜
軍功六品林明昭
該軍功迭次打仗出力擬請
奏賞給千總職銜

再查署五斗司巡檢沈口司巡檢張金鑑管帶香山壯勇始扎營于北門外繼換船載勇于石井等處協勦每戰不避風雨親冒矢石督勇衝鋒數次遭險毫不畏怯且該員先隨兵守到韶州復帶船勇回省經過三水西南等處賊巢俱出重圍真能奮不顧身現聞該員已捐升縣丞惟職道未見明文現已函詢令該員自行面陳并將管帶之出力弁目開摺呈送如果實已捐升可否仰乞

恩施逾格即開本缺免補縣丞以知縣補用至該員居官清慎辦事實心前到英德浛洸紳士來見猶稱頌不已即佛山紳民亦口碑載道早在

憲鑒之中如蒙

提挈定能仰副

裁成倘因捐升之階未奉　部文未便作為縣丞或尚未報捐此次或先請開本缺以縣丞補用並　賞六品藍翎俟　部文到日隨後于佛山案內保予知縣有前在康州出力之何慶齡等成案可援也是否惟乞

鈞裁謹附呈

68

呈

茲將匪犯姓名開列呈

電

黃亞列 昨年七月內在白藤鄉起旂洪福堂大元帥兼做米飯主團住匪犯千餘名攻打江門數次詭名巨匪於本年正月內用黃國佐名字捐納營守備職銜遠身現在黃村帮帶壯勇務當飭令交出才[illegible]免後患

黃華基 在亞列旂內做軍師係亞列堂兄弟現在白藤鄉公局處

廖亞燕 在亞列旂內做左先鋒現在跟隨亞列同行

李亞慶 在亞列旂內做右先鋒現在跟隨亞列同行

廖作仁 係生員在亞列旂內帮辦軍師

已上各匪俱係順德縣白藤鄉人

[redacted]

遇缺即補縣丞署廣東廣州府南海縣五斗口司巡檢張金鑑謹將佛山總局尤為出力紳士擬請　奏獎敬列呈

電

計開

王福康係文舉捐准郎中不論雙單月分部行走該紳與李應棠等倡捐勸捐實力團練始募佛勇繼募良勇續募鄉勇勞績最著可否　賞戴花翎

李應棠係戶部候補員外郎捐准本班儘先知府選用該紳先於咸豐二年倡捐勸捐共銀一十四萬餘兩充交省城團練總局在案並未請獎此次又與王福康等倡捐勸捐募勇團練實力實心始終不懈可否以知府不論繁簡雙單月遇缺即選　賞戴花翎

莫以枋係刑部候補主事該紳與王福康等倡捐勸捐雇勇團練急公好義最為踴躍可否免補本班以刑部員外郎補用

梁應棠係都察院都事職銜該紳先於咸豐二年勸捐案內出力並未請獎此次與王福康等倡捐勸捐募勇職逓任勞任怨尤為出力可否以都察院都事雙月選用　賞戴藍翎

吳乃煌係文舉大挑二等教諭軍功六品藍翎該紳倡捐勸捐辦理團練實心辦事最為得力可否歸大挑本班儘先選用

莫以楠係候選布政司理問該紳在局倡捐勸捐經理團練尤為出力可否　賞加知州銜

FO 682/279A/6(52)

謹將紳士捐僱紅單船經費截至十二月底止收支銀數開列呈

電

計開

一收紳士伍崇曜捐銀四萬兩

一收紳士龍廷梓捐銀四千兩

一收紳士龍元僖捐銀一萬兩

一收候選道陳焯之捐銀二萬兩

一收瓊州鎮吳　捐銀二千兩

一收東莞縣紳士何仁山等捐銀二萬四千兩

一收番禺縣紳士高長年捐銀八千兩 報捐銀一萬兩除支尚未繳銀二千兩

一收新會縣附生陳國英捐銀九千兩 報捐銀一萬兩除收尚未繳銀一千兩

一收在惠濟義倉撥入銀一萬六千兩 應在惠濟義倉撥入本款銀三萬千兩除收尚未劃銀一萬七千兩

以上共收銀一十三萬三千兩除

一支署順德縣馬令領僱募紅單船經費銀三萬八千兩

一支移署廣州協懷副將領為備支紅單船經費銀五千兩

又支移領為備支紅單船經費銀一萬三千兩

又支移墊支過紅單船弁兵薪水口糧及置辦軍械旂幟等件經費

銀二千五百九十五兩六錢零八厘

又支移墊支過紅單船弁兵水勇每一月薪水口糧銀一千三百五十

一兩五錢

一支　憲標中協廣州協撫標等領制辦火藥工料柴炭銀七百

八十兩

一支委員周毅昌領解江蘇紅單船經費銀五萬七千三百五十三兩

七錢九分

一支順德縣領僱募紅單船經費銀六千四百八十兩零四錢收入東莞

剿匪經費項內補還前劃還本款前支之數

以上共支銀一十二萬四千五百六十一兩二錢九分八厘外

尚存銀八千四百三十八兩七錢零二厘 全數借撥支用無存

另存紳士伍崇曜補水番銀八百兩

夜退回藤縣屬之白馬墟初六日午刻直退回梧郡河面會同潘參將等拖船灣泊此次失利皆由兵心不一兼之灘多水淺致有此悟又探聞張臬司所帶之陸勇自五月二十二日起在平南屬寺村與該處土匪打仗失利兩次共計陣亡受傷兵勇百餘名現在亦散有數百名等語謹將西江情由理合呈報

六月　　日呈

F.O.682/378B/1(66)

覆廣西提督惠

五月

端陽後一日，連接上年十月廿三、十二月十八日，發遞
來函，備悉一是。並知九月二十日曾發
收書，道途梗塞，並未遞到，東省前因匪徒四起，竟
同蜂屯蟻聚，幾于無地不有，難以數計，闔省各
營得力弁兵多已調赴江南從征，日久未回，所
剩既屬寥寥，各股匪徒動輒盈千累萬，乘虛攻襲郡縣城
垣，戕害文武，甚至群匪約會攻打省城，自秋徂冬
拒戰數旬屢日，幸在事文武合力同心，將各股逆
匪剿除淨盡，現在西江一匪亦已肅清，收復郡城，
北江一帶亦經調派大兵前往剿捕，清遠、英德俱已
克復，指日兵至韶關，即可疏通北道，惟逆匪雖除，
瘡痍未復，尚須妥為撫輯，錢粮關稅已無可抵兵
餉，日形短絀，頗費支持耳。西省梧州各處匪艇、匪去

各股竄來肇、會合土匪、盤踞西江、四月間經本省
兵勇楚勇剿殆盡（過半、其餘匪又復上竄）梧江、現經本籌足兵餉礮火、專委張
臬司督帶兵船、由梧溯流（藤縣一帶、）追剿、日內可望蕩平、承
示附省之大塘等處賊匪、既經
閣下會撥官兵、次第剿除、其義甯靈川興安全州各
股逆匪、均已先後擊散、殲擒不下數千、並將義甯
全州首匪擒獲、所有審辦、洵足以伸 國法而快人
心、惟永甯荔浦平樂等州縣、匪勢尚熾、必須趕緊
設法捕除、弁兵鎗炮攻其前、團練壯丁截其後、兵
勇聯絡、官民同心、自必戰無不克、尚祈
大兄大人督飭在事文武、和衷共濟、相機攻剿、仍希
就近察看情形、遴將練兵、出奇制勝、督率剿辦、總
期迅掃妖氛、早甦民困、是所厚望焉、所有各營兵餉
雖久未支放、其銀寄存在庫、日後路途疏通、民
安耕作、早造收成、地方官征到錢糧、陸續解省、

自然將以前積欠餉銀兵米如數補給、縱有不敷、
東省亦必妥員解餉前來支應、斷無久而不發之理、
敬煩
諭知各營將士、傳示各兵、安心等候、要知粮從地出、土
賴民耕、但將匪徒撲滅、各路銀米陸續解到、自然（當）
替與領足、斷不少欠、今務宜各奮勉從戎、協力捕
殄匪黨、倘兵不能制匪、任聽阻塞道途、擾害百姓、
民不能安耕、則粮安所出、東省雖籌備餉銀、委員
沿途阻隔、其勢不能解到、則是兵力不足以衛民、
以致（故）餉多阻隔（銀匱乏之、枵腹之嘆、實由自取、）所不知也、專此復請
台安、並擬
大東、鈞祺
朗照不一、

名另具

今將本標中右營各臺儲備藥彈數目及隨砲罷具並右營
大虎大角蕉門三臺倒壞及送廠未修之貞吉戰船合就
備開呈
察
計開
一中營各臺配砲二百八十位自一萬二千觔至三千觔每位儲
藥五出計該火藥一萬四千二百五十九觔茲查各臺現存藥
七千三百四十觔尚計不敷火藥六千九百一十九觔
一右營各臺配砲三百零八位自八千觔至二千觔每位儲藥
五出計該火藥一萬七千零二十九觔九兩茲查各臺現存火
藥一萬零六百觔尚計不敷火藥六千四百二十九觔九兩
一中營各臺配砲二百八十位每位儲備彈子七出該彈子一千
九百六十個茲查各臺現存彈子一千二百一十五個尚計不敷
彈子七百四十五個
一右營各臺配砲三百零八位每位儲備彈子七出計該彈
子二千一百五十六個茲查各臺現存彈子一千一百七十二個
尚不敷彈子九百八十四個
查火藥彈子為各臺要需應請將咸豐五年春夏秋
冬四季分各臺演砲火藥之硝磺彈子之工料銀兩一併
給發回營製造以備防禦
一中右營各砲每位配罷具一副
查隨砲罷具因歷年久遠今按月操演半多枯截不堪使
用應請補修以重防禦
一右營大虎大角蕉門三臺均經燬壞應請委員估修俾
各兵得資棲宿
一本營貞吉戰船四隻緝捕最為得力上年七號十三號均
經放進省廠修理尚未興工茲六號又屆進廠之期僅存十
二號貞吉戰船一隻巡緝單薄應請先修貞吉船一隻及右營
前放進廠之第一號一併修理以資巡緝

[redacted]

咸豐五年九月二十六日支解五年夏季分旂贍息銀一千二百五十兩

十二月二十二日支解五年十二月及六年正二月分添八旂餘兵餉

銀六百兩

共已支旂贍息銀一千八百五十兩

八月初九日支解四年冬季分軍裝息銀二百五十六兩五錢

十月十三日支解五年春季分軍裝息銀二百五十六兩五錢

共已支軍裝息銀五百一十三兩

八月初九日支解元年春季旂舉息銀一百八十兩

十月十三日支解元年夏季旂舉息銀一百八十兩

十二月十三日支解元年秋季連閏旂舉息銀二百四十兩尚未具領

共已支旂舉水脚息銀六百兩

十二月十九日支元年冬季旂舉水脚息銀一百八十兩

支五年夏季軍裝息銀二百五十六兩五錢

支五年秋季旂贍息銀一千二百五十兩

共擬支三項銀一千六百八十六兩五錢

自八月初九日起至十二月十九日止通共支解各項息銀四千六百

四十九兩五錢

謹將正二兩月裁撤各起兵勇巡船節省銀數開列呈
閱
計開
省城防勦各起
一保墱砲勇全裁十名每月節省銀四十二両
一大瀝勇裁五百名 留七百名 每月節省銀二千三百九十両零四錢
一大圍勇全裁七百名每月節省銀三千三百九十六両八錢
一八旗偹戰鎗勇全裁二百名每月節省銀六百八十八両
七錢四分
一番禺石棠勇裁七百五十名 留九百五十名 每月節省銀三千二百七十
一両五錢
一廣西柳州府經歷黃經史東勇裁二百零七名 留一百 名 每月節省銀
一千三百八十七両八錢

謹將正二兩月裁撤各起兵勇巡船節省銀數開列呈
閱
計開
省城防勦各起
一保墱砲勇全裁十名每月節省銀四十二両
一大瀝勇裁五百名 留七百名 每月節省銀二千三百九十両零四錢
一大圍勇全裁七百名每月節省銀三千三百九十六両八錢
一八旗偹戰鎗勇全裁二百名每月節省銀六百八十八両
七錢四分
一番禺石棠勇裁七百五十名 留九百五十名 每月節省銀三千二百七十
一両五錢
一廣西柳州府經歷黃經史東勇全裁三百零八名每月節省銀
一千三百八十七両八錢

一安良局勇全裁三百名每月節省銀一千五百三十一兩二錢
一新安陳桂薰水陸勇全裁四百九十名每月節省銀二千四百四十五兩九錢
一廣西候補州判縣丞呂汝棠鎮平義勇全裁一百五十名每月節省銀六百六十九兩
一順德總局快船四隻停支每月節省銀一千三百零五兩二錢
一廣州協候補外委章昇耀巡船十隻裁九隻留一隻每月節省銀三千二百七十四兩八錢
一候補塩大使邱玉珊水勇全裁一百名每月節省銀五百六十四兩六錢二分
一軍功張鑾添三板船全裁十隻每月節省銀一千四百三十一兩三錢三分一厘
一試用府經歷胡先煒東勇全裁二百名每月節省銀九百六十六兩一錢
一林勇隨營長夫裁一百名每月節省銀一百五十兩
又清遠剿捕樂平勇五百名全裁每月節省銀二千六百八十七兩六錢六分
一護都司馮元亮裁五百名留壯勇三百五十名每月節省銀二千四百七十四兩
一撫標右營把總何其煒全裁潮勇二百名每月節省銀一千零一兩七錢六分

一安良局勇全裁三百名每月節省銀一千五百三十一兩二錢
一新安陳桂薰水陸勇全裁四百九十名每月節省銀二千四百四十五兩九錢
一廣西候補州判縣丞呂汝棠鎮平義勇全裁一百五十名每月節省銀六百六十九兩
一順德總局快船四隻停支每月節省銀一千三百零五兩二錢
一廣州協候補外委章昇耀巡船十隻裁九隻留一隻每月節省銀三千二百七十四兩八錢
一候補塩大使邱玉珊水勇全裁一百名每月節省銀五百六十四兩六錢二分
一軍功張鑾添三板船全裁十隻每月節省銀一千四百三十一兩三錢三分一厘
一試用府經歷胡先煒東勇全裁二百名每月節省銀九百六十六兩一錢
一林勇隨營長夫裁一百名每月節省銀一百五十兩
又清遠剿捕樂平勇五百名全裁每月節省銀二千六百八十七兩六錢六分
一護都司馮元亮兵勇全裁九百一十五名每月節省銀四千四百六十一兩零二錢
一撫標右營把總何其煒全裁潮勇二百名每月節省銀一千零一兩七錢六分

一職員饒褒寅全裁潮勇三百名每月節省銀一千四百三十七兩二錢四分

一琨勇全裁三百零九名每月節省銀一千五百三十八兩一錢八分

一曹勇全裁三百零五名每月節省銀一千五百一十四兩零八分

一新會營守備湯騏照兵勇全裁六百名每月節省銀二千五百七十一兩三錢

一清遠營撥隨護都司馮元亮守備湯騏照勦捕官兵二十一員名停止每月節省銀六十三兩六錢六分

一前護碣石鎮右營都司諸文標紮船全裁八隻每月節省銀一千零二十三兩六錢

一督標後營守備熊應榮紮船裁八隻留七隻每月節省銀二千五百一十九兩六錢

一清遠營防城兵八百名原詳自奉批准之日起至解圍之日止應停支每月銀六百兩

一卸和平縣陳義潮勇五百一十名外委一員全裁每月節省銀二千四百三十六兩

以上各起每月共節省銀四萬五千三百零五兩零一分一厘

[redacted]

謹將奉
委查明各局各行認捐銀兩分別已繳未繳按照原定限期開具簡明
清摺呈
電

計開

城西局各捐戶除收尚欠繳銀二萬三千二百餘兩
又茶務公所除收尚欠繳銀一萬四千餘兩
又各行除收尚欠繳銀十五萬九千三百餘兩
又土絲行認捐銀五萬兩限五月內繳銀一萬兩其餘自七月起至年底止分限完繳
以上共欠繳銀二十四萬六千五百餘兩
此項欠繳銀兩係由卑職樸督同南海縣縣丞許文深、候補縣丞程承訓、批驗所大使馮明煒催繳

新城局各捐戶除收尚欠繳銀一萬五千餘兩
省城石龍糖行除收尚欠繳銀二萬五千兩
以上共欠繳銀四萬餘兩
此項欠繳銀兩係由即補按經歷張馥、候補縣丞程承訓、南海縣縣丞許文深催繳

老成局各捐戶共捐銀十四萬五千六百餘兩除收尚欠繳銀四百零六兩四錢
內番禺屬布店捐銀一百六十兩四錢已由新城局彙收 江泰常捐銀六十四兩業經身故無從追繳
以上實欠繳銀一百八十二兩
此項欠繳銀兩係由卑職樸督同番禺縣縣丞汪以增、廣州府經歷殷輔、南海縣典史張樹藩催繳

順德縣省縣兩局共捐銀八十六萬三千餘兩除收尚欠繳銀十一萬九千餘兩
內馬耕心堂欠繳銀一萬三千兩限午節前清繳 龍留山堂欠繳銀二千五百兩限四月底清繳 餘俱由縣催繳聽候 總局酌量提用合併陳明
順德縣陳村鹹魚行認捐銀二萬八千兩自四月起限至年底清繳
順德縣陳村錫薄紙行認捐銀五千兩分限六月八月十月三次完繳
順德縣陳村布店認捐銀一千五百兩限六月八月十月三次完繳
順德縣布店認捐銀一千五百兩限六月八月十月三次完繳
以上共欠繳銀十五萬五千餘兩

此項欠繳銀兩係由卑職樸會同順德縣李令並稟委候補縣丞馬長庚按限催繳

香山小欖鄉認捐銀十八萬兩自正月起至四月十五日止繳銀五萬兩四月十八日繳銀四千兩二十二日繳銀五千兩共已繳銀五萬九千兩尚欠繳銀十二萬一千兩限至八月內繳完

香山大黄圍鄉認捐銀五萬兩自四月起分限五個月繳清

香山大黄圍新沙地方認捐七兌洋銀二千五百元自四月起限三個月繳清

香山鰻子洲認捐七兌洋銀三千元自四月起限四個月繳清

香山古鎮鄉認捐銀一萬四千兩限四五月繳二千兩六月繳二千兩七月繳四千兩餘于八九月繳清

以上共欠繳銀十八萬八千八百餘兩

此項欠繳銀兩係由卑職樸會同香山縣邱令並稟委馬長庚按限催繳

番禺縣李村高長年捐銀十八萬兩已繳銀六萬一千兩

以上除收尚欠繳銀十一萬九千兩

此項銀兩係由卑職樸會同番禺縣李令督同委員徐世琛催繳

東莞縣石龍布行認捐銀二萬四千兩自四月起限十個月按月分繳

東莞縣石龍棉花行認捐銀一萬二千兩自三月起限八個月分繳已繳銀一千二百兩尚欠繳銀一萬八百兩

新會縣江門油行認捐銀二萬兩已繳銀一萬一千兩尚欠繳銀九千兩限至七月底繳清

以上各行共欠繳銀四萬三千八百兩

此項銀兩係由候補縣帖令會同各該縣按限催繳

順德縣陳村油行認捐銀一萬兩原定三四五月繳完現在已繳銀四千兩尚欠繳銀六千兩

香山石歧布行認捐銀四千兩已繳銀一千兩尚欠繳銀三千兩原限分四五六月清繳

香山石歧魚行認捐銀五千兩限五六七八九月分繳

以上各行共欠繳銀一萬四千兩

此項銀兩係由補用府經縣丞張元恒會同各該縣按限催繳

佛山油行認捐銀一萬兩已繳銀四千兩尚欠繳銀六千兩原定限四月繳完

西南油行認捐銀一萬兩已繳銀二千八百兩尚欠繳銀七千二百兩原定限八個月繳清

石龍油行認捐銀三萬兩已繳銀七千兩尚欠繳錢二萬三千兩原定限十個月繳清

以上各油行共欠繳銀三萬六千二百兩

此項銀兩係由即補按經歷張蘐會同各該地方官按限催繳

新會縣各行共認捐銀二萬九千二百兩自五月初一日起陸續完繳

此項銀兩係由候補縣明令會同新會縣陳令催繳

以上通共欠繳銀捌拾柒萬貳千陸百餘兩現奉軍需局札委卑職樸督同卑職錢壎將所有欠繳捐數造立清冊隨時查催

謹將隨同委員勘過逆首周豆皮春之三代墳墓挖掘情形詳具節畧恭呈

憲鑒

咸豐六年三月二十七日委員毛令偕同卑職勘得逆首周豆皮春之曾
祖父周會作曾祖母周段氏祖父周達琓祖母周蕭氏四墳均係土
堆坐落在土名馬嶺又名馬尾嶺地方周會作周達琓兩墳俱坐西
朝東當飭仵作眼同周姓耆老周國玉及地保謝賓元等當場挖
開內均係骸罐點驗周會作之骸骨齊全骨殖頭顱黃色其餘週
身骨節均紫紅色又點驗周達琓之骸骨微腐頭顱已朽爛一半
骸殖不全作霉壞色又勘得周段氏周蕭氏兩墳俱坐東朝西當
飭挖開內均係棺柩點驗骨殖業已腐朽所餘骨片無幾其周段
氏棺內有紋銀一塊約重二三錢又銅錢十餘枚隨飭仵作將骨
殖四副當場燒燬又馳抵土名老鴉山地方勘得逆父周廣居母顏
氏合葬該處亦係土堆坐西朝東當飭挖開內係骸罐點驗二骨俱
全均作霉腐色罐上有合縫方磚二塊上書有字文當即起回骨
殖飭即燒燬均棄河中

附呈磚上字式一紙

[redacted]

謹將南海縣鹽步河西局首倡團練辦事出力紳士姓名開列呈候

核獎

計開

陳嚞　年五十二歲有鬚溪頭鄉人辛亥　恩科中式八十一名舉人揀選知縣咸豐五年正月初五日奉　撫憲賞給六品頂戴此次捐助鄉局經費銀六百兩擬

請以教諭歸部遇缺儘先選用并請給六品翎頂

顏世豪　年五十二歲未縣貢顏邊鄉人由監生覃恩貤封守備職銜咸豐五年正月初五日奉　撫憲准予存記事竣請　獎此次捐助鄉局團練經費銀四百兩擬請

奏賞藍翎

陳作哲年四十六歲東莞溪頭鄉人由監生于咸豐元年八月二十日蒙廣西勞撫憲賞給軍功六品咸豐五年正月初五日奉督撫憲准予存記事竣請獎此次捐助鄉局團練經費銀一千兩擬請奏賞藍翎并加六品職銜

顏章年四十九歲東莞顏边鄉人于道光二十七年由監生在本省捐建九龍城寨經費議敘翰林院待詔職銜咸豐元年正月初五日奉督撫憲賞給六品頂戴此次捐助鄉局團練經費銀九百六十兩擬請奏賞藍翎并加六品職銜

顏亭謙年四十四歲東莞顏边鄉人于道光三十年防夷建坊案內奉賞九品頂戴咸豐五年正月初五日奉督撫憲賞給六品頂戴此次捐助鄉局團練經費銀九百二十兩擬請奏賞藍翎并加六品職銜

以上五名倡辦團練籌捐經費并勸捐賑飢支持一切局務上年九月二十八等日逆匪大隊攻撲本境闔局驚惶連戰七晝夜舉人等親為督率身冒矢石為壯勇先十一月初七日攻破石橋頭橫潛謝邊十一月初九日至廿九等日由硝廠炮台一路迎頭截擊收復佛山又于本年四月帶勇

隨勦克復肇城等處均身先督率激勵丁壯迭著微勞尤為出力應請分别 奏獎以示鼓勵

顏友梅 年五十歲未鬚顏边鄉人由監生于咸豐五年正月初五日奉 撫督憲賞給六品頂戴此次捐助鄉局團練經費銀三百兩擬請 奏賞六品翎頂

黎國揚 年四十七歲有鬚黎边鄉人由監生于咸豐元年八月二十日蒙廣西劳撫憲賞給軍功六品咸豐五年正月初五日奉 撫督憲准予存記事竣請獎此次捐助鄉局團練經費銀八百五十兩擬請 奏獎以縣丞歸部即選

顏作揚 年三十一歲未鬚顏边鄉人由監生于咸豐二年報捐候選崇文門副使咸豐五年正月初五日奉 撫督憲賞給六品頂戴此次捐助鄉局經費銀八百兩擬請 奏賞六品翎頂

梁日光 年四十五歲未鬚新桂鄉人于咸豐二年九月由監生加捐州同職銜咸豐五年正月初五日奉 撫督憲准予存記此次捐助鄉局經費銀八百五十兩擬請 奏賞六品翎加職銜

顏錫玉 年四十九歲未鬚顏边鄉人于道光三十年防夷建坊案內奉賞九品頂戴咸豐五年正月初五日奉 撫督憲賞給六品頂戴此次捐助鄉局團練經費銀三百兩擬請 奏賞六品翎頂

以上五名倡同團練勸捐經費并勸捐賑飢協辦一切局務每遇仗均督帶壯勇不避艱險屢著勤勞應請一併 奏賞六品翎頂以示鼓勵

[redacted]

廣西梧州府容縣舉人李毓英廪生覃端元謹稟為敬陳管見仰祈
電鑒事竊以容縣古號容州唐置容管經畧使誠重地也我　朝涵濡
聖化陶冶休和人物富庶雞犬無驚二百餘年於茲矣自道光二十六七年間匪徒哨聚縣東鄙之自良
墟擾害地方勢成滋蔓竟有陷城之變自城陷以來逆等擄官據城一邑無主賊黨縱横紳民遭
擄殺婦女被淫污遍地皆白骨民居皆灰燼田野多蓬蒿舉目慘然且該逆前攻梧州府城數攻刧
岑溪平南北流信宜等縣破藤縣城遠近無不受害今土逆馮六等據自良范亞音等據縣城屹立横
行荼毒無已遠則刦掠人財近則勒取田租更用其詭謀勒官揑報復城擅用縣印冒行文書城抓社

鼠英此為甚去年十二月府委黎樂鄺三員來縣計辦招撫逆等益無顧忌更加猖獗去年夏秋兩蒙

憲批剿平潯州股匪即便移兵聘赴容縣故各鄉團練堅守以待現支持既久日就疲困恐一朝瓦解通地皆為賊據日後整頓地方益難措手現在容之團練除遭喪敗外尚有一里貢生封建謨軍功縣丞封掄英軍功知州舉人李英舉人黃鵬霄軍功六品貢生潘篠中舉人陸磻等團面里教職黃立綱廩生伍士冠生員余篠真童生韋相績等團波里童生林祿監生盤輔禮陳閑振武生李超梅等團二里舉人蘇藹蕃職員伍冑魁等團招里舉人梁聖俞貢生劉憲貞監生覃秀蘭等團水里監生韋煥先廩生申錫三等團合計可出練丁一萬有餘兼之民心憤激日久且經慣戰使有人調度得法大有可用但無官長督率各團長意見不一心力不齊是以屢遭喪敗也去年十月府主委進士黃鵬奮撫憲委中書封蔚礽督理團務並給札諭令旗戳記但非官員來縣作主調度諸團仍不得整齊無濟於事現在西省蒙

中堂添撥重兵剿除潯州股匪指日蕩平即可移兵至容掃淨妖氛救民水火倘

憲衷憫容縣凋敝日久亟解倒懸舉等伏乞

中堂備將相之雄才奠生民於衽席南國久愛甘棠之樹西土切仰時雨之師舉等不揣冒昧謹陳管見上瀆

再密稟者一里同仁甲舉人陸礌生員陸劭展自四年城陷後賊焚刦伊家陸心甚憤遂於鄉
中派抽糧食招募丁壯數百名稱義旗會矢殺賊復城各鄉團衆無不悅從嗣因其剛愎嗜殺
恃强凌弱壯丁無約束多肆行刦掠殘害良民衆心由是不附五年府主委黃鵬奮撫憲委封
蔚初二人督辦團務而陸爭為雄長不遵調度本年府委陳教諭來容查團先至一里楊梅墟
駐劄陸竟挾制陳員不准赴各鄉查團且押陳員留伊團營内初陳員本奉憲諭與封蔚初
集各團長會議先招撫脅從使其解散即密集通邑團練圍城剿賊殊陸不遵號令先自率
該團丁假稱剿捕刦掠二里各村混行擒殺鄉民以致脅從者不敢歸團城中逆等見此光景
遂乘各鄉團練未集於四月初五至初八等日疊出鄉閒攻刦寨堡殺害團長紳士多人擄
殺男女無算陳委員於四月中旬苦求同仁甲釋放始得還郡城今邑中逼賊巢者苦賊蹂
躪逼同仁甲者苦同仁甲擾害民不聊生莫此為甚但陸劭展性頗勇敢其丁壯亦强悍慣戰
以之擊賊實有可用若專飭黃鵬奮封蔚初二人為團練總長并有文武大員為之彈壓諒
陸再不敢違拗自異而各鄉團無不同心協力掃除羣醜而奏膚功矣　李毓英等密稟
憲聽曷勝隕越悚慄之至謹稟

稟現奉

發出案一束內二年十月內接准　戶部咨行　廣東巡撫衙門之文一件及會奏稿一本

咨文二件并　撫院衙門錢糧房稟單一紙並奉

標諭行局查明因何數目不符等因查此束全案均係　撫院衙門之案其　戶部

咨文一件亦係咨行　撫院衙門之件自應一併包封送回　撫院衙門核明分別轉

行歸檔　伏查此件　戶部咨文內稱廣東捐輸奉　部撥解廣西軍需銀一百萬兩

除解過外尚未解銀七萬三千餘兩等因核與本省截數奏明尚未解銀三萬三千

餘兩之數不符之處係因　部中接據　西撫院列單咨報在先本省列單奏報在後

其西省咨報單內未將續後劃抵數款列入而　部中係據　西撫院咨報數目轉

咨知照是以銀數不符理合查明稟

覆併將　部中據西省咨報未入各款是以與東省奏報數目不符緣由查明開列呈

閲

計開

一廣西糧台於咸豐二年十一月及三年正月内在湖南長沙廣東行營糧台借用口
糧銀一萬零三百二十一兩七錢五分
一廣西委員方適修等重支養廉銀一百三十一兩六錢
一咸豐五年九月二十四日起至六年三月二十六日止先後六次由廣東粵海關稅餉項下
籌給署廣西梧州府陳瑞芝募勇口糧共銀三萬五千零五十五兩六錢四分查
此款西撫院原咨已列入銀五千八百九十兩尚實未列入銀二萬九千一百六十五兩六錢四分
以上三款共銀三萬九千六百一十八兩九錢九分均係續後奏報列入劃抵扣除
今將戶部咨稱尚未解銀七萬三千零一十七兩五錢六分二厘四毫二絲之數再
除去西省未入之三款共銀三萬九千六百一十八兩九錢九分即與奏報實未解銀
三萬三千三百九十八兩五錢七分二厘四毫二絲之數相符合併稟明謹稟

[redacted]

為議禁潮惠游民出境滋事詳請覆
奏事案奉札行咸豐五年十一月初八日承准
軍機大臣字寄咸豐五年十月十一日奉
上諭前據向榮奏潮勇在蘇州滋擾去年至本年五六月又有多名至乍浦
上海等處不易遣散又據羅惇衍奏蘇州嶺南會館潮勇盤踞把持惠潮
無賴之徒由海至蘇日聚日多等語著葉　柏　隨時設法嚴禁並飭各
海口嚴加稽查毋令再行出境致滋事端是為至要將此由六百里各諭
令知之欽此欽遵札行到司經本司等備移惠潮嘉道悉心查辦在案伏

查潮州人民生齒繁多性情獷悍仇鄉械鬬習為故常地方官緝拏要犯須僱壯勇數百名方不至於抗違故遇營弁出征每召募晉揭健勇以助兵力之不足顧用於本省尚為勦捕得力而調於他省則多桀驁不馴且官募之勇統帶得人尚遵約束而投充之勇游蕩無業遂肆强梁經戰陣而殺敵致果動有成功值閒暇而重利輕生毫無忌憚此潮勇之易於召致難於遣散所貴控制之得宜而督率之有法也自咸豐元年以來廣西湖南江西江南等省以次軍興征調所至皆募潮勇而惠潮游民便搭海船各省投充所在多有固不特蘇省為然也前經

憲臺出示禁止潮勇私行出境並通飭各屬堵截查拏旋據歸善縣截回潮民黃雄等七百餘名曲江縣拏獲羅亞丙等九名始興縣拏獲吳亞琢等四名均訊無為匪遞籍保束嗣奉

憲臺暨

撫憲訪聞潮人每以充勇為名航海赴蘇到處滋擾復通飭惠潮府屬

曁沿海各地方官遍行曉諭嚴禁游民出境藉端滋事上年奉准
江蘇撫部院吉
兩江督部堂怡
欽差大臣湖北提督向　先後咨行並
奏奉
諭旨敕令嚴申海禁又經通飭沿海各屬及營汛文武寔力稽查各在案伏思
潮郡所屬幅幀既廣丁壯日增果能各安本分傭趁耕農肩負工作儘
足自食其力本籍原可謀生無如充勇工資較之力作為豐而剿賊得
贓又可肆搶瓜分且乘海船出洋不過五六日即由粵駛抵江浙是以
趨利若鶩結隊成羣輕去其鄉流連忘返錮習惡風必當嚴行禁革應
請飭令惠潮嘉道督飭所屬責成各紳耆及强房之明理者各將鄉族
子弟勤加管束務令各安生業毋許私離鄉井倘有結成徒黨預謀出
外充勇者立即綑送重懲或該鄉耆族長徇情故縱亦即拘拏究坐至

商民打造海船概令報驗給照於船隻出洋時務將在船商民年貌籍
貫填註照內并飭沿海臺汛守口文武員弁掛號驗照如有無照私船
或人照不符即行查拏治罪其查驗不力之守口員弁擬照疎縱偷渡
外洋之例犯至五十名以上降一級調用隱匿不報者革職咨
部議處如此明定章程官民互相糾察盤詰冀免疎虞庶沿海之偷渡
令禁長嚴而潮勇之肆行弊端漸少矣再查現在各省軍營官募潮勇
為數尚復不少將來凱撤遣散應請先期咨明各軍營均派文武委員
押送回潮無論多寡量給口糧慫令搭坐海船抵籍後按名交地方官
妥為安插不准一人由驛行走逗遛貽害總期永無疎懈可望諸弊肅
清是否有當理合詳候
憲臺察核會
奏除詳
撫憲外為此備由具呈伏乞
照詳施行

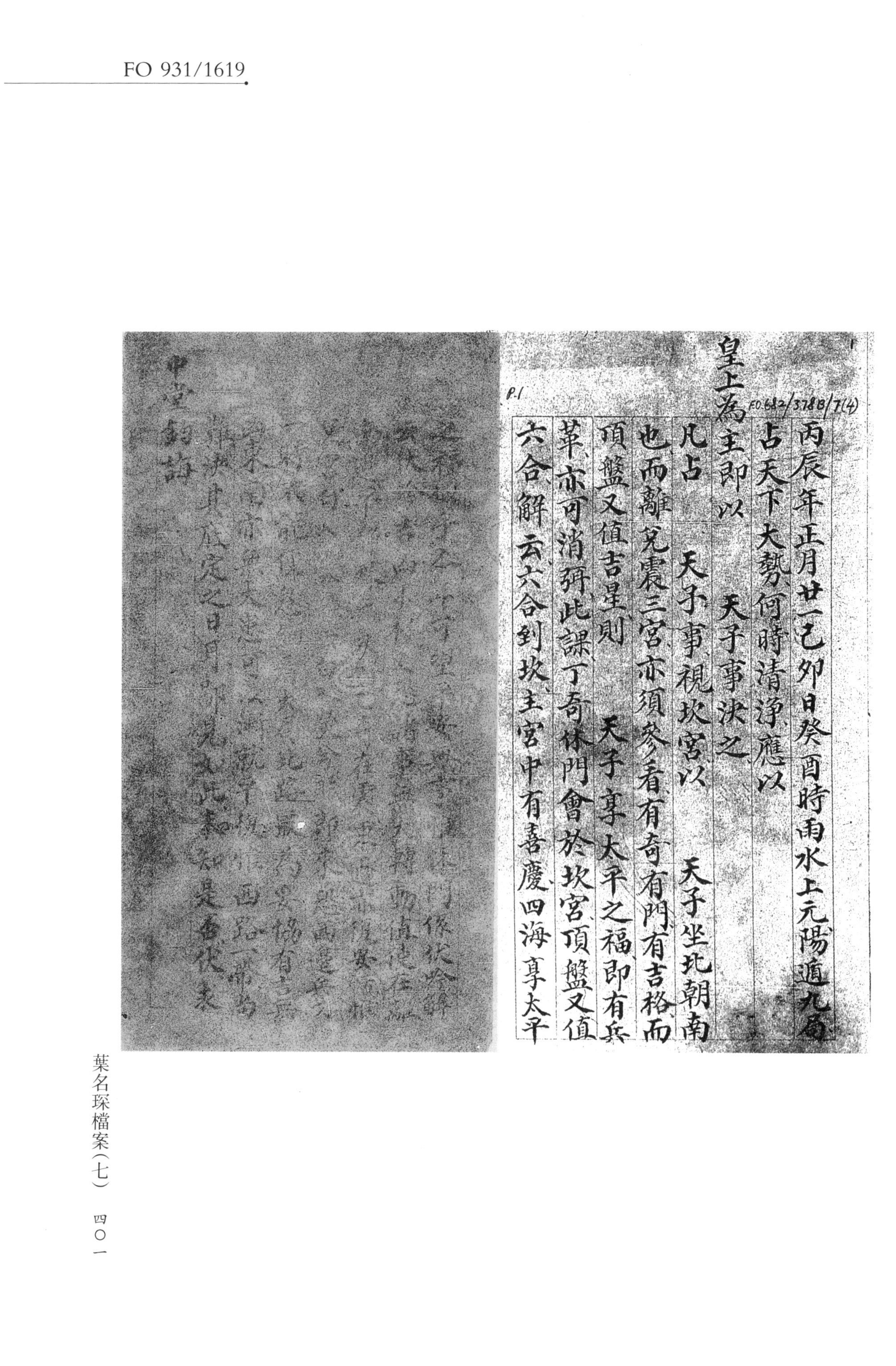

丙辰年正月廿一乙夘日癸酉時雨水上元陽遁九局
占天下大勢何時清淨應以
皇上為主即以　天子事決之
凡占　天子事視坎宮以　天子坐北朝南
也而離兌震三宮亦須參看有奇有門有吉格而
頂盤又值吉星則　天子享太平之福即有兵
革亦可消弭此課丁奇休門會於坎宮頂盤又值
六合解云六合到坎主宮中有喜慶四海享太平

中堂鈞諭
[illegible]

管帶湘勇選用道王鑫
即選府經歷縣丞王勲謹

稟

大人閣下敬稟者竊職道等於初七日將連日裁撤各勇及先後分派周文豹左光藻率勇防堵松柏地方各情馳稟
憲鑒在案初八日午初分兩路攻城連破城東賊營二座殺賊二十餘名生擒二名賊均敗退城內黃昏回營是日探報
我勇未近城之先賊分股竄往松柏左光藻之勇未到周文豹已敗退被賊竄踞又據連日所拏賊探及逃
匪供稱賊自前月二十七日戰後始信湘勇果到氣已大挫馬廷柯盧維新馮振彩諸賊均願回廣西截碼惟朱
洪英蕭元發許月桂姊妹等逆目聽信偽軍師楊茂枝謝順太定欲在湖南滋擾職道與卑職勲熟商粵
楚匪徒兩年來屢被痛剿頗知畏威惟朱逆等一日不死則我楚一日不靖勞師靡餉防剿迄無已時今其逆
謀如此未始非天奪之魄時不可失乃於是夜與各文武員弁極意激勵湘健烋勇鳳勇及道州江華各勇團

壯盡清路數定計明日竭力攻城又令杜義品彭玉貴各率永勇一百往助周左二弁剿松柏之匪分派已定初九日黎明出隊進攻該逆負固死守百計誘之不出乃命四面圍攻鎗礮連環施放約斃憑城賊百名直至黃昏時候始行收隊是夜賊因連日圍攻計窮膽寒盡夜出城東竄三更時分得探報即發輕銳卒襲之斬殺數十逼溺河内甚眾初十日卯初入城屬郭經歷品珍與千總詹榮陞等率道勇助任令守城招撫難民重整團練顏倅培鼎速回錦田齊團防該匪敗竄廣東捷徑又派黃守備輔鼎率健銳勇往松柏留同周左杜彭之勇認真防剿遂率湘烋鳳勇渡河是日風雨大作陸地人馬幾難立足行李軍裝盡行透濕申正始渡畢夜宿丁橋殘燬村落十一日昧爽冒風雨前進晚抵道州四广橋十二日午正追及之於寧遠驛亭賊據險列陣布滿山谷乃分勇為四路職道率親兵及正五哨由中路進派張運蘭王開信暨副五哨由右山塘下村出路亭村背卑職勳與王文瑞率新五哨由左路東瓜壠橫擊之派烋鳳勇再由東瓜壠之左隨水洞出油村直抄賊後賊偽軍師奉光求率悍賊千餘為先鋒直衝中路職道揮親兵迎擊之王道達首先斫下奉賊墜馬該匪敗退半里許偽女元帥許月桂之妹穿紅袍執長鎗躍馬如飛率其黨拚死鏖戰正五哨之勇奮威冲殺約半時忽見賊陣脚大亂知塘下村東瓜壠兩路已經殺到三路併力大呼奮擊聲震林木該匪大敗王桂林擒女逆目斬之職道等揮勇追至九疑魯觀洞口烋鳳勇始到因風雨且暮暫行收隊是戰殺賊千餘生擒八十餘名中有仁義堂贊歐陽順偽軍帥蔣五崽偽師帥黃在位蔣飛天蕭二麻子等均分別訊明正法陣斬許奉

二逆訊生賊始知之餘賊目死於亂眾中者頗多不暇細鞫也所棄鎗炮旗械服物沿途狼藉未盡
未盡收取五鼓時探朱蕭二逆不敢恃險率敗匪翻嶺向藍山路上逃走即時率勇追之仍留張翔
率鳳勇搜勦餘匪午初抵藍山楠木橋賊將作飯我勇及之奔黃昏戰於三戰眼頭又敗
之賊為食村內方熟我勇不暇取噉乘月色追至嘉禾之土橋墟殺斃七八百名生擒四
十五名正法其一自供係偽總管正軍師楊茂枝命碎臠之餘匪鼠竄狂奔是夜各勇於四
路深箐幽澗中蹤跡之聞其哭聲呼伴聲計擒百餘名分別斬釋十四早命各勇分路
跟追職道率親兵十餘人入嘉禾城紳民有來見者諭以趕緊團練極力搜捕遂渡河往
塘村墟至晚各哨勇來會者八百餘名捡斬二百餘匪二更接黃守備稟稱松栢之賊已於
初十日竄往富川先踞麥嶺之匪又已竄至白芒營乃飭黃倫率各勇往勦又派外委蕭
榮芳等率煉勇馳赴白芒營以厚兵力十五日探朱逆率敗匪千餘由臨武新墟將竄
往猺山出廣東連州東陂觀復行招碼再犯湖南乃率勇急追瓦山嶺抵黃壽灣前進則萬山
叢雜絕少人烟兵各勇夫晝夜辛勞忍飢逐北職道遍觀之面多青黑足之腫有從踵至膝者為之
淒然淚下均命往藍山少休自與卑職勳及張運蘭選精銳者三百餘人令全棄輜重率之以行層崖峭
羊腸鳥道行人時出雲表時入幽谷最鮮停足處二十里至上達水日已暮矣聞上午賊由此掠食而去尚餘諸
少許令各勇分貫攜之趁月明行五十餘里上火梅嶺過楓木坳下雷家水又上爛泥田出龍頭下至八

歆田月將西陲探賊在十餘里外之小東地方乃命各勇稍息十六日微明率勇至桐木嶺分兩路進
卑職勲與張運蘭率百餘人右出慈和墟下小洞攻小東正路職道率百餘人左出辟冲坳繞至小東口斷賊竄匿
之路辰正會兵小東剿賊又去半晌出湖南境矣乃跟踪速追十餘里至連州至連州屬之茶坪及之該匪自知
已臨死地選猛悍者在後拒敵且戰且走我勇亦且殺且追凡四十餘里又斃賊三百餘獲偽總管副軍師謝順
泰及先鋒師帥等十餘名斬之出猺山至沸水洞天色將晚賊不敢駐足而我勇飢之亦已極矣乃入村買米作食
遂宿焉十七日探賊逃往星子路又有零星敗匪由魯觀洞等處逸出踞連屬雲霧洞職道環顧我勇昏憊殊甚
乃傳諭勉以忠義多舉古賢豪之能耐苦者示之皆欣然自忘其疲午間前進豐陽夏湟地方諭該處團壯速剿雲
霧洞之匪派張運蘭率勇會合本地團練追朱逆於陽家觀職道與卑職勲率親兵往東陂觀是日除斬
殺外擒送行營者凡百餘賊朱洪英妻妾三人亦經拏到而朱逆未獲乃出示懸重賞購之十八日團練又
我勇擒送賊三百十五名訊決之中有朱洪英親信老賊孫行五陳兆全等均供朱洪英藏匿楊家觀曾老九綽
號千眼老母家地方人人知之而不敢言查曾老九向與朱洪英結為兄弟係連州著名匪目經客紳戶部主事
單興詩招撫收為勇目前年賊踞此地廬舍凋殘殊甚該主事二宅依然無恙去年八月賊復來民人遷徙
一空惟該主事家屬安堵無恐其能制賊死命可知乃名其弟以從未歸湖南補用之單永清詢之據稱曾老九果
係伊兄弟所厚者即責令密為緝捕以絕禍本申正接連州張牧覆函亦稱鞫各犯供均云尚藏楊家觀也又
訊得蕭元發於十三夜在嘉禾虎口渡地方被其黨同聲怨尤憤懼無地服生洋烟自盡偽女元帥許月桂亦

同時自溺於河是日團勇又敗賊於雲霧洞餘匪逃竄金竹山仍諭團勇兜圍之十九日東陂洛陽朱岡各堡紳民來見者僉云此地自去春餘孽未盡請其蠢蠢欲動者以千萬計竄來雲霧洞之匪初到不過三百人兩日間土匪附入者千餘旋聞湖南兵到始相率解散若朱逆一股非湘勇趕緊跟追地方受害又不知如何言者輒嗚咽感泣且有懼容屏親隨與語猶左右顧辭不盡意 職道 為心惕者久之知朱逆不可遽得矣二十二十一派勇往各鄉搜捕餘匪又共捡八十餘名內有總滿許四蔣四仔二名王文瑞等率勇夫由藍山陸續來東陂觀會齊稱副前哨追賊至新田東山嶺正前後哨新前左哨追賊至嘉禾普安墟至桂陽州境均有斬獲其餘敗匪被團勇緝捕送地方官者正法者實亦不少至前竄松柏白芒營之匪據黃備十三日稟稱十一日伊等追剿松柏之匪至富川麥嶺月塘等處斬殺數十名該匪往富川城邊逃竄並分股合從逆之麥嶺都司黃金亮及月塘賊目唐得賜等竄踞江華白芒營即於十二夜四更督同周左杜彭之勇前往白芒營進剿旋接該守備十六日稟稱十四日寅刻由大路鋪會合各兵勇團壯前至白芒營開仗殺賊二十餘名奪大旗二面五日該守備再行嚴申軍令妥為布置四路埋伏辰初出隊鏖戰兩時之久該匪大敗殺賊五六百名生擒二十餘名奪獲偽印二顆子藥二担大小旗幟七十餘名面抬炮十一尊鳥鎗五十餘桿刀錨藤牌多件

追殺二十餘里至富川牛岩地方餘匪四散黃昏收隊等因竊 職道 等旬日來率勇苦戰窮追自江華而道州寧遠藍山嘉禾臨武新田桂陽州以至廣東之連州地境近萬之賊殲殪殆盡偽大哥蕭元發許月桂姊妹歟

陽順偽軍師楊茂枝謝順春偽軍帥奉光求蔣五仔偽師帥黃在位蔣飛天蕭二麻子總滿許四蔣四仔及不知姓名各逆目亦均出就誅戮而朱逆竟得隻身漏網連州情形又復如此松柏白芒營雖經肅清而富川密邇江永邊患方殷杞憂未艾理合將初八初九攻打江華縣城初九夜乘機收復初十至二十一日夜竭力忍飢痛勦苦追擒斬各逆目殲盡餘匪現在緝拿朱洪英並松柏白芒營之匪均勦敗逃竄粵境各情馳稟

憲台伏祈

鑒詧

咸豐六年　月　日

[redacted]

管帶湘勇即選道王鑫謹

稟

大人閣下敬稟者竊職道自追朱逆至連州屬雖屢上稟而敘緝匪打仗諸事實惟正月二十二日一稟嗣後至今六十八日所行事件未及詳告此職道疏懶之罪也茲除抄正月二十二以後三月二十九以前職道行營日記

呈

電外再撮其要凡爲

憲臺陳之職道自至東陂觀後熟審連屬一帶情形深懼事之難辦而又不可不及時辦之也三江營有勒副將福連州有張牧崇恪朱岡有張巡檢清鑑皆實心實力近今罕見之員亦何游擊萬興雖以疾故灰心時事亦剛直忠勇和衷共濟賢士又有成兆侯諸人尚皆有志未逮則事之難辦可想而知然反覆思

之若失此機會恐以後遂終於莫辦將不僅為楚粵邊患矣乃日夜密與成兆侯等商議至二十七夜探知豐陽夏湟湖江頭等村之匪暗謀待大東山匪至即率黨來東陂觀夾攻我軍職道以事不容再延乃與王經歷勳及幫辦諸友文煒張運蘭等於二十八早分率勇馳往四路緝捕研訊分別梟斬決多係積年刼掠楚省鹽商十年屢攻藍山錦田及去歲由郴桂江永戰敗逃回現尚膽蓄逆謀者至十二月初二日擒治已三百餘名申正報大東山之匪已分股竄踞離東陂觀十五里之西岸乃飛諭各團節節埋伏以待囑王經歷勳領新湘勇五百駐此緝捕且資彈壓遥為聲援即飛躍上馬率老湘勇一千往剿至東陂觀天已昏黑遂宿焉初三日黎明率勇進發不數里而乃諭各哨刀錨隊先行離西岸里許職道駐馬再審地勢見賊踞西岸一大村落距職道駐馬地中皆水田泥僅及膝有平路廣約二尺右旁一河岸寬尺許可通村前左旁有邊山路約寬二三尺近我軍處有小石山近賊巢處有一平坡約可容三百人審視畢遂令正左右後三哨由小石山後繞出悄趨平坡令正中哨前哨在中路插旗喊吶以誘之令武生陳振邦率團勇二百及副前後二哨趨河岸待我軍左路已奪平坡即疾馳而進吩咐畢賊悉銳出村列陣約千五六百人亦遣百餘賊出中路搖旗喊吶而近千賊悄行邊山路職道再遣副左右二哨率團勇策應左路一霎時而三哨勇已飛抵平坡賊拚死爭之衝入我陣內者數十人我勇從容拒之殺賊十餘名餘

俱受傷所殺籐牌賊多用鎗順斫其背而死我勇受傷者亦十餘名幸無陣亡鏖戰又約半時賊敗退左路勇乘勝逐之中路勇排行水田中如牆而進右路亦奮勇急馳陳振邦柏禹舞刀首先衝入賊巢職道乃命擂鼓發喇叭各團聞聲伏起我勇橫衝直盪團壯邀擊截殺頃之僵屍流血遍滿山原勒副將張牧商令張巡檢率兵勇來勦於途間擒斬敗匪甚多此股蓋無噍類矣是日團壯不但指揮如意且亦多有祇顧殺賊見財物狼籍不俯取一文一縷者職道於此役尤深信民情之大可用也午後收隊回東陂觀初四五六分遣各勇捕匪又分別裂斬四十名連日以来得見勒副將張牧二賢爲憂且諸事非與面商向多冒昧而渠魁未戮終難放心乃於初六與張巡檢商議書囑王經歷勲率新營勇由湖江頭來駐東陂觀緝捕西溪九堡之匪即便計擒朱逆並調各勇齊集午正馳赴連州初七八九湘勇操演陣法稍有進境職道密與勒副將張牧張巡檢商議欲除首惡以靖後患非先勦已形之賊不可乃議留勒副將率兵駐城中嚴防内變函囑王經歷勲駐東陂緝匪且爲鎮壓遙應之資職道與張牧張巡檢率湘勇桂勇宜勇西溪勇連陽三江兵白虎勇共三千餘名於初十夜三更往陽山之西江進發查連州至西江由正路出拱塘僅五十里繞道由茅坪凡八十餘里囑張牧率連陽兵白虎勇揚旆由正路進張巡檢與成兆佚等率西溪勇覓旁徑截擊職道率三江兵及湘桂宜勇繞出茅坪均約離賊

十里紮營明日辰正至西江會兵十二日黎明職道率兵勇由茅坪出進隊進剿將至西江賊尚多未起者職道恐掩襲之不足以死其心而寒其膽也令放數炮以醒之頃之賊出隊先令帶桂勇之張聲訓帶宜勇之彭立榜率所部衝擊賊敗走蓋賊方悉銳攻離西江三里之外塘蔗塘二村駐西江者不過二千餘人職道分遣各勇乘勢疾攻三江兵隨後策應敗賊走往合股該處之賊祗防大軍由拱塘前來不料銳師反抄其後一合即大敗我勇遂焚所搭草棚百三十餘座賊分兩路逃走過外塘里許賊反旗死戰正五哨追左路鏖鬭半時賊敗走張巡檢與成兆侯率西溪勇由僻徑橫出合兵追殺二十餘里副五哨追右路由外塘隘口前進止容一人一騎過此即一大坪賊均立於坪內以俟出隘口者而殺之副左哨護勇扶鎮先奮力衝之身受多傷暈倒於地百長丁長勝躍過其前令後來者扶扶鎮先回營而自與多賊死鬬手刃悍賊數名身亦受重傷五處衣衾幾無完處猶苦戰移時呼各勇拾石從其項擲過亂擊之賊始退亦追殺二十餘里張牧率連陽兵白虎勇由拱塘衝出亦截殺多名是戰共斃賊約二千名財物器械盡付一炬戰後職道熟看外塘蔗塘地勢全無險阻又無高厚圍牆察其人壯丁少而老弱婦女多諸賊悉力圍攻一月雲梯輼轒地道之類無一不備我軍未到之先二日賊又用地道引決其塘且斷其山泉掘地過石不得水火藥亦盡尚能死守待救職道於是役愈不解今日聞風棄城者之

何心也十三以後日訓各勇以性善之旨且與營中諸友講經論史以消鄙吝以西溪勇尚可用囑張巡檢成兆侯回東陂精選千名隨同學習以為他日之用十八日到齊曉以大義且令各團首選鋒束伍嚴申號令明示賞罰聞渠魁曾老九且將為變乃請幫辦文煒率副中哨勇偕張牧回州城會商勒副將以計擒之十九日未初解至營中并逆子神養及其黨十餘人訊明對大眾寸磔之連日來陰雲欲墮雨絲若霧行刑後忽大晴霽職道益信天之視聽視乎民矣二十一日與張牧張巡檢率勇由西江拔營行六十里抵嶺背塘救出傷重未死之民百六十餘名設法醫治之二十五日進紮禾公塘接奉

憲臺札行焦玉晶焦許氏正法一事敬佩之至職道十二日在江華此逆與李土龍曾有書致營勇李金暘即冲天炮求代為乞降職道深痛逸則思逞窮則乞撫始則者亂者樂之繼則平民且尤而效之粵西為禍首而流毒且遍天下職道既不忍蹈其覆轍且以奉

國威靈義正辭嚴亦不敢稍施欺詐於小人遂不許該逆供內投誠之語或由此故至商作內應誘敗路亭已蒙

憲臺燭奸發伏何事絮陳況又不必辯也即如職道自前秋以來所獲精悍之匪其可不多費餉項而又能得其

死力者何止數百熟思利小而害大利近而害遠是揆厥天理人情又何忍也雖曾收錄李金賜李開誠二
名亦必詳察其先實有可嘉既陷入之後實有可矜而後許之且未嘗稍存姑息之見況其餘乎同日又到奉
憲臺札開上年四月據新田縣施令具稟甯遠匪目譚令茍及其徒張異蜚黃孝仔等赴案投誠當批將該犯
等解交職道行營察看差遣迄今已及一載未據該令遵批稟覆催令速解等因仰見
憲臺精詳至意竊職道去年五月曾接奉
憲札久未見新田縣解送該犯亦無文移疑該犯等或如
憲批所稱自揣不能殺賊立功後已改由新田縣辦理故也至十一月職道札飭焃鳳兩營往援江永帶焃勇之張
毓杰稟請飭譚令茍帶所親信者助勦職道以二營之勇已將近千而又與左永各勇合軍兵力已不為
單而乃求助乞憐於降賊氣已先餒且貽軍國之羞遂嚴批申飭茲奉
憲札旋接新田來文稱去歲因道路梗塞故未解送見擬將該犯等送來矣乃移文催之所可痛者甯遠
義士蔣德安去冬隨職道攻勦江永探賊必確臨陣奮勇為各勇冠而職道之來粵勦辦一切尤賴
其力方擬破格保舉而西江戰後探入賊巢被執大罵而死職道悲感至今不釋二十六日以後連日偵探與張妝
張巡檢商同韶州通總鎮安陽山鄭令錫錡帶潮勇之黃守備進勦青蓮之匪先是賊由西江敗後餘黨往

會黃丕嶺背塘之匪遠竄陽山英德交界之英陽墟及英德屬之大灣一帶至是見我軍尚未追勦復糾大股回竄陽山之青蓮青蓮有舖屋數百間平疇寬二三里南臨大河過此可通清遠及廣西之懷集西距小河亦須船渡至陽山四十里東北兩面多高山峻嶺三月初一日通鎮軍黃守備率兵勇由長沙嶺進至青蓮河西對岸施放鎗炮與賊相持午刻見我軍未至收隊回營是日黎明職道率各勇起程初晴霽路險反而滑攀緣而進午刻抵青蓮河西對岸上十里之丹竹逕先數日囑鄉令細繪地圖飭土人暗備浮橋以待及至職道令各勇飽食自率親兵數人往視浮橋尚未成探賊已出隊即令親兵趕造甫成而賊已至河東遂揮親兵過河抵敵而橋忽斷大隊勇繼至令隔河鎗擊之一面速搭浮船橋副前左兩哨及東安藍山投効勇誤聽令遽奪舟以濟乘勝直逼賊巢賊全股出拚死抗拒正鏖戰間我勇大隊齊進賊復列陣東北一帶山上頭巾旗幟紅映滿山職道揮勇分頭衝殺賊大敗走追殺約二十餘里過釣魚臺黃昏收隊二更回紮青蓮是日殺賊約千名我勇受傷十一名陣亡東勇藍勇各一是役也一誤於浮橋之未成再誤於地圖及鄉導之不善河東有一路繞東北面可抄青蓮之後路僅十餘里而誤稱三十里致不及悉銳以拊背扼吭而擊之三誤於副前左哨及東藍勇之聽令不明進攻太急不然賊幾殲矣職道於是役尤深懼天心之未悔禍然亦安知非塞翁之馬也該匪敗後悉潰往英德之大灣屯聚而連州陽山星子及大東山一帶

均一律肅清遂與張牧等商籌進剿期淨絕根株以安楚粵邊境詎料營中瘴癘為災傳染日多
死者接踵萬山之中兵燹之餘醫藥不備遂議班師時
兩廣督憲已派兵勇由英德進剿乃移與桂宜臨藍各州縣嚴防敗匪竄入并囑通鎮軍黃守備由
長沙嶺移駐青蓮駐守職道遂於初六日拔營初九抵連州初十至東陂觀知王經歷又擒斬土匪三百
餘名月餘以來與幫辦劉本傑等搜穴細研西溪九堡稔惡之匪幾少漏網矣是日接奉
憲臺札飭駐軍衡州赴省面授機宜職道即與連屬官紳速籌善後飭各紳集二月以後曾歷隨戰之勇八百人
照湘勇營制編定令成召侯統之復强留侍勇彭聲發周家賓為作幫辦於散勇中擇八人作副百長幫同訓
練並將用舊旗幟帳棚號補等件與之俾得速赴青蓮一帶相機會剿以成初志十八日摒擋一切即登程十九日二更
抵藍山縣是日見病勇及死亡者沿途有之心甚悲痛乃留百長易普照並醫生等妥為料理而餉項數
月不繼病者無藥餌亡者無殮具多致坐以待斃藁葬荒郊慘目傷心莫此為甚因飛移藍甯道州各處
將徵存未解之餉酌撥接濟二十二日抵道州後陸續撥得藍山餉銀壹仟甯遠餉銀壹仟道州餉銀壹仟柒伯餘兩
稍為接濟二十三日新田施令遵札解到譚令苟張異蛍黃孝仔等三人到營當嚴為訓飭留營差遣以觀後效
是日首逆蕭元發亦至訊明該逆於今正潰散後隻身潛回嘉禾縣之上谷村因黃孝仔來投誠該逆於去冬
十月在甯邑下灌抗拒官軍戕害叅將趙永年實屬罪大惡極連日熬審尚敢狡供二十八日遣易百長

普照解至甯遠趙參將靈前寸磔剖心致祭以伸

國憲而快人心職道正月在東陂觀訊得犯供該逆服生洋煙自盡許月桂況河其妹死於路亭之戰詎後許逆

殲於省垣逆妹磔於郴州蕭逆亦自至送死是誠惡貫滿盈天欲使之伸我

國法也惟朱逆漏網至今王經歷在東陂觀百計購拿不獲昨探聞又由間道隻身入富川夥黨內矣二十七日

接李守道函知江西賊分股數百人十八日竄至酃縣廿八日商王經歷囑先率新勇五百馳赴衡郡以資鎮

守旋於四月初一日接奉

憲札飭即還赴酃縣防剿等因職道查前月十九日中途接省信述

憲臺鈞意擬令職道添雇勇數千名往援江右職道當以

帑項萬難去冬

憲臺札委職道管帶之勇三千六百二十名不兩月間職道自行裁撤幾盡僅留六百名防堵富川矣況現在

劉道援師餉且不繼而職道並王經歷新老湘勇及健銳練勇截至三月底止已虧餉三萬餘兩若再

添勇更難支持現因不忍宜桂藍山投効各勇枵腹從事概已撤歸矣況職道自陽山回軍百病叢

生精神昏憊已極日哭亡勇淚未及乾復於二十二日接得家信稱業師羅道於本月初八日在湖

北傷故悲天之故阨斯道輩慟幾絕又自恨德望全無精誠未至草野遺賢尚多相棄以此病益

日增實難任重致辜

憲恩伏冀另擇賢員委辦職道先擬俟李將到此再赴衡郡現將白芒營防務稍為布置病勇稍為救甦日內率勇赴衡守候餉到日再汰湘勇數百名其餘擇人權管即馳回湘邑覓醫調攝一俟精神稍旺謹當馳赴

憲轅恭聆

訓誨所有正月二十三日以後搜捕土匪進勦連陽各處賊股及凱旋道州裁汰各勇即往衡郡暫難遵札赴郡防勦各緣由理合馳禀

大人察核又禀

兩廣督憲一禀併抄呈上祈詳加俯察肅此具禀統祈

崇鑒職道金謹禀

咸豐六年四月初一日

謹將此次勦辦匪徒自咸豐四年五月起至六年四月底止收支經費各
款銀數開列呈
電
計開
一由局及廣州府領藩庫銀五十萬零二千一百六十六兩九錢八分內
奉撥軍需各款銀二十二萬五千零六十兩
海關稅餉銀二十七萬七千一百零六兩九錢八分
一收粵海關稅撥解西省軍餉銀五萬兩
一收南番二縣屬當商繳還捕盜生息帑本及補水共銀一十四萬六千
一百四十六兩零二分三厘
一收盐當二商繳還快船經費生息本及補水共銀一萬二千一百四十
二兩五錢七分八厘
一收桑園圍基發當生息本及補水共銀一萬六千零六十兩
一收八旗馬價發當生息本及補水共銀四萬零一百六十九兩七錢五
分五厘
一收東莞縣繳回水操防夷經費發當生息本銀九千九百八十三兩九
錢零一厘
一收惠濟義倉發當生息本銀七萬兩
一收官紳繳赴本局捐輸已發局收銀三十萬零二千六百六十六兩五錢
一收官紳繳赴本局捐輸未發局收已移局請獎銀二萬七千四百二十
一兩四錢三分八厘
一收各處繳赴本局捐輸候酌定再發局收銀二萬五千七百一十六兩
一收各處繳局未發局收銀二十三萬九千三百六十六兩六錢六分六
厘內
番禺舉人何壯猷繳銀八萬五千兩陳龍韜繳銀五萬
八千兩平洲局繳銀一萬兩沙茭局繳銀一萬兩九江
堡繳銀六萬七千四百六十六兩六錢六
分六厘鍾村赤岡戴姓繳銀八千九百兩
一收西關新老城捐輸經費銀一百二十八萬零一百零七兩四錢二分
一收順德捐輸隨時發給局收銀三十三萬八千五百兩內
陳村闔鄉繳
銀三十五百

兩油行繳銀六千兩葉積思堂繳銀七萬兩龍景韶繳銀六萬二千兩龍留山堂繳銀一十五萬兩馬耕心堂繳銀四萬七千兩

一提順德公局捐輸由順德縣請換局收銀一十八萬八千五百兩

一收順德龍景韶捐輸候撥歸紅單船經費銀一萬兩以上順德捐輸三款共銀五十三萬七千兩

一收各處繳充公用銀三萬九千五百二十四兩八錢九分六厘內傾銷銀行抽分銀二萬七千兩夏建亭捐輸紋銀換番補水餘剩銀三百二十四兩八錢九分六厘通事館繳銀五千兩孔劉兩姓繳銀七千二百兩

一收各處繳罰項銀一萬五千三百三十六兩六錢

一收廣州府庫存江南糧臺帶回扣留撥還廣東墊款銀三萬四千五百兩

一收廣州府解繳庫存閒款充公銀二千七百五十七兩六錢八分二厘

一收關餉平餘及紋水共銀一萬一千七百二十八兩一錢一分五厘

一收順德縣紳士梁鶴年捐領火藥砲子繳價銀八百七十五兩

一收廣西張臬司鮮撥備賞東省師船保守梧郡花紅銀一千兩

一收廣西張臬司代支東省師船口粮除劃抵外尚銀五百零七兩七錢五分

一收原買煤炭及柴並堵塞河道爛船變價共銀八百六十四兩三錢九分四厘

一收陽江鎮標廣海寨拖船原配弁兵口粮內由原營支領扣還銀三十六兩六錢三分

以上共收銀三百三十六萬六千零七十八兩三錢二分八厘

四年五月至六年三月底支款

各處領用經費銀七十萬零四十九兩九錢九分八厘

各路官兵壯勇薪糧船隻月租水手工食銀一百八十二萬六千八百八十一兩四錢二分

製造軍裝器械工料銀七萬九千三百八十三兩零八分五厘

製造砲子工料銀七萬四千九百七十一兩六錢八分七厘

採辦硝磺製造火藥工料銀九萬六千三百零八兩七錢八分

搭蓋蓬廠修船工料銀五千零六十四兩六錢零五厘

修理城垣砲臺堵塞河道工料銀一萬九千五百零九兩三錢二分一厘

船脚夫價各項役食銀一十一萬八千一百五十三兩九錢二分

備辦乾糧油燭襍款銀四萬七千三百四十八兩五錢六分七厘

解還藩庫提用發當生息本息銀四千四百零七兩七錢一分三厘

犒賞銀一十三萬七千九百一十五兩一錢五分五厘

撫卹銀五萬零六百七十九兩八錢
各營官弁借支養廉薪糧已移查扣未還銀一千二百零五兩一錢九分
撥支口糧未據開報銀九百一十三兩一錢四分
以上自四年五月開局起至六年三月底止共支用銀三百一十七萬三千七百九十二兩三錢八分一厘

六年四月支款
各處領用經費銀一十二萬三千五百一十六兩五錢內陸路崑提督前在韶州勦匪提用太平關稅撥還銀九千九百八十兩現在惠州勦匪經費銀六千兩韶州府吴署守領銀二萬兩南雄州孫署牧領銀五千兩署潮州運同顧炳章領還解過潮州經費銀一萬五千兩廣西張前臬司提用羅定州地丁撥還銀三千二百兩廣西黃臬司行營備用銀五萬五千兩潮州壽鎮統帶兵勇赴江西援勦截留先赴海豐勦匪經費銀九千三百三十六兩五錢
各路官兵壯勇薪糧船隻月租水手工食銀一萬三千五百九十二兩三錢四分
製造軍裝火藥噴筒火繩工料銀五百八十兩零四錢三分五厘
製造火藥工料銀五百二十兩
東江行營長夫及附省運砲夫船脚價本局各項役食銀三百六十八兩七錢一分
本局紙張筆墨房租伙伕共銀一百九十二兩零二分六厘
補給署五斗口司巡檢張金鑑壯勇前在佛山登洲打仗陣亡挑夫卹賞銀七十五兩
以上六年四月各項共支用銀一十三萬八千八百四十五兩零一分一厘
前項自四年五月起至六年四月底止本局共支銀三百三十一萬二千六百三十七兩三錢九分二厘
計存銀五萬三千四百四十兩零九錢三分六厘

另款
一由藩庫先後支過各處領用經費列单移局開報銀二十萬零六千零七十八兩二錢八分二厘
以上本局及另款共支用銀三百五十一萬八千七百一十五兩六錢七分四厘

F.O.682/325/3(28)

謹将五年十二月起至本年六月止獲解人犯名數列摺呈

閲

計開

五年十二月廿八日解犯二名

莫亞如 沙頭老村人積年會匪糾衆為逆巨匪

温亞洸 新會賓日圩人屢攻新會城

十二月廿五日交九江營守備轉解人犯八名

莫亞郁 沙頭老村人入會攻佛山

關亞滿 沙頭沙涌人食偽營糧搶刦

梁亞平 沙頭水南人食偽營糧搶刦

關亞懷 沙頭沙涌人入會搶刦

崔亞堯 沙頭北村人食偽營糧攻城

關亞妹 沙頭沙涌人積匪

盧亞占 沙頭水南人食偽營糧窩賭棍騙

李亞勝 沙頭石江人入會搶刦

六年正月十七日解犯一名

李亞滿 沙頭石江人偽元帥老朝安左先鋒糾黨迭攻省城佛山

二月初二日解犯一名

崔亞如 沙頭沙涌人偽元帥老朝安先鋒迭次搶刦擄贖

二月廿五日解犯三名

何權先 沙頭水南人入會攻佛山

盧亞松 沙頭水南人入會攻佛山

何亞受 沙頭沙涌人入會搶刦

三月初三日解犯二名

崔行標 沙頭石江人長髮攻韶關

何亞禮 沙頭水南人入會搶刦攻佛山鶴山

三月十八日解犯二名

崔亞明 即盲公明沙頭石井人食偽營糧搶刦

梁亞作 沙頭石井人食偽營糧搶刦

四月初七日解九江營守備轉解人犯一名

黄亞雨 沙頭水南人入會搶刦攻西江

五月初八日解九江營守備轉解人犯一名

崔亞炎 沙頭南畔人迭攻省城佛山搶刦擄贖

五月十六日解李村營轉解人犯一名

林亞發 大桐人

五月廿六日解犯三名

鄧亞學 沙頭沙涌人賊營旗頭拒伏偪勒

莫亞垣 沙頭老村人入會搶刦

蘇亞松 即紐紋松順德南水鄉人擄該局爺老誣稱拒伏偪勒造惡多端

六月初一日解九江營守備轉解人犯一名

崔亞安 沙頭北村人入會搶刦

六月初五日解犯一名

崔亞餘 即大飯餘沙頭北村人入會嚇詐造惡多端

以上獲解人犯共二十七名

謹將此次勦辦匪徒自咸豐四年五月起至六年六月底止收支經費各
款銀數開列呈
電
計開
一由局及廣州府領藩庫銀五十萬零二千一百六十六兩九錢八分內奉撥軍需各款銀二十二萬五千零六十兩海關稅餉銀二十七萬七千一百零六兩九錢八分
一收粵海關稅撥解西省軍餉銀五萬兩
一收南番二縣屬當商繳還捕盜生息帑本及補水共銀一十四萬六千
一百四十六兩零二分三厘
一收盐當二商繳還快船經費生息本及補水共銀一萬二千一百四十
二兩五錢七分八厘

一收桑園圍基發當生息本及補水共銀一萬六千零六十兩
一收八旗馬價發當生息本及補水共銀四萬零一百六十九兩七錢五
分五厘
一收東莞縣繳回水操防夷經費發當生息本銀九千九百八十三兩九
錢零一厘
一收惠濟義倉發當生息本銀七萬兩
一收官紳繳赴本局捐輸已發局收銀三十一萬二千六百六十六兩五錢
一收官紳繳赴本局捐輸未發局收已移局請獎銀二萬八千六百八十
一兩四錢三分八厘
一收各處繳赴本局捐輸候酌定再發局收銀二萬五千七百一十六兩
一收各處繳局未發局收銀二十二萬九千三百六十六兩六錢六分六
厘內番禺舉人何壯猷繳銀八萬五千兩陳龍韜繳銀五萬八千兩平洲局繳銀一萬兩九江堡繳銀六萬七千四百六十六兩六錢六分六厘鍾村赤岡戴姓繳銀八千九百兩
一收西關新老城捐輸經費銀一百四十四萬二千四百二十九兩八錢
六分五厘
一收順德捐輸隨時發給局收銀三十五萬三千五百兩內陳村圍鄉繳銀三千五百兩油行繳銀八千兩葉積思堂繳銀七萬兩龍景韶繳銀六萬二千兩龍留山堂繳銀一十五萬兩馬耕心堂繳銀六萬兩

一提順德公局捐輸田順德縣請撥局收銀一十八萬八千五百兩

一收順德龍景韶捐輸俟撥歸紅單船經費銀一萬兩（以上順德捐輸三款共銀五十五萬二千兩）

一收各處繳充公用銀三萬六千五百二十四兩八錢九分六厘內（傾銷銀行抽分銀二萬七千兩夏建亭捐輸紋銀換番補水餘剩銀三百二十四兩八錢九分六厘通事館繳銀二千兩孔劉兩姓繳銀七千二百兩）

一收各處繳罰項銀一萬五千三百三十六兩六錢

一收廣州府庫存江南糧臺帶回扣留撥還廣東墊欵銀三萬四千五百

一收廣州府解繳庫存閒欵充公銀二千七百五十七兩六錢八分二厘

一收關餉平餘及紋水共銀一萬二千四百九十八兩一錢一分九厘

一收各處領火藥砲子繳價銀一千一百五十五兩

一收廣西張前臬司解撥備賞東省師船保守梧郡花紅銀一千兩

一收廣西張前臬司代支東省師船口糧除劃抵外尚銀五百零七兩七錢五分

一收原買煤炭及柴並堵塞河道爛船變價共銀一千零六十四兩三錢九分四厘

一收陽江鎮標廣海寨拖船原配弁兵口糧內由原營支領扣還銀三十六兩六錢三分

一收糧道庫籌借本年五月備支經費除還外尚未還銀一萬兩（另七月籌借銀一萬五千兩歸于是月開報）

以上共收銀三百五十五萬二千九百一十兩零七錢七分七厘

四年五月至六年五月底支欵

各處領用經費銀九十四萬一千六百八十六兩一錢二分七厘

各路官兵壯勇薪糧船隻月租水手工食銀一百八十六萬零三百七十九兩二錢八分七厘

製造軍裝器械工料銀八萬零八百七十九兩零七分八厘

製造砲子鉛子工料銀八萬零一百七十兩零六錢八分七厘

採辦硝磺製造火藥工料銀九萬七千三百四十八兩七錢八分

搭蓋篷廠修船工料銀五千零六十四兩六錢零五厘

修理城垣砲臺堵塞河道工料銀一萬九千五百零九兩三錢二分二厘

船脚夫價各項役食銀一十一萬九千三百九十兩零八錢

備辦乾糧油燭䅶欵銀四萬七千七百七十八兩二錢六分七厘

解還藩庫提用發當生息帑本息銀四千四百零七兩七錢一分三厘

犒賞銀一十三萬七千九百四十六兩八錢五分五厘

撫䘏銀五萬零八百零一兩五錢

各營官弁借支養廉薪糧已移查扣未還銀一千二百零五兩一錢九分

千総蘇海冐領船糧候扣歸西江行營經費銀二千六百二十兩零八錢

撥支口糧未據開報銀九百一十三兩一錢四分

以上自四年五月開局起至六年五月底止共支用銀三百四十五萬零一百零二兩一錢五分

六年六月支款

各處領用經費銀四萬一千三百七十二兩五錢二分二厘內陸路崑提督在韶、勦匪墊用先撥還銀五千五百兩又在惠州勦匪經費銀三千兩韶州府吳署守領銀一萬兩惠州府海署守領銀三千兩清遠縣程兆桂領銀三千兩封川縣張允勳領銀一千兩廣西黃臬司行營備用銀一萬五千兩南澳謝鎮赴江西折回肇慶防堵補給船價銀一百八十九兩碉石李護鎮赴海豐汕尾勦匪經費准銷尾數銀六百八十三兩五錢二分二厘

東西兩江官兵壯勇薪糧船租局員薪水書吏工食共銀二萬一千四百零六兩五錢七分

製造各路軍營火箭噴筒軍裝銀二千八百七十五兩零八分

製造抬鎗鉛子工料銀八十三兩

製造火藥工料銀一千零四十兩

東北西江行營船腳夫價及本局各項役食銀四百八十二兩九錢五分

本局紙張筆墨房租伙促共銀二百二十一兩八錢六分九厘

守備熊應榮預借修船費用候按月半扣歸西江行營經費銀二千八百兩

辦解湖北夷砲借用銀一萬兩

以上六年六月各項共支用銀八萬零二百八十一兩九錢九分一厘

前項自四年五月起至六年六月底止本局共支銀三百五十三萬零三百八十四兩一錢四分一厘此款內自五年二月至六年六月底止撥支西江勦匪兵勇口糧夫船腳價軍裝卹賞除藩庫支領及撥歸東省原籍地方官補給兵勇欠糧並梧州抽厘撥用不計外寔由局支過銀五十四萬五千一百八十三兩九錢五分一厘以後續支歸入下月彙總開報合註明

計存銀二萬二千五百二十六兩六錢三分六厘

另款

一由藩庫先後支過各處領用經費列單移局開報銀二十萬零六千零七十八兩二錢八分二厘

以上本局及另款共支用銀三百七十三萬六千四百六十二兩四錢二分三厘

408

五

七月初九日

湖南 駱秉章奏遵　旨訊明湖南臨湘縣知縣姚湘芝被賊撲入縣城實屬防禦不力惟登時將賊擊退尚無畏葸逃避事後捏飾情弊業經革職請毋庸議云云

十月初二日

湖南 上諭駱秉章奏查明援剿江匪迭獲大勝一摺此次劉長佑等攻剿臨江援匪迭獲大勝辦理尚為得手着即督飭帶兵文武各員會同江西兵勇認真搜剿迅克臨江毋稍延緩所有出力員弁着駱秉章查明保奏欽此

十二月初一日

湖南 駱秉章奏湖南省自軍興以來於茲六載師徒四出軍用浩繁現在雖已肅清而東援江西吉林西剿貴州黎平南攻廣西平樂諸賊各路兵勇口粮積欠數月請　旨動發漕折銀以資接濟云云

七月十九日

河南 上諭英桂勝保奏進攻正陽關東南各路賊匪迭獲大勝平毀賊巢一摺該官軍兩日接仗平毀賊巢八座剿辦極為得手出力之副都統銜莫尒賡阿着賞給巴圖魯名號守備銜千總黃鳴鐸着賞給都司銜並賞戴花翎把總張得魁着以千總即補陣亡佐領富隆阿着照例從優議䘏欽此

47

八月十六日

河南 上諭曹登庸奏參河南署光山縣知縣張紹英骫法殃民當經交降旨交英桂查參茲據奏稱該縣於縣城失守之時先經帶勇堵禦迨縣城克復之際亦在隨同攻剿但聞警輒將盜犯提出打仗獲勝復押暫寄辦理實屬錯謬除失守城池案內革職留任着再行交部議處欽此

八月廿七日

河南 上諭勝保奏侍衛剿匪出力懇　恩鼓勵一摺前侍衛穆騰阿剿匪受傷仍復帶隊攻剿不辭勞瘁奮勇可嘉着軍機處記名遇缺簡放欽此

河南 上諭勝保奏編修隨營出力請　恩獎勵一摺編修袁保恒隨同伊父袁甲三剿辦捻匪迭著戰功尚為出力着賞給侍郎銜並賞戴花翎欽此

九月初七日

河南 上諭勝保奏克復正陽關大獲勝仗一摺此次勝保力疾督戰克復要隘實為調度有方着賞頭品頂戴副將慶端着賞加總兵銜其餘出力員弁着勝保擇尤保奏欽此

九月十八日

河南 上諭英桂奏神靈顯應請加封號一摺捻匪攻撲河南縣城每遇危急關聖帝君

F.O. 682/324/3(4)

占廣西賊匪何時可平六壬課 附巳宮分野

2

謹將咸豐元年江西硤江縣曾教職所占六壬課問廣西賊匪何
時可平課名判白並詳查已宮分野繕具清單恭呈
憲鑒
計開
辛亥年十一月二十三甲戌日占得庚午時

蛇空后
甲辛丙
子未寅
父才兄

勾癸酉甲
玄戊辰酉
常巳巳戌
蛇甲子巳

陰丁卯　后丙寅　貴乙丑（遊都 破碎）　蛇甲子
玄戊辰　　　　　　　　　　　　　朱乙亥（元武陰神）
常巳巳　　　　　　　　　　　　　六甲戌
白庚午　空辛未　青壬申　勾癸酉

3

遊都立午將乘天乙遁旬丁廣西分野屬巳支上子此乃月刦煞
其陰子即賊神一家眷屬兵占云賊在東南宍稍重其負固不服
宜矣不知主將年命只論勾陳今勾陳不制遊都却來尅日雖有
官軍不過虛縻兵餉耳勾陳臨日既為支巳刦煞所尅而其陰即
元武與巳相生竊恐軍營肘腋之間罔非賊黨藏匿用起螣蛇士
卒驚駭天罡指酉車馬損傷刻下若與交兵支上子巳並見合成
死字賊必有埋伏詭詐多端大非官軍之利所喜遊都雖盛已帶
破碎而為遁干乙木所尅立午宮午丑相害魯都乃賊之巢穴子
未亦相害支上巳月內死氣元武陰神神將尅戰是賊黨已離德
離心互相吞噬明年歲運屬木歲君遥制其命三傳初生末而末
尅中寅為日祿且係戰雄能尅遊都元武大皞秉權之辰支上巳
即是喝散當有木命大將揮天戈而掃欃槍者雖土旺於四季未能
盡數殄滅而釜底遊魂亦不足為大患矣

4

謹按大六壬大全書內載翼軫楚分野翼軫在巳自張十五度至
軫九度屬楚分野
湖廣省武昌府武昌江夏嘉魚咸甯崇陽通城等六縣
興國州大冶通山等二縣
漢陽府漢陽漢川等二縣
黃州府黃岡羅田黃安蘄水麻城黃陂等六縣
蘄　州廣濟黃梅等二縣
鄖陽府鄖縣房縣保康上津鄖西竹溪等六縣
襄陽府襄陽宜城南漳棗陽穀城等五縣

承天府鍾祥京山潛江等三縣查承天府今改安陸府理合
註明
興都留守司顯陵衛查興都司衛今俱裁汰理合註明
沔陽州景陵縣查沔陽州今改歸漢陽府屬景陵縣缺已裁
理合註明
荊門州當陽縣
德安府安陸應城雲夢孝感等四縣查孝感縣今改歸漢陽
府屬理合註明
荊州府江陵公安石首監利枝江松滋等六縣

5

夷陵州遠安宜都長陽等三縣查夷陵州缺今裁遠安縣改
歸荊門州屬宜都縣改歸荊州府屬長陽縣改歸宜昌府
屬理合註明
歸　州巴東興山等二縣查歸州等三州縣今俱改歸宜昌
府屬理合註明
謹按以上八府三直隸州五十一州縣今歸湖北省屬理合
註明
岳州府巴陵臨湘華容平江等四縣
澧　州石門慈利安鄉等三縣

永定衛查永定衛今改永定縣歸澧州屬理合註明
九谿衛大庸守禦千户所添平千户所安福千户所麻寮千户所桑植安撫司查九谿衛所今俱裁汰其地方歸何處州縣管屬未經查明惟安福所今改安福縣歸澧州屬桑植安撫司改桑植縣歸永順府屬理合註明
長沙府長沙善化湘潭湘陰寧鄉瀏陽醴陵益陽湘鄉攸縣安化等十一縣
茶陵州查茶陵州今改歸長沙府屬理合註明
寶慶府邵陽城步新化等三縣
武岡州新寧縣查此二州縣今俱改歸寶慶府屬理合註明
辰州府沅陵盧溪溆浦辰溪等四縣
沅州黔陽麻陽等二縣鎮溪軍民千户所查沅州今改沅州府其鎮溪所已裁理合註明
常德府武陵桃源沅江龍陽等四縣
衡州府衡陽衡山安仁耒陽常寧酃縣清泉等七縣
桂陽州臨武藍山等二縣
永州府零陵祁陽東安等三縣
道州寧遠江華永明等三縣又錦田枇杷桃川各守禦千户所查道州並寧遠江華永明等四州縣今俱改歸永州府屬錦田等三所俱裁理合註明
靖州會同通道綏寧天柱等四縣又天柱屯鎮二守禦千户所查天柱縣並天柱屯鎮二守禦千户所今俱裁理合註明
郴州永興宜章興寧桂陽桂東等五縣又廣安守禦千户所查廣安守禦千户所今已裁理合註明
施州衛軍民指揮使司又施南宣撫司東鄉五路安撫司忠路安撫司金峒安撫司盤順安撫司散毛宣撫司忠建宣撫司容美宣撫司永順軍民宣慰使司保靖州軍民宣慰使司查以上各衛今俱裁汰其施州衛是否今之湖北施南府永順宣慰使司是否今之湖南永順府未經詳查的確未敢填註惟查大全書載湖廣省除現在襄陽府屬均州光化德安府屬隨州應山此四州縣屬柳星張分午宮分野外其餘湖北湖南各府州縣衛所俱屬翼軫分巳宮分野理合註明
謹按以上八府四直隸州五十八州縣今歸湖南省屬理合註明

廣東省連州陽山連山新安等三縣查新安縣今改歸廣州府屬
理合註明
韶州府曲江樂昌乳源仁化翁源英德等六縣
廉州府合浦縣
欽州靈山縣查此二州縣今俱改歸廉州府屬理合註明
廣西省桂林府臨桂興安陽朔靈川等四縣
永甯州永福義甯等二縣查永甯等三州縣今俱改歸桂林
府屬理合註明
全州灌陽縣

8

平樂府平樂恭城富川荔浦昭平賀縣修仁等七縣
永安州查該州今改歸平樂府屬理合註明
鬱林州博白北流陸川興業等四縣
潯州府桂平縣
武靖州平南貴縣等二縣查武靖州今改武宣縣與平貴二
縣俱歸潯州府屬理合註明
南甯府宣化新甯隆安橫州永淳上思等六州縣
太平府崇善養利左州永康羅陽安平龍英太平萬承茗盈
都結結安吉倫凍州鎮遠思同思城全茗陀陵等十九州

縣查鎮遠陀陵等五州縣今俱裁是以縉紳內未載理合
註明
思明府忠州上石西州下石西州思明州憑祥州下雷州等
六州查思明府及上下石西州思明州等四府州今俱裁
其忠州今改歸南甯府屬憑祥州歸太平府屬雷州歸鎮
安府屬理合註明
柳州府馬平羅城洛容懷遠來賓柳城融縣等七縣查洛容
縣今改名雒容縣理合註明
象州武宣縣查象州今改歸柳州府屬武宣縣歸潯州府

9

屬理合註明
賓州遷江上林等二縣查此三州縣今俱改歸思恩府屬
理合註明
慶遠府宜山天河忻城等三縣
河池州思恩州荔波縣查思恩州今改思恩縣與河池州俱
歸慶遠府屬荔波縣缺裁惟平樂府有荔浦縣是否改名
未經詳查理合註明
東蘭州南丹州那地州查此三州今改歸慶遠府屬理合註明
思恩軍民府武緣縣查思恩軍民府今改為思恩府理合註明

10

鎮安府歸順奉議向武都康等四州
田州今改歸思恩府屬理合註明
龍州江州思陵州查龍州今改上龍州與江州思陵州俱
歸太平府屬理合註明
泗城州利州查泗城州今改為泗城府郡名利州其利州已
裁縉紳無載理合註明
果化州歸德州上隆州恩城州程縣查果化歸德二州今歸
南甯府屬其上隆恩城程縣三州縣已裁縉紳無載理合
註明

貴州省安順府普定衛軍民指揮使司並甯谷西堡二長官司查
普定衛今改普定縣其甯谷等長官司今裁理合註明
都勻府麻哈州獨山州清平縣
鎮遠府鎮遠施秉等二縣
鎮遠衛偏橋衛清浪衛查各衛今已裁汰惟偏橋邛水等長
官司縉紳載存歸鎮遠府屬理合註明
黎平府永從縣五開衛銅鼓衛查各衛今俱裁汰理合註明
思州府都坪黃道施溪各長官司
思南府婺川安化印江等三縣

11

石阡府龍泉縣
平越府湄潭甕安餘慶等三縣
黃平州查該州今歸鎮遠府屬理合註明
廣順州查該州今歸貴陽府屬理合註明
普安州普安衛查普安州今改普安縣歸興義府屬普安衛
改普安廳理合註明
永甯州鎮甯州定番州查永鎮二州今歸安順府屬定番州
歸貴陽府屬理合註明
龍里新添衛威清衛安南衛畢節衛平壩衛凱里安撫司查
前項各衛今俱裁汰惟興義府之安南縣大定府屬威甯
州畢節縣是以將衛改為州縣未經詳查理合註明
以上已宮分野屬湖北湖南廣東廣西貴州五省中地界
理合註明

12 Encl

咸豐六年八月

日署潮州運同顧炳章謹呈

[redacted]

謹將潮州鹽務及地方事宜繕具清摺恭呈

憲鑒

計開

一潮州自八月十六日起天色晴明二十六日大雨二十七日至九月初五日連日
晴霽各場收過帆鹽一次僅批配大小河埠鹽五程每程四百餘包初六日
又雨各場又不能晒鹽矣

一海陽縣勸捐公局經該縣官紳多方勸導始據商民議定各行貨物比照
廣濟橋府關稅十成之中捐輸二成衆議僉同各蓋圖章其捐輸銀兩即
令關書代收代交並無火耗乃伊守惑於家丁之言謂此舉有碍關稅且
昨日函致汪令有關口非勸捐之地書辦非收捐之人加以關書挑唆紙
行不可依允恐成為例遂致事成復撤兩月以來分厘未收卑職殊深
焦急擬請

諭令廣州府郭守函致潮州道府務須公同實力勸捐方於公事有裨否則在
上者各存己見安望在下者踴躍輸將耶

一代理揭陽縣殞山縣丞王皆春同把總鄭英傑前往縣屬鰲莘鄉之李厝
寮查拏械鬬案内匪犯吳阿降一案該鄉已情願交兇因勇壯肆意搶奪
鄉民財物遂致該鄉匪徒將鄭把總殺斃王皆春亦同時受傷身故並殺
斃長隨差役轎夫勇壯共八名受傷兵勇十餘名此九月初三日事也該
鄉素著兇横而該營縣操守亦欠清正查鄭英傑即壽鎮巡捕鄭英才之
弟兄俱係爛崽出身近聞壽鎮在贛州城内其巡捕鄭英才李作霖縱容
兵勇賒欠民間酒米多不清還且有藉端搶奪之事以致民間頗有怨言
擬請
須刻簡明告示嚴禁兵勇强賒勒買以及藉稱行軍乘勢搶奪財物札發行軍
處所曉諭至潮州地方每有緝捕餘匪及彈壓械鬬等案亦擬請一併示禁

一探聞浙江嘉興並蘇州等處久旱無雨米糧大貴各縣飢民多有赴縣署
乞食並抄搶富户情事

咸豐陸年玖月　初陸　日署潮州運同顧炳章謹呈

FO.682/137/6 (17, 14, 19, 15, 16)

#a.

點名單

六年十月初二日 局憲發下解捕委員徐世琛等解

三名番禺收監

李金成 卅三歲 鶴山廣洞村人

主理 十九歲 鶴山羅白村人

馮培長 廿八歲 鶴山越塘村人

三犯均供認不諱錄候

勘辦

17

十月 十二 日

FO.682/137/6 (17, 14, 19, 15, 16)

#B.

李金成供年三十三歲鶴山縣廣洞村人父親已故母
親黃氏年七十六歲並無兄弟妻劉氏生有一
子平日係工度活咸豐二年六月初四日在鶴山赤
竹村黃家祠拜會共夥四十人黃亞有為大哥李
亞法為舅父打果為散四年六月廿四日投入鶴山
廣洞偽帥何亞美夥內派在第八十四號小旂下
李亞瑞受帶同謀三十六人庚七月初四八月廿四十
月初八廿日在鶴山雞仔地與宴家鄉民打仗三次
係未殺難因開肆度緊跟同何亞美逃往澳門
於五年七月初二日落咲夷兵船當伙工每月工銀
二元那船上兵頭係亞添亞裕二人船內共有六百
人內有漢人二百餘名本年九月廿一日兵船由澳門
來攻打省城寔止希圖向各憲借銀亞進城條兵劫奪
本月十五晚寔在村夜兵到著令馮培長與小的

14

們往五仙門外柳巷放火隨即拾得黃氏傘銅
錫罷廿捌日早帶往河南新廟地方售賣係
查看河南地形何處可以扎營攻破查拏解案
餘與馮培長供同

十月初二日供

FO.682/137/6 (17, 14, 19, 15, 16)

#6

王理供年廿九歲鶴山和羅白村人父親亞富年五十九歲母親已故兄
弟三人小的居長二弟亞澤三弟亞邦未有妻子平日在省東
關龍王廟小販度活咸豐四年七月十六在鶴山雞仔地拜會
共夥廿餘人馮亞六為舅父李亞得為老母拜後次日投
入鶴山沙平圩馮坤仔夥派在第六旗李亞得管帶
同旗廿人七月廿二廿五廿六等日在和屬慶同地方與鄉
民打仗三次八月廿五打敗逃散回家未有再往上年七月
初五來省初七日李金成薦引小的落紅毛三枝桅兵船
內當伙頭每月工銀一元那船上兵頭係亞添亞裕二人
本年九月廿二日小的隨同兵船由香港來省攻打省
城及登岸放火等事餘與李金成供同是實

19

十月初二日供

F.O.682/137/6 (17,14,19,15,16)

Hd.

馮
振長供：年廿八歲，鶴山縣越塘村人。父親已故，母親
陳氏，年五十二歲。並無兄弟。娶妻劉氏，未生子女。平日小的
度活。咸豐四年二月十五日，本村祖祠設會共二百餘名，
坤作為參謀，馮耙頭作為吳文，小的是良二名頭目，推舉小的作
圍一切事務。七月初八日投入鶴山縣屬附坪地方偽帥馮坤
偽營，派小的當右先鋒，管帶小夥二千枝，每夥二十三人。九
月廿六、廿七、廿八等日，連日攻打新會縣城三日，七月廿四、廿五日在
鶴山雞仔地地方與官兵鄉民打仗三次，八月初二、初三、初
四五等日與官兵打仗，被小的手下嘍囉殺斃官兵
賊傷亡了多人。後來散夥，于五年三月內逃往東莞麥洋
烟生理。本年十二月廿六日在虎門有孫龍黃亞元、蔭小的
蔭花新第三號頭目亞晚管帶的第十三號思船上當
伙工，每月工銀六元。閏洋本年二月時，紅毛與花新兩
國頭目想入省城，已商量攻城，現又同夜首頭目抱了他們

三人亦了出以若未攻打，小的伙當伙工，如何商量，不知
底細。現有大兵船十一二只，小的六個頭目，第一號頭
頭亞元，第二號頭目亞必，三號頭目亞基，俱紅毛的，四號
頭目亞祿，五號頭目亞晚，六號頭目亞威，俱花新的。前
五五號頭目亞晚，管帶的思船當砲手，思船上有五門
船，廣人稱在東莞薦船，俱做過紅頭賊的。思子有二門
旗，海珠砲台住扎，有二百餘在亞墳廟砲台住扎，大戰船也
有幾十個攻打城基，小的放砲三次攻打
督憲衙門，伙思子亞基用千里鏡打准，小的們放砲，用藥二
月一次，未曾打到。本月初二日先有思子五六十人由靖海門
入城，另有五六十人在海旁。當晚頭目帶令小的與現
在的李金威、王理、未到的何亞元、莫亞華們登岸放
火，隨帶布包火藥十餘包，並帶火繩，到五仙門外柳
巷，亞晴亞燒火藥，同店鋪搶掠，燒燬，小的與李
金威們搜獲，逃抱得鄉民傘、銅錫瓶等物，初
二早小的與李金威、王理及未到的何亞八、何亞基、葉亞
巨鋪們往河南，打翻隻，被鄉勇起獲

葉名琛檔案（七）

李金成王理等報稱，象匪恩子火藥俗南涌門還
未，海珠砲台現有一二百人，或來或往，恩子另船用紅單
船不時放洋炮住，宜于晚上用紅單船、共炮打發，
每用小船拋擲火煲，就可打破炮[炮台]，海珠亦可得回[易]。
昨日每放炮，北門城墻未破，本日五仙門城樓已經燒了，舊
城墻已破，不時出入，特此為用每放炮，火匪現已係
五年青月內到象港走花旗恩子處，當探了，現在未來
了，省城在十三行第二間花旗恩樓居住，如何安已
打金屋，送書先鋒攻城方，打仗又好，因寓恩船當
砲手攻打省城，放火燒屋，生靈。

臘月　初二　日稟

#2　F.O. 682/137/6 (17, 14, 19, 15, 16)

起獲馮培長等物件

萬民傘二張
紅嗶嘰恩衫三件
紅色頭布四条
紅緞高腳褲套一個
大錫蠟插三個
爛錫燈一枝
錫飯盅蓋一個
爛木箱一個
棕箱一個

存庫

初二

16

[redacted]

謹將此次勦辦匪徒自咸豐四年五月起至六年九月底止收
支經費各款銀數開列呈
電

計開

一由局及廣州府領藩庫銀五十二萬九千一百六十六兩九
錢八分內奉撥軍需各款銀二十二萬五千零六十兩又局借用各銀號己在

一收粵海關稅撥解西省軍餉銀六萬三千兩
關稅還回銀二十七萬七千一百零六兩九錢八分海關稅餉撥解銀二萬七千兩

一收南番二縣屬當商繳還捕盜生息帑本及補水共銀一十
四萬六千一百四十六兩零二分三厘

一收鹽當二商繳還快船經費生息本及補水共銀一萬二千
一百四十二兩五錢七分八厘

一收桑園圍基發當生息本及補水共銀一萬六千零六十兩

一收八旗馬價發當生息本及補水共銀四萬零一百六十九
兩七錢五分五厘

一收東莞縣繳田水操防夷經費發當生息本銀九千九百八
十三兩九錢零一厘

一收惠濟義倉發當生息本銀七萬兩

一收官紳繳赴本局捐輸已發局收銀三十一萬八千六百六
十六兩五錢

一收官紳繳赴本局捐輸未發局收已移局請獎銀二萬九千
二百八十五兩四錢三分八厘

一收各處繳赴本局捐輸候酌定再發局收銀二萬五千七百
一十六兩

一收各處繳局未發局收銀二十二萬九千三百六十六兩六錢六分六厘內番禺舉人何壯猷繳銀八萬五千兩陳龍韜繳銀五萬八千兩平洲局繳銀一萬兩九江堡繳銀六萬七千四百六十六兩六錢六分六厘鍾村赤岡戴姓繳銀八千九百兩

一收西關新老城捐輸經費銀一百六十五萬七千零二十兩零七錢五分六厘

一收順德捐輸隨時發給局收銀三十六萬六千一百八十二兩內陳村閭鄉繳銀三千五百兩陳村各行繳銀二萬零六百八十二兩葉積思堂繳銀七萬兩龍景韶繳銀六萬二千兩龍留山堂繳銀一十五萬兩馬耕心堂繳銀六萬兩

一提順德公局捐輸由順德縣請換局收銀一十九萬零五百兩

一收順德龍景韶捐輸候撥歸紅單船經費銀一萬兩以上順德捐輸三款共銀五十六萬六千六百八十二兩

一收各處繳充公用銀三萬四千五百二十四兩八錢九分六厘內傾銷銀行抽分銀二萬七千兩夏建亭捐輸紋銀換番補水餘剩銀三百二十四兩八錢九分六厘孔劉兩姓繳銀七千二百兩

一收各處繳罰項銀一萬五千三百三十六兩六錢

一收廣州府庫存江南糧臺帶回扣留撥還廣東墊款銀三萬四千五百兩

一收廣州府解繳庫存閒款充公銀二千七百五十七兩六錢八分二厘

一收關餉平餘及紋水共銀一萬六千三百九十八兩一錢一分九厘

一收各處領火藥砲子繳價銀一千一百五十五兩

一收廣西張前臬司解撥備賞東省師船保守梧郡花紅銀一千兩

一收廣西張前臬司代支東省師船口糧除劃抵外尚銀五百零七兩七錢五分

一收原買煤炭及柴並堵塞河道爛船變價共銀一千零六十四兩三錢九分四厘

一收陽江鎮標廣海寨拖船原配弁兵口糧內由原營支領扣還銀三十六兩六錢三分

一收糧道庫籌借備支經費銀四萬五千兩

以上共收銀三百八十六萬五千六百八十七兩六錢六分八厘

四年五月至六年八月底支款

各處領用經費銀一百零五萬八千五百六十一兩一錢七分七厘

各路官兵壯勇薪粮船隻月租水手工食銀一百九十五萬七千一百七十八兩四錢二分九厘

製造軍裝器械工料銀九萬零七百五十六兩七錢二分五厘

製造砲子鉛子工料銀八萬三千零八十三兩六錢八分七厘

採辦硝磺製造火藥工料銀九萬九千二百九十八兩七錢八分

搭蓋篷廠修船工料銀五千三百四十八兩三錢零五厘

修理城垣砲臺堵塞河道工料銀一萬九千五百零九兩三錢二分一厘

船腳夫價各項役食銀一十二萬七千四百七十二兩四錢六分二厘

備辦乾粮油燭襍款銀四萬八千九百兩零零九錢一分六厘

解還藩庫提用發當生息帑本息銀九千四百零七兩七錢一分三厘

犒賞銀一十三萬七千九百七十二兩二錢五分五厘

撫卹銀五萬零八百零一兩五錢

各營官弁借支養廉薪粮已移查扣未還銀一千二百零五兩一錢九分

千總蘇海昌領船糧候扣歸西江行營經費銀二千六百二十兩零八錢

同知林福盛預借修船費用按月分扣歸款銀二千六百兩

守備熊應榮預借修船費用按月分扣歸款銀四千兩

撥支口粮未據開報銀九百一十三兩一錢四分

陸路崑提督解運湖北夷砲船價借用銀一千零五兩四錢

六分

督標中協懷副將辦解湖北夷砲借用銀五千兩

以上自四年五月開局起至六年八月底止共支用銀三百七十萬零五千六百三十五兩八錢六分

六年九月支款

各處領用經費銀二萬五千兩（内韶州府吳署守領銀五千兩 廣西黃臬司行營備用銀二萬兩）

各路官兵壯勇薪糧船租局員薪水書吏工食共銀七萬三千四百六十兩零二錢三分五厘

製造各路軍營火箭軍装器械工料銀二千六百五十四兩五錢二分五厘

製造鉛子工料銀九百七十二兩

採辦硝磺製造火藥工料銀五千九百四十八兩五錢

各路軍營船脚夫價及本局各項役食銀三千六百一十七兩三錢一分四厘

各路軍營帳房折支油燭本局紙張筆墨房租伙促共銀四百六十九兩三錢二分三厘

委員張映奎借備赴西支應軍火船價劃歸西江行營開報銀四百兩

督標中協懷副將辦解廣西剿匪夷砲借用銀一萬五千兩

以上六年九月各項共支用銀一十二萬七千五百二十一兩八錢九分七厘

前項自四年五月起至六年九月底止本局共支銀三百八十三萬三千一百五十七兩七錢五分七厘（此款内自五年二月至六年九月底止撥支西江勦匪兵勇口粮夫船脚價軍装卹賞除藩庫支領及撥歸東省原籍地方官補給兵勇欠粮並梧州抽厘撥用不計外寔由局支過銀六十七萬六千三百三十六兩七錢零五厘以後續支歸入下月彙總開報合請）

計存銀三萬二千五百二十九兩九錢一分一厘

另款

一由藩庫先後支過各處領用經費列单移局開報銀二十萬零六千零七十八兩二錢八分二厘

以上本局及另款共支用銀四百零三萬九千二百三十六兩零三分九厘

2

P1

擬補碣石鎮標左營守備前請升補澄海右營守備軍功加一級譚　鮫造

報請領放繳夷船所有需用雇募壯勇買辦船隻器械等項銀兩冊

管帶紅單船剿捕[illegible]

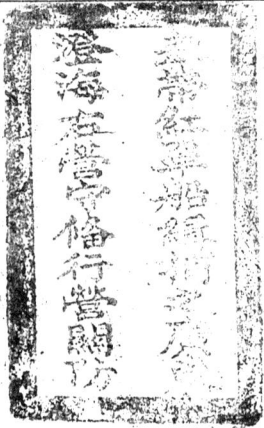

澄海右營守備行營關防

擬補碣石鎮標左營守備前請陞補澄海右營守備譚鮫為造
報請領銀兩事遵將雇募善水壯勇及買辦船隻器械等
項前往攻勦夷船需用銀兩所有壯勇花名并器械理合
備開估計銀兩若干造冊繳報請領施行

計開

草扁艇陸隻　每隻約銀壹拾肆兩　共銀捌拾肆兩
舊棉胎叁拾張　每張約銀柒錢　共銀貳拾壹兩
舊船板叁拾陸塊　每塊約銀伍錢　共銀壹拾捌兩
竹蓬拾貳張　每張約銀陸錢　共銀柒兩貳錢
火藥玖拾擔
鉄鍊仔叁條　每條約長貳拾丈
洋布壹疋　約銀壹兩零捌分
善水壯勇拾貳名

P4

黃永廣　鄭廷爵　吳閏松　黃閏九　羅成威

陳榮就　郭振威　陳亞輝　鄭亞華　何北勝

周三路　何亞[犭盡]

每名賞給花紅銀壹百両　共銀壹千貳百両

每名議先給領銀伍両　共先給領銀陸拾両

以上除火葯鉄鍊不計外合共買辦各件并水勇

花紅計銀壹千叁百叁拾壹両貳錢捌分

應請先給銀壹百玖拾壹両貳錢捌分以應買辦

各件并先給水勇每名銀伍両

34c

P5

咸豐陸年拾月　日

[redacted]

謹查本年八月初九日奉准
户部咨粵東歴次收捐接濟團練請叙官階飯銀一項應照新例交納以符奏案
至收捐封典職銜等項本部咸豐二年十二月議覆該省初次奏報捐內聲叙照
常例應收加平公費等銀隨正觧交又於議覆六次捐內隨案聲明奏令飭提觧
部應令轉飭粵局將二三四五次應觧銀兩迅委妥員全數觧部於三年十二月十五
日具奏奉
旨依議欽此自必接准部咨早經交收何得謂並未奉部議及未奉明文置此項於無着
以致辦公掣肘茲援所請自上年十月十六日奉文以後收捐部飯照費應准照辦
隨時觧部其未奉文以前之飯照銀兩本部早經奏咨有案無可藉詞應咨轉飭
查明實收若干未交若干迅即截數報觧等因溯查粵東省停止捐輸咸豐元年十
月奉行籌餉新例裁撤零費另捐接濟團練是年十一月起收捐實在官階二年三
月奉准收捐封典職銜均照本省道光二十二年起歴次捐輸海疆軍餉築臺鑄砲
造船屯田河工九龍虎門各案經費辦理不敢於正項之外稍有加增嗣於三年三
月奉准
户部議覆初次文內奏明每百兩今照常例應收加平公費銀七兩一錢二分惟粵
東勸捐一項接濟本省外省軍餉倍形喫緊一時驟難更議當經捐局明陳兩委員
回明前司轉請
撫憲柏　諭令照舊收捐毋庸隨收以免紛歧而期踴躍至議覆六次捐內隨案聲
明奏令飭提解部之文粵省至今尚未接到自係中途沉失迨上年十月十六日奉
文以後遵即仿照西省移咨頒發各項空白執照章程報捐封典職銜按正項每百
兩隨收飯銀一兩五錢每張照費二錢實在官階照籌餉例每百兩收取四錢五分
詳請咨報今奉咨行前因可否遇有進京便員即行截數詳請搭觧俾資辦公所有
上年十月未奉文以前各案飯照銀兩事隔有年如此日忽行按名追繳似無以取
信於捐生且接濟團練與虎門各案捐輸辦理兩歧亦未足以昭公允應否俟搭觧
時俯照前詳咨覆請免追觧以示體恤而免更張之處伏候
鈞裁又查減成新例報捐貢監生自咸豐四年八月初三卯起收捐按正項百兩提出
留支本省津貼銀一兩另每捐銀百兩收觧　部飯食銀一兩五錢　部照每張收
銀二錢　監照每張收銀一錢五分均已按數收存儲候觧送其加平銀兩照現行
章程免其交納業於按月詳　奏案內聲明在案統俟遇有便員分別截數詳請搭
觧再查自咸豐元年十一月開捐起截至六年十月十五日未奉部文以前止共收封
典職銜捐繳正項銀二百四十三萬一千零七十九兩二錢合併陳明謹呈

謹將此次勸辦匪徒自咸豐四年五月起至六年十月底止收支經費各
欵銀數開列呈
電
計開
一由局及廣州府領藩庫銀五十二萬九千一百六十六兩九錢八分內奉撥
軍需各欵銀二十二萬五千零六十兩又局借用各銀號已在關稅還回銀二十七萬七千一百零六兩九錢八分海關稅餉
一收粵海關稅撥解本省軍需銀一十四萬兩
撥解銀二萬七千兩
一收粵海關稅撥解西省軍餉銀六萬三千兩

一收南番二縣屬當商繳還捕盜生息帑本及補水共銀一十四萬六千一
百四十六兩零二分三厘
一收塩當二商繳還快船經費生息本及補水共銀一萬二千一百四十二
兩五錢七分八厘
一收桑園圍基發當生息本及補水共銀一萬六千零六十兩
一收八旗馬價發當生息本及補水共銀四萬零一百六十九兩七錢五
分五厘
一收東莞縣繳田水操防夷經費發當生息本銀九千九百八十三兩九錢零一厘
一收惠濟義倉發當生息本銀七萬兩
一收各官捐輸辦理夷務軍需銀五萬三千兩
一收官紳繳赴本局捐輸已發局收銀三十一萬八千六百六十六兩五錢
一收官紳繳赴本局捐輸未發局收已移局請獎銀二萬九千二百八十
五兩四錢三分八厘
一收各處繳赴本局捐輸俟酌定再發局收銀二萬五千七百一十六兩

一收各處繳局未發局收銀二十二萬九千三百六十六兩六錢六分六
釐内番禺舉人何壯猷繳銀八萬五千兩陳龍韜繳銀五萬八
千兩平洲局繳銀一萬兩九江堡繳銀六萬七千四百六
十六兩六錢六分六釐鍾村
赤岡戴姓繳銀八千九百兩
一收西關新老城捐輸經費銀一百六十六萬二千二百一十二兩七錢
五分六釐
一收順德捐輸隨時發給局收銀三十六萬六千一百八十二兩内陳村
閣鄉
繳銀三千五百兩陳村各行繳銀二萬零六百八十二兩葉積
思堂繳銀七萬兩龍景韶繳銀六萬二千兩龍留山堂繳銀一
十五萬兩馬耕心
堂繳銀六萬兩
一提順德公局捐輸由順德縣請換局收銀一十九萬一千五百兩
一收順德龍景韶捐輸候撥歸紅單船經費銀一萬兩以上順德捐輸三款共銀五
十六萬七千六百八十二兩
一收各處繳充公用銀三萬四千五百二十四兩八錢九分六釐内頃銷
銀行
抽分銀二萬七千兩夏建亭捐輸紋銀換📖補水餘剩銀三百
二十四兩八錢九分六釐孔劉两姓繳銀七千二百兩
一收各處繳罰項銀七萬六千零二十二兩七錢二分五釐
一收廣州府庫存江南糧臺帶回扣留撥還廣東墊欵銀三萬四千五百兩
一收廣州府解繳庫存閒欵充公銀二千七百五十七兩六錢八分二釐
一收關餉平餘及紋水共銀一萬六千三百九十八兩一錢一分九釐
一收各處領火藥砲子繳價銀一千一百五十五兩
一收廣西張前臬司解撥備賞東省師船保守梧郡花紅銀一千兩
一收廣西張前臬司代支東省師船口糧除劃抵外尚銀五百零七兩七
錢五分
一收原買煤炭及柴並堵塞河道爛船變價共銀一千零六十四兩三錢
九分四釐
一收陽江鎮標廣海寨拖船原配弁兵口粮内由原營支領扣還銀三十六兩六
錢三分
一收糧道庫籌借備支經費銀四萬五千兩
以上共收銀四百一十二萬五千五百六十五兩七錢九分三釐
四年五月至六年九月底支欵
各處領用經費銀一百零八萬九千四百六十八兩二錢七分七釐
各路官兵壯勇薪糧船隻月租水手工食銀二百零二萬七千七百四
十兩零六錢六分四釐

製造軍裝器械工料銀九萬三千二百六十一两二錢八分八厘
製造砲子鉛子工料銀八萬四千零五十五两六錢八分七厘
採辦硝磺製造火藥工料銀一十萬零五千二百四十七两二錢八分
搭蓋篷廠修船工料銀五千三百四十八两三錢零五厘
修理城垣砲臺堵塞河道工料銀一萬九千五百零九两三錢二分一厘
船脚夫價各項役食銀一十三萬零九百二十四两三錢一分六厘
備辦乾糧油燭樵款銀四萬九千三百七十两零二錢三分九厘
觧還藩庫提用發當生息帑本息銀九千四百零七两七錢一分三厘
犒賞銀一十三萬七千九百七十二两二錢五分五厘
撫卹銀五萬零八百零一两五錢
各營官弁借支養廉薪粮已移查扣未還銀一千二百零五两一錢九分
同知林福盛預借修船費用按月分扣歸款銀二千四百两
守備熊應榮預借修船費用按月分扣歸款銀三千七百五十两
撥支口粮未據開報銀九百一十三两一錢四分
陸路崑提督解運湖北夷砲船價借用銀一千零五两四錢六分
督標中協懷副將辦解湖北廣西勦匪夷砲借用銀五千两一萬五千两共銀二萬两

以上自四年五月開局起至六年九月底止共支用銀三百八十三萬二千三百八十两零六錢三分五厘內
各案勦匪銀三百七十九萬二千三百五十五两九錢八分三厘
夷務案內銀四萬零二十四两六錢五分二厘

六年十月支款

各處領用經費銀六萬八千七百零九两七錢零三厘內水師吳提督防夷經費銀七千两大瀝堡辦理夷務銀二千八百两瓊州府雇募紅單船銀一萬两陸路崑提督留防惠州兵勇口粮銀二千八百八十六两三錢韶州府吳守領用銀一萬五千两南雄州孫署牧領還韶應南澳謝鎮帶兵赴江西續回粵東薪粮船價銀一千零二十三两四錢零三厘又領防堵經費銀一萬两廣西黃臬司行營備用銀一萬两廣西惠提督行營備用銀一萬两
省城防堵及東北西江官兵壯勇薪粮船租局員薪水書吏工食共銀一十四萬六千五百零二两一錢六分八厘內夷務案內銀一十萬零九千二百四十八两八錢三分一厘碣石官兵往省候赴江南口粮銀五百三十五两五錢東西北江銀三萬六千七百一十七两八錢三分七厘
製造防勦火箭軍裝器械工料銀一萬四千八百八十五两零六分二厘夷務案
製造鉛子工料銀七百二十四两夷務案

製辦火藥工料銀三千一百零一兩零二分五厘 夷務案
搭蓋篷廠辦戰船工料銀一千零四十六兩零五分 夷務案
堵塞城垣修理葯局工料銀一千九百六十二兩七錢一分 夷務案
各路軍營船脚夫價及本局各項役食銀一萬一千零八兩四錢二分內
夷務案內銀七千四百八十二兩一錢七分
西北西江銀三千五百二十六兩二錢五分
各路軍營帳房折支油燭本局紙張筆墨房租伙促共銀七千零五十
五兩八錢八分內 夷務案內銀六千八百三十九兩五錢八分 西北西江銀二百一十六兩三錢
南澳謝鎮統帶碯石兵丁赴江南助勦借支棉衣俟凱旋查扣銀三百
一十六兩
犒賞銀三千四百六十五兩內 夷務案內銀三千四百三十二兩 北江案內銀三十三兩
撫卹銀四千三百六十二兩九錢內 夷務案內銀二千五百二十二兩二錢 北江案內銀一千八百四十兩零七錢
以上六年十月各項共支用銀二十六萬三千一百三十八兩九錢

一分八厘內
各案勦匪銀九萬二千零九十五兩二錢九分
夷務案內銀一十七萬一千零四十三兩六錢二分八厘
前項自四年五月起至六年十月底止本局共支銀四百零九萬五千五百一十九兩五錢五
分三厘內
各案勦匪銀三百八十八萬四千四百五十一兩二錢七分三厘 內有撥支西江勦匪兵勇
口粮夫船脚價軍裝卹賞共銀七十萬零一千二百六十一兩五錢零二厘
夷務案內銀二十一萬一千零六十八兩二錢八分
計存銀三萬零四十六兩二錢四分
另欵
一由藩庫先後支過各處領用經費列单移局開報銀二十萬零六千零七十八兩二錢八分二厘
以上本局及另欵共支用銀四百三十萬零一千五百九十七兩八錢三分五厘

謹將此次勸辦匪徒自咸豐四年五月起至六年十一月底止收支經費各款銀數

開列呈

電

計開

一由局及廣州府領藩庫銀六十六萬九千一百六十六兩九錢八分內奉撥軍需各款銀二十二萬五千零六十兩又局借用各銀號已在關稅還回銀二十七萬七千一百零六兩九錢八分海關稅餉撥解銀一十六萬七千兩

一收粵海關稅撥解夷務軍需銀八萬五千六百兩

一收粵海關稅撥解西省軍餉銀六萬三千兩

一收發商生息節本補水共銀二十九萬四千五百零二兩二錢五分七厘內捕盜經費生息節本及補水銀一十四萬六千一百四十六兩零二分三厘快船經費生息及補水銀一萬二千一百四十二兩五錢七分八厘桑園圍基生息本及補水銀一萬六千零六十兩八旗馬穀價生息本及補水銀四萬零一百六十九兩七錢五分五厘水操防夷經費生息本銀九千九百八十三兩九錢零一厘惠濟義倉生息本銀七萬兩

一收官紳捐輸辦理夷務軍需銀七萬五千零八十四兩八錢

21

一收官紳繳赴本局捐輸已發局收銀三十一萬八千六百六十六兩五錢

一收官紳繳赴本局捐輸未發局收已移局請獎銀二萬九千二百八十五兩四錢三分八厘

一收各處繳赴本局捐輸俟酌定再發局收銀二萬五千七百一十六兩

一收各處繳局未發局收銀二十二萬九千三百六十六兩六錢六分六厘內番禺舉人何壯猷繳銀八萬五千兩陳龍韜繳銀五萬八千兩平洲局繳銀一萬兩九江堡繳銀六萬七千四百六十六兩六錢六分六厘鍾村赤岡戴姓繳銀八千九百兩

一收西關新老城捐輸經費銀一百七十二萬零五百零一兩零六分九厘

一收新城捐局繳存五年三月發還烟店捐項銀二百五十六兩

一收順德捐輸隨時發給局收銀三十七萬一千一百八十二兩內陳村閭鄉繳銀三千五百兩陳村各行繳銀二萬五千六百八十二兩葉積思堂繳銀七萬兩龍景韶繳銀六萬二千兩龍留山堂繳銀一十五萬兩馬耕心堂繳銀六萬兩

一提順德公局捐輸由順德縣請換局收銀一十九萬一千五百兩

一收順德龍景韶捐輸俟撥歸紅單船經費銀一萬兩以上順德捐輸三款共銀五十七萬二千六百八十二兩

一收各處繳充公用銀三萬四千五百二十四兩八錢九分六厘內傾銷銀行抽分銀二萬七千兩夏建亭捐輸紋銀換番補水餘剩銀三百二十四兩八錢九分六厘孔劉兩姓繳銀七千二百兩

一收各處繳罰項銀七萬六千零二十二兩七錢二分五厘

一收廣州府庫存江南糧臺帶回扣留撥還廣東墊款銀三萬四千五百兩

一收廣州府解繳庫存閒款充公銀二千七百五十七兩六錢八分二厘
一收關餉平餘及紋水共銀一萬七千四百三十兩零一錢一分九厘
一收各處領火葯砲子繳價銀一千一百五十五兩
一收廣西張前臬司解撥備賞東省師船保守梧郡花紅銀一千兩
一收廣西張前臬司代支東省師船口糧除劃抵外尚銀五百零七兩七錢五分
一收原買煤炭及柴並堵塞河道爛船變價共銀一千零六十四兩三錢九分四厘
一收陽江鎮標廣海寨拖船原配弁兵口粮内由原營支領扣還銀三十六兩六錢三分
一收糧道庫籌借備支經費銀四萬五千兩
以上共收銀四百二十九萬七千八百二十六兩九錢零六厘

四年五月至六年十月底支款

各處領用經費銀一百一十五萬八千七百七十七兩九錢八分
各路官兵壯勇薪糧船隻月租水手工食銀二百一十七萬四千二百四十二兩八錢三分二厘
製造軍裝器械工料銀一十萬零八千一百四十六兩三錢五分
製造砲子鉛子工料銀八萬四千七百七十九兩六錢八分七厘
採辦硝磺製造火葯工料銀一十萬零八千三百四十八兩三錢零五厘
搭蓋篷廠修船工料銀六千三百九十四兩三錢五分五厘
修理城垣砲臺堵塞河道工料銀二萬一千四百七十二兩零三分一厘
船脚夫價各項役食銀一十四萬一千九百三十二兩七錢三分六厘
備辦乾粮油燭襍款銀五萬六千四百二十六兩一錢一分九厘
解還藩庫提用發當生息帑本息銀九千四百零七兩七錢一分三厘
犒賞銀一十四萬零九百五十七兩二錢五分五厘
撫卹銀五萬五千零四十四兩四錢
各營官弁借支養廉薪粮已移查扣未還銀一千二百零五兩一錢九分
調赴江南助勦之碣石營兵一百五十八名借支棉衣俟凱旋查扣銀三百一十六兩
同知林福盛預借修船費用按月分扣歸款除扣外尚銀二千三百兩
守備熊應榮預借修船費用按月分扣歸款除扣外尚銀三千二百五十兩
撥支口粮未據開報銀九百一十三兩一錢四分
陸路崑提督解運湖北夷砲船價借用銀一千零五兩四錢六分
督標中協懷副將辦解湖北廣西勦匪夷砲借用銀五千兩一萬五千兩共銀二萬兩
以上自四年五月開局起至六年十月底止共支用銀四百零九萬四千九百一十九兩五錢五分三厘内
各案勦匪銀三百八十八萬三千八百五十一兩二錢七分三厘
夷務案内銀二十一萬一千零六十八兩二錢八分

六年十一月支款

各處領用經費銀三萬四千八百六十四兩四錢内廣西張前臬司領辦夷務銀六百六十四兩四錢卸署廉州

府沈守領辦夷務銀三千二百兩准補廣州府吳守領辦夷務銀一
千兩又領還韶州府任內墊支堵勦銀四千兩補用同知薩保領赴
清遠堵勦銀五千兩試用府經歷琨齡試用從九品曹廷章募勇赴
清遠堵勦銀一千兩廣西黃臬司行營備用銀二萬兩

省城防堵及西北兩江官兵壯勇薪粮船租局員薪水書吏工食銀一十萬零六
千五百四十九兩四錢零一厘內夷務案內銀八萬零五十八兩五錢九分四厘南澳謝鎮統帶碣石官
兵住省及赴江南口粮銀四千二百五十二兩三錢
西北兩江銀二萬二千二百三十八兩五錢零七厘

製造防勦火箭軍裝器械工料銀八千零一兩三錢三分九厘內夷務案內銀七千八百四十九兩
八錢五分九厘西北兩江銀
一百五十一兩四錢八分

製造砲子鉛子工料銀五千五百三十七兩零一分五厘夷務案

製辦火藥工料銀三千五百九十八兩九錢一分五厘夷務案

搭蓋篷廠工料銀一百二十兩零四錢夷務案

修理城垣藥局工料銀二百八十四兩三錢七分四厘夷務案

各路軍營船脚夫價及本局各項役食銀三千七百三十一兩四錢八分內夷務案內銀
二千八百七十七兩三錢二分西北
兩江銀八百五十四兩一錢六分

各路軍營帳房折支油燭本局紙張筆墨房租伙促銀三千零四十三兩九錢九
分九厘夷務案

省城分局支應夫價軍火及陳村行營委員領用銀五千五百兩夷務案

犒賞銀二千五百七十一兩四錢夷務案

撫卹銀一千三百四十兩夷務案

南海縣借償各鄉團練銀一千三百兩夷務案

以上六年十一月各項共支用銀一十七萬六千四百四十二兩七錢二分三
厘內

各案勦匪銀五萬七千四百九十六兩四錢四分七厘

夷務案內銀一十一萬八千九百四十六兩二錢七分六厘

前項自四年五月起至六年十一月底本局共支銀四百二十七萬一千三百
六十二兩二錢七分六厘內

各案勦匪銀三百九十四萬一千三百四十七兩七錢二分內有撥支西江勦匪兵勇口粮

夫船脚價軍裝卹賞共銀七十二萬
三千七百三十九兩四錢二分二厘

夷務案內銀三十三萬零零一十四兩五錢五分六厘

計存銀二萬六千四百六十四兩六錢三分

另款

一由藩庫先後支過各處領用經費列单移局開報銀二十萬零六千零七十八兩
二錢八分二厘

以上本局及另款共支用銀四百四十七萬七千四百四十兩零五錢五分八厘

謹將讞局收到審辦各犯數目開列呈
電

計開

四年六月設局起至閏七月初十日止共收犯六百五十三名內
　正法匪犯二百一十二名
四年閏七月中旬起至五年年底止共收犯三萬七千三百八十名內
　正法匪犯三萬二千三百五十六名
六年正月分共收犯三百零四名內
　正法匪犯一百六十名
二月分共收犯三百七十三名內
　正法匪犯二百零六名
三月分共收犯二百九十五名內
　正法匪犯一百八十八名
四月上旬共收犯一百五十六名內
　正法匪犯七十八名
以上通共收犯三萬九千一百六十一名內
通共正法匪犯三萬三千二百名內凌遲二百五十八名

[redacted]

遵將順德公義局督帶船勇勷辦軍務并捐資出力各紳開列姓名懇請鼓勵緣由具摺呈候

鈞核

計開奉　札督帶勷辦出力紳士六名

葉錫彤年二十四歲順德縣人由中書科中書在本省遵例加捐郎中不論雙單月選用此次收復

縣城捐資督辦出力可否請以郎中分部學習不論雙單月遇缺儘先補用并懇

奏請賞戴花翎

曾祖夢賦 歿　祖漢凝 歿　父懷芳 歿

關兆熊年四十歲順德縣人乙巳　恩科武進士候選營守備此次收復縣城管帶水勇出力伊
係生長海濱水性熟悉可否請以外海水師守備留粵遇缺補用并懇
奏請賞戴花翎

何煥然年四十歲順德縣人道光丙午科廣東鄉試中式舉人揀選知縣此次收復縣城勷辦
出力可否請以知縣不論雙單月歸部儘先選用並懇
奏請賞戴六品頂翎

曾祖與善 歿　祖調梅 歿　父至樂 歿

何寶森年三十六歲廣西蒼梧縣民籍祖籍廣東順德縣人道光癸卯科廣西鄉試中式舉人
癸丑科大挑一等分發南河知縣未奉到任在京以丁父憂聞訃報回原籍守制復於乙卯年四月
二十四日接丁母憂此次收復縣城勷辦出力并助捐經費銀伍千捌百兩可否請俟服闋後免補本
班以直隸州知州分發山西不論繁簡缺即補并懇
奏請賞戴花翎

曾祖肇基 歿　祖鎮 歿　父濬 歿

羅惇鵬年三十三歲廣東順德縣人由附貢生在本省遵例加捐復設訓導不論雙單月選用此次收復縣城勷辦出力可否請免選訓導本班以復設教諭不論雙單月無論何項班次遇缺前即選

并懇

奏請賞加光禄寺署正銜

曾祖禮綿 歿　祖傳唐 歿　父家益 歿

廖輝順德縣人捐職千總此次收復縣城管帶水勇出力可否請加守備銜并懇

奏請賞戴藍翎

又捐資設局出力紳士十二名

葉晦巖年四十七歲順德縣人由州同職銜于咸豐二年八月内在本省遵照籌餉事例加捐同知職銜此次收復縣城可否念其捐資出力請加知府職銜并懇

奏請賞戴花翎

曾祖夢賦 歿　祖漢凝 歿　父韞山 歿

葉庚齡年三十八歲順德縣人由主事職銜于咸豐二年八月內在本省遵照籌餉事例改
捐通判不論雙單月選用此次收復縣城可否念其捐資出力請以通判分發四川遇缺儘先
補用并懇
奏請賞戴藍翎
曾祖夢賦歿 祖士湛歿 父芥舟歿

葉熙齡年三十七歲順德縣監生此次收復縣城可否念其捐資出力請給光禄寺署正職銜
并懇
奏請賞戴藍翎
曾祖夢賦歿 祖士湛歿 父繩科歿

葉洪光年三十四歲順德縣監生于咸豐五年五月內加捐翰林院待詔職銜此次收復縣城
可否念其捐資出力請加員外郎職銜并懇
奏請賞戴花翎
曾祖夢賦歿 祖士湛歿 父芥舟歿

葉應元年二十八歲順德縣人由衛守備職銜于咸豐二年八月內在本省遵照籌餉事例加
捐營遊擊職銜此次收復縣城可否念其捐資出力請加營叅將職銜并懇
奏請賞戴花翎

曾祖敏修歿　祖漢凝歿　父懷芳歿

葉長齡年二十三歲順德縣監生于道光三十年二月內加捐光禄寺署正職銜此次收復縣城可否念
其捐資出力請加郎中職銜并懇
奏請賞戴花翎

曾祖夢賦歿　祖士湛歿　父繩敬歿

葉德馨年十九歲順德縣人由監生於咸豐四年四月內加捐翰林院待詔職銜此次收復縣城可
否念其捐資出力請加同知職銜并懇
奏請賞戴花翎

曾祖夢賦歿　祖漢凝歿　父貽謀歿

葉景陶年二十二歲順德縣監生此次收復縣城可否念其捐資出力請給員外郎職銜并懇

奏請賞戴花翎

曾祖 靜軒 歿　祖 斌 歿　父 蓮清 歿

葉贊思年十八歲順德縣監生此次收復縣城可否念其捐資出力請給主事職銜并懇

奏請賞戴藍翎

曾祖 夢賦 歿　祖 漢凝 歿　父 葆真 歿

葉騰駒年十七歲順德縣監生此次收復縣城可否念其捐資出力請給主事職銜并懇

奏請賞戴藍翎

曾祖 夢賦 歿　祖 士湛 歿　父 繩敬 歿

葉芸壬年二十八歲順德縣人由監生于咸豐元年十一月內加捐翰林院待詔職銜此次收復縣城可否念其捐資出力請加員外郎職銜并懇

奏請賞戴花翎

曾祖 漢凝 歿　祖 懷芳 歿　父 晦巖 存

葉景韓年二十一歲順德縣監生此次收復縣城可否念其捐資出力請給主事職銜并懇

奏請賞戴藍翎

曾祖靜軒歿　祖斌歿　父蓮清歿

又助捐經費出力紳士十名

何懋勳年二十九歲順德縣人咸豐二年四月十九日由監生加捐國子監典籍此次收復縣城助捐經費銀柒千肆百兩可否請以郎中不論雙單月選用并請分部學習

曾祖雪汀歿　祖鑑湖歿　父硯溪歿

麥應秋年四十一歲順德縣監生此次收復縣城助捐經費銀壹千柒百兩可否請以縣丞不論雙單月分缺先用

曾祖道連歿　祖時泰歿　父其光歿

薛聰年四十一歲順德縣監生此次收復縣城助捐經費銀伍百貳拾兩可否請給中書科中書職銜

曾祖博賢歿　祖倫文歿　父進德歿

歐陽炳年六十一歲順德縣人道光丁酉科本省鄉試中式舉人咸豐癸丑科會試赴挑未

經挑選此次收復縣城助捐經費銀柒百兩可否請以教諭訓導雙單月即用

曾祖明達歿　祖國昌歿　父蓮歿

胡廷鏞年四十八歲順德縣人道光甲午科本省鄉試中式舉人現奉　部文截取知縣此次收復縣城助捐經費銀柒百兩可否請以截取本班儘先選用

曾祖貞時歿　祖汝恭歿　父良泰歿

羅家彥年四十五歲順德縣人咸豐二年七月由監生加捐按察司經歷職銜此次收復縣城助捐經費銀柒百陸拾兩可否請加光祿寺署正職銜

曾祖大升歿　祖禮莊歿　父傳彝存

陳彌昌年四十五歲南海縣監生祖籍順德縣人此次收復縣城助捐經費銀貳百伍拾兩可否請加州同職銜

曾祖輝文歿　祖錫朋歿　父浩川歿

葉其蓁年五十一歲順德縣監生此次收復縣城助捐經費銀叁百両可否請給翰林院

待詔職銜

曾祖夢賦 歿 祖士榮 歿 父紹武 歿

羅惇懿年三十六歲順德縣監生此次收復縣城助捐經費銀壹百陸拾両可否請給

府經歷職銜

曾祖禮綿 歿 祖傳唐 歿 父家益 歿

劉晴光年三十二歲順德縣武生此次收復縣城助捐經費銀貳百伍拾両可否請以

把總分發本省拔補

曾祖時望 歿 祖錫禎 歿 父茂盛 歿

以上開呈出力各紳如何

恩准之處出自

鴻施

南雄四五兩年軍務節畧

謹將捐項開列

一城鄉捐助正餉共銀壹萬柒千餘兩（簿歸州署銀亦由官催繳 聞有數份尚未繳訖）

一城鄉捐派經費共銀貳萬捌千餘兩現收壹萬伍千餘兩（此數由局經管除局內支發壯勇米）

糧船價雜用外隨收隨繳約共繳入州署銀玖千叁百餘兩

一葉德全計共捐銀壹萬肆千餘兩（幾次捐送皆係自行繳州以下各捐項亦皆係 州署經收局無存數）

一積家桂計共捐銀壹萬壹千餘兩（內有伍千兩未知作罰項否）

一何泉銘捐銀貳千貳百兩

一南贛埠聞共捐銀伍千叁百兩（未知還有捐項及折餉項若干）

一元源當聞共捐錢貳千伍百吊

一李葉等十餘家共送出收到和興當借項銀壹千肆百伍拾兩

一興隆太和二廣店共捐送銀肆百伍拾兩

一同安廣店捐送銀貳百元

一廣州會館去年捐銀貳千兩（嗣後不知再捐否）

一江西會館計三次共捐錢壹千陸百吊（未知還有捐項否）

一福建會館聞捐銀數百兩

一淅省客及嘉應客聞共捐銀數百兩

一始興各殷户共捐銀壹萬零肆百餘兩（南雄公局往簽嗣後由 官收付江口防禦之費然聞始興公局收用居多）

一始興官風揚捐銀壹萬兩（前繳州署銀壹千柒百兩茲由南雄首事收繳 州署銀叁百兩）

一三會館及雄城始興各殷户捐送康勇長夫食米前後約共叁千餘担

謹將提項開列

一提用書院經費銀聞共壹萬壹千餘兩

一提用養老堂經費銀聞共捌千餘兩（以上二項繳簿歸 官此銀由埠當自繳 州署去年公局領用銀壹千伍百兩 付修城銀伍拾兩）

一提用資科存息銀肆百零陸兩捌錢分（由公局收用）

一提用武營帮差銀聞有伍千兩（州署提用）

謹將抽稅項開列

一咸豐四年抽收店租兩月 店主一月店客一月內一月由各街首事繳　州其餘一月由各街自收以為巡夜之費此項不由公局收管未知多少惟查道光三十年收店租一月存數共收銀肆百玖拾餘兩收錢壹千玖百壹拾餘吊

一咸豐五年抽收店租三季 俱係店主所出廣州江西福建人所稅者即由該會館首事收繳　州署本地人所稅者由公局收繳　州署內除店小及難繳者不收聞三會館借出先繳者不過二三千兩嗣後當陸續再繳至本地人所稅銀係壹千餘元錢係貳千餘吊刻下所收繳者銀錢約近三成

一茶葉約近肆萬担五月以前抽收助費銀三次初二次每担抽銀柒分後一次每担抽銀貳錢約共抽銀壹萬餘兩 現在新茶聞近萬担每担抽銀貳錢此項隨抽隨交由行家繳　州或由客自繳　州署行中亦無存數可查簿盤

一布行每捆抽銀壹錢 其貨未知多少

一磁器每桶抽銀柒分 小件照伸聞二十筒作一桶其貨未知多少

一湖縣每包抽銀壹兩伍錢 尚無此貨

一綢綾緞疋每箱抽銀貳兩 到亦甚少

一火腿每百斤抽銀捌分

一各種雜貨每抽銀肆分

一江南正菜尚未擬抽幾分

一烟葉每百觔抽銀貳分

一紙每担抽銀壹分

一上水各種雜貨驗韶關報稅單照抽叁成

一上水玻璃羽毛大呢嗶嘰洋布五項驗韶關報稅單照抽二成

所有貨物抽項皆係自行繳　州經收

謹將僱勇項開列

一咸豐四年七月底　州憲招鄉勇壹百名隨又招壹百伍陸拾名 在城防禦每月每名銀肆元前所招壹百名於閏七月初間隨官兵往韶每日每名改給銀柒分家中每月給兵餉壹份於十二月初遣散以前餉銀由　州給發散時各人賞錢壹吊由局給發其餘守城百餘名由　州給發三個月口糧每名每月給銀肆元散時各賞錢壹百文

一閏七月二十日公局僱留吳川硇州東山水勇共捌拾陸名 在城防禦每日共給銀肆兩陸錢

一閏七月二十一日起公局招鄉勇肆百名 巡城內外每日每名給錢壹百伍拾文發至九月十五日止連賞在內共給錢叁千肆百餘吊 兩陸錢貳分閏七月二十日發至九月初七日止由公局給銀貳百壹拾陸兩陸錢

一八月初十至二十日前後四起共僱康勇叁千伍百玖拾餘名 每名每日錢伍百食米一升

長夫肆百伍拾名 每名每日錢貳百食米壹升九月十二日由雄遣歸按南康縣報數冊凡口糧軍裝獎卹及班師犒賞一切計收銀錢兩項通共作收銀叁萬肆千零叁拾餘兩其食米一項即由三會館及雄城各殷戶所捐送者

一聞　州憲僱潮勇壹百伍拾名 聞每日每名錢貳百文

一聞　州憲僱始興湯彪勇貳百名 聞每日每名錢壹百伍拾文

一州憲長傕東莞勇約三十名工食未知多少
一州憲另傕康勇防城約貳百名又江口防禦聞約數百名聞每名每日錢貳百
一去年陳都司聞招福勇百名
一今年二月二十外到有康勇長夫約共伍千餘名壯勇每名每日錢肆百長夫每名每日錢貳百各人皆食米壹升銀數由官支發其米除各處捐送外由公局買給近貳千担
一今年留傕增城勇約百名由州發給口糧未知多少
再將公局進出大畧開列
一現收經費銀壹萬伍千餘兩
一領收書院養老堂共銀壹千伍百兩
一領收資科存息銀肆百零陸兩捌錢柒分
一借用銀玖百兩
通共收銀壹萬柒千捌百餘兩
一陸續繳州計交錢銀兩項共伸銀玖千叁百餘兩
一買給康勇糧米共銀貳千叁百餘兩其餘壹千數百担係各處捐送者
一買米包銀共貳百餘兩
一付在韶辦船錢貳千壹百吊一次陸百吊一次壹千伍百吊俱繳州轉付
一付在韶辦船銀壹千零捌拾陸兩
查在韶辦船等項所用共伸錢壹萬壹千叁百陸拾柒吊零除公局所付以上二項外其餘由州給發
一買油燭肆千餘觔共用銀錢合計銀貳百伍拾柒兩
一買抬砲貳拾支四兩多銀一支鳥鎗捌拾支每支銀壹兩叁肆錢不等并旗幟等共用銀貳百貳拾餘兩
一修城用銀伍拾捌兩玖錢壹分
一付巡城鄉勇肆百名口糧共用錢叁千肆百餘吊
一給鄉勇犒賞錢壹百餘吊
一付吳川硇洲東山水勇捌拾陸名口糧銀貳百壹拾陸兩陸錢
一送陳都司帶兵往韶銀貳百兩
一送武營帶兵往北山銀貳百兩
一給發養老堂口糧六次共錢肆百餘吊去年由官給發每人銀玖錢今年由局給發每人錢玖百現存六十餘人
其餘大小鉛子火繩及給各勇金花紅賞郵等項並往鄉往興往庾往南康及巡大路一切經費雜用約銀數百兩

[redacted]

謹將未起局領口粮各官弁紳士管帶壯勇名數開单呈

電

計開

丁憂候補鹽大使邱玉珊帶香山水勇一百名

把総關福安帶仁信壯勇三百名

候補營千総陳自修帶船勇二百二十名

彰化局紳士李文田 禤鑑光等帶水勇二百名

紳士黎桓 文亮彪等帶新安健勇三百五十名

軍功七品頂帶關文照帶水陸練勇三百名

[redacted]

謹將南雄州孫牧先後稟請滙兑贛餉銀數呈

電

一撥解始興縣地丁銀叁千兩　已奉批准

一撥解雄贛埠秋餉銀柒千兩　已奉批准

一滙兑曾衙通銀捌千兩　關庫給發

一撥解太平關稅銀叁千兩　已奉批准

一滙兑聚昌號銀壹萬兩　總局給發

一滙兑昌記泰昌兩號銀壹萬兩　憲署墊發

一滙兑恒記字號銀叁千兩　關庫墊發

一續滙泰昌號銀伍千兩　憲署墊發

一滙兑樂桂水客銀伍千兩　正月二十日專差送票尚未給發　奉　諭滙兑之款

一滙兑祥和號銀壹萬兩　由樂桂埠轉滙正月二十四日專差送票　尚未給發奉　諭滙兑之款

一撥解雄埠冬餉銀壹萬兩　二月初三日專差　尚未兑還奉　諭撥解之款

一撥解南雄州六年分地丁銀陸千兩　尚未批示

共計先後經手滙兑贛餉銀捌萬兩正

[redacted]

謹將職道奉委接辦城西局捐輸數目開摺恭呈

憲鑒

長壽寺捐局 自咸豐五年四月初一日起至本年九月三十日止

計開

一醬料行捐銀壹仟肆百兩

一游驤捐銀陸拾肆兩

一鐵鏈行捐銀壹仟兩

一義隆雜貨店捐銀叁百陸拾兩

一廣全 安興 福泰 昌利 廣利捐銀壹百肆拾肆兩

一放機行捐銀貳仟伍百貳拾兩

一俞敬業堂捐銀壹仟兩

一藤蓆店九家捐銀貳百兩

一天津店六家捐銀貳百兩

一新衣店捐銀肆仟兩

一桂皮行捐銀叁萬兩

一沙蓆行捐銀伍百兩

一廣豐藥材行捐銀貳百兩
一興利雜貨行捐銀貳百兩
一油行捐銀叁萬兩
一萬泰藥材行捐銀貳百兩
一兆豐海味行捐銀貳百兩
一黃錫寶捐銀壹仟兩
一福茂煙店捐銀捌百兩
一當行捐銀伍萬壹仟肆百捌拾柒兩伍錢 内撥新城老城並番禺縣府内外及河南當行貳萬捌仟伍百柒拾柒兩貳錢
一紙行捐銀壹仟貳百玖拾陸兩
一伍觀光捐銀叁百兩
一西關染布行捐銀壹仟兩

一孔宅捐銀叁百陸拾兩
一城西粵昌店等染花紅呀囒絲線行捐銀壹仟兩
一昌盛煙店捐銀伍百兩
一足頭行捐銀柒仟兩
一彰美堂捐銀貳仟捌百兩
一不入行足頭續捐銀玖百肆拾兩
一前任浙江鹽運使潘仕成捐銀壹萬兩
共捐輸銀拾伍萬陸百柒拾壹兩伍錢 已收銀陸萬玖仟貳百肆拾捌兩 未收銀捌萬壹仟伍百貳拾叁兩伍錢

華林寺茶務捐局 自咸豐五年四月初一日起至本年九月三十日止
共捐銀柒萬肆仟肆百肆拾肆兩内扣錢捌分 已入工兑易在長壽寺上捐者不入此數

兩局總共捐輸銀貳拾貳萬伍仟壹百拾陸兩叁錢捌分 總共工兑銀拾肆萬叁仟伍百玖拾貳兩捌錢捌分 未工兑銀捌萬壹仟伍百貳拾叁兩伍錢

謹將奉裁兵勇欠支口糧銀兩數目列摺呈

電

計開

一李都司水師兵勇口糧除支過銀米折算及陣亡病故外尚欠
支銀一萬三千二百零八兩零九分五厘

一吳都司潮州黃岡兵勇口糧除支過銀米折算及陣亡病故外
尚欠支銀一萬八千八百一十七兩九錢二分一厘六毫

一守備張興管帶西省撥來東勇除支過銀米折算及陣亡病故
外尚欠支銀四千零五十九兩一錢六分六厘

一千總張熾堂管帶張臬司原募壯勇除支過銀米折算及陣
亡病故外尚欠支銀三千六百兩零一錢八分二厘二毫

一把總林兆魁管帶潮勇除支過銀米折算及陣亡外尚欠支銀三百
一十二兩七錢六分

一把總林德潮勇除支過銀米折算及陣亡外約欠銀一千二百兩

一護餉壯勇除支過銀米折算外尚欠銀一百二十兩

以上共欠支銀四萬一千三百一十八兩一錢二分四厘八毫

廣西右江張提埠餉銀九千兩五年七月初九外已撥完潮墊本息

廣西按察使提借埠餉銀五千五百七十五兩一錢八分已諭該商儘數撥潮墊本息未據稟覆

廣西撫憲咨覆趙委員提埠餉銀七千一百六十五兩八錢六分

又提賀縣埠撥給防堵經費銀一千八百兩

又提富賀埠借領兵餉銀三千四百二十九兩二錢八分五厘已諭該商撥作何款未據稟覆

以上共提埠銀二萬六千九百七十兩三錢二分五厘

A

十月初三日守備孔繼堯解

黃錫培供年三十歲番禺縣市橋村人父親已故母親吳氏年六
十八歲並無兄弟娶妻鄧氏生有二女平日在咸魚船上傭
工本年十月初二日在群帶路灯籠洲地方拜会共夥三十
人胡亞深為老母陳鍾為舅父拜後各散即于十月初
日在群帶路投入賊首陳鍾夥内共有賊船十六隻
小的在八號頭人陳亞四船上管帶十月初十日隨同在增
城新塘圩焚刦一次三十晚在二寃河面被官兵打敗
小的鳧水欲逃即被官兵在水面上拏獲解案小的
實只拜会從賊隨同焚刦一次是寔

十月　　日供

B

十月初三日守備孔繼堯解

陳亞成供年三十三歲東莞縣石岡村人父親已故母親鍾
氏六十三歲並無兄弟妻子平日傭工度活本年七月十三在
新安群帶路空屋拜会共八十三人陳仲為老母王右為
舅父十月二十日在群帶路投落賊首王鉄辰船内入夥小
的當伙工十月廿三日聽從王鉄辰在東莞小虎南沙耕園
打单得米四包一次後于十月三十日當被官兵打敗拏獲
解案小的寔止拜会從賊當伙工聽從打单一次是寔

十月　　日供

FO682/318/1(3A-K) C

十一月初三日守備孔繼堯解

王亞寬供年三十歲增城縣王博頭村人父母俱故並無兄弟妻子平日在劳亞水大頭紫船當水手咸豐二年七月廿五日聽從陳亞巢在增城城外西菴拜會共夥廿餘人梁喜中為老母陳亞巢為舅父拜後給回砵砂錢一文為記四年七月十四日投入何六偽先鋒屈良夥內派小的在第三旗旗頭梁亞倫旗內當散仔往扎增城西山鄉地方是月十五日隨同屈良往增城與官兵打仗一次並未傷人後來散夥小的逃往群帶路小販度日本年十月廿八日投入王鉄爪頭目王進有船內當水手是月三十晚在崔門洋面遇官兵撞遇同夥聞跑東邊拏小的害怕鳧水跑走隨被官兵拏獲小的並未動手與官兵打仗的事是實

十一月　日供

FO682/318/1(3-A-K) D

十一月初三日守備孔繼堯解

霍亞光供年三十六歲南海縣石頭村人父親德順年六十三歲母親區氏年五十七歲兄弟二人小的居大娶妻區氏生有一子現在香港販賣生菓上年八月十六日小的聽從王亞咸在香港太平山地方拜會陳亞六為舅父岑亞澤為老母共夥三十六人小的出錢一百六十文拜後給回砵砂錢一文作記各散本年十月十七日投入賊目王鉄爪船內充當散仔十九日隨同王鉄爪們在虎門外洋面打刧不識姓名事主咸魚船內咸魚十担棉被一張小的在本船接贓十月廿六日隨同王鉄爪們在萬頃沙圍田向不知姓名圍主打单得米六担那時小的在船上看艇並未上岸三十日二更時候在崔門洋面被官兵捉拿那時小的手持竹扎鎗與官兵打仗一次當即打敗就被捉獲解案小的寔止拜會從賊打刧一次打单一次與官兵打仗一次是實

十一月　日供

E

FO.682/318/1(3:A-k)

十一月初三日守備孔繼堯解

劉亞能供年三十二歲南海縣白沙橋村人父親已故母親白氏年六十九歲並無兄弟娶妻陳氏生有一子平日在犀帶路雇工本年十月初五在犀帶路拜會共十五人黃亞姚為老母陳彬為舅父拜畢于十月十八日在犀帶路投落王鉄仫船內入夥派小的當水手十月廿五向萬頃沙耕圍打单得米五十包一次十月廿八在虎門與鄉民打仗一次三十晚在潭洲下與官兵撞遇被獲解案小的寔止拜會從賊打仗一次打单一次是寔

十一月　　日供

F

FO.682/318/1(3:A-k)

十一月初三日守備孔繼堯解

黃亞槐供年三十歲東莞縣城人父母都故並沒弟兄娶妻陳氏未生子女平日在東莞縣九號延船當工本年九月初五日在群帶路拜會共夥四十五人陳大為老母周得為舅父拜完各散九月廿日在群帶路投入賊目現獲的何崑山夥內船上當水手十月廿八日隨同在焦門附近大河圍打单得米十担一次廿九日又在焦門口圍田向圍主打单要米二百担尚未到手三十晚船潭洲河面等候不想被官兵到来把小的拿获解案小的寔止拜會從賊打单二次內未成一次並未拒敵官兵是寔

十一月　　日供

G

FO.682/318/1(3:A-K)

十一月初三日守備孔繼堯解

何亞幅供三十二歲東莞城人父親已故母親尹
氏年六十五歲並無兄弟有妻李氏未生子女
平日在東莞城宰猪生理咸豐四年二月十三日在尹家
村空地拜會共夥六十五人尹天申為舅父胡
亞有為老母拜後各散本年十月廿三日在羣
帶路投入賊首何崑山船內入夥充当水
手廿八日隨同在焦門口附近大沙圍向不識
姓名圍主打单得米十担一次又是日隨同在
焦門口向不識姓名圍主打单要米一百担尚
未交給三十晚在潭洲下河面被官兵捉
獲解案的小的寔止拜會從賊打单二次内
未成一次是寔

十一月　　日供

H

FO.682/318/1(3:A-K)

十一月初三日守備孔繼堯解

梁亞錦供年二十六歲順德縣石硝村人父親已故
母親劉氏年四十八歲兄弟三人小的居三要妻
盧氏生有一女在香港開張煥合店販賣薯莨
鉄釘生理本年五月十一日在香港零丁山頂拜
會共夥十二人唐亞四為舅父岑亞澤為老母
拜後給回床孙錢一文作記各散十月十三日投
入賊目王鉄爪夥内當散仔十四日隨同往萬
頃沙向不識姓名圍主打单得米二担三十
日在焦門外與官兵撞遇被獲解案小的寔止
拜會打单一次是寔

十一月　　日供

十一月初三日守備孔繼堯解

姚亞幅供年二十八歲東莞石龍人父母都故兄
弟二人大哥子亞才小的居次並沒妻子傭
工度日本年十月初一日在羣帶路投落王
鉄依船內入夥小的充當伙工十九日在王鉄
依船上拜會共夥六人王鉄依為老母姚亞
皮長為舅父又先于十月十七日隨同在零汀
洋面行刦柴船一次不記日期隨同焚
刦增城新塘圩店舖一次三十晚在潭
洲下河面被官兵捉獲解案的小的寔
止拜會從賊先後行刦二次是寔

十一月　日供

十一月初三日守備孔繼堯解

周亞寬供年二十歲東莞屋夏村人父親已故母龍勞氏年
四十六歲並沒弟兄妻子平日在佛山廟所撿糞為生
本年九月二十日投入賊目王鉄依賊船上當水手廿五日聽
從表亞定在王鉄依船上拜會共夥三十六人小的出錢三百文
文黎大為老母表亞定為舅父拜畢給送硃砂錢三
文為記十月初十日隨同王鉄依們焚刦新塘圩店舖一次
又於是月廿五日在零汀洋面护捉現獲的劉亞順陳
亞得二人関禁艙底希圖勒贖一次並未隨同拒敵官兵
不想三十晚在潭洲河面被官兵拿獲解案小的寔只
拜會從賊焚刦一次护捉一次並沒隨同拒敵官兵是寔

十一月　日供

K

FO.682/318/1 (3:A-K)

十一月初三日守備孔繼尧解

何潰得供年二十一歲東莞縣圭汉村人父母俱故弟兄二人弟
即亞諸小的居長並没妻子平日受雇販賣魚湯本年
十月初三日在新安縣属赤灣地方投入現獲的王鉄爪
船内拜会袁亞定做舅父吴亞國做老母王鉄爪令小的
在船帮同摇櫓初十日随同王鉄爪們前往增城地方焚
刦新塘村店鋪一次三十晚船在潭洲地方與官兵撞遇
就被拏獲小的實止拜会一次随同焚刦新塘店鋪一
次是實

十一月　　日供

十一月初十日順德協記名把總關福安解

潘亞品供年二十歲南海神安司東堂村人父親已故母親黃氏年四十五歲並沒兄弟妻子平日做爆竹工作有姑丈梁志中在潮音街不知名花旂鬼子的空鬼行雇工那花旂鬼子均已搬遷去澳門止遺木器數件十月廿五日姑丈梁志中往澳門轉叫小的看守門口得受工銀二元本月初七日姑丈梁志中在澳門寄有信二封一封轉帶去平地鄉西社交他女婿黃緯邦收的一封寄交何人小的不知至各信内所云何事小的寔不知道不想就被壯勇捉獲解案小的寔係看守花旂鬼空行十四日致各信均係壯勇要了是寔

十一月　　日供

十一月初三日補用同知林丞解

葉華長供年三十三歲東莞縣全敎州人父親近廷年六十六歲母親周氏年六十歲並無兄弟娶妻劉氏生有一女平日做串砲生理咸豐四年五月十九在東莞全敎州拜會共一千人袁玉山爲老母馮亞才爲舅父拜畢于五月廿二投入東莞全敎州僞帥袁玉山夥內派在第四旂梁亞連管帶同旂二十一人五月廿四在黃涌地方與鄉民打仗一次後來散夥在家躲匿本年十月二十四在東莞大虎河面投入賊頭唐滏洸夥內派小的管理火藥柜十月三十晚在焦門洋面與官兵撞遇被官兵打敗拿獲解案小的寔止拜會先後從賊打仗一次是寔

十一月　　日供

方源親供

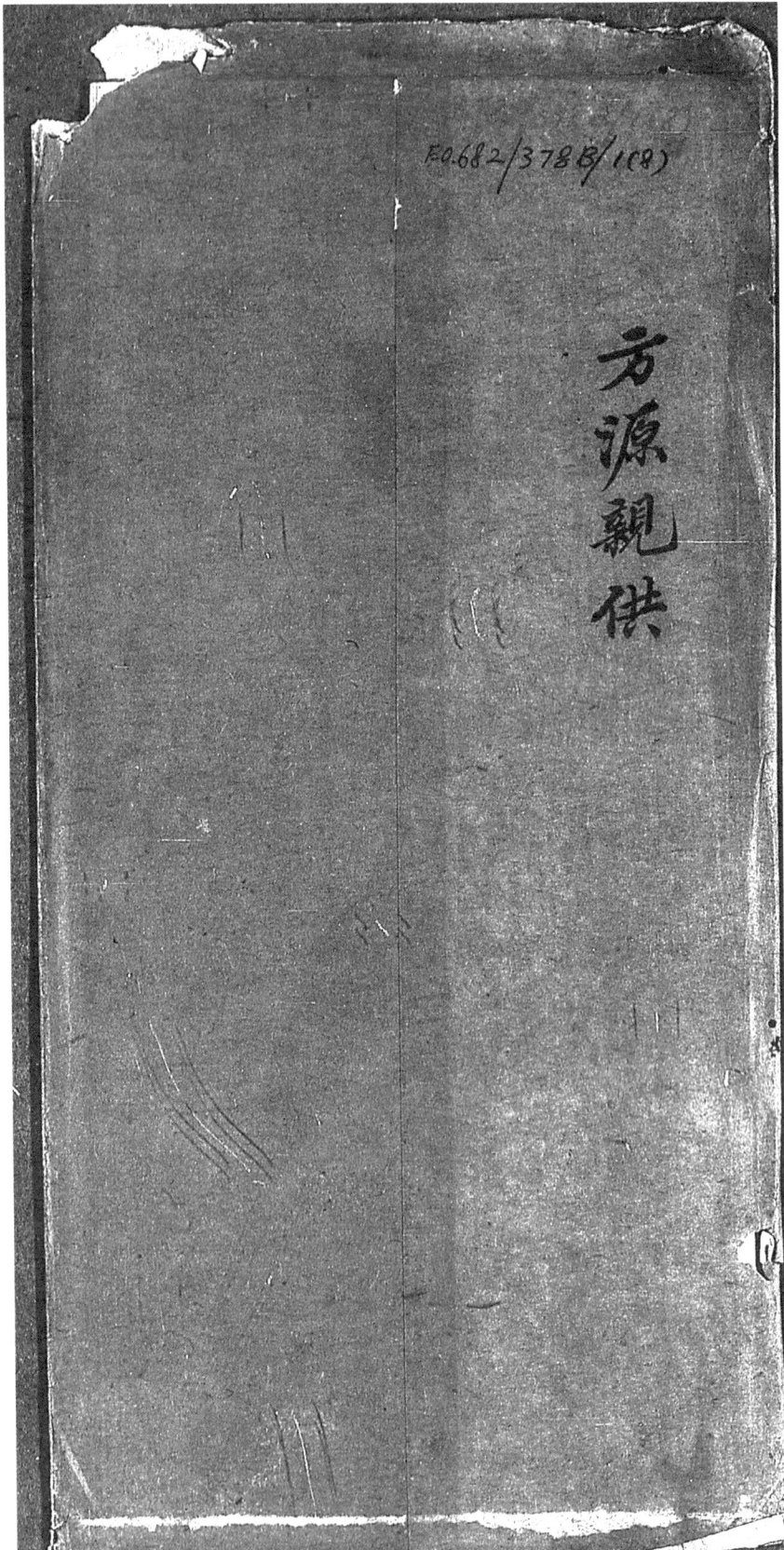

親供

奉叅候補守備潮州鎮標右營左哨千總方源供稱　叅員　年四十五歲潮州府普甯縣人父故母鄭氏
年七十六歲妻林氏生有五子自咸豐元年起歷奉委往各處剿辦股匪出力洊升今職伏思
叅員　甫起微賤即以戮力疆場爲心疊沐
厚恩逾思報効自咸豐元年正月在高州石城縣帶勇擊退青平墟劉八股匪二月擊、滅那蓮墟
黃春曉股匪三月奉調往欽州擊走顏大股匪四月又往廉州擊走劉八股匪六月往欽州
剿破潘七股匪二年二月拴其賊首蔣贊三三月剿捕李事明等股匪未竟奉調往廣
西潯州剿除任、文丙之匪淨盡十二月調往韶關三年三月二十日在南雄界大破謝桄三

股匪捦斬百餘名五月又調往高廉地方旋於五月二十六日在化州屬擊謝八大股匪捦斬百
餘七月二十八日又調往石城之石角墟剿朱十四股匪八月又往化州之合江墟攻滅謝八大股匪
九月又往化州之那霧墟大破呂九股匪捦斬亦百餘又剿滅羅七股匪於清湖墟十月十
日又調赴石城之青平墟破走朱十四股匪捦斬數百十月十七日又調往廉州界斬獲其黨
甚衆追捦朱十四於廣西四年四月又調赴信宜剿捕黃亞石股匪六月初三日又往剿黃十一
股匪於石城之丹竹水潤七月二十九日勦滅黃十一股匪於化州之平定墟節次奉調往勦捦斬皆
不計其數十月節建駒股匪擾信宜之合水墟亦即前往擊滅並捦渠魁黃晚李燕超許
紹明凡弟等多名五年三月破張士熊大等股匪於信宜之白石墟四月十四日滅陳二十股匪於信
宜之豐涌以上各股賊夥多者累萬少者亦不止盈千　叅員　朝東暮西擊彼滅此仰藉
大憲威德或一舉而賊平或再師而事蕆無非奮身陷陣不計死生未嘗敢有毫厘
退怯之志五年五月撤勇回省即奉
飭前赴廣西剿捕駐紮平南爾時所帶之勇不過五百名合諸各陸勇亦僅千餘衆

而匪首梁培友李文茂等股匪戰船數百夥黨數萬於九月初六初七十月十四十五
等日攻撲該縣大戰十數次皆係 卑員 身當前鋒沿河逼勦平南危而復安者再
賊遁後折赴該縣之思迴思旺等處地方掃平賊壘六年正月遂直逼賊於大黃江攻剿數月
之久 卑員 所領一隊離賊營僅里許駐紮晝夜奮攻大戰數十次無不勇敢爭先地方
官民及別營兵勇所共聞見此皆平日誓死滅賊以報
國恩之愚忱斷無前俱勇戰而後忽畏怯至極甚且私逃之理是以五月杪艇匪乘西水泛
漲順流下撲平南 卑員 會合各軍赴援所帶之勇仍紮牛墟西街梨子園等處最衝要之地
疊爲前驅與賊苦戰六月初九日 卑員 身中賊砲左頸重傷幸未殞命略養數日即復
裹瘡赴敵嗣因是月下旬河水益漲淹盡城外沿河地面官軍無處立營艇匪愈
肆猖獗李署令恐城内兵單商請 卑員 帶領潮普勇與督標兵東勇靖勇等
均入城助同平南兵練固守其餘各軍酌令擇離城無水淹之地扼要駐紮以爲犄角
尔時賊衆勢張我軍餉匱援遠事在必不可測如果後來竟至出城私遁何不

當時並不入城事因匪數太衆河水退後四面合圍一城孤立死守兩月粮餉俱空我軍自七月十六日即已粒食難飽至二十五日則竟絶粒每日僅以木葉充饑如是者凡三日二十八日辰刻　曾參府遂傳參員進見諭以李署令等會商現在事勢萬分危殆與其坐以待亡不如出而决戰定計是夜四鼓合軍拚命從北門殺出務須衝開一面賊營以通東平墟粮道縣城方冀可保飭令一律遵行等諭
李署令又以城内兵勇惟　參員所領一隊最爲能戰宜當前鋒當時面請
曾參府飭派　參員回營傳諭壯勇咸以饑餒數日大有難色當復禀請
曾參府酌奪奉諭力爲激勸曉以大義至暮勇乃遵從是夜初更李署令即飭兵練將堵塞北門磚石開通預備出戰　曾參府四鼓傳令整隊即催起行參員即另派隊目方家萊帶勇一百五十名隨護　曾參府張參府李署令等及兵練共三四千人以爲後隊參員　遂督同各勇奮力當先直從北門殺出賊匪望見開砲轟擊各勇不避矢石一面進攻詎至蓮藕池邊該匪早已將大路掘斷壘木阻塞

遍地竹釘不能行走　曾叅府傳令督勇拔釘開道時賊夥紛紛四出各軍分投迎敵
戰至黎明忽被大夥賊匪從旁橫衝將我軍隔作兩截前後不能相顧　叅員兩足
為竹釘所傷一面督勇死戰迨天色大亮望見後軍旗幟散亂漸去漸遠而賊
匪則愈聚愈多須臾聞礮聲震地煙氣從城內擁起　叅員揣知後軍已退
進城被匪追逼勢屬極危亟苦口激勸壯勇竭盡精力衝突務期與後軍復合
以解城圍殊料賊衆我寡重重困隔以饑餒數日之壯勇往來衝殺戰至兩時皆極
困憊羣賊壓下不復能支衆多傷死其未帶傷者僅二百餘人被賊追撲將至東
平墟咸以梧州府潮勇尚紮該處就彼求助或可速破賊圍不意東平所紮潮勇早
因梧州警報甚急已與南順勇西平勇勁勇等拔營回梧無可借力該處鄉民
湊送米三斗俾作糜粥充饑　叅員不復能食飭令壯勇抖擻精神即再進戰整
隊方行之際而縣城失守之報已至矣此時　叅員憂憤無地五中俱裂泣諭壯勇趕
緊前行以期萬一有機可救奈此久饑之卒死傷病弱之外人寥（實）寥力皆疲乏之進
至離城七八里地賊匪四五千人蜂擁前來又傷壯勇三十六名該勇死戰至無可竭

之力叅員一時心氣上衝昏暈倒地僅為壯勇救回自念率領偏師殫力盡心與大夥
賊匪苦戰數月率難有濟才庸智絀罪實難辭如謂 叅員先自出城私逃試思
縣城被賊圍攻之際兵練滿布各門均已堵塞假令 叅員一身尚可乘間逃避
今帶此大隊壯勇出此久已堵塞之城門撤門磚石固非一時所可開擁擠人聲
亦衆人所易覺其何能私逃大約爾時單行前後隔絕後隊兵練不知前
面情形或誤怨 叅員棄之而去遽以稟報者事屬有之即如千總亢芳在梧
州力戰陣亡尚有以為逃去者況 叅員不幸而不死謗言何怪其然在叅員出
身微末仰荷
憲恩高厚正圖報効自奉委勦辦以來已歷七年殲賊四五十處均係督率壯
勇身先士卒竭力勦賊何敢臨陣退縮私逃出城自干罪戾實緣賊衆兵單受
傷後昏迷數日致未能即時剿滅伏乞
恩開一綫逾格矜全所具親供是實

FO.682/112/4(4)

具稟生員孔傳良年六十四歲恩職孔毓曉年九十歲耆民孔毓運年六十五歲孔毓道年六十六歲孔傳

瑞年六十三歲孔繼馨年六十八歲俱南海縣三江司石碣村人抱告孔升

稟為遵查逆產列單稟明乞　恩核辦事緣僕匪孔貴英孔光中等上年糾衆從逆勾結外匪在伊處豎旗擾

害向生族打單焚搶經生等稟明團練聯絡大瀝大圃各堡紳督勇向勦僕匪盡皆逃竄茲平定年餘該

僕匪等志圖回村復聚慮及生等督練拿辦胆捏霸產擄殺各謊詞先後赴聳希圖抵掣一案蒙縣集

訊孔貴英等所控盡屬虛誣從寬免究諭令伊造具戶口名冊分註良歹邀同鄰鄉紳士赴案結保果係良
民准令回村居住并着生等查明該僕匪等逆產開列清單具稟以憑查封核辦等諭詎孔貴英等藐
法背斷竟混造名冊並不註良歹亦無鄰鄉紳耆赴案結保胆率在逃各逆匪回村居住業經生等稟明伊
猶敢架詞飾控荷蒙批斥復經生等呈奉　爵督憲批仰　仁憲會同　臬憲飭即押令孔貴英等交
出各逆匪按辦各在案茲生等遵經查明該僕匪等逆產理合列單據實稟明乞飭查封核辦至該僕匪等
住場屋地原係生祖物業給伊居住未便列入合併聲明切赴
局憲大人爵前恩准施行
計粘查開逆產清單呈
電

廣東軍需總局兼辦團練

分巡肇羅道張
鹽運使司鄧
布政使司江
按察使司周
督糧道王
署肇羅道補用道蔡

批

孔貴英等既係查明從逆，自應將該逆家產查封充公。並據該紳等呈出知示，查明逆匪孔燕宗等田產，列單稟請查封前來。候即飭令南海縣查明，分別辦理具報。

咸豐六年十二月廿 日稟

計開各已獲未獲逆產清单呈

電

計開已獲逆僕孔燕宗逆產

土名土地庙口田弍坵約税叁畝
土名長堂前田三坵約税叁畝
土名小羅園田壹坵約税壹畝六分
土名胡宣屋田弍坵約税弍畝六分
土名邊岡園田壹坵約税弍畝
土名白瀑岡脚田四坵約税六畝

共田壹拾叁坵約税壹拾八畝弍分

土名胡宣屋地六坵約税壹畝五分
土名小坑岡地五坵約税壹畝

共地壹拾壹坵約税弍畝五分

另典入土名大坑岡地壹段
另典入土名金叙嶺地壹段
另典入土名白山岡地壹段

計開已獲逆僕孔信英逆產

土名小坑橋頭田叁坵約税壹畝
土名大陂頭田叁坵約税八畝六分
土名企岡脚老鼠尾壹坵約税弍畝叁分
土名下大路田弍坵約税弍畝
土名社公脚田弍坵約税叁畝
土名岡咀頭田五坵約税四畝叁分
土名晴邊田壹坵約税弍畝叁分
土名大坑庄門口田壹坵約税壹畝
土名蛤蝤坑田叁坵約税弍畝叁分

共田弍拾壹坵約税弍拾六畝八分

土名石笪岡地壹拾坵税四畝
土名滄水岡地壹拾叁坵約税叁畝
土名大金釵嶺地壹段約税弍畝

共地税約九畝
另典入土名企岡門■多角田壹坵約種七斗
另典入土名小羅園田壹坵約種四斗
撥出與合聚店志聚店耕佃
土名蛤蟈坑相連田弍坵約税壹畝六分
土名岡咀頭田壹坵約税壹畝弍分
土名大坑橋脚由叁坵約税壹畝六分
土名大坑橋頭田壹坵
二共約税壹畝壹分
土名大坑岡脚田壹坵
撥出與關嘉盛耕佃
土名社公脚老鼠尾田弍坵約税叁畝六分
土名晴邊田壹坵約税壹畝六分
土名小坑相連田弍坵約税叁畝
土名蛤蟈坑田相連弍坵約税壹畝六分
撥出與關焕能耕佃
土名岡咀頭田五坵約税六畝六分
三共撥出田四拾八坵約税叁拾九畝弍分
計開已獲逆僕孔亞枝逆産
土名滄水岡地壹拾叁坵約税叁畝叁分
計開已獲逆僕孔亞潤逆産

另典入土名企岡老鼠尾田壹坵約種六斗
土名大園頭田四坵
土名涌塘坑田壹拾坵
三共約税六畝零
土名大坑底門口田壹坵
土名蛤蟈坑田八坵約税七畝壹分
土名吊鐘岡坑田叁坵約税弍畝叁分
土名慶雲寺門口田壹坵約税壹畝叁分
土名大坑岡脚田弍坵約税六分

土名浛水岡地壹拾坵約稅叁畝六分
計開已獲逆僕孔亞祥逆產
典入土名岡咀頭地壹拾七坵
計開已獲逆僕孔本立等土地會逆產
典入土名小羅園地叁坵
計開現在逃逆僕孔俊英逆產
土名青龍庙小坑田叁坵約稅壹畝壹分
土名大坑橋頭田壹坵約稅叁分
土名下大路田壹坵約稅弍畝
土名深水漚田壹坵約稅壹畝六分
土名白灘岡脚田壹坵約稅六分
土名涖塘坑高步田四坵約稅叁畝
土名白山坑田壹坵約稅弍畝叁分
土名企岡門口田弍坵約稅弍畝
土名水松岡坑田壹坵約稅壹畝叁分
土名對面岡脚田壹坵約稅弍畝
土名岡咀頭田四坵約稅叁畝叁分
土名大坑橋外田壹坵約稅壹畝四分
土名吊鐘岡坑田六坵約稅叁畝叁分
共田弍拾七坵約稅弍拾四畝弍分
土名大眠嶺地叁坵約稅壹畝
土名浛水岡地弍拾壹坵約稅六畝
土名水松園地四坵約稅壹畝七分
土名大金釵地壹段約稅壹畝六分
共地約稅壹拾畝零叁分
另典入土名崩岡頭地弍拾壹坵
計開逆僕孔信英孔燕宗孔俊英等洪聖會逆產

土名貴豪岡地約税壹拾五畝零
另典入土名三角園地叁坵
另典入土名大坑庄門口地四坵
另典入土名大坑岡地弍拾叁坵
另典入土名水皃塘地叁坵

計開已到案逆僕孔宏大逆產
典入土名大坑岡地壹連
典入土名白山岡地壹連
典入土名金釵嶺地壹連
典入土名水皃塘地叁坵

計開已獲逆僕潘亞南逆產
土名石笪岡地八坵約税叁畝餘

計開現在逃逆僕潘亞學逆產
土名細白山岡地約税壹拾弍畝
另典入土名吊鐘岡坑田叁坵種八斗
另典入土名大白山岡地壹段
另典入土名黑柴嶺地壹坵
另典入土名長蛇嶺地壹邊

計開已獲逆僕陳亞金又名陳耀好供認李耀好
典入土名蔴奢塘脚田壹坵約種叁斗
典入土名蔴奢庄脚田壹坵約種七斗

已上逆匪孔燕宗等逆產田約税壹頃零八畝四分
已上逆匪孔燕宗等逆產地約税四拾叁畝七分
田地合共約税壹頃五拾弍畝壹分 內孔信英名份撥出田税叁拾九畝弍分 其税載山南堡四十啚十甲另户孔道增 又載山南堡四十啚十甲另户孔思賢

已上逆匪潘亞南等逆產地税約壹拾五畝餘 其税載山南堡四十啚九甲潘奇户

[illegible]

飭遵事咸豐七年正月初三日據署清遠縣薩保稟稱竊卑縣自十一月初五日被賊圍困城
池迄今將及兩月現經陸續添調兵勇不下七八千名惟每戰先輸其地利是以連日出仗雖
叢小勝総未能大挫賊鋒以解城圍深為焦灼卑職伏查此次軍務重大一切調度必
須添派精明強幹之專捆大員督同辦理方足以資統攝而振軍威至于經費一項尤當
裕為籌措或就近設立粮台以便支應方不致諸事棘手卑職前蒙局憲發給經費先
後共銀六千兩旋領旋發已自告罄而陣亡受傷兵勇賞卹一款尤為迫不及待卑縣
自軍興以來受傷陣亡兵勇動以千計自卑前署縣任內據報陣亡傷兵勇請領賞恤銀兩
至今未蒙給發而新傷兵勇又復紛紛借領萬不能不酌給醫調且勒署鎮統帶韶
州兵勇七百餘名向由韶州府支發口粮自本月以來僅發韶兵半月口粮其餘各勇
口粮均未給發俱向卑職借支勢不能不暫為墊付更有賞格一項萬难節省亦須
預為籌備惟是卑職自接縣篆困处危城既未開征錢粮又無別款挪動全仗憲台給
發經費免強支持目下支發一空萬难籌畫惟有佈懇憲恩俯念軍務需支緊急飭局
再行籌撥經費銀五千兩迅賜委員管解來縣以濟急需俟軍務告竣再行列冊
冊報銷並懇專委久列戎行精明幹練之專捆大員添帶省垣乘勝之兵前來勦办
俾得早除醜類以免蔓延寔為公便等由到本爵閣部堂據此當批據稟該匪圍困城

池經費支絀請飭局再籌銀五千兩解縣支應自應即行籌撥以應急需業經
飭局支發其設立粮台一節先批該署縣會同勒鎮具稟當經行局將應否派員
赴清設立抑由該署鎮等派弁赴省領回支發之処核明備移遵照至所請委員帶
兵前往剿辦業已另行調撥前往在案仰即知照此繳等因印發外合就檄行為
此牌仰該總局即將所請籌撥銀五千兩是否徑解清遠縣之處核詳叙奪速

速須牌

右牌仰軍需總局准此

咸豐七年正月初五日

預印空白

行

牌

軍需局

咸豐七年正月□□奉到

稟奉　爵督憲行據清遠縣稟請再撥經費銀五千兩請示辦理

軍需局聲息科

稟現奉　爵閣督憲行據署清遠縣薩丞稟稱自十一月初五日
被賊匪圍困城池迄今及將兩月未能解圍陸續添調各處兵勇
征剿支應浩繁前蒙局憲發給經費先後共銀六千兩旋領旋
發現已告罄請飭局再籌銀五千兩委員管解來縣以濟急需
等情仰局即將所請籌撥銀五千兩是否徑解清遠之處核議
詳奪等因奉此查清遠縣被匪圍困城池經費支絀奉行籌撥銀
五千兩今應否由局照數籌出委員徑解清遠縣備支抑如何辦
理之處理合稟候
核示遵辦謹稟

奉諭准發二千兩

咸豐七年正月　初八　日稟

札委員
領解清遠縣經費銀二千兩交薩令查收并札薩令報 兩院

廣東省城總局辦理團練
分巡肇羅道張
鹽運使司齡
布政使司江
按察使司周
督糧道王
署肇羅道補用道蔡
為札委領解、札知查收、呈報事。現奉

爵閣督憲
憲台牌行咸豐七年正月初三日，據署清遠縣薩保稟稱竊卑縣自十一月初五日被賊圍困城池，迄今將及兩月，現經陸續添調兵勇不下七八千名，惟每戰先輸其地利，是以連日出伏，雖獲小勝，總未能大挫賊鋒，以解城圍，深為焦灼。云云。合就檄行，備牌仰局即將所請籌撥銀五千兩是否徑解之處，核議詳奪，速速等因。奉此，查清遠縣現在被匪圍困，陸續添調兵勇七八千名，需費浩繁。該縣前領經費銀六千兩，目下支發一空，萬難籌畫，無從接濟，據稟請發經費銀五千兩，自應如數撥給。惟刻下局中存銀

正月初九日

55/1

專請
列委員銜名

無幾，日逐應支各款，尚屬不敷，茲本司道會商酌給該縣經費銀二千兩，委員解交該薩令查收，以資接濟，現已籌備銀二千兩，存候該員領解，除札清遠縣薩令查收外，及移行經由沿途營縣護送外，合亟札委，札到，該員立即遵照，具領赴局，以憑將前項經費番銀二千兩，發給收領，刻即管解赴清遠交薩令兌收備用，沿途務須小心管解，毋稍疎虞，仍將起程日期報查，切速。

一札　委員　解交

以資接濟，除由局籌出番銀二千兩，給交委員
該令查收外，合行札知，札到，該縣即便遵照，俟委員　解

641

3

交前項經費銀二千兩，到日，立即照數查收，撙節支用，事竣核
實造冊報銷，仍將收到銀數日期報查，毋違。
一札 署清遠縣薩令 計發番銀二千兩給交委員賫 解交清遠縣
以資接濟，除由局籌出番銀二千兩，給交委員
薩令查收備支，並札薩令兑收，及移行經由沿途營縣護送外，合
將支過清遠縣經費數目日期，呈報
憲台察核，除呈報
撫憲衙門
爵閣督憲外，為此備由具呈，伏乞
照驗施行。

4

一呈報 兩院。

咸豐七年正月

軍需局孳息科承

按察使司周
布政使司江
鹽運使司齡
肇羅道張
督糧道王
署肇羅道補用道蔡
署廣州府知府郭
知府銜羅定直隸州知州壽

札南海縣將孔燕宗等各逆産查封充公具報

正月廿九

廣東軍需總局兼辦團練分巡廣州府糧道張、鹽運使司齡、布政使司江、按察使司周、督糧道王、署廣州府糧道補用道蔡 為札遵事。現據該縣三江司石碣村生員孔傳良等遣抱孔升赴轅稟稱：緣僕匪孔貴英、孔允中等上年糾衆從逆，勾結外匪，在伊處豎旂擄客，向生族打单焚搶，云云理合列单據寔稟明，乞飭查封核辦，至該僕匪等住塲屋地原係生祖物業，給伊居住，未便列入，合併聲明等情到局。據此，當批孔貴英等既係查明從逆，自應將該逆家産查封充公，茲據該紳等遵照縣示查明逆匪孔燕宗等田産列单稟請查封前來，候即飭令南海縣查明分別辦理具報等因，懸示外合就札飭，札到該縣，立即遵照，將該紳等查開逆匪孔燕宗等各田産分別查封充公具報，毋違。

一札南海縣，計粘单一紙。

咸豐七年正月　廿九

粵軍需局聲息科承

按察使司周

布政使司江

鹽運使司齡

肇羅道張

督糧道王

署肇羅道補用道蔡

署廣州府知府郭

知府銜羅定直隸州知州諱

謹將此次勦辦匪徒自咸豐四年五月起至七年正月底止收支經
費各欵銀數開列呈

電

計開

一由局及廣州府領藩庫銀六十七萬零零六十兩內奉撥軍需各欵銀二十二萬五千零六十兩又局借用各銀號已在関税還回銀二十七萬七千一百零六兩九錢八分海関税餉撥解銀一十六萬七千八百九十三兩零二分

一由藩庫籌撥廣西黄臬司行營經費銀一萬両

一收粤海關税撥解銀二十五萬四千二百両內西省軍餉銀六萬三千両夷務軍需銀一十九萬一千二百両

一收發商生息帑本補水共銀二十九萬四千五百零二両二錢五分七厘內捕盜經費生息帑本及補水銀一十四萬六千一百四十六両零二分三厘快船經費生息及補水銀一萬二千一百四十二両五錢七分八厘桑園圍基生息本及補水銀一萬六千零六十両八旗馬穀價生息本及補水銀四萬零一百六十九両七錢五分五厘水操防夷經費生息本銀九千九百八十三両九錢零一厘惠濟義倉生息本銀七萬両

一收官紳捐輸辦理夷務軍需銀九萬五千七百三十二両四錢

一收順徳縣屬捐輸夷務已發局收銀八萬両內馬耕心堂繳銀六萬両順徳縣繳銀二萬両

一收惠潮道解到捐輸銀四千九百七十七両九錢八分

一收官紳繳赴本局捐輸銀三十七萬三千九百四十五両九錢三分八厘內已發局收銀三十一萬八千六百六十六両五錢未發局收已移局請奬銀二萬九千五百六十三両四錢三分八厘候酌定再發局收銀二萬五千七百一十六両

一收各處繳局未發局收銀二十二萬九千三百六十六両六錢六分六厘內番禺舉人何壯猷繳銀八萬五千両陳龍韜繳銀五萬八千両平洲局繳銀一萬両九江堡繳銀六萬七千四百六十六両六錢六分六厘鍾村赤岡戴姓繳銀八千九百両

一收西關新老城捐輸經費銀一百七十九萬三千六百零六両二錢二分九厘

一収新城捐局繳存五年三月發還烟店捐項銀二百五十六兩

一収順德捐輸隨時發給局収銀三十七萬一千一百八十二兩內陳村闔鄉繳銀三千五百兩陳村各行繳銀二萬五千六百八十二兩葉積思堂繳銀七萬兩龍景都繳銀六萬二千兩龍留山堂繳銀一十五萬兩馬耕心堂繳銀六萬兩

一提順德公局捐輸由順德縣請換局収銀一十九萬一千五百兩

一収順德龍景都捐輸候撥歸紅單船經費銀一萬兩以上順德捐輸三款共銀五十七萬二千六百八十二兩

一収各處繳充公用銀三萬四千五百二十四兩八錢九分六厘內傾銷銀行抽分銀二萬七千兩夏建亭捐輸紋銀換省補水餘剩銀三百二十四兩八錢九分六厘孔劉兩姓繳銀七千二百兩

一収各處繳罰項抄産田租變糶逆夷米價共銀一十三萬二千六百零七兩四錢二分五厘

一収廣州府庫存江南粮臺帶回扣留撥還廣東墊欵銀三萬四千五百兩

一収廣州府解繳庫存閑欵充公銀二千七百五十七兩六錢八分二厘

一収關餉平餘及紋水共銀二萬三千三百八十六兩六錢零四厘

一収各處領火藥砲子繳價銀一千一百五十五兩

一収廣西張前臬司前在梧州解存銀一千五百零七兩七錢五分內撥解偹賞東省師船保守梧郡花紅銀一千兩代支東省師船口粮除劃抵外尚銀五百零七兩七錢五分

一収原買煤炭及柴並堵塞河道爛船變價共銀一千零六十四兩三錢九分四厘

一収陽江鎮標廣海寨拖船原配弁兵口粮內由原營支領扣還銀三十六兩六錢三分

一収糧道庫籌借偹用銀四萬五千兩

一収廣州府庫借偹用銀一萬兩

以上共収銀四百六十六萬五千八百六十九兩八錢五分一厘

四年五月至六年十二月底支欵

各處領用經費銀一百二十二萬八千三百七十四兩七錢零七厘

各路官兵壯勇薪糧船隻月租水手工食銀二百四十六萬二千三百零五兩八錢三分三厘

製造軍裝器械工料銀一十二萬零九百二十一兩零八分一厘
製造砲子鉛子工料銀九萬三千零一十四兩六錢二分一厘
採辦硝磺製造火藥工料銀一十二萬一千三百零二兩八錢六分
搭蓋篷廠修船工料銀六千五百一十四兩七錢五分五厘
修理城垣砲臺堵塞河道工料銀二萬二千五百六十六兩八錢零
五厘
船腳夫價各類役食銀一十五萬零四百七十七兩二錢四分二厘
備辦乾糧油燭襍款銀六萬一千九百六十七兩四錢四分六厘
省城分局夫應夫價軍火及官帶紅单船委員領用銀一萬二千五
百二十兩
觧還藩庫提用發當生息帑本息銀九千四百零七兩七錢一分三厘
犒賞銀一十五萬四千三百三十九兩一錢五分五厘
南海縣借賞各鄉團練銀一千三百兩
撫卹銀五萬七千五百七十兩零一錢
各營官弁借支養廉薪粮已移查扣未還銀一千二百零五兩一錢
九分

調赴江南助勦之碣石營兵一百五十八名借支棉衣俟凱旋查
扣銀三百一十六兩
同知林福盛預借修船費用按月分扣歸款除扣外尚銀一千九百兩
守備熊應榮預借修船費用按月分扣歸款除扣外尚銀二千兩
撥夫口粮未據開報銀九百一十三兩一錢四分
陸路崑提督觧運湖北夷砲船價借用銀一千零五兩四錢六分
督標中協懷副將辦觧湖北廣西勦匪夷砲借用銀五千兩一萬五千兩共銀二萬兩
以上自四年五月開局起至六年十二月底止共支用銀四百五
十二萬九千九百二十二兩一錢零八厘內
各案勦匪銀四百萬零七千零六十二兩七錢九分八厘
夷務案內銀五十二萬二千八百五十九兩三錢一分
七年正月支款
各處領用經費銀一萬八千八百四十一兩七錢內御廉州府沈守領辦省城團練清查局經費銀二百兩新安陳勇領用口粮經費銀二千兩署廣州府郭守領赴清遠勦捕經費銀五千兩陸路崑提督領赴西江勦捕經費銀一千六百四十一兩七錢廣西黃臬司行營備用銀一萬兩
省城防堵北江勦捕官兵壯勇薪粮船租局員薪水書吏工食銀六

萬七千九百一十三兩八錢九分五厘內夷務銀五萬零六百八十兩零九錢零二厘北江銀一萬七千二百三十二兩九錢九分三厘

製造防勦火箭軍裝器械工料銀三千四百八十二兩七錢七分內夷務銀三千二百五十四兩五錢一分北江銀二百二十八兩二錢六分

製造砲子鉛子工料銀七百八十八兩 夷務案

製造火藥工料銀七百八十兩 夷務案

修船工料銀三百兩 夷務案

修理城垣工料銀一百六十兩 夷務案

各路軍營船脚夫價及本局各項役食銀五千四百八十二兩六錢八分內夷務銀二千八百五十兩零六錢三分北江銀二千六百三十二兩零五分

各路軍營帳房折夫油燭本局紙張筆墨房租伙伲銀一千四百零八兩一錢六分三厘內夷務銀一千一百六十兩零七錢七分八厘北江銀二百四十七兩三錢八分五厘

管帶紅单船委員領用銀三千兩 夷務案

犒賞銀二千九百二十五兩零五分 夷務案

撫卹銀一千五百六十九兩七錢 夷務案

以上七年正月各項共支用銀一十萬零五千六百五十一兩九錢五分八厘內

各案勦匪銀三萬六千九百八十二兩三錢八分八厘

夷務案內銀六萬八千六百六十九兩五錢七分

前項自四年五月起至七年正月底止本局共支銀四百六十三萬五千五百七十四兩零六分六厘內

各案勦匪銀四百零四萬四千零四十五兩一錢八分六厘內有撥支西江勦匪兵勇口粮夫船脚價軍裝卹賞共銀七十三萬八千一百零四兩六錢六分九厘

夷務案內銀五十九萬一千五百二十八兩八錢八分

計存銀三萬零二百九十五兩七錢八分五厘

另款

一由藩庫先後支過各處領用經費列单移局關報銀二十萬零六千零七十八兩二錢八分二厘

以上本局及另款共支用銀四百八十四萬一千六百五十二兩三錢四分八厘

[redacted]

謹將咸豐六年十月至七年正月岡尾局招勇開仗支需列冊呈

電

一招潮州鎗勇壹百名每口粮捌員計四個月共銀叁千貳百員

一招撻鎗勇陸拾名每口粮捌員計四個月共銀壹千玖百貳拾員

一招線鎗勇肆拾名每口粮捌員計四個月共銀壹千貳百捌拾員

一招刀牌長鎗勇壹百名每口粮陸員計四個月共銀貳千肆百員

一沙艇四隻舵船貳隻共水勇貳伯名每口粮捌員計四個月共銀陸千肆百員

一大沙開仗擒獲漢奸股匪壹拾捌名每名花紅銀貳拾員共銀叁百陸拾員

一大沙開仗當場鎗斃股匪叁名每名花紅銀拾員共銀叁拾員

一大沙開仗焚燒二枝桅賊船壹隻花紅銀肆拾員壹枝桅賊船壹隻花紅銀貳拾員共銀陸拾員

一新造勝仗每壯丁賞銀壹員共銀貳百伍拾員

一新造開仗鎗傷壯丁醫藥銀柒拾員

一火藥鉛碼火繩火箭共銀貳百員

自六年十月至七年正月共支費用銀壹萬陸千壹伯柒拾員

批生員孔傳良等稟遵照查明逆產稟請查封

軍需局詳息科

稟據生員孔傳良等稟為遵諭查明逆產列单稟明乞恩核辦等情

前來理合摘批送

裁謹稟

批 孔貫英等係附從逆，自應將該逆家產查封充公。茲據該紳等遵

照縣示查明逆匪孔燕宗等田產列单稟請查封前來，候即飭

仝南海縣查明分別辦理。

咸豐七年正月 廿一 日稟

月日文到 月日發房 正月廿一日送稿 月日判發 月廿七日標閱 月日封發

F.O. 682/137/6 (5)

二月廿四日　水師提台解

5

王興順供小的又名燮京字傳烈年四十三歲係潮州府澄海縣外沙村人父母
都故並無兄弟娶妻謝氏生有四子咸豐四年六月十六日聽從海陽縣人
吳中恕糾邀在吳中恕蔡塘市村拜會共夥數百人係吳中恕為首並
無老母舅父之稱拜會後就投入偽帥吳中恕夥内共約有萬人吳中恕
封小的為副元帥撥二千人交小的管帶六月二十小的回外沙村住札自稱
正元帥設立大旂頭王亞佚王亞小王世茶王家得王亞和王世庭王叔安李亞
添黄亞十黄亞勝們十人每旂管帶二百人六月二十八至七月底止不記得
日期會同吳中恕共有萬人攻打澄海縣城十餘次八月初間潮州府吳
大老爺帶兵到鄉剿捕小的在本村拒敵至十月初間被吳大老爺
把小的外沙剿平小的拒敵官兵不記次數十月十二日小的帶同夥黨五
十人逃往群帶路躲避餘黨各自散去至是年十二月内小的獨自逃
往安南餘黨仍在群帶路小的在安南做小販生理嗣因唐人在安南居
住每年須費用銀十餘元留了頭髮不須費用並可在安南揢親是以
小的把頭髮留齊六年九月内有潮州船到安南說起小的大兒子在群
帶路小的就于九月十六日由安南回群帶路找尋兒子不見後就與在群
帶路一帶地方的張平湖們熟識十一月十三日小的在群帶路有張平湖
吽小的隨同攻打各處地方那張平湖係東莞人現在群帶路楊次東
即秀彬係在香山偽元帥袁亞炳係東莞何六先鋒蘇念初係順德
縣人先被官兵捉获羅有係惠州歸善人先被官兵捉獲伊弟羅亞添
先在惠州做偽元帥袁鳳山係東莞人聽說被番鬼拏回番國程忠不
知何處人同被鬼子関禁何營即輔明係惠州人不知去向張宅三係
香山人被鬼子関禁黎昌期係番禺人聽說係被官兵捉獲莫二不知
何處人是否屏住不知詳細聞先被官兵捉获洪秀琮係花縣人現在群
帶路鬼子處王鉄爪係東莞人先被官兵捉獲鄧洛即鄧賜彤係三
水賊首現同時被獲那張平湖們共夥千餘人分駕拖船夹板各船隻
共有五十餘號小的管帶拖船一隻名下有二十餘人共推楊次東為元帥

3

十一月廿四日早攻打新造地方搶刦新造圩鋪户貨物不記確數至早飯後被官兵鄉勇把小的們打敗那時小的們將新造圩鋪户燒燬十餘間是日駛往黃埔對面灣泊那時有紅毛不知姓名鬼子兵船一隻灣在黃埔有張宅三係從幼在鬼子處做通買辦是以他曉得鬼話那張宅三曾向這鬼子兵船的夷人説定各夥攻打新造若被官兵追捕可聞夷砲幫護至一切通夷的事張宅三方知其詳小的不知道十一月廿九各夥又駛往官山灣泊十二月初一駛打刼官山鋪户貨物不記確數並佔據官山地方在杉社書院住扎至初六日官兵協同鄉民到剿當被打敗被官兵燒去小的們拖船五六號初七日打刦官山對面官洲鄉刦得銀物不記多少隨即焚燬鄉民房屋數間初八日駛往長洲灣泊先于十二月十三晚小的們各船在黃埔唐州洋面被官兵攻擊當即打敗殺死賊匪二百餘人燒燬各賊船十餘號尚剩有拖船夾板各船三十餘號十二月十七日駛往蕉門又被官兵打敗各散本年

4

正月初頭小的在群帶路自置拖船一隻隨于正月初十日在澳門與另夥現获的新會賊首陳佰野囉喳艇壹隻未獲做過三水賊首的鄧洛拖船一隻蝦罟艇一隻做過東莞何六先鋒的袁亞炳拖船一隻快艇一隻做過新會黃岡元帥區心拖船一隻做過三水縣属元帥謝禮勝快船一隻香山北村人楊秀清拖船二隻聯帮共有十號船隻約有三百餘人小的名下三十餘人通帮船隻均係鄧洛管事正月十一日在澳門瀝洋面會同行刦香港渡船共刦得米二三百包另雜貨各物各船隻均駛往青衣洋面灣泊詎那香港渡在香港向鬼子告知鬼子因渡船被刦恐香港道路難行他生意稀少是以要把小的們打退正月廿一小的們船隻在青衣洋面被鬼子駕駛火輪船一隻三板三隻前來捉拏小的與陳伯野們開砲拒敵被鬼子打敗各夥党登岸逃跑詎被鬼子把小的與陳伯野鄧洛謝禮勝又夥党共七十二人拏获解往大鵬協大鵬協將小的

與陳伯野二人解赴案下至黃位小的並不認識吳仙係福建人他家眷
于四年時曾在小的家裏住過後往群帶路居住並未有出門六年十二
月内吳仙因與兒子爭船被紅毛兒子拏獲帶回紅毛國太平天國
祈歸係吳仙的小的並沒在太平山起祈也沒在蔡蕪洋面打刼亦
沒與南澳官兵打仗及攻打潮州府城的事因小的村内匪徒常有出
洋打刦或係他們與南澳官兵打仗不定至船戶吳勝金係小的手
下夥黨李濟山护捉來的小的實係拜會偽稱元帥嘗帶二千人
與官兵打仗不記次數行刦四次至前起獲張宅三信内所聞的勤
聞梅椎姚象袁錫黃進有曾與余六鄧卓圃各名字小的皆不知
道所供是實

End

二月　　日供

謹將此次勦辦匪徒自咸豐四年五月起至七年二月底止收支經費各欵銀數開列呈

電

計開

一由局及廣州府領藩庫銀六十七萬零六十兩查此欵係奉撥四年地丁銀七萬四千八百七十一兩一錢七分四厘二毫一絲二忽三年十二月至四年四月續捐候撥銀七萬一千七百一十兩四年六月截至六年三月官紳捐輸除徑繳局用外尚銀三萬二千三百零一兩八錢海關稅餉銀九十萬兩四共銀一百零七萬八千八百八十二兩九錢七分四厘除撥局用銀六十七萬零六十兩及支發各處領用經費列单移局開報銀二十萬零六千零七十八兩二錢八分二厘外計存銀二十萬零二千七百四十四兩六錢九分二厘

一收粤海關稅撥解夷務軍需銀一十九萬一千二百兩此欵奉撥銀三十萬兩除收外計欠銀一十萬零八千八百兩

一收潮橋塩課撥解夷務軍需銀二萬兩此欵奉撥銀一十二萬八千二百二十九兩三錢零一厘除收外計欠銀一十萬零八千二百二十九兩三錢零一厘

一收撥解西省軍餉銀七萬三千兩內藩庫銀一萬兩海關稅餉銀六萬三千兩

一收發商生息帑本補水共銀二十九萬四千五百零二兩二錢五分七厘內捕盗經費生息帑本及補水銀一十四萬六千一百四十六兩零二分三厘快船經費生息及補水銀一萬二千一百四十二兩五錢七分八厘桑園圍基生息本及補水銀一萬六千零六十兩八旗馬穀價生息本及補水銀四萬零一百六十九兩七錢五分五厘水操防夷經費生息本銀九千九百八十三兩九錢零一厘惠濟義倉生息本銀七萬兩

一收官紳捐輸辦理夷務軍需銀一十二萬一千二百九十七兩七錢二分

一收順德縣屬捐輸夷務已發局收銀九萬六千兩內馬耕心堂繳銀六萬兩順德縣繳銀三萬六千兩

一收香山鶴山等縣捐輸夷務銀一萬五千三百八十兩

一收惠潮屬捐輸銀一萬四千八百七十三兩四錢三分

一收官紳繳赴本局捐輸銀三十七萬三千九百四十五兩九錢三分八

厘內已發局收銀三十一萬八千六百六十六兩五錢未發局收已移局請獎銀二萬九千五百六十三兩四錢三分八厘候酌定再發局收銀二萬五千七百一十六兩

一收各處繳局未發局收銀二十二萬九千七百兩內番禺舉人何壯猷繳銀八萬五千兩陳龍韜繳銀五萬八千兩平洲局繳銀一萬兩九江堡繳銀六萬七千八百兩鍾村赤岡戴姓繳銀八千九百兩

一收西關新老城捐輸經費銀一百八十二萬九千零三十八兩三錢二分九厘

一收新城捐局繳存五年三月發還烟店捐項銀二百五十六兩

一收順德捐輸隨時發給局收銀三十七萬一千一百八十二兩內陳村闔鄉繳銀三千五百兩陳村各行繳銀二萬五千六百八十二兩葉積思堂繳銀七萬兩龍景韶繳銀六萬二千兩龍留山堂繳銀一十五萬兩馬耕心堂繳銀六萬兩

一提順德公局捐輸由順德縣請換局收銀一十九萬一千五百兩

一收順德龍景韶捐輸候撥歸紅單船經費銀一萬兩以上順德捐輸三款共銀五十七萬二千六百八十二兩

一收各處繳充公用銀三萬四千五百二十四兩八錢九分六厘內傾銷銀行抽分銀二萬七千兩夏建亭捐輸紋銀換番補水餘剩銀三百二十四兩八錢九分六厘孔劉兩姓繳銀七千二百兩

一收各處繳罰項抄產田租變糶逆夷米價共銀一十三萬二千六百零七兩四錢二分五厘

一收廣州府庫存江南糧臺帶回扣留撥還廣東墊款銀三萬四千五百兩

一收廣州府鮮繳庫存閑款充公銀二千七百五十七兩六錢八分二厘

一收關餉平餘及換各餉紋水共銀二萬五千零七十九兩八錢零四厘

一收各處領火藥砲子繳價銀一千一百五十五兩

一收廣西張前臬司前在梧州鮮存銀一千五百零七兩七錢五分內撥鮮倫賞東省師船保守梧郡花紅銀一千兩代支東省師船口糧除劃抵外尚銀五百零七兩七錢五分

一收原買煤炭及柴並堵塞河道爛船變價共銀一千零六十四兩三錢九分四厘

一收陽江鎮標廣海寨拖船原配弁兵口粮內由原營支領扣還銀三十六兩六錢三分

一收糧道庫籌借備用銀七萬兩

一收廣州府庫籌借備用銀一萬兩

以上共收銀四百八十一萬五千一百六十九兩一錢五分五厘

四年五月至七年正月底支款

各處領用經費銀一百二十四萬四千七百零六兩零三分八厘

各路官兵壯勇薪糧船隻月租水手工食銀二百五十三萬零二百一十九兩七錢二分八厘
製造軍装器械工料銀一十二萬四千四百零三兩八錢五分一厘
製造砲子鉛子工料銀九萬三千八百零二兩六錢二分一厘
採辦硝磺製造火藥工料銀一十二萬二千零八十二兩八錢六分
搭蓋篷廠修船工料銀六千八百一十四兩七錢五分五厘
修理城垣砲臺堵塞河道工料銀二萬二千七百二十六兩八錢零五厘
船脚夫價各項役食銀一十五萬五千九百二十九兩九錢二分二厘
備辦乾粮油燭襍款銀六萬三千三百七十五兩六錢零九厘
省城分局支應夫價軍火及管帶紅單船委員領用銀一萬五千四百八十六兩四錢六分
解還藩庫提用發當生息帑本息銀九千四百零七兩七錢一分三厘
犒賞銀一十五萬六千二百六十四兩二錢零五厘
南海縣借賞各鄉團練銀一千三百兩
撫卹銀五萬九千一百三十九兩八錢
各營官弁借支養廉薪糧已移查扣未還銀一千二百零五兩一錢九分
調赴江南助剿之碣石營兵一百五十八名借支棉衣俟凱旋查扣銀三百一十六兩

同知林福盛預借修船費用按月分扣歸款除扣外尚銀一千七百兩
守備熊應榮預借修船費用按月分扣歸款除扣外尚銀一千五百兩
撥支口糧未據開報銀九百一十三兩一錢四分
解運湖北夷砲船價借用銀二千零四十一兩四錢六分內陸路崑提督經支銀一千零五兩四錢六分署韶州府吳守經支銀一千零三十六兩
以上自四年五月開局起至七年正月底止共支用銀四百六十一萬三千三百三十六兩一錢五分七厘內
各案勦匪銀四百零二萬一千八百七十兩零八錢一分七厘
夷務案内銀五十九萬一千四百六十五兩三錢四分

七年二月支款

各處領用經費銀二萬零二百四十六兩零五分七厘內新安陳勇領用口粮經費銀二千兩署廣州府郭守領赴清遠勦捕經費銀一萬六千一百兩陸路崑提督領赴西江勦捕經費銀二千一百四十六兩零五分七厘
省城防堵北江勦捕官兵壯勇薪糧船租局員薪水書吏工食銀一十一萬四千四百零八兩二錢二分八厘內夷務銀六萬九千七百零一兩七錢五分五厘北江銀四萬四千七百零六兩四錢七分三厘

製造防勦火箭軍裝器械工料銀六千九百五十六兩五錢二分内夷務銀六千五百三十五兩八錢二分北江銀四百二十兩零七錢

製造砲子鉛子工料銀二千四百六十九兩九錢一分二厘夷務案

製造火藥工料銀七百八十兩夷務案

修船工料銀一百八十五兩三錢九分夷務案

修理城垣堵塞河道工料銀三千一百五十八兩夷務案

各路軍營船脚夫價及本局各項役食銀五千三百四十五兩五錢七分内夷務銀一千三百五十四兩三錢七分北江銀三千九百九十一兩二錢

各路軍營帳房折支油燭本局紙張筆墨房租伙促銀二千一百二十三兩四錢五分二厘内夷務銀一千八百零六兩五錢五分二厘北江銀三百一十六兩九錢

犒賞銀三十兩夷務案

撫卹銀一百一十二兩三錢夷務案

以上七年二月各項共支用銀一十五萬五千八百一十五兩四錢二分九厘内

各案勦匪銀六萬七千六百八十一兩三錢三分

夷務案内銀八萬八千一百三十四兩零九分九厘

前項自四年五月起至七年二月底止本局共支銀四百七十六萬九千一百五十一兩五錢八分六厘内

各案勦匪銀四百零八萬九千五百五十二兩一錢四分七厘内有撥支西江勦匪兵勇口粮夫船脚價軍裝卹賞共銀七十二萬四千九百八十七兩零一分二厘

夷務案内銀六十七萬九千五百九十九兩四錢三分九厘

計存銀四萬六千零一十七兩五錢六分九厘

另款

一由藩庫先後支過各處領用經費列单移局開報銀二十萬零六千零七十八兩二錢八分二厘

以上本局及另款共支用銀四百九十七萬五千二百二十九兩八錢六分八厘

謹將此次勦辦匪徒自咸豐四年五月起至七年三月底止收支經費各欵銀數開列呈

電

計開

一由局及廣州府領藩庫銀六十七萬五千零六十兩 查此欵係奉撥四年地丁銀七萬四千八百七十一兩一錢七分四厘二毫一絲二忽三年十二月至四年四月續捐候撥銀七萬一千七百一十兩四年六月截至六年三月官紳捐輸除徑繳局用外尚銀三萬二千三百零一兩八錢海關稅餉銀九十萬兩四共銀一百零七萬八千八百十二兩九錢七分四厘除撥局用銀六十七萬五千零六十兩及支發各處領用經費列單移局開報銀二十萬零七千三百六十三兩八錢八分二厘外計存銀一十九萬六千四百五十九兩零九分二厘

一收粤海關稅撥解夷務軍需銀一十九萬一千二百兩 此欵奉撥銀三十萬兩除收外計欠銀一十萬零八千八百兩

30

一收潮橋盐課撥解夷務軍需銀二萬兩 此欵奉撥銀一十二萬八千二百二十九兩三錢零一厘除收外計欠銀一十萬零八千二百二十九兩三錢零一厘

一收撥解西省軍餉銀七萬三千兩內 藩庫銀一萬兩 海關稅餉銀六萬三千兩

一收發商生息帑本補水共銀二十九萬四千五百零二兩二錢五分七厘內 補盐經費生息帑本及補水銀一十四萬六千一百四十六兩零二分三厘 快船經費生息及補水銀一萬二千一百四十二兩五錢七分八厘 桑園圍基生息本及補水銀一萬六千零六十兩 八旗馬穀價生息本及補水銀四萬零一百六十九兩七錢五分五厘 水操防夷經費生息本銀九千九百八十三兩九錢零一厘 惠濟義倉生息本銀七萬兩

一收官紳捐輸夷務銀一十三萬一千七百七十六兩三錢八分

一收順德縣屬捐輸夷務已發局收銀一十萬零四千兩內 馬耕心堂繳銀六萬兩 順德縣繳銀四萬四千兩

一收香山縣屬捐輸夷務銀二萬兩

一收肇羅兩屬捐輸夷務銀一萬四千九百兩

一收惠潮屬捐輸銀一萬四千八百七十三兩四錢三分

一收官紳繳赴本局捐輸銀四十萬零九千六百九十五兩九錢三分

八厘內已發局收銀三十五萬一千零一十六兩五錢未發局收已移局請獎銀二萬九千八百六十三兩四錢三分八厘候酌定再發局收銀二萬八千八百一十六兩

一收各處繳局未發局收銀二十二萬五千五百兩內番禺舉人何壯猷繳銀八萬五千兩陳龍韜繳銀五萬八千兩平洲局繳銀一萬兩九江堡繳銀六萬三千六百兩鍾村赤岡戴姓繳銀八千九百兩

一收西關新老城捐輸經費銀一百九十萬零三千九百零五兩八錢四分三厘

一收新城捐局繳存五年三月發還烟店捐項銀二百五十六兩

一收順德捐輸隨時發給局收銀三十七萬四千一百八十九兩六錢內陳村闔鄉繳銀三千五百兩陳村各行繳銀二萬八千六百八十九兩六錢葉積思堂繳銀七萬兩

一提順德公局捐輸由順德縣請換局收銀一十九萬一千五百兩龍景韶繳銀六萬二千兩龍留山堂繳銀一十五萬兩馬耕心堂繳銀六萬兩

一收順德龍景韶捐輸候撥歸紅單船經費銀一萬兩以上順德捐輸三款共銀五十七萬五千六百八十九兩六錢

一收各處繳充公用銀三萬四千五百二十四兩八錢九分六厘內銷傾銀行抽分銀二萬七千兩夏建亭捐輸紋銀換番補水餘剩銀三百二十四兩八錢九分六厘孔劉兩姓繳銀七千二百兩

一收各處繳罰項抄産田租變糶逆夷米價共銀一十三萬二千六百零七兩四錢二分五厘

一收廣州府庫存江南粮臺帶回扣留撥還廣東墊欵銀三萬四千五百兩

一收廣州府解繳庫存閣欵充公銀二千七百五十七兩六錢八分二厘

一收關餉平餘及換各餉紋水共銀二萬五千零七十九兩八錢零四厘

一收各處領火藥砲子繳價銀一千一百五十五兩

一收廣西張前臬司前在梧州解存銀一千五百零七兩七錢五分內撥解備賞東省師船保守梧郡花紅銀一千兩代支東省師船口糧除劃抵外尚銀五百零七兩七錢五分

一收原買煤炭及柴並堵塞河道爛船變價共銀一千零六十四兩三錢九分四厘

一收陽江鎮標廣海寨拖船原配弁兵口粮內由原營支領扣還銀三十六兩六錢三分

一收糧道庫籌借備用銀七萬兩

一收廣州府庫籌借備用銀二萬三千兩

以上共收銀四百九十八萬零五百九十三兩零二分九厘

四年五月至七年二月底支款

各處領用經費銀一百二十六萬四千九百五十二兩零九分五厘
各路官兵壯勇薪糧船隻月租水手工食銀二百六十四萬四千六
百二十七兩九錢五分六厘
製造軍裝器械工料銀一十三萬一千三百六十兩零三錢七分一厘
製造砲子鉛子工料銀九萬六千二百七十二兩五錢三分三厘
採辦硝磺製造火藥工料銀一十二萬二千八百六十二兩八錢六分
搭蓋篷厰修船工料銀七千兩零零零一錢四分五厘
修理城垣砲臺堵塞河道工料銀二萬五千八百八十四兩八錢零
五厘
船脚夫價各項役食銀一十六萬一千二百七十五兩四錢九分二厘
倫辦乾粮油燭襍欵銀六萬五千四百九十九兩零六分一厘
省城分局支應夫價軍火及管帶紅單船委員領用銀一萬五千四
百八十六兩四錢六分
解還藩庫提用發當生息帑本息銀九千四百零七兩七錢一分三厘
犒賞銀一十五萬六千二百九十四兩二錢零五厘
南海縣借賞各鄉團練銀一千三百兩
撫卹銀五萬九千二百五十二兩一錢

各營官弁借支養廉薪糧已移查扣未還銀一千二百零五兩一錢
九分
調赴江南助勦之碣石營兵一百五十八名借支棉衣俟凱旋查扣
銀三百一十六兩
同知林福盛預借修船費用按月分扣歸欵除扣外尚銀一千五百兩
守備熊應榮預借修船費用按月分扣歸欵除扣外尚銀一千二百
九十兩
撥夫口粮未據開報銀九百一十三兩一錢四分
解運湖北夷砲船價借用銀二千零四十一兩四錢六分內陸路崑提督經支銀一千零五兩四錢六分署韶州府吳守經支銀一千零三十六兩
以上自四年五月開局起至七年二月底止共支用銀四百七十
六萬八千七百四十一兩五錢八分六厘內
各欵勦匪銀四百零八萬九千一百四十二兩一錢四分七厘
夷務欵內銀六十七萬九千五百九十九兩四錢三分九厘
七年三月支欵
各處領用經費銀二萬四千五百二十一兩五錢內准補廣州府吳守領辦夷務銀六百兩署廣州府郭守領赴清遠勦捕經費銀一萬零九百二十一兩五錢南韶連勦鎮兵勇口粮銀三千

省城防堵北江勦捕官兵壯勇薪粮船租局員薪水書吏工食銀一十一萬七千一百一十九兩三錢九分七厘 內夷務案內銀九萬二千一百四十七兩三錢九分八厘北江案內銀二萬四千九百七十一兩九錢九分九厘

兩廣西黄臬司行營備用銀一萬兩

製造防勦火箭軍裝器械工料銀九百九十五兩八錢二分 夷務案

製造砲子工料銀三千二百七十六兩二錢七分四厘 夷務案

採辦洋硝製造火藥工料銀二千一百三十兩 夷務案

搭蓋篷廠工料銀五十九兩 夷務案

核給四年五月起至五年四月止打仗被失船隻價值銀三萬二千三百兩 前勦匪案

修六脉渠口鉄柵工料銀七十兩零五錢六分八厘 夷務案

各路軍營船脚夫價及本局各項役食銀四千五百四十四兩七錢一分 內夷務案內銀一千一百三十五兩三錢六分 西北兩江銀三千四百零九兩三錢五分

各路軍營帳房折支油燭本局紙張筆墨房租伙促銀二千零六十一兩三錢四分八厘 內夷務案內銀一千八百八十八兩九錢一分九厘北江案內銀一百七十二兩四錢二分九厘

犒賞千總陳自修領給壯勇奪獲夷船銀五千兩 夷務案

撫卹銀四百八十三兩三錢 內夷務案內銀八兩北江案內銀四百七十五兩三錢

以上七年三月各項共支用銀一十九萬二千五百六十一兩九錢一分七厘內

各案勦匪銀八萬五千二百五十兩零五錢七分八厘

夷務案內銀一十萬零七千三百一十一兩三錢三分九厘

前項自四年五月起至七年三月底止本局共支銀四百九十六萬一千三百零三兩五錢零三厘內

各案勦匪銀四百一十七萬四千三百九十二兩七錢二分五厘 內有撥支西江勦匪兵勇口粮夫船脚價軍裝郵賞共銀七十三萬五千零三十七兩零一分二厘

夷務案內銀七十八萬六千九百一十兩零七錢七分八厘

計存銀一萬九千二百八十九兩五錢二分六厘

另款

一由藩庫先後支過各處領用經費列单移局開報銀二十萬零七千三百六十三兩八錢八分二厘

以上本局及另款共支用銀五百一十六萬八千六百六十七兩三錢八分五厘

1

一件　具奏四會廣寧兩縣剿捕事
竄匪殲擒多名

奏稿

硃批
咸豐　年　月　日奉到

看稿
對摺
咸豐　年　月　日具
奏
摺弁　賫
繕摺

2

大學士兩廣總督臣葉
廣東巡撫臣柏　跪

奏為英德清遠匪徒竄擾四會廣寧兩縣交界地方經官兵紳勇擊敗散竄焚燬賊巢殲擒多名飛飭追剿餘匪恭摺由驛

奏祈

聖鑒事竊照前因四會縣城被匪攻陷旋經官軍紳

3

勇剿捕克復經臣等於五年六月二十日會摺

具

奏因餘匪逃竄尚多亟須搜捕當即札飭該縣營實力查拏盡法懲辦續已欽奉

諭旨轉行欽遵辦理在案旋據署四會縣牟考祥稟報會同營員督率弁兵紳耆練勇先後拏獲首

4

要匪犯僧水清等及各匪犯共一千餘名分別解審及就地正法錄供稟繳前來嗣復訪聞四會縣屬塘村地方有賴姓匪徒欲圖起旗滋事正在飭行拏辦間經該署縣牟考祥訪聞會營督飭兵差暨各局紳耆練勇拏獲夥匪劉亞明等七十餘名續拏獲首要匪犯賴亞保等三十

一名均經分別正法解審隨又訪聞清遠敗匪
因被官兵進剿復由清遠竄往廣甯之扶溪地
方並據清遠縣營稟報該匪等自敗竄之後兵
勇分兩路追剿一由樟坑上之大陂頭一由浸
潭對河之大塘鋪殊該匪等見兵勇逼近於六
年六月初四五日仍竄至磨釣及白石潭等處

追兵勇追至磨釣墟該匪等於初七八日即齊
往十洞之橫石墟逃竄適署順德協左營都司
馮元亮新會營右營守備湯騏照督帶兵勇由
九龍進至白石潭之東村紮營該匪聞風即於
十二日由小徑竄至廣甯之扶溪地方查該處
與西省接壤並廣甯之江屯墟逼近且與四會

之威整及清遠縣迴岐屬之太平市三坑路路
可通該匪聲言定必由江屯威整竄回三坑盤
踞又經分飭廣甯四會各縣營嚴行截剿并飭
署都司馮元亮守備湯騏照督帶兵勇協力剿
辦茲據四會縣年考祥稟報賊匪練四虎等由
廣甯江屯地方於六月二十二日連夜冒雨竄

至四會縣屬威整鋪外地方屯聚該處兵勇因
兩水淋濕砲火致被賊匪殺傷多人我兵暫行
退紮龍灣等處七月十七日該匪練四虎等由
威整僻路翻出田東直向龍灣營盤攻撲兵勇
出營奮擊自辰至未賊匪大敗當場斃匪一百
餘名餘匪逃避兵勇向前追捕不及二里詎該

五

匪暗放大砲我兵猝不及防被傷多人署四會
營把總翟超龍受傷陣亡暫行退守清塘等處
要隘堵禦即經署肇慶府史樸會營添派兵勇
飭委候補縣丞俞德棻督標右營把總張得興
等管帶前往會剿並札飭護新會營叅將尹達
章等督帶拖扒各船水陸夾擊去後據報尹達
章等會同牟考祥分路進剿於八月初十日四
路齊進將抵下寮該逆等膽敢開砲迎拒尹達
章等即開砲連環攻擊各兵勇奮力追剿自辰
至申共斃逆匪一百三十餘名賊猶死拒候補
運庫大使梁殿杰督勇由山後抄至賊巢縱火
前後夾攻賊力難支登各紛紛翻山逃逸墜崖

六

落水者不計其數各路兵勇共生擒偽總先鋒
陳天澤一名偽先鋒雷超南等二名逆匪葉樹
生等十一名割取首級五個奪獲旗號砲械無
數因該處山路灣險且多竹木未便窮追當即
收隊十七日三水縣營兵勇會合各兵勇進剿
黃村逆匪該匪遥見我軍到來即揚旗率衆蜂
擁迎敵約有數百餘人頭隊三水營把總黃鏞
即督兵勇奮勇向前鎗砲齊施該匪連敗三次
仍相持不退即揮後隊兵勇赶上接應連放鎗
砲與把總黃鏞前後夾攻自辰至午奮戰三時
賊始敗竄逃逸計是日共轟斃賊匪數十人生
擒賊犯李香緣謝名贊李東秀三名割取左耳記十一隻奪獲旗幟多件又

據鹿洞局生員劉泰升等獲解竄逸之賊伍揚
保潘亘皮揚張亞料三名該匪等以威整為總
巢分派逆黨佔踞地亘墟塔坰水車等處為巢
穴肆行滋擾尹達章與年考祥等密商塔坰水
車二處必須同時進攻使該逆等不能互相救
應當即會督在事文武官紳管帶兵勇分兩路
進剿尹達章督帶緝捕兵壯二百名候補縣丞
俞德棻會督順德協左營記委衛廣茂軍功九
品頂帶謝敬邦謝彬才等管帶團勇五百名差
役薛兆管帶壯丁三百名由銀岡進攻水車年考
祥督帶潮勇三百名團勇三百名會同候補運
庫大使梁殿杰管帶客勇三百名由鯱塘直搗

搗塔坰賊巢於八月十九日約會同時進剿各
匪分出迎拒尹達章等各放大砲轟擊詎有另
股逆匪由廣甯所屬之江谷墟地方竄至銀岡
欲色我軍之後幸我軍先有預防於竹木叢雜
之處已伏有兵壯色後之賊均被兵壯擊退斃
匪四十餘名即將該兵勇調回夾攻自辰至未
兩路共斃賊匪一百九十餘名滚崖落水者無
算生擒偽元帥一名偽先鋒二名偽軍師一名
頭目三名賊夥三十一名斬獲首級五顆奪獲
鳥鎗刀械不計其數餘匪逃逸查点各隊壯勇
受傷者共十二名二十二日未刻在塔坰大營
據探報有匪徒一千餘人由地亘墟前來攻擊

各隊兵勇出營迎敵連放鎗砲擊斃逆匪數十名匪即敗走尹達章牟考祥等正揮軍追剿詎該逆等忽分三路直撲營盤均被我軍擊退維時已交酉刻正欲收隊不料有另股賊匪數百餘人由江谷竄出抄我軍之後該逆等即轉回分路包截兵勇猝不及防當被傷斃家丁一名

各隊壯勇五名受傷壯丁十一名遂各即退回下茅駐剳八月二十八日據探報回稱有大埔洞賊匪百餘人欲由小路竄入洪塘村搶掠尹達章牟考祥即督飭兵勇前往剿捕正至洪塘村口適遇該匪各兵勇奮力迎擊鎗砲齊發該匪等見兵勇衆多不敢入村登各翻山逃逸墜

崖死者無數當即拏獲偽先鋒冼亞生等十名傷斃賊匪四名因時已黑暗且係山路崎嶇未便窮追九月十四日早分兵二路同時進剿黄村營與上觀各匪胆敢分投迎拒我軍奮勇爭殺並開砲轟擊斃匪甚多其地豆墟果有賊匪出截被運庫大使梁殿杰督率練勇擊退亦有

斬擒尹達章牟考祥等督飭各兵勇合力攻擊鎗砲齊發自巳至申二路共斃匪八十餘名各路兵勇共生擒偽先鋒羅亞咸等二名偽軍師梁柳養一名頭目梁亞喜等五名賊匪胡樹生等七名女犯胡麥氏等三口割取首級五顆奪獲旂號刀械多件查該匪等竄擾四會地方雖

疊經剿捕獲勝惟未能大加懲創殲除淨盡當
飭興甯營外委方耀管帶潮勇五百名前往協
力剿辦據報於九月二十五日進剿祿村次日
移剳塘村二十七八等日分剿銀崗塔垌等處
共擊斃賊匪三十餘名餘匪俱往地莒墟大埔
洞等處迯逸該匪等仍踞威整總巢其地莒墟
大埔洞蓮仔逕金鷄逕等處均有賊巢若我軍
進攻威整竊恐各賊匪包截我軍之後尹達章
卑考祥等密商分兵三路先攻地莒墟大埔洞
金鷄逕三處如能得手再行相機進剿九月二
十九日早同時進兵該三處賊匪各有數百人
胆敢分投迎敵我軍奮勇爭殺鎗砲齊施刀矛

矛並舉三處兵勇各斃匪四五十名先將地莒
墟賊巢燒燬各匪抵敵不住登各退回大埔洞
金鷄逕賊果是日自巳至申三路兵勇共計擊
斃賊匪一百五十餘名生擒偽軍師陳亞二一名
偽先鋒賴東生等三名賊匪吳亞志等十七
名十月二十六日辰刻據探役报稱有大埔洞
威整等處賊匪一千餘人分三路來攻塘村營
盤我兵亦分三路迎敵派並龍頭鋪團勇二百名
留甫鋪團勇二百名剳於我軍之後以杜該
匪等包抄之路是日巳刻該匪等各由大埔洞
蓮子逕等處分三路蜂擁來撲我營各兵勇即分
投攻擊斃匪無數詎有三坑逆匪由獅子嶺

26　25

色抄截殺龍頭鋪等處各團勇見係三坑大隊
賊匪竄至各即潰散兵勇遂致失利營盤被焚
尹達章聞報即督率兵壯登陸往救連放擡鎗
擊退賊匪招集兵勇駐劄清塘尹達章管帶扒
船在縣城東門外河面灣泊防護城池惟督標
右營把總張得興身受重傷力戰陣亡督標水
師營候補外委覃連陞効力千總方振榮等均
不知下落兵勇亦有傷亡該匪疊被官兵剿敗
復敢如此猖獗亟須痛加剿辦隨飭三水營把
總黃鏞酌帶兵勇並札飭撫標右營把總何其
偉管帶潮勇二百名前往會同實力剿捕并據
差勇等尋獲候補外委覃連陞効力千總方振

三十

28　27

榮屍身驗明均屬身傷多傷委係力戰陣亡等
情十二月二十九日有大坑洞逆匪二百數餘
人竄赴甫田熊塘等處焚掠尹達章等即飭令
順德協記委衛廣茂等管帶土潮各勇五百餘
名協同鄉團分投往剿衛廣茂奮力上前手及
二賊並督令各勇齊施鎗砲該匪等抵敵不住
即各逃回大坑洞巢穴衛廣茂揮勇追剿拏獲
逆匪盧新桂等六名犯婦鄒亞好一口斃匪十
餘名割取首級二顆又據四會縣牟考祥稟報
匪首練四虎等現雖竄回清遠而餘黨尚在威
整金鷄逕蓮子逕大坑洞等處屯聚清遠兵勇
雲集誠恐該匪被剿敗竄糾合各匪擾及縣城城

四十

請添兵勇下縣會剿當經檄飭署肇慶府史樸
督帶兵勇親往四會縣督辦防剿七年正月初
八日探報清遠賊匪因聞省城大兵不日到剿
將威整墟蓮子逕等處賊匪調往清遠幫同拒
敵官兵現在威整一帶地方尚存匪徒無多牟
考祥尹達章等並各紳團督率兵勇向威整蓮
子逕各賊巢合力攻擊自初九日起至十八日
止連日接仗我軍疊次獲勝賊匪敗逃各兵勇
紳團奮力追剿鎗砲齊施傷斃賊匪不計其數
砲火延燒威整鋪內賊巢該匪自知不能抵敵
亦即自行縱火焚燬各巢穴翻山逃遁牟考祥
等復飭派得力兵勇協同各紳團從後跟踪追

剿前後殲斃賊匪八十餘人生擒賊匪梁正遠
等十一名訊明就地正法查明威整鋪鷺涌墟
大洲白石寨金盤寨蓮子逕等處賊巢均已燒
燬嗣據署肇慶府史樸等稟報二月十四日督
同候補主簿李召南千總周興把總何兆熊外
委徐上超呂飛熊職員馮燕宗等管帶兵勇移
營龍華寺駐紮署參將尹達章卸新興縣知縣
德玉等督帶大逕廣甯壯勇及北路各鄉練勇
紮在南塘牟考祥督同把總梁玉斑記委衛廣
茂軍功葉福元等管帶潮勇祿步大埗水坑壯
勇及東路各鄉練勇紮在熊塘一面密派紳士
葉崇光等各帶練勇由西北路黃祠地方出其

不意從後攻剿白石寨等處賊巢而南塘熊塘兩營兵勇即分路接應夾攻並咨札廣甯縣沙翊清親帶勇練駐在排砂會合堵剿正在約期進剿詎於十五日寅刻南塘巡邏勇目在山頂望見賊匪五六百人蜂擁直撲營盤尹達章德玉督同千總葉占鰲外委程功霖等帶領大逕壯勇迎頭截擊巡檢魯寶田童鈺帶同廣甯壯勇及紳士黃宗學何昌彪練勇兩路伏兵齊起左右夾攻該匪拚命拒敵鏖戰兩時之久史撲年考祥復飛派千總周興外委徐上超呂飛熊記委衛廣茂職員馮燕宗候補把總唐維鋑等各帶兵勇馳至併力圍剿殺斃賊匪一百餘名

內有手執大旗賊目二名著名偽軍師和尚安一名生擒偽先鋒温亞晚葉章鄧亞北三名擒獲賊匪羅觀水鄉等八名割取首級三十九顆餘匪向山徑奔逃廿二日復分路進剿德玉尹達章督飭西路勇練踴躍爭先所至披靡沿途搜捕將劄崀地荳墟等小匪巢先行洗蕩由塘基抄入山徑直抵大坾洞前該洞聚匪千餘胆敢在山坳開放大砲抵死抗拒相持良久職員馮燕宗武生何昌彪勇目謝熾廷首先飛越岡頂立斬執旗賊目二名蓮塘壯勇生擒手執大旗賊先鋒潘沅潰一名各隊勇練乘勢攻入登即擒斬賊匪多名年考祥督同記委衛廣茂等

38　37

十九

各隊勇練馳至亦先將深水漄小匪巢轟洗即
向該洞東路長驅直進并力夾擊復殺賊匪多
名生擒數名匪衆潰亂力已不支時有鐵坑等
處賊匪數百人拚命撲來欲圖救應被紳士曾
承恩黄宗學等督率練勇奮力截殺立斃多匪
紛紛退回而黄村賊匪亦因紳練往攻牽掣賊
夥不能前來抄襲適把總唐維鋑會督廣甯練
勇由洞北吶喊而進會合圍剿刀矛並舉鎗砲
齊施又擒斬賊匪多名一面縱火焚燒將匪洞
盡數燬平餘匪狂奔向洞後添字嶺竄逸我軍
追殺上山又斃匪數十名墜崖落澗者無算旋
據紳士葉榮光等馳禀本日乘威整白石寨賊

40　39

廿

匪分股往救大坲洞遂出其不意督率練勇八
百餘名將兩賊巢同時攻破一律燒燬殺斃多
匪生擒匪犯八名割獲首級三十三顆餘匪竄
向狗尾嶺而去未及窮追等情統計是日攻燬
大賊巢三處先後生擒賊匪共四十一名内有
偽軍師二名偽先鋒二名又賊婦六口賊子女
共四口共殺斃賊匪四五百名割取首級一百
一十四顆奪獲旗幟刀械不計其數十五日寅
刻各路兵勇復同時進剿記委衛廣茂李勝等
管帶壯勇及東路紳練行抵蛇灣揮衆直進該
匪數百人膽敢各執刀牌蜂擁迎前拒敵我軍
用擡鎗轟擊登即斃匪三四十人該匪退入壘

内抵死拒守時值弁考祥帶領大埗壯勇及各
隊練勇馳至併力合攻破壘而入復毙匪多名
生擒數名遂即縱火將賊寮焚燬賊勢不支遂紛紛
奔潰正在追殺間適職員馮燕宗記委馮超及
紳士曾承恩雷風恒等各帶勇練已將蓮子逕
禾崀岡兩處賊巢掃蕩焚燬前來會合兩路夾
攻沙洲各匪望風潰竄我軍追入沙洲將匪屋
盡數燬平復趕殺匪犯多名餘匪向山坳逃遁
共生擒匪犯二十二名賊婦五口割取首級二
十五顆二十七日先派委員李召南千總周興
把總何兆熊外委徐工超呂飛熊廖見陞胡以
文各帶本營兵勇及紳士張肇基溫英才等練

勇由東路往攻黃村攻破後遂取道進搗羅源
洞德玉尹達章督同職員馮燕宗把總唐維銈
葉占鰲及紳士曾承恩歐鍾駿何昌彪謝叶聖
程功霖等各帶勇練一由中路一由西路齊向
鉄坑兩面圍剿弁考祥督帶記委衛廣茂監生
廖錫蕃等壯勇及紳士練焕剳練安邦徐詰謝
瑶琮等各帶練勇由東北路抄越山徑先行進
攻時甫黎明時直進鉄坑逼抵石寨口該匪堅閉
閘門抗拒我軍施放火箭將閘上木篷燃燒復
用撞鎗連環轟擊弁考祥揮令勇練踴躍向前
撞破木閘一擁而進該匪約千餘人多執木鎗
拚死抵敵我軍奮力剿殺擒斬賊匪多名時值

馮燕宗唐維鋑等各帶勇練兩路馳來廣甯紳士雷風恒等亦帶練勇赶至帮剿左右衝突復殺斃賊匪甚眾擒獲亦多即將石寨匪寮及山上賊營縱火焚燬並用火箭火鎗向石洞轟洗燒死賊匪無數餘匪均扒山越嶺逃往羅源我軍正在追殺適千總周興及把總何兆熊等已將黃村攻破賊巢平燬亦追匪馳至羅源前後兜截擒獲賊匪數十名殺斃賊匪一百餘名我軍四路會齊正欲合攻羅源洞維時三水縣勇練亦已趕到該洞各匪先已聞風潰散追殺落後匪犯多名餘向洞後高山竄逸遂將羅源賊巢燬為平地統計是日平燬大賊巢三處生擒匪犯五二百二十三名內有偽軍師一名偽先鋒四名旂頭九名另獲賊婦十二口殺斃賊匪五六百名割取首級一百三十一顆奪獲旗幟器械不可勝計因餘匪尚多散匿當經史樸分撥員弁兵勇按日搜捕截至三月初三日又陸續獲匪二百餘名賊婦二十一口賊子女九口統計先後剿平大坑洞威懸白石寨鉄坑黃村羅源洞等大賊巢六處並洗蕩塔崀墟地荳墟深水漲沙洲蛇灣禾崀崗金雞逕蓮子逕等小巢穴八處除當場殺斃賊匪約二千餘名外計歷次生擒匪犯共二百九十八名賊婦二十三名賊子女四口合之現獲搜捕餘匪共已獲匪犯五百

零二名賊婦四十四口賊子女十三口四會地
方雖已平靜尚須嚴防該署府史樸因西江防
堵吃緊未便在此久延即於三月十八日回郡酌
留記委衛廣茂等壯勇及蓮塘潮州各勇共六
百名派往各要隘駐紮由年考祥親督往來堵
守並留委員李台南協同年考祥辦理防務以
資得力此四會地方疊獲勝仗之情形也至清
遠敗匪竄近廣寗江屯等處當經史樸飛飭沙
翊清親往防堵該匪復竄入廣寗之扶溪據廣
寗縣沙翊清會商營員飭令局紳馮汝勤馮卓
杰馮爵馮汝佐等帶領義山甲團勇七百餘名
陳九如陳光煜等帶領義山甲梅坑嶺顧溪六

甲等處團勇五百餘名并添調記委王廷彪局
紳馮廷庚陳名彪黃作舟等帶兵勇八百餘名
及撤回援防四會寗勇二百名仍令局紳歐鍾
駿馮廷官歐愛仁等統帶均於北岡墟會齊直
搗扶溪西路飭令局紳歐陽光岳帶領城勇一
百一十六名記委陳日陞局紳陳應星周友杭
高春元陳和藻等帶領兵勇五百六十餘名武
舉陸賢豪軍功黃裕泰等帶領團勇三百五十
餘名軍功羅仁錫鄭章和等帶領團勇二百餘
名并飭候補把總唐維鋑候補千總葉占鰲軍
功程功霖等帶領遲勇三百名均於江屯會齊
直搗扶溪東路三月初一日據探報新洞賊夥

初竄扶溪約止一千八百人後聞兵勇甚多邀
集遠境之石坎白芒等處夥黨竟有三四千人
沙翊清隨令唐維鍈邀同縣紳歐陽光岳記委陳
日陞等除飭守四仔卡塘角及與扶溪相通之
大由逕六丁逕等處所有勁勇俱由江屋小逕
悄達扶溪上洞從東面攻賊後路飭馮汝勳歐
鍾駿等帶領各勇由西面攻賊前路均定於三
月初四日寅時進剿唐維鍈局紳歐陽光岳等
由小逕迅赴扶溪上洞該匪等正欲西竄飭勇
燒燬賊巢槍砲齊舉該匪出其不意被兵勇槍
斃殺斃共二百餘名忽見西面匪黨豕突狼
奔分投紫木逕新洞逕冷水逕等路拚命竄回

遠境該紳等督勇迅追殺斃賊匪八九十名其
墜崖踐踏者不計其數又局紳馮汝勳馮延庚
記委王廷彪等帶領縣城兵勇并扶落口義山
甲顧溪六甲梅坑各勇分三隊由西面進攻該
匪前路直搗扶溪下洞兵勇奮勇向前槍砲齊
施斃賊匪二百餘名生擒匪夥七名賊衆稍却
忽見匪夥後隊紛紛奔竄知係東面攻剿得手
赶緊尾追殺斃賊匪三百餘名十一日據報遠
匪七八百人竄入江屯墟內沙翊清當即分調
與江屯相隣之葵洞前洞潭坊嚴洞排砂宜洞
蚌溪及十三鄉各路團勇飭與局紳約期會剿
十二日復會商營員添調兵勇一百八十餘名

飭令蔡洞等處及十三鄉各紳耆武舉陸賢豪
生員李濟霖等統帶團勇一千三百餘名攻賊南
南路縣城兵勇及析石團勇二千二百餘名令
局紳歐鍾駿歐陽光岳陳和藻葉占鰲周友杭
馮廷庚陳名彪記委陳日陞等統帶攻其西路
屯紳鄧正賢江汝舟江琼才等帶領屯勇七百
餘名攻其東北十四日各隊齊進均有斬獲殊
賊以全力抵城勇我軍前隊三百餘名奮力直
前為賊所抄截不能出經局紳陳和藻督勇五
百餘名衝圍喊殺賊衆披靡轟斃賊匪七十餘
名及斃四十餘名生擒九名團勇憤恨亂刀
破斃隨即飭局紳陳應星梁垣元等添調城勇

城勇六百餘名趕赴助戰十六日接據局紳探
報該匪於寅刻時已全數竄回白芒五月十四
日練四虎率黨千餘人竄擾屯界我兵迭獲勝
仗十五日添勇進攻殺斃鎗斃八九十名生擒
練逆偽先鋒邱灶養旂頭曾北妹鄧遇金楊添
保潘亞二敖馬羅亞壬林亞二等到案供認從
逆不諱并供大夥欲由春水上竄懷集等語當
將該匪等就地正法并即移知懷集四會兩縣
加意防堵正擬厚集兵勇協剿賊巢十八日午
刻據團紳防紳稟稱該逆自十五日敗回白芒
後伏不敢出惟颶言招馬為偽先鋒報仇等語
是日辰刻該匪等乘連朝大雨糾黨三千餘人

直竄江屯我勇衆寡不敵雨中火器難施未能堵禦等語沙翊清會商營員揀調兵勇飭令局紳歐鍾駿記委陳日陞等迅帶兵勇四百名馳赴拆石協同團局紳勇嚴守羅坑嶺禾貍四等處堵其竄城之路分飭前洞巖洞磜下白磜癸洞梅洞潭埗等處紳勇擇要嚴堵十九日續飭局紳高春元陳溥等帶勇五百名助防拆石坑口崀等處飭局紳陳和藻歐陽光岳馮延庚等帶勇六百名分禦前洞潭埗等處毋令南竄眷水隨又續調兵勇共三千四百餘名潭埗防紳馮延庚歐陽光岳等共管帶一千三百餘名拆石防紳歐鍾駿陳和藻陳溥高春元等共管帶

卅一

二千一百餘名二十二十三等日該匪等連撲拆石經防紳嚴守羅坑嶺殺斃逆匪十餘名生生擒長髮熊亞得陳亞執二名夥匪二名又經屯紳在坑口崀助戰餘匪仍回江屯沙翊清飛飭各路防紳屯紳訂於二十四日相機會剿詎料該匪於是日四更時先抵羅坑嶺拚命攻撲該紳等督勇力拒斃匪二十餘名該匪已將退却緣羅坑嶺之南禾貍四另有小徑早經派勇二百名據守該匪另股二千餘人攻散四勇抄我陣後各勇心慌隊亂該紳歐鍾駿力阻退勇舉刀大呼畏賊者斬而腹背受敵隊難復整局紳陳和藻手揮大刀殺賊二十餘人力竭殞命

三十二

該匪等竟欲直竄縣城經沙翊清由黃盤晉飭
紳勇在水聲嶺地方截殺逆匪一百五十餘名
逐回江屯二十八九等日各路進剿均有斬獲
隨據局紳歐陽光岳等稟稱三十日該匪分股
七八百人竄擾前洞巖洞古灶等處經各勇鎗
斃刀斃一百餘名生擒偽先鋒一名賊夥二十
五名賊探三名該匪仍回江屯據局紳馮汝勳
等稟稱閏五月初一初二等日該匪分二千餘
人搶掠梅坑等處意圖西竄經各勇連日攻擊
生擒賊目十三名殺二百餘名又經拆石水樓
防紳馮延庚等督勇一千餘人抄尾追殺五六
百名該匪乘夜回竄沙翊清帶勇二千餘名

移駐黃盤於初三日卯刻會齊分路進攻斃匪
五百餘名生擒偽都督一名賊目三名賊夥三
十五名據潭垆局紳歐陽光岳等稟稱晉飭前
中兩隊奮力并攻殺斃長髮賊五十餘名夥賊
六百餘名生擒偽先鋒夥匪共二十九名又附
稟葵洞黃洞梅洞各鄉紳勇沿途接仗各殺賊
五百餘名生擒長髮逆目及夥賊八名唐覺紳
勇陣殺賊匪五十餘名追殺竄匪二百餘名生
擒五名據馮汝勳等稟稱分勇助攻鎗斃賊匪
一百餘名獲馘長髮賊首三十五顆總計各隊
奪獲旗幟刀械一千餘件餘夥回竄清遠初四
日據北路局紳馮汝勳等稟稱本日卯刻遵搜

69

零匪詎意日前分掠大油逕六丁逕等處匪夥千餘知我兵圍攻墟巢匿而不出收隊後仍回墟中并招邀河口唐角等處截敗之匪共二千餘人意圖復舉經該紳等傳督各隊四面喊殺誅戮殆盡前因廣甯剿捕喫緊當即飭署撫標左營千總朱國雄撫標額外吳炳揚管帶壯勇

70

八百名前往協剿茲清遠竄匪既被廣甯兵勇擊敗餘匪竄回清遠屯聚應即飭令該署千總朱國雄等會同沙翊清等由白芒石馬一帶馳往清遠縣約會署廣州府郭超凡所派兵勇合力探蹤進剿此廣甯疊獲勝仗之實在情形也並據四會廣甯各縣稟報疊次打仗各兵勇間

71

有傷亡生擒各犯俱已訊明分別正法解審等由前來臣等查四會廣甯二縣與清遠縣界址毗連且山嶺叢雜路逕分岐匪徒易於竄匿茲據各該縣督率兵勇鄉團將該匪擊散殲擒多名實屬堵剿得力兵勇紳民均能同心用命洵堪嘉尚惟餘匪回竄清遠仍應加意防剿除飛飭

72

隨時督率兵勇嚴密防剿外至署四會營把總該營外委翟超龍拔補督標右營把總續經退回增城營外委張得興督標水師營候補外委覃連陞紳士陳和藻效力千總方振榮均屬奮勇從公力戰陣亡殊堪憫惜相應請

旨交部照例議恤以慰忠魂所有四會廣甯兩縣剿

73 End

捕竄匪犯擒多名緣由臣等合詞謹恭摺由驛具

奏伏乞

皇上聖鑒訓示謹

奏

謹將此次勦辦匪徒自咸豐四年五月起至七年五月底止收支經費各款銀數開列呈

電

計開

一由局及廣州府領藩庫銀六十七萬五千零六十兩查此款係奉撥四年地丁銀七萬四千八百七十一兩一錢七分四厘三毫一絲二忽三年十二月至四年四月續捐候撥銀七萬一千七百一十兩四年六月截至七年四月官紳捐輸除徑繳局用外尚銀三萬三千零四十五兩八錢海關稅餉銀九十萬兩四共銀一百零七萬九千六百二十六兩九錢七分四厘除撥局用銀六十七萬五千零六十兩及支發各處領用經費列单移局開報銀二十萬零七千三百六十三兩八錢八分二厘外計存銀一十九萬七千二百零三兩零九分二厘

一收粵海關稅撥解夷務軍需銀二十二萬零九百九十五兩九錢三分七厘此款奉撥銀三十萬兩除收外計欠銀七萬九十零四兩零六分三厘

一收潮橋鹽課撥解夷務軍需銀二萬兩此款奉撥銀一十二萬八千二百二十九兩三錢零一厘除收外計欠銀一十萬零八千二百二十九兩三錢零一厘

一收撥解西省軍餉銀七萬三千兩内藩庫銀一萬兩海關稅餉銀六萬三千兩

一收藩庫撥解購買夷砲鹽課紋銀一萬六千兩

一收發商生息帑本補水共銀二十九萬四千五百零二兩二錢五分七厘内捕盜經費生息帑本及補水銀一十四萬六千一百四十六兩零二分三厘快船經費生息及補水銀一萬二千一百四十二兩五錢七分八厘桑園圍基生息本及補水銀一萬六千零六十兩八旗馬穀價生息本及補水銀四萬零一百六十九兩七錢五分五厘水操防夷經費生息本銀九千九百八十三兩九錢零一厘惠濟義倉生息本銀七萬兩

一收官紳捐輸夷務銀一十三萬六千一百八十八兩七錢

一收順德縣屬捐輸夷務已發局收銀五萬二千兩

一收香山縣屬捐輸夷務銀三萬兩

一收肇羅兩屬捐輸夷務銀二萬五千三百兩

一收惠潮屬捐輸銀二萬二千六百八十九兩七錢二分

一收官紳繳赴本局捐輸銀四十二萬三千八百九十四兩一錢七分八厘内已發局收銀三十五萬八千零四十兩零五錢未發局收已移局請奬銀二萬九千六百四十四兩零四分俟酌定再發局收銀三萬六千二百零九兩六錢三分八厘

一收各處繳局未發局收銀二十一萬五千五百兩內番禺舉人何壯猷繳銀八萬五千兩陳龍韜繳銀五萬八千兩九江堡繳銀六萬三千六百兩鍾村赤岡戴姓繳銀八千九百兩

一收西關新老城捐輸經費銀二百零三萬九千九百四十二兩一錢八分

一收新城捐局繳存五年三月發還烟店捐項銀二百五十六兩

一收順德捐輸隨時發給局收銀四十三萬四千一百八十九兩六錢內陳村闔鄉繳銀三千五百兩陳村各行繳銀二萬八千六百八十九兩六錢葉積思堂繳銀七萬兩龍景韶繳銀六萬二千兩龍留山堂繳銀一十五萬兩馬耕心堂繳前案勸匯銀六萬兩現辦夷務銀六萬兩

一提順德公局捐輸由順德縣請換局收銀一十九萬一千五百兩

一收順德龍景韶捐輸候撥歸紅單船經費銀一萬兩以上順德捐輸三款共銀六十三萬五千六百八十九兩六錢

一收各處繳充公用銀二萬七千五百二十四兩八錢九分六厘內傾銷銀行抽分銀二萬兩裒建亭捐輸紋銀換番補水餘剩銀三百二十四兩八錢九分六厘孔劉兩姓繳銀七千二百兩

一收各處繳罰項抄產田租變糶逆夷米價共銀一十三萬九千三百零七兩四錢二分五厘

一收廣州府庫存江南糧臺帶回扣留撥還廣東墊款銀三萬四千五百兩

一收廣州府鮮繳庫存閒款充公銀二千七百五十七兩六錢八分二厘

一收關餉平餘及換各餉紋水共銀二萬五千六百八十九兩五錢九分

一收各處領火藥砲子繳價銀一千一百五十五兩

一收廣西張前臬司前在梧州解存銀一千五百零七兩七錢五分內撥解俗賞東省師船保守梧郡花紅銀一千兩代支東省師船口粮除劃抵外尚銀五百零七兩七錢五分

一收原買煤炭及柴並堵塞河道爛船變價共銀一千零六十四兩三錢九分四厘

一收陽江鎮標廣海寨拖船原配弁兵口粮內由原營支領扣還銀三十六兩六錢三分

一收糧道庫籌借備用銀一十五萬兩

一收廣州府庫籌借備用銀三萬兩

以上共收銀五百二十九萬四千五百六十一兩九錢三分九厘

四年五月至七年四月底支款

各處領用經費銀一百三十三萬六千七百三十五兩一錢三分四厘

各路官兵壯勇薪粮船隻月租水手工食銀二百八十四萬七千八百四十四兩七錢八分九厘

製造軍裝器械工料銀一十三萬二千一百五十四兩四錢一分一厘

製造砲子鉛子工料銀一十萬零一千九百一十二兩二錢九分七厘

採辦硝磺製造火藥工料銀一十二萬六千九百九十二兩八錢六分五厘

搭蓋篷廠修船工料核給被失船隻價值銀三萬九千三百五十九兩一錢四分五厘

修理城垣砲臺堵塞河道工料銀二萬六千九百零四兩六錢六分三厘
船脚夫價各項役食銀一十六萬八千九百二十四兩一錢九分二厘
備辦乾糧油燭襍欵銀六萬九千三百零七兩六錢六分七厘
省城分局支應夫價軍火及雇帶紅单船委員領用銀一萬六千零
八十六兩四錢六分
撥還提用發當生息帑本息銀一萬二千九百二十三兩零五分三厘
犒賞銀一十六萬一千四百三十四兩二錢零五厘
撫卹銀六萬零七百零二兩二錢
南海縣借賞各鄉團練銀一千三百兩
各營官弁借支養廉薪糧已移查扣未還銀一千二百零五兩一錢九分
調赴江南助勦之碣石營兵一百五十八名借支棉衣俟凱旋查扣銀三百
一十六兩
知府林福威預借修船費用按月分扣歸欵除扣外尚銀一千二百兩
守備熊應榮預借修船費用按月分扣歸欵除扣外尚銀一千零三十兩

撥支口糧未據開報銀九百一十三兩一錢四分
解運湖北夷砲船價借用銀二千零四十一兩四錢六分內陸路崑提督經支銀一千零五兩四錢六分署韶州府吳守經支銀一千零三十六兩
以上自四年五月開局起至七年四月底止共支用銀五百一十萬零
九千二百八十六兩八錢六分六厘內
各案勦匪銀四百二十四萬八千二百九十八兩一錢
夷務案内銀八十六萬零九百八十八兩七錢六分六厘

七年五月支欵

各處領用經費銀四萬七千五百七十五兩九錢四分七厘內連州支應朱岡勇糧滙兑撥還銀一千兩署廣州府郭守行營支發朱岡勇潮勇兩起口粮銀一萬九千五百二十四兩二錢五分南韶連勒鎮兵勇口粮銀二千兩南雄州孫牧滙兑贛州軍餉撥還銀二千兩陸路崑提督前在韶勦匪提用客商撥還銀三百兩在惠勦匪墊用領還銀一千兩現在肇勦捕閏五月經費銀一千七百五十一兩六錢九分七厘廣西黄臬司行營修支平樂勦匪銀二萬兩
省城防堵西北江勦捕官兵壯勇薪糧船租局員薪水書吏工食銀九

萬八千二百三十一兩七錢九分六厘內夷務案內銀七萬九十二百四十一兩六錢二分五厘
西北兩江銀一萬八千九百九十兩零一錢七分一厘

製造軍裝器械工料銀二千三百三十三兩七錢一分內夷務案內銀二千一百三十三兩七錢一分西江銀二百兩

製造砲子鉛子工料銀四百三十二兩夷務案

採辦洋硝製造火藥工料銀三千零四十八兩夷務案

搭蓋篷廠工料銀二十四兩夷務案

修理城垣工料銀一百三十兩夷務案

各路軍營船脚夫價及本局各項役食銀三千八百九十五兩四錢三分一厘
內夷務案內銀一千七百八十六兩一錢三分一厘西北兩江銀二千一百零九兩三錢

各路軍營帳房折支油燭本局紙張筆墨房租伙促銀二千二百七十兩零
六錢九分五厘內夷務案內銀二千一百五十九兩二錢八分五厘北江銀一百一十一兩四錢一分

分局夫價委員領用及南海縣領給粥廠經費共銀一千一百兩夷務案

撥還提用發當生息矯本息銀一萬一千一百九十兩零八錢七分前勦匪案

犒賞銀三千四百六十三兩三錢內夷務案內銀二千四百二十三兩七錢北江案內銀一千零三十九兩六錢

撫䘏銀六百三十二兩三錢內夷務案內銀五百六十兩零三錢北江案內銀七十二兩

以上七年五月各項共支用銀一十七萬四千三百二十八兩零四分九厘內

各案勦匪銀八萬一千二百八十九兩二錢九分八厘

夷務案內銀九萬三千零三十八兩七錢五分一厘

前項自四年五月起至七年五月底止本局共支銀五百二十八萬三千六百一十四兩九錢
一分五厘內

各案勦匪銀四百三十二萬九千五百八十七兩三錢九分八厘內有撥支西江勦匪兵勇
口粮夫船脚價軍裝䘏賞共銀七十七萬零四百三十四兩九錢五分六厘

夷務案內銀九十五萬四千零二十七兩五錢一分七厘

計存銀一萬零九百四十七兩零二分四厘

另款

一由藩庫先後支過各處領用經費列单移局開報銀二十萬零七千三百六十三兩八錢八分厘

以上本局及另款共支用銀五百四十九萬零九百七十八兩七錢九分七厘

FO.682/378B/5(6)

咸豐七年八月初七日內閣奉

上諭：本年廣東省輪屆查閱營伍之期，前經降旨，即派

葉名琛查閱。茲據該督奏稱，該省營兵大半調派

征剿，未能依期校閱，自係實在情形。所有廣東省營伍，

准其俟軍務稍定，再行查閱。仍著該督隨時查

察，如有營務廢弛、防剿不力將弁，即行嚴參懲辦。

欽此。

兵科給事中臣李鶴年跪
奏為統兵大員迅宜赴軍營督師立功勉符衆望恭摺
仰祈
聖鑒事竊臣近閱邸抄六月二十日前任侍郎曾　奏
請開缺守制一摺奉
上諭著照所請准其先開兵部侍郎之缺暫行在籍守
制等因欽此臣維
高厚之恩宜思報稱出處之道亦有經權曾　統兵數載
歷著戰功迨追賊抵江右以來聞有小捷現以該省大局
而論上吉安下九江旁撫建久為賊踞臨江瑞州二郡因
水師圍勦稍不敢逞而陷溺已深克復無日饒州廣信
一帶時陷時復賊踪出沒無常省城朝不保夕形同孤
注該侍郎謂江西各營安謐如常毋庸親往撫馭是何
說也終制一節屢蒙
皇上逾格鴻慈賜金給假褒獎慰留且有當為天下後
世所共諒之
諭無論曾氏一門世世子孫捐糜難報薄海臣民凡有血
氣者孰不聞而感泣耶曾　宜如何銜恤拊膺瀝血
圖報而乃一再瀆陳定以終制為守經現聞粵西賊復
蠢動湖南唇齒相依萬一有警曾　能閉門讀禮如安
居無事之時乎至謂才難宏濟心抱不安當前年武漢
克復凱奏飛章該侍郎將略優長業有明驗前請終制
摺內已有不出無以對兵勇等語何此奏之自相矛盾乎

又前摺云大局現爲易籌果如所論正臣子枕戈待
旦之秋該侍郎自當乘機進勦一鼓盪平上紓
宵旰之憂下慰軍民之望然後退而守制且補前次未終之
制雖一再奪情誠如
聖諭當爲天下後世所共諒也楚勇在江西向稱出力近聞漸
忘紀律頗有滋擾情事儻因主帥乏人致生變故該侍
郎撫衷自問其何以仰對
君父臣愚擬請
飭下該侍郎仍遵前奉
諭旨迅赴江西軍營督兵勦賊俟全境肅清順流東下與
皖南江左聯師克復東南各境同奏膚功則致身報
國全忠即以全孝矣臣愚昧之見是否有當伏乞

咸豐七年八月十七日內閣奉
上諭葉名琛奏查明克復清遠縣城出力官紳練勇開單請
獎一摺咸豐四年夏間廣東英德等州匪徒竄入清遠
縣境經該縣文武官紳分派兵勇竭力攻擊殲斃匪黨二
萬數千餘名克復城池地方一律肅清所有在事出力人
員均屬著有微勞自應量予恩施以示鼓勵同知銜
候補郭鍾岳著賞給運同銜並賞換花翎舉人何
暘著以知州歸部選用並賞戴藍翎舉人郭見蕃
恩貢生潘彬均著以知縣不論班次儘先選用候選
訓導禤澤霖貢生楊懷仁均著以復設訓導歸于
科班儘先選用廩生陳汝標著以復設訓導選用布
政司經歷銜生員蔡錬生著賞給同知銜並賞戴

藍翎。系欽選訓導李瀛、拔貢生黃廷杉，均著以復設訓
導儘先選用。副貢生林泌祝，著以直隸州州判儘先
選用。布政司照磨銜生員朱法貴、生員孫熾昌、從九品
銜曾貞元，均著賞給布政司經歷銜。生員孫佐光，著
以復設訓導選用，並賞戴藍翎。庠生朱承達，著賞給
州同銜。欽補把總郭太銀，著俟留標以千總拔補，並
賞給五品頂戴。布政司經歷銜陳毅亨，著以縣丞儘
先選用。文庠梁戴熙、俊秀梁肄亨，均著賞給主
簿銜。監生鄧英瑚、文生陳正心、潘鐵蕃，均著賞給布
政司經歷銜。陳正清、廖英儀、陳德瑞，均著賞給按
察司經歷銜。俊秀練有枝、練有品，均著賞給州
同知銜。莊守備承襲雲騎尉歐瀚健，著以守備遇
缺即補，並賞戴藍翎。從九品梁廷楨、張欽棟，均著
以行委書。陳素遠、梁傑芳拔補，並賞給六品頂戴。武生

任仲與著以把總歸清遠營儘先拔補，孫兆龍、陳瑞安
均著以把總歸清遠營酌量拔補，並賞給六品頂翎；
把總銜武生陳先春著賞給千總銜，並賞戴藍翎；
生員郭廷與、謝兆崇、吳達奎、朱景濂均著賞給
州判銜；俊秀陳壽元、陳祥昌均著賞給州同銜；附
貢陳鶯鏡、陳崇年均著賞給按察司經歷銜；武
舉朱對揚、鍾以霽均著以千總儘先拔補；武生陳安
霽著以分發歸清遠營酌量拔補，並賞給六品頂
戴藍翎；補把總朱炳琛著以把總歸清遠營儘先拔
補，並賞給六品頂戴；布政司經歷銜黃天禨、候選
布政司經歷周文錦、鍾致華均著賞給五品頂戴；
候選直隸州州判郭志濬著賞給六品頂翎；俊秀
黃昌瓊、劉壽沂、從九品銜羅炳年均著賞給布政司
經歷銜。該部知道。單併發。欽此。

咸豐七年八月十九日內閣奉
上諭前因御史特錦奏參廣東已革署博羅
縣知縣謝玉漢聞警先逃以致縣城失守及武勇
借銀侵漁各款諭該督按案確查辦於收復後以功
過相抵准令回任等語當降旨令葉名琛等嚴
查參辦茲據該督奏稱詳細查訪博羅知縣被擾
時該知縣親督兵勇在[illegible]匪徒餘黨亦聞警先逃亦不
發口糧截擊守城壯勇乃係屯陂齊火等眾
糶賣倉穀肥己情事並查該員平日尚得
民心失城收復後紳民斬擒踞匪多名將知
城收復後又安輯難民計口授食不致失所尚知愧
奮謝玉漢著准其開復原官仍交部議敘
欽此

皇上聖鑒謹
奏
為恭録事咸豐七年八月二十四日准
兵部火票遞到
軍機大臣字寄 湖南巡撫駱 咸豐七年八
月十四日奉
上諭本日據駱 奏王金玨一軍赴援江西餉道梗
阻請飭江西就近撥解軍餉接濟已諭令耆齡速
籌協濟所稱周鳳山於克復龍泉縣城所冒功情
事並已諭令耆 查辦至湖南派赴龍泉之官紳
兵勇從征日久著有微勞即著駱 查明保奏其
克復興安案內除蔣益澧等各員本日已由勞
保奏外其餘出力各員仍歸駱 查明保奏丁憂
侍郎曾 前經降旨准其暫行在籍守制倘江西
軍務緊急或他省有需人之處仍著候旨前往昨
據給事中李鶴年奏曾 自丁父憂迭蒙賜金給
假褒奬慰留此後墨絰從戎宜為天下所共諒豈
容以終制為守經再三瀆請請飭仍赴江西及時
圖報等語軍務奪情原屬不得已之舉朕非必欲
該侍郎即入仕途然如該給事中所奏亦可見移
孝作忠經權並用公論自在人心現在江西軍務
有楊載福統帶雖無須曾 前往而湖南本籍逼
近黔粵賊氛未息團練籌防均關緊要該侍郎負
一鄉重望自當極力圖維急思報稱所有李鶴年
原摺着抄給閱看將此諭知駱 著傳旨諭令曾
知之欽此遵
旨寄信前來等因到本部院承准此相應恭録咨會
請煩欽遵查照施行計咨送原摺

F.O.682/137/6(34)

P.1

奏稿

具奏分剿清遠敗竄餘匪迭獲勝仗並佛岡股匪業已殲滅地方肅[illegible]

八月廿[illegible]　拜發

344

禀前奏係單銜今此
件法應否由庸會銜之處
合函請示

奏

P.2

奏為分勦清遠敗竄餘匪迭獲勝仗並佛岡股匪業已
殲滅地方肅清恭摺由驛
奏祈
聖鑒事。竊前因勦辦竄擾清遠縣匪徒迭獲勝仗縣城
解圍，現飭跟踪圍捕並添調兵勇會勦佛岡股匪緣
由，經臣於本年七月二十一日由驛會摺具
奏在案。查清遠城圍雖解，而竄逸之匪必須乘此
兵威迅速勦滅，又恐散拿此竄尤應上下夾攻方免蔓
延。為此當經飭令署南韶連鎮勦補督率署連
州朱國司、巡檢張清鑑等從上路迎勦，署廣州府郭
超凡督率革弁方源等從下路進勦，此下滋並勦並情形
於五月初四日張清鑑督率團

以行

紳成兆僕等帶領練勇一千八百名由魚咀壩仔進勦獲勝、殺
斃賊匪數十名。初四日各帶練勇、乘勝分路前進珠坑禾雲之土
名主石坳石龍逕等處追勦，該匪二千餘人擁由對山分四路前
來迎拒，該紳等率勇分路進攻，大獲勝仗，當場殺斃賊匪一
百餘名，奪獲旂幟二十枝及器械一百餘件、賊號衣十餘件，該匪不能
抵禦、紛紛由龍頸珠坑等處潰逃，我勇追趕十餘里，天色已

P3

晚，旋即收隊。張清鑑督飭朱岡勇先後馳抵九龍中路紮營，相度
機宜，復探知大岡圩桐油坪平逕卯天塘蓮塘等處均有股匪屯聚，
十二三四及十七八等日連次出隊，該匪見我軍至，即紛紛由新洲沙
河浸潭等處賊巢奔逸。我軍即移三營在於平逕大岡圩等處分
紮。二十五至二十六連日大雨不止。卑積壽、張清鑑等擬於二十六日
黎明出隊，併力攻勦新洲，密諭七甲團練及約會魚嘴甫方源潮

分勦禾雲，詎是日又復大雨，未能出隊。至二十七日積壽、張清鑑
會同代理英德縣陶令志、督飭團練成兆龍侯、謝國衡、英祖
文、李登瀛等，當帶前左右中三營練勇二千四百名由平逕蓮
塘岡嘴中路直攻新洲，派濱江紳士鄭錄生、陳宗器等率鄉
勇一千四百名，協同三江兵勇及團紳甘海琮、黃韶鎮、標記委張
国華當帶朱岡後營毅勇一千餘名，在於大岡圩營盤四路埋

P4

伏，以防白石潭浸潭股匪乘虛抄襲我軍營壘，並震出大灣
桂岩之路。是日黎明，各帶兵勇分路前進，新洲股匪二千
餘人分兩路前來接仗，浸潭股匪一千餘人蜂擁繞道前來，色
我軍後成兆侯等當帶各勇分投攻擊，迭用連環鎗炮，奮勇
齊進。維時又值陰雨，該匪見我軍冒雨直前，有進無退，不敢
抵敵，且戰且退。各勇喊吶直向該匪大股攻勦，噴筒火箭迭施炮

斃大旗匪首八名，該匪紛紛潰退，由沙河一路扒山越嶺而逸。我勇分路窮追，當場殺斃長髮賊二三百名、騎馬賊三名，餘匪四五百名乃竄過對，奪獲旂幟四十桿、器械無算，浸潭股匪亦敗竄，於由賊巢狂奔，適濱江紳士李卿勇千餘人協同三江兵勇、後營朱國勇二千餘名四路夾勦，又殺斃賊匪一百餘名，生俘十五名，並將新洲賊巢寮蓬盡行焚燬。連日天氣

P.5

晴雨無常，山谿水漲，不能出隊。至四月初三晚，見天色稍霽，張清鑑、陶人杰會同署連陽營守備朱鳳容商，約初四日未時進發，黎明[illegible]，督飭三江兵勇及團紳成兆侯、莫祖文、謝國衡、李登瀛、甘海琮等督帶朱國各勇，仍由灣尾進路前進，攻新洲派濱江紳士溫日貞帶溫勇在苦竹逕一路堵勦，又派紳士陳宗器、鄭鑅生管帶團練由新洲一帶分路接應，並密派吳德

九

龍全造各鄉勇分布各要隘設伏堵截。是日各路兵勇如期齊抵新洲，即分路進勦，該匪由沙河板坑、茶坑分兩路而來，共有二千餘人，蜂擁撲伏，開砲拒敵，署守備朱鳳協同團紳成兆侯等督率朱國勇、三江兵勇奮勇由中路向大股直攻，鄭鑅生、陳宗器等鄉勇分左右兩路抄襲，該匪不能抵禦，賊隊大潰，紛紛往沙河一帶山路竄逸。我軍會同三江兵勇、吳德

P.6

鄉勇由茶坑板坑四路追勦，當場殺斃賊匪一百四五十名，奪獲大小旂幟、器械多件，擒獲生俘十名，又溫勇在苦竹逕獲賊三名，鄉勇獲賊一名，苗寨練勇獲賊[illegible]名，追趕五六里，適遇天色昏黑，收隊。即派成兆侯帶朱國勇，並鄭鑅生、陳宗器等鄉勇全紮新洲村，飭令紳士陳宗器等將新洲逃出各鄉民招回協同守禦，搜拿餘匪。三江兵勇及吳德各紳勇仍紮大岡村并逕口外

天楂九龍一帶以防浸潭股匪抄截我軍糧道連日大雨如注山谿水
漲延至初十日雨漸停止張靖鑑等會督團練紳士成兆侯等帶
朱岡勇壯成謨分兩路進勦沙河股匪三江兵勇在大岡圩堵截
清遠紳士鄭鍊生溫日貞陳宗器等督帶各鄉勇分路協同前進
沙河股匪千餘人至板坑茶坑分三路前來拒敵各紳勇奮勇攻
勦鎗砲迭施該匪即由禾雲沙河各賊巢奔逸各路兵勇會合追

P.7

截殺當場殺斃數十人適風雨交作旋即收隊回營十二日黎明約會
紳士陳宗器鄭鍊生溫日貞等先後帶勇分路進勦沙河賊巢
詎沙河股匪又糾合龍頸股匪千餘人預先設伏清遠紳士陳宗器
帶勇前進被該匪四面圍困其時鄭鍊生溫日貞督率勇目溫佑
等各帶壯勇蹚至救護該匪分股蜂擁拒敵濱勇奮勇上前當
場殺斃賊匪十餘人該匪紛紛潰退適成兆侯謝國衡莫祖文等

各帶朱岡勇趕至接應各匪仍即逃回沙河巢穴所有龍頸齊
督催令趕緊進勦毋許稍延因連日陰雨未能出隊嗣於二十二等日進
勦沙河等處股匪雖被小挫究未深入進勦至二十五日天氣晴明張
靖鑑會商朱蔦容飭成兆侯謝國衡莫祖文李登瀛甘海琼等
各帶百長分率五營壯勇四路進勦派令濱江紳士鄭鍊生陳宗
器溫日貞等各率鄉勇引導並約會陶人杰委員鄧浣司巡檢

P.8

烏伯隆營帶黃德全造各鄉勇在於清英交界要隘分布堵勦
把總張秀璘管帶三江兵勇由苦竹逕一路前進是日黎明我軍
會齊各勇出隊直進沙河股匪千餘人由新洲一路前來接應浸
潭股匪二千餘人亦前來新洲僻路包我軍之後石馬禾雲龍
頸之匪會合二千餘亦趕來接應各路股匪均被勇協同濱江鄉團
我軍壯勇向前四路環攻鎗砲迭施兩路賊隊大潰各勇由新洲井塘

一帶奮擊，有砲斃大旂首逆九名，殺斃賊匪四五百名，生擒二
十五名，奪獲大小旂幟、竹木、擡鎗、鳥鎗、籐牌、刀矛等項多件，
該匪盡由黎田、禾雲、石馬、龍頸等處分路逃竄，我軍乘勝即
攻克沙河，並將各處賊巢焚燬。四處團練均已齊來接應，沿途
追殺無數。浸潭股匪亦由龍頸、禾雲、白石潭各處紛竄，見及
大勝後旋即收隊，我軍仍分紮大塘、新洲、蓮塘、大岡圩等處。二十九日，

P9

因石馬、河洞等處大股賊匪三四千人盡往浸潭、白石潭、磨吊、黃田
一帶屯聚，張清鑑、容尚未、篤督飭成兆侯等帶朱閩勇由蓮梗寮
洞地方分兩路進勦，三江兵勇協同清遠紳士鄭鍾生、溫日貞等各勇在
新洲、板坑兩路堵截，並約會陶人英、吳德金造各鄉勇，四路設伏截勦，
以防竄越。五月初一日黎明，各勇督隊分路前進，行抵蓮梗地方，遇賊
一千餘人擁擠由浸潭一路而來。團紳成兆侯、李登瀛督率百長

吳學海等帶朱閩勇一千二百名奮勇攻勦大甲洞一路，又有賊
千餘人蜂擁前來，團紳吳祖文等督率百長吳顯宗等帶
勇一千二百名向前迎擊，鎗炮火箭齊發，該匪抵敵不住，兩
路潰退，各紳勇乘勝分路追勦，當場炮斃大旂手三名、
長髮賊百餘名，奪獲大小旂幟四十五桿，該匪大潰，紛紛由大塘
鋪撲河鳧水往浸潭、白石潭山路奔逸。各紳勇因見該首逆均聚

P.10

於此，急欲一鼓蕩平此賊大股，以期迅速，當即渡河直向磨吊
山頂攀籐附上，窮追二十餘里，沿途斬殺三四十名，生擒五名。
三江兵勇亦分路趕來接應，詎料禾雲、龍頸股匪二千餘又由新
洲板坑一路繞道至苦竹逕，四面埋伏，見我軍渡河遠追，即踵至包
襲我軍後路。磨吊、白石潭敗匪二千餘亦面向我軍接仗，各處
土匪紅旂遍山，將朱閩、三江各兵勇圍住，我軍四面受敵，後路又

被戕人截斷各紳勇死命鏖戰三時之久該匪愈殺愈多
我軍十分危急幸留守營各勇及伙夫長夫等二千餘人趕往
沖圍援救成兆侯等督率各勇內外夾擊始行突出重圍
而是晚旋即督同各隊尤爲出力之百長吴學海手刄
賊匪二名該賊勢力竭陣亡逆於初一二等日督飭朱岡各勇協同
三江兵勇及各圍紳連日出隊由浸潭白石潭各路進勦該匪二三

P.11

千人會合分三路蜂擁前來各紳督勇分兩路夾攻鎗炮交弄
並進當場殺斃偽元帥侯陳帶一名偽都督徐潰祖一名餘匪七十餘
名奪獲旂械甚多賊衆紛紛潰退閏五月初五日巳刻有匪首統匪數百復
竄英德黃寨八堡之油簾洞焚屋刦掠該鄉衿耆督率鄉勇堵勦截
擊登即殺斃賊匪十餘名生擒四名斬取首級六顆奪獲旂幟
該匪即敗回磨鈎白石潭屯聚是日申刻張清鑑督率

商成兆侯陶人杰飭傳黃寨千總并全造各紳練齊集練勇
五百名分派鄉導於初六日五鼓出隊分途進勦一由蓮梗
鵝卵岡茱壩而進一路由大岡圩大塘鋪至蒲杓頭合正道
是時浸潭股匪揺旂擂鼓蜂擁而來成兆侯等督飭朱岡勇
排開隊伍鄉勇引導迎頭攻擊自辰至午鏖敵三時殺斃賊
匪一百餘名生擒十八名奪獲旂幟八十餘件練勇生擒賊匪十一

P.12

名斬取首級五顆旂幟十面該匪抵敵不住拚命由黃田磨
鈎逃竄我軍乘勝追至沙路適值大雨未便窮追當將魯包
浸潭圩茱壩大塘鋪賊巢盡行焚燬再來剎田墟其張清
鑑新募之勇初六日亦已進紮新洲圩殺斃板坑賊匪四五十
名生擒三名旂幟多件初七日張清鑑復督成兆侯等帶朱岡各勇
一千四百名五鼓造飯黎明出隊由新洲分兩路進勦禾雲股匪該

新洲紳士温日貞等、帶御勇引導前進、該匪五六百人先在中途
赤山埜定見我軍驟至、即分股前來拒敵、各勇吶喊直上、分左
右兩路夾擊、當場炮斃偽先鋒大旂手三名、斬馘長髮賊匪首
級六十餘顆、奪獲五色旂幟二十枝、銅炮一桿、器械多件、
餘匪大潰、即由山後竄逸、各勇分路尾追擊斃、初八日四鼓
造飯、五鼓出隊進勦禾雲賊巢、維時拏獲探報訛頭股匪
五百餘入於初七晚乘夜渡河、糾合禾雲股匪、
數分路至新洲撲營、並分股由蓮塘襲我軍糧道等語、當
即密飭成兆侯帶朱岡西勇六百名由大陂至蓮塘一路迎勦、
派謝国衡、莫祖文等帶健勇七百名截勦由禾雲賊來後路、
派温日貞、李滙成、黃寨金造紳士羅錦山等各帶鄉勇於
四路要隘設伏以待、是日辰刻、禾雲訛頭兩股逆
匪共約千餘人蜂擁前來圍撲新洲營壘、朱岡勇六百名由蓮

P.13

塘分兩路迎勦、鏖戰數時之久、當場砲斃執大黃旂偽
揚武將軍黃大牛滿一名、偽先鋒十名、該匪始敵不住、即
潰退、適健勇由後截擊、伏勇四起、該匪背腹受敵、全往新
洲一帶山田四竄、各勇會齊四面圍勦、鎗砲齊發、登時
轟斃騎馬賊目一名、斬馘長髮賊首級四百餘顆、奪獲
大小旂幟十枝、東莞線鎗五桿、鳥鎗十三桿、小銅砲四
桿、藤牌、鎗砲器械多件、賊屍積屍遍野、餘匪盡由山後竄回
禾雲賊巢、各勇又沿途搜山追殺餘匪六十名、拴獲生供名、
六月初七日黎明、張請鑑暨飭團紳挑帶各勇、分兩路進攻、一
路由高逕火山攻至磨吊、一路由塘鋪浸潭攻黃田、派令
黃寨金造及白石潭浸潭各堡團練分路前往、帮同進
勦磨吊賊巢、股匪數百人輒至火山地方埋伏迎敵、我勇與各

P.14

團練奮力向前，鎗砲火箭齊發，當場斬斃賊匪二十餘名，奪獲大旂二面，該匪抵敵一時之久，紛紛潰退，仍奔回磨吊賊壘堅守，各勇追至賊巢，被匪用砲石抵住，未能近前，攻至酉刻始收隊回營。黃田一路股匪徐潰祖等五六百人亦堅守山寨不出，各勇用鎗砲轟擊，約斃二三十名，天色將晚，亦即收隊回營。是晚與朱蔦及帶勇各紳商定，

P.15

初八日五鼓造飯，卯刻照舊出隊，仍分兩路進攻。副前左二三隊攻磨吊寨前，副後右中四五隊環攻寨後，又派仝正五哨往攻黃田賊寨，約定各勇到黃田時，先姑列陣誘之，必俟磨吊攻入，兩路會合併攻黃田，乘勢殺下沙河，可操勝算。副五哨勇協同黃寨白石潭團勇前後圍攻磨吊賊巢，匪首朱保儀親自指揮，率党堅閉木柵，從柵內用砲拒敵，我勇

迭用連環鎗砲轟擊，至午刻方見賊巢火起，知線目內應得手，乘勝將三重木柵攻入，內外夾擊，斃匪一百餘名，奪獲旂幟三十八枝、砲火器械多件，當將磨吊賊壘焚燬，朱逆率餘匪四五百人往白石潭黃田山上竄逸，各勇分投追殺，沿途斬斃十餘名，復至黃田會合正五哨勇併力圍勦黃田賊寨，我勇已攻入第一重木柵內，該匪由石寨拋擲鍋碗磚石瓦片而下，我勇被傷斃五名，仍復向前攻擊，

P.16

張清鑑因朱岡勇患病甚多，密遣妥人前赴湖南招募湘勇一千二百名，于六月十五日趕到行營，協同舊募之勇合力攻勦，十八日張清鑑乘月色微明，即親督各紳帶勇由大陂前進，四鼓抵新洲附近各村，賊匪猝不及防，被我軍圍住，當場擊獲長髮賊四十三名，殺斃百餘

名，起獲旗幟大小五十六枝，鎗矛一百餘件，
餘匪由沙河板坑分逸，即令各勇用硝包火
箭將各賊巢焚燬淨盡。十九日親往相度地勢，
隨在新洲佛羅岡兩處分紮營盤。查佛羅岡距沙
河賊巢十五里，距板坑賊巢半里許，一呼可應，
距禾雲賊巢二十五里，板坑沙河係在禾雲之

P.17

上，若不先將兩處勦破，進攻禾雲，該匪必尾擊
我軍之後。是以張清鑑親督勇一千名在佛羅
岡駐紮，連日圍攻板坑賊巢、新洲營盤，距沙河
二十五里，距板坑五里，距禾雲三十里。派成兆俟
帶勇一千名在新洲駐紮，日內將板坑沙
河併力攻破，即行約期進勦禾雲賊巢，哨探板

坑賊巢屯聚白石潭敗回之匪，連本地敗竄土
匪，約共千五六百人；沙河屯聚之匪約七八百
人。勦福因湘勇已到，當即派弁飭催張清鑑乘
其新勇銳氣，趕緊攻破板坑沙河各匪，直勦禾
雲，以期迅速撲滅。張清鑑旋于二十二、二十三、
四等日，連次親督各勇分路攻勦板坑沙河股

P.18

匪，迭獲勝仗，斬馘一百四十餘名，生供五
名，奪獲旗械多件。該敗匪等紛紛由沙
河見水往對河山路竄往下游龍頭
一帶而逸。現派成兆俟帶勇一千五
百名，由新洲即日前進井塘，
分路攻勦禾雲賊巢。張清鑑

親督一軍由佛羅岡前進沙河、直下龍
頸、儎擊同日并力合攻我軍
乘勝分路直逼賊巢、深入
追擊沿途攻克、隨即焚燬
巢穴、比上游自三月起至六月
底止、攻勦各股匪之情形也、

P.19

又據署廣州府郭超凡稟、三月初八日革弁古源由高
田援營進剿魚咀、探報平山地方即有賊匪、當
飭各勇加意嚴防、初九日巳刻又據探報逆匪
由蒙塘一帶而來、方源分派壯勇在營前嚴陣
以待、一面飭外委方野林耒盧璧等率勇渡河
由右手山坡而進、把總林詩成、方福、方正等率

黃大榮病故一層現奉未有聲叙致遺漏照添上送
至黃都司積勞病故應否隨摺并聲請議卹之處合
稟候

勇由左邊至田心排列、方源親帶前隊直入衝
鋒、該匪蜂擁而來撲營、戰良久、方野林詩成分左
右翼包下、鎗砲齊施、擊斃賊匪數十名、斬取首
級四顆、奪鎗二枝、抬鎗二桿、大旗四面、賊匪
敗退潰散、方源督勇追至塡仔、該匪復傾巢而
出、復被兵勇奮力勦殺、賊由辛山一帶轉入深

P.20

山、適值天雨、未克遠追、其時署三江協中軍都司
黃大榮因在營日久、染受潮濕、積勞成疾、
又患瘧疾之症、延醫調治、據未見效、所
帶壯勇、亦多患病、當經札飭該署都司
於初十日撤勇回省醫調、嗣據報該署都
司服藥罔效、於三月二十七日病故、初十日早署

連州張崇恪、偕紳士鄭鍾瀛帶咸泰勇同往魚咀，即
與該處紳士朱景濂、譚定飛調英德陳洞七甲勇
四百名前來，會同方源兵勇分三路進攻平山賊匪。十
一早，探報賊分三路來犯，各路兵勇連放火
箭，從山上下擊，方源督率
衆勇齊出截殺，

P21
共斃賊百餘名，取首級三十六顆，耳記九
個，奪旂十九面，抬鎗鳥鎗共七桿，生擒賊匪
名，蠟石凹有賊數百名，昇平勇、咸泰勇出擊，
斃賊數十名，賊遂退走。陳洞七甲勇在龍歸水
有賊數百來戰，斃賊數十名，賊敗退，均困山
內不能下取首級。二十八日，候補知縣毛仁麟

濱江紳士黎方曦督同頭人[illegible]甲長蘇成連等集
鄉勇數百，先攻北楼口賊巢，斃賊數名，拿獲生
俘三名，賊匪[illegible]奔逃，隨將賊巢燒燬，轉攻頭
堡珠坑圩，斬獲賊首四顆，生擒一名，餘賊奔竄
黑水渡河，各勇截擊，淹斃賊匪數十名，賊奔竄
駱坑，各勇追剿，又斃數名，斬獲首級一顆，奪獲

P.22
大小旂幟號衣[illegible]件，藤牌[illegible]面，
火砲[illegible]，抬鎗兩枝，掃地兔砲一[illegible]，大小船
十一隻，帳房兩頂，砲子兩担，復在山坳陸續捜
獲賊匪二十餘名。四月初四日辰刻，賊匪七八
百人，分水陸兩路繞過珠坑直撲三坑砲台，黎
方曦[illegible]十面，飛振逕口[illegible]毛仁麟即督帶

壯勇及各鄉勇、並候補外委利輝三板船十號、
分頭前往接應，該匪向前拒敵，各勇鎗砲齊施、
轟斃賊匪數十名、賊猶不退，適利輝三板船駛
列、開砲轟斃、擊水陸夾攻、焚燬賊船一隻、賊始奔
潰、擊斃淹斃又約數十名、各勇追剿，該匪逃扒山
越嶺而逃，我勇收隊、計奪獲旂幟二十餘枝、奪獲

P.23

賊船一隻、擒獲賊匪二名、初十十一等日、
賊屢次由坪山來撲，賊匪皆增至二千餘人，均
被擊退。十二日辰刻，賊分五路之兵相離四十
餘里，遂招集河洞等处之賊會合禾雲各处大
股約六七千人分三路而來，方源撥勇將兩路
堵住、以大隊迎擊坪山大股、將賊擊敗、斬獲首

級廿餘顆、兩相持約一時之久，又復進撲
又經各勇擊退，亦斬獲首級十餘顆，賊退入坪山、
方源收隊回營、將到營邊，賊特恃人多、又復撲
來、各勇回擊、戰約一時，賊仍敗退、方源增勇屯
追離營約三里之遠、不意營盤後面石龍逕有
山僻小路、係與朱景濂等議，據該鄉導以為此路

P.24

窄小，即派朱景濂鄉勇四百人在此防守，殊
勇追賊正在酣戰之際，賊忽分兵五百人由石
龍逕小路道撲出，該鄉勇見賊即棄號衣旂幟
奔上山頂，賊遂直撲入方勇營盤放火、本勇皆看
見火起、折回、見營盤已被燒燬、後面大股賊匪
四面包來、方源止住各勇，全隊禁定、且戰且走、

退回□抱住總路相持數日一時之久賊退回
墳仔方源遂帶各勇高田又濱江紳士鄭住紮、
鑅生等于初六日帶勇移紮下逕地方、堵截浸
潭磨刀新洲板坑各路、與陳宗器溫日貞等營
盤相為犄角乃該匪于初十日率党竄向陳宗
器營與經該紳等督勇趕至致攻擊殺賊數名

P.25

匪始逃竄、廿一日探得該匪糾合沙河板坑磨刀
群匪十二日夜逆犯大岡圩尾窑坑吊牛石等處分三路
來犯、該紳等一面知會宋岡勇一面派陳溫各勇堵截
吊牛石即督勇由大岡圩尾窑坑兩路進攻均
獲勝仗轟斃賊匪十餘名、該匪等分由板坑浸
潭田心村逃竄十四日撥浸潭堡包花塱監生鄭興清探

报有逆首偽揚武將軍江狀率匪党多人、至高松
村、該紳等復督勇前赴圍捕、斃賊十餘名、生擒逆首
偽將軍江狀一名、先鋒賴詩帶蔡琨狀二名、餘匪
鼠水逃走、淹斃多名、郭超凡、凡用天氣晴明、屢
次丞催帶兵各員弁、迅速進兵、並飭方源仍進
紮魚咀、相機進剿、二十五日該匪糾合禾雲長洞

P.26

龍市各股匪數千人前來攻擊、清遠紳士鄭麟
生等督率各勇會同宋岡勇行抵蓮塘地方、遇
見該匪等蜂擁而來、該紳等即督率各勇上前
迎擊、鬧放鎗砲、該匪等拚命拒敵、我勇短兵相
接、刀矛並舉、連放火箭噴筒、即在北帝廟前殺
斃賊匪二百餘名、奪獲大砲旗幟刀械三十餘件、

該匪等分路由新洲大坪嶺井塘赤泥嶺
沙河鑼鼓灘等處竄逃，我軍亦分路追剿，即將
新洲圩、蓢竹兜、嶺岡頭各匪巢及沙河鑼鼓灘
賊營焚燬。因天色已暮，即收隊回營。時沙
河之匪渡河至浸潭壁大陂頭地方，又被該村紳
士鄭東培帶勇截擊，殺斃賊匪七十餘名，并[illegible]

P.27

斬獲賊匪辮記旗幟等件、馬匹、賊首銅鼓帽
袋肚前後。二十七日早，有河洞廟背股匪數千
人前來珠坑攻擊，團練軍功蘇成連即督率各
勇出寨奮力迎頭截擊，鎗砲齊施，各匪不能抵
禦，當場斬殺及鎗斃賊匪二十七名，該匪等即
竄回舊巢。十一月初一日，有浸潭磨鈎股匪二千餘、

竄至蓮梗逕、開圩、小東等處，鄭鑅生督勇會
同朱岡勇馳赴松塱、白花塱地方，與該匪等相
遇，我軍即分兩路上前迎敵，自辰至午酣戰三
時之久，勇百倍鎗砲環攻，斃賊匪五
十餘名，受傷者不計其數，該匪抵敵不住，紛紛
竄回浸潭、磨鈎、白灣等匪巢，我軍當即收隊。初

P.28

三日，方源探知禾雲逆首糾邀東莞匪徒二千
餘人，由石龍逕平山兩路前來，方源先遣團紳
朱景濂督帶昇平勇先往誘引，方源整齊隊伍
由小路繞至留洞廟伏截，果見該匪漫山
遍野而來，昇平勇在前開放鎗砲，方勇攔腰
截擊，鎗砲齊施，[illegible]轟斃賊匪三十

P.29

餘名，生擒執大旂賊目劉林一名，奪獲旂幟刀
矛籐牌五十餘件，賊隊大潰，紛紛扒山越嶺而逃。
初七日，鄭鑠生等會談附近談處僑寓羅塘堡
東安約值事監生曾懷芳、曾俊芳、井塘東約俊
秀彌上彪、范爵昇等專探確匪黨數百竄回
新洲圩屯聚，圍築木城，裝砌銃劄，復肆擄燒。鄭
鑠生等察看，仍須次第剿擒，方能長驅直進，遂
再傳集各約團勇，於初八日黎明出隊，分派彌
上標等帶勇為左邊嚮導，曾懷芳等為右邊嚮
導，談紳等督勇當中直行，至黃竹逕，見偽武衛
將軍黃慶、江勝堂、張十大書各持紅令前來接
仗，登即開礮轟斃偽將軍黃慶、張十大書二名，

P.30

并轟斃匪黨七名，旋即奔潰，我勇奮力尾追，趕
至新洲圩賊巢，四面圍攻，匪等負嵎迎敵，連戰
二時之久，殺斃騎馬賊二名、長毛賊五名，該匪
抵敵不住，紛紛潰竄，當將賊營掃平，追至東
坑背地面，天色將暮，只得收隊。是日計殺斃賊
匪共四十餘名，受傷無算，割取首級，辮記九十
生擒偽先鋒三名，奪獲逆首偽印信一封，並大
礮[illegible]母枝，手鎗十四枝，扎嘴三十二枝，大小
旂幟廿廿面，號衣八件，銅鼓、帽三件，噴筒十二枝，
火藥廿罈等項。旋聞該匪等探悉下游各口兵力單
薄，冀圖分股下竄擾，即經郭超九分飭各員弁紳
士竭力嚴防，隨時偵探。二十八日寅牌時候，有河洞

右馬賊匪二千餘，由嶺坑尾直撲黃岡南
矮嶺腳直撲大秧地營盤，經督帶同勇駐紮黃岡
之把總方贇督率各勇向前迎擊，因路紛紛
岐竹丫地復瞻顧賊多勇少，被匪四面圍包，方
贇督勇衝殺出圍，距逕口候補知縣毛仁麟營
盤相隔一河，毛仁麟督勇分起渡河上前接應

P31
方贇亦督勇前後夾擊，該匪腹背受敵，始行敗
退，當場殺斃賊匪二十餘名。又有另股由駱坑
前赴三坑砲台，攻打毛仁麟閘，振派撥虎勇前
往救援，並經該處團練黎方曦督勇在河旁兩
岸，並將八木船泊在河面，開放鎗砲轟擊，殺斃賊
匪數名，該匪始行退去。同時該匪分股由矮腳

撲大秧營盤，經督帶雲從勇監生陳達釗、督勇
奮力擊散，由矮嶺山邊適值攻撲黃岡之匪
回竄，匪多勇少，未便深入追逐。二十八日五更時
候，先督帶大溼勇舉人仇炳宸等派勇赴溱湟山河巡守，
見有賊匪大隊蜂擁撲來，該紳等即督勇各持器
械鎗砲上前迎敵，炸砲轟斃匪多名，並奪獲偽

P32
元帥大旗三面，該匪勢不能支，即行由鳳閣五
月初五日，有匪首繞河洞石馬之匪二三千
一由落坑翻山來撲大秧地，一由溱湟來撲大
瀝各勇營盤，來大秧地之賊先僅數百，監生
陳達釗先經得信，即督勇暨僑該匪一至即上前
迎擊，當場殺斃賊匪二十餘人，砍取首級五顆

P.33

困後路之匪蜂擁而來，益聚益多，將該勇四面
圍繞，深箐難敵，該勇等奮力衝殺出圍，退紮廻
瀾市，該匪等竄旋，即竄往太平市，與溱湟竄出之
匪合攻大歷各營，其由溱湟山竄出之賊約二
千餘，分由大溱、小溱兩路而出，仇炳寰等督飭
大歷勇與外委方文督飭潮勇、鄉練孟世賢督
飭山塘練勇三面夾攻，闖救者鎗砲並施，並
放火箭力戰三時之久，斃匪百餘名，奪獲旂
幟刀械五十餘件，孟世賢奪獲偽元帥大旂一
面，該匪始紛紛仍由大小溱湟竄回，各勇追至
山腳，因路甚崎嶇，始行收隊。初十日辰刻，方源
鄭鏗生、馮錫章等帶勇由魚姐進攻禾雲，行抵

長旂壕地方，瞥見該匪千餘人，前來迎敵，方源
等揮令各勇施放鎗砲，當場轟斃匪首執令旂騎
馬賊一名，並用噴筒火箭致斃賊匪數名，該匪
即潰退，吾勇爭先追趕，喊殺連天，斬斃後隊長
髮賊一百餘名，該匪等分路逃竄，時值風雨大作，
即行收隊。濱江司巡檢鄭凌雲先赴英德七甲地方

P.34

督飭禾雲堡紳士梁祖慶、井塘紳士范朝集、羅
塘紳士曾懷芳等，亦同日督勇前赴新洲紮定
營盤，即出隊進剿茶坑、板坑、井塘各匪巢，該匪
即出巢抗拒，我勇鎗砲齊施，并前奮擊，致斃賊
匪四十餘名，該匪四處奔逃，我勇即將茶坑、板
坑、井塘各巢穴焚燬，因時已傍晚，兼值風雨，

冊助收隊紳士朱景濂七、甲監生黃源清等同
時進攻長洞、朱景濂之勇由上坪山出擊掌牛
坪賊巢、黃源清之勇由下坪山出擊社牌賊巢、
詼匪等出巢接仗、我勇用火箭轟斃先鋒賊二
名、乘勢上前奪获火箭大旗兩面、將詼匪斬斃
並鎗砲斃匪三十餘名、生擒三名、詼匪等抵敵

P.35

不住、即逃回掌牛坪大巢、閉柵堅守、詼匪由柵
內施放鎗砲、兵勇一時不能攻入、且值大雨、即
收軍回營、紳士蔡方曦督帶濱勇軍功朱濟蒼
等督帶船勇、外委方賞督帶逕口潮勇、由逕口
進剿珠坑、分由桂坡上烏机廟、分由狗仔逕分
路前進、將抵珠坑、詼匪等七八百人前來拒敵、

兵勇抬鎗鳥鎗一齊施放、斃匪數十名、奪获大
旗十二面、斬获首級十顆、追至新村、即將詼处
賊巢焚燒、復又追至横塘、詼匪等鳧水向河洞
逃走、淹斃數十名、河洞賊匪大股前來應援、
時值風雨大作、未便過河、即收隊住紮、十二日
早方源會同朱景濂、鄭鑠生等督勇出隊、進攻

P.36

禾雲之掌牛坪、楊兜樹各匪巢、行抵長祈瀿地
方、擒获在詼处山頂瞭望之賊六名、當時殺斃、
旋值大雨、守至午後、雨仍未止、即收隊回營、十
四日進攻長洞、因查由埧仔營盤至長洞內有
石龍逕小路、詼匪等可以包後、即派黃源清七
甲勇與同安勇前往堵截、方源等督勇出隊進行

P.37

至長洞之老鼠咀、該匪二三千前來接戰。鄭鑠生、朱景濂在前隊揮令各勇開放鎗砲，奮力攻擊，斃匪二十餘名，該匪等敗退，各勇追至社脾地，而該匪先在密菁中預為設伏，暗放鎗砲，陣亡壯勇四名，受傷二十餘名。方源督勇赶進，鄭英輝等勇亦由大吉寺冲出接應，抵禦禾雲之匪，分股截住大吉寺之勇，一由埗塱圍繞出與育勇接戰，一時之久，斃賊數名，賊即敗退。回到陂林密逕，有埋伏，且聞有匪到石龍逕抄襲埧仔營盤，即收隊回營，其抄襲之匪已經七甲同安兩勇擊退。十五日，方源等復進剿長洞，朱景濂、黃源清帶勇由左邊山脚而進，方源、鄭鑠生帶勇由中路而進，離賊巢約二里，見該匪二三千蜂擁而來。方源即飭練勇數十名上前佯敗誘敵，該頭隊悍賊果先猛追，至方源即揮令把總林詩成等督勇開放鎗砲，各持刀械上前追擊，殲斃賊匪四五十名，該匪等即逃回巢內，閉柵堅守。各勇追到柵前，巢內鎗砲如雨，不能

P.38

進。十七日，方源與鄭鑠生、朱景濂等會商分路進剿，由埧仔攻長洞，一由大吉寺攻禾雲。是日寅刻，方源、朱景濂、黃源清各督勇出隊行抵距長洞八九里之五馬仔地方，有匪千餘搖旂吶喊而來，方源、朱景濂等即揮令各勇上前開放抬鎗、各鎗，當時擊斃賊匪二十餘名、黃

P.39

源清之勇、即整住坪山嶺、點放子母砲、亦斃五匪
大名、該匪等即紛紛向老鼠咀一帶奔竄、[illegible]
追至社牌凹該處距長洞賊巢不遠僅里許因
山路險窄該匪等在隘口把截並開砲放抬鎗大砲
我勇屢上屢退不能搶進相持一時之久祇得
收隊回營 鄭鑅生馮錫章帶領各勇會同

鄭英輝梁席珍等勇、行抵距禾雲五里之留福
嶺、即有逆匪千餘前來接戰、鄭鑅生等督率各
勇開放子母砲抬鎗、擊斃前隊執旂賊三名、並
餘匪十餘名、各勇蜂擁上前齊聲喊殺、該匪等
丟棄旂械紛紛逃回巢內、我勇追至巢前見巢
外四圍築柵、柵外遍插竹釘、前隊之勇、誤蹈刺傷

脚底者五六十名、鄭鑅生馮錫章即令抛擲火
箭噴筒、忽見巢內房屋延燒、正可乘勢逼攻、乃
巢內連放大砲致斃我勇四名相持多時天色
將晚始收隊回營二十八日據清遠紳士廖濟
棠張廷棟等來營繪出葛茅高寨芒塊崀木城處
賊巢圖形、該匪各築木城殊不易攻並恐伏匪

P.40

有抄尾竄撲等弊、隨飭廣寧蔡洞等處團紳帶
引千總朱國雄、吳炳揚、馮有乾等閱視路逕、訂
於六月初二日飭令廣寧紳江汝舟等挑勇六百餘
名、隨朱國雄等帶兵勇七百餘名由凹仔老古
廟、豬仔坡、白芒逕攻芒塊崀木城、局紳歐陽
光岳、陳應星、李濟霖、羅桂芳、莫子謙、梁兆琮、曹士元、曾世

榮湧、盧良首、事歐陽烔、程鵲、陳清瀾、陳懿元等督率城勇
團勇一千五百餘名，由塘覺三砧嶺進攻高寨木城，記委
陳日陞紳團勇李積善、范本宣、何廷煥、邱文瀾、邱俊光、朱
如學、譚啟科、譚清華、吳濟邦等帶領各勇一千二百餘名、
由梅洞白鬚公凹進攻葛菜木城。是日兩處中間各隊齊
出，歐陽光岳等稟稱高寨賊城與嶺脚相近，中隔溪

P.41
水，有小岡蔽之，該匪登岡抗拒，我勇由三砧嶺殺
殺賊連勝，至此陳鼐奮力攻擊先後，賊已却，而我退，彼又擁
擊。如是者三，計殺賊匪九十餘名，生擒長髮二名。又
東安傳者十名，又据江汝舟等稟稱，猪仔坡一路徑過林雜，伏莽甚多，
經各帶兵官將白芒沿路賊營盡行燒洗，並層層分紮，安勇直至
芒塘、良輕隊齊進，鏟斃拒匪十餘名。忽見大刀賊一人身揮黃旂帶

領匪党衝陣，直前經千總朱國雄侍朱馮吳各弁，我親放鳥鎗擊斃悍匪，安
勇趕赴殺賊八十餘人，生擒三名。賊雖破賊已敗，又据陳日
陞、吳濟邦等稟稱，白鬚公凹地方匪黨頗多，不虞安勇登時
驚潰，我勇進攻葛菜，連戰皆勝，殺斃兇賊十餘人，餘匪負城
抗拒，當挑健勇薄城，火攻，該匪見四處火起，棄城遠遁，經我勇
趕殺，鏟斃刀斃一百餘名，生擒五人，城燬焚店燒斷，雖再聚各路投敵諸士
首級十五顆，耳辮三十四副，旗幟、砲械二百餘件。又据白鬚坳抗遠紳卯願、應廣
廣甯紳士周友杭、江瓊才等稟，連日進攻，殺斃葛村賊匪十餘名，下達十餘名，前後生擒五名。

P.42
六月初六日四更後，據探報有逆匪五千餘人來至
長洞掌牛坪賊巢，定初七日早來封坝仔營盤。
著情郭超允等傳知各營，令五更造飯，黎明出
隊。飭令濱江司巡檢鄭凌雲督同鄭鑠生等帶
領鄉勇先在大坡坑口右邊埋伏，朱景濂協同黃
秉元帶領鄉勇先在枝椅頸左邊埋伏，方源

與外委方耀督率東潮各勇在橫岡中路埋伏、再由中路迎敵、甫經佈置、當見該匪大股蜂擁而來、勢甚兇猛、郭超九等即飭令記委黃鳳祥持

令督飭東潮各勇上前接仗、左右兩路伏兵、同時搶出、開放抬鎗鳥鎗、當時擊斃賊匪一百餘名、受傷者無數、該匪抵敵不住、丟棄鎗砲旗幟、四處狂奔、我軍奮勇上前、追至上坪山地面、斬獲執紅旗先鋒賊六名、餘匪十餘名、奪獲旗幟丹十餘枝、鎗砲大旗、器械多件、初九日下午據探報、該匪大股擬由坭仔窩出高田等情、郭超九即傳知各營盤預為整備、商定初十日五鼓進飯、即令濱江司以

P.43

枝鄭凌雲帶領濱勇在中心坭尾埋伏、朱景濂帶領昇平勇在坎下地面埋伏、黃秉元帶領清平勇在大口廟埋伏、方源方耀等督率東潮各勇由橫岡頂中路迎敵、並飭外委黃鳳祥帶同團練紳紳在各隘口埋造地雷、去後探役回報、長洞各賊並無動靜、亦無更鼓聲音、料該匪詭計多端、必有埋伏、冀我軍深入險地、遂其包抄、初十日辰刻、見我軍出隊、該匪約五千餘、分三路漫山蔽野而來、各隘口地雷齊發、我軍伏兵四起、刀矛並舉、鎗砲齊施、擊斃賊匪二百餘名、奪獲大旗丹十四枝、長鎗五十八枝、籐牌十六面、

P.44

用鼓帽二十七頂、抬鎗十四
桿、該匪勢不能支、登時紛
紛潰退、見有騎馬賊首
數人帶領後隊賊匪把
截山口、將敗匪截回拚
死拒敵、方耀督率東勇

P.45

上前追殺、殺斃砲子中傷右
胸旁、方源同鄭鑅生等
督率各勇一齊奮力、追擊該
匪、始行退回、我軍分三路追至石龍逕
上下坪等處、見該匪竄遠、即收軍回營、連
日查探該匪大股俱竄赴下游禾雲長洞、屯聚七

八千之衆、河洞石馬亦屯聚五六千、該匪立意併
股竄出滋擾、坪仔一路經方源各勇於初七
初十兩次將該匪擊斃及受傷抬回死者聞
不下六七百名、該匪分屯隘口、每日在山頭搖旗吶
喊、尚不敢直撲我營、十八日早該匪四五千由河口分
路來撲珠坑船勇營盤、該勇等奮力攻擊、戰兩時之久

P.46

二十日早該匪聚党四千餘、左分水陸兩路由
珠坑出撲三坑砲台、經駐守三坑砲台之蔡方
曦勇二百名、同船勇四百名竭力抵禦、賊匪蓋
來益多、該勇等隨戰隨退、毛仁麟在逕口聞信
即分撥潮勇前往接應、將該匪擊退、二十二
日早該匪復糾聚四五千出撲逕口營盤

毛仔壽幫率各勇奮力攻擊詎該匪益来益多
分路抄襲業請賜獎前稟籌撥經費五四千
兩及所請軍火一併委員星飛領解以期速遂
設法進攻実所禱切再毛勇帳房早經破爛原
期克期殲事是以未經請撥現被焚燬應請發
給十頂以資棲止二十二日三更後長洞逆

P.7

首押仝逆党三千餘明早前来攻撲當即傳知
各營四更造飯五更出隊飭令鄭鏘生勇埋
伏横村岡寨朱景濂與黄秉元勇埋伏白
竹坑鼓椅頭等處方源與張與所帶東湖勇
中路迎敵併令鄉勇把守暗仔逕口因黎
明霧氣氤氳至辰刻果見該匪蜂擁前来我

勇埋伏四起鎗砲齊施轟斃賊匪多名挑大黑
旂頭目二名、先鋒賊五名、受傷者百餘名、賊屋
未刻該匪抵擋不住登時敗竄我勇直進至下逕
因見賊匪埋有大砲在山頂要路是以不敢窮追祇得
收隊回營二十三早賊匪數千由大秋地西[illegible]高泰望山
口兩旁甚洶湧分面環攻我勇鎗砲齊施力戰三時
之久斃賊百餘名、賊始漸退

P.48

二十四早匪等由西北之田螺灣直抵飛水口一
地方、該處離縣城僅止三里、署清遠縣薩
保、署清遠營遊擊文通督帶兵丁前往迎
擊、退割獲髮辮耳記該逆敗退仍由田螺
灣屯聚、二十五日有匪党三百餘人到松
崀擇善寨等處搶掠焚燒屋、署三水

R49

方准病故
一面委員接收

縣穆精阿以該處與漫水河相近，誠恐竄入滋擾，當
經會同署三水營守備何雲章並漫水河防堵之署順德協右營
都司李榮光、在事營弁，親督兵勇前往進勦，擒獲頭圍地方
與賊匪接仗，獲勝收隊，而回當塲斬取首級五顆，生擒賊
匪駱元、陳保二名，連日接探報，以賊匪仍在太平市一帶屯聚，並九月仍有楚搶截水路防堵大扒艇巡莊
賊匪數百，前來田螺灣窺探，經我勇追擊，斬獲首級一顆，山塘口亦有賊數百入鄉，及鄉民關砲擊退
現仍督率各弁兵勇設法進攻

此下接 自三月至六月進勦捕各股賊匪之情形也。茲據該鎮府
等先後稟報前情，并據稟稱，迭次打仗，兵勇間有傷亡，並嗣據
鄭超凡稟報，革弁方源帶勇赴北江援勦，勦捕到清城，親冒矢石，三日
內即解城圍，復赴太平市、魚咀、塡仔一帶，逼近賊巢，督勇堵
勦，連次進仗，積勞成疾，兼之感冒風熱，氣痛嘔血，醫藥罔
効，於七月初五日在營病故，各等情前來。且查清遠敗竄餘匪、

R50

黨，經官軍分路攻勦，未能一鼓蕩平，掃絕根株者，蓋因山路
崎嶇，林深箐密，匪巢過多，四通八達，我軍未能直搗其穴。現已
添調署前山營都司湯騏照，督帶兵勇六百名，調署撫標千總
梁仕光督帶兵勇六百名，赴往清遠，會合各官軍紳勇，設法
圍攻。一面飛飭署廣州府鄭超凡、署南韶連鎮勒福，振刷精神，
督率上下路各員弁紳勇，確探匪蹤，窮追痛勦，務期殲盡
群醜，早甦民困，不得曠日持久，老師糜餉，致干重咎。傷亡
兵勇，查明彙案咨部議恤。再佛岡股匪，前被兵勇擊敗，追
殺數里，復經臣飛飭署佛岡同知陳經，赶緊追勦，嗣據稟報，
該匪等前被擊敗後，復經我軍分投殲殺，燒燬賊巢地方，
現已安靜，將平洪勇裁撤以節糜費回省等情。除批飭該署同知嚴加搜
捕，毋任餘燼復燃外，並署三江協中軍都司秦同弁署清遠營右營

守備黄大榮管帶潮勇勦捕逆匪，在營日久，疊著戰功，
以致積勞病故，殊堪憫惜，相應請
旨敕部將黄大榮照軍營病故例從優議卹。其參革潮州
鎮右營千總方源，前因在廣西潯州勦匪畏葸避，係奉
諭旨正法之人，該革弁續赴北江效力贖罪，甫到清城，親冒矢石，三日
內即解城圍，復赴太平市魚咀墳仔一帶，逼近賊巢，奮勇堵勦，
連次進伏，頗極勤奮，今雖積勞病故，惟係奉
諭旨正法之人，應請免其查辦。所有分勦靖遠暨竄餘匪並佛
岡股匪業已殲滅，地方肅清緣由，謹恭摺具
奏，伏乞
皇上聖鑒訓示。謹
奏。

P.51 end

稿 由後博羅知
城 處招稿[illegible]

呈詳請將克復博羅縣城在事出力官紳分別獎勵由赴 兩院

FO.682/253A/3(52)

廣東軍需總局兼辦團練督糧道、按察使司按察使、布政使司布政使、鹽運使司鹽運使、補用道 為詳請獎勵事案奉

憲台、撫憲、爵督憲會札咸豐五年八月二十四日據署惠州府海廷琛稟稱案奉軍需局司道轉奉憲台牌行據已革江西吉安府通判古連䲡稟隨同收復博羅縣城兵勇出力並辦理粮台各緣由到本爵部堂據此查克復博羅縣城先據署惠州府陶守稟報當經批

示嘉奬所有在事出力員弁紳士并
飭據實酌保數員請奬以示鼓勵在
案云云札局即將發去執照轉給惠
州府分别移給收領一面將應行内
奬各官紳核明彙案詳請辦理仍將
給照日期報查毋違等因到局奉此
正在查辦間又據署博羅縣林溥華
稟稱案奉憲局札開現奉
憲台會札咸豐五年三月二十一日據
署博羅縣謝玉漢稟稱竊照本年十
月十二七九等日歸善股匪翟火姑
等竄擾卑縣属長塘面烏沙埔地方
經卑職會營督飭兵壯團練擊退業
將獲勝情形通稟並聲明出力紳耆
另請優奬在案云云卑職覆查無異
惟陳錫齡等原稟委寔遺漏並非冒
濫似應准其一併補請奬勵以昭激
勸所有遵札查明緣由理合列具清

52/2

摺稟候察核俯賜核明轉詳奬叙等
情又據署博羅縣林溥華稟稱案奉
憲局札開奉
爵閣督憲台批據該縣稟獲逆首洪亞沉
等辦理緣由奉批據稟拏獲首夥辦
理情形具見官民齊心兵勇出力殊
堪嘉尚云云所有前獲逆首洪亞沉
等出力各紳耆奉批逐一查明核實
請奬不敢稍有冒濫理合列摺稟繳
察核俯賜轉請奬叙以昭激勸而示鼓
勵實為公便計繳清摺一扣等情各
到局據此除將所請外奬紳弁兵勇
先奉
憲台飭發執照由局轉發惠州府查
收分給應毋庸議外本司道等伏查
博羅縣城先因被逆匪糾党闖入屢
出抗拒傷害官紳旋經响水鄉團練
紳士帯領壯勇隨同官軍奮力攻剿

52/3

獲勝克復城池復協獲逆首洪亞沅
等多名實属官民齊心洵堪嘉尚所
有在事出力官紳人等自應分别給
予内外奬敘以昭激勸理合繕具清
摺詳候
憲台察核俯賜將摺開應行内奬各
官紳准予
奏奬其外奬人等先行賞給頂戴填註
執照發局轉給實為公便除詳
撫爵閣督憲外為此備由同摺一扣具呈
伏乞
照詳施行
一詳　兩院

為詳請奬勵事竊照呈詳請將克復博羅縣城在事出力官紳
分别奬勵一案除將案由備録書冊外理合繕具清摺詳候
憲台察核俯賜將摺開應行内奬各官紳准予
奏奬其外奬人等先行賞給頂戴填註執照發局轉給實為公便
除詳
撫爵閣督憲外為此備由同摺一扣具呈伏乞
照詳施行
一詳　兩院簡文

咸豐七年九月　　日軍需局聲息科承

督糧道王

按察使司周

布政使司江

鹽運使司齡

補用道蔡

准補韶州府知府呂

署廣州府知府郭

知府銜羅定直隸州知州壽

謹將克復博羅縣城併拏獲逆首洪亞沅等在事出力應行內外
奬叙各官紳開列姓名清摺呈候
核奬

計開

委員前龍川縣典史鍾基自上年七月間丁憂後奉准留惠郡
辦堵剿該員當差以來自備薪水先則派守郡城查拏奸
宄捕獲內應要犯林阿華訊明懲辦晝夜勤勞嗣又帯勇
隨同克復博羅縣城屢次陸路打仗拴獲賊目劉亞潰周汶
仲賊夥潘亞潤等五名又水路打仗官帯戰（砲）船督放大砲
轟斃賊匪多名每戰當先胆畧過人並審訊各賊犯供詞先
後數月不辭勞苦寔屬奮勉出力始終不懈應請保
奏賞給六品翎頂俟服闋後仍回廣東以縣丞儘先補用

陸路提標左營守備張得楊每戰身先士卒不避艰險迨克復
博羅縣城後即會同謝令入城安民洵屬勇敢有為應請保
奏賞加都司銜

潮州鎮惠來營千總陞用守備李際昌率領潮勇每戰當先迭次
均有斬獲應請保
奏賞戴藍翎

在籍兵部候補主事李可琳倡辦團練勸捐經費議立章程
悉臻妥協並督率義勇幫守郡城晝夜巡查不辭勞瘁嗣
又陸續運解軍器火藥等項至博羅軍營應用均無貽
悮寔屬始終奮勉應請保
奏賞加五品銜
原任通判古連魁自上年賊匪攻撲郡城即倡捐經費糾集義民
登陴守禦嗣又募勇數十名帶至博羅軍營與官兵合
力進剿並辦理支發事宜撙節動用毫無舛錯寔屬急
公好義頗著勤勞查該員前在江西吉安府通判任內因
案革職此次奮勉出力應懇
奏請開復
廩生鍾有芳當賊匪初起之時即在本村辦理團練率勇竭力堵
禦嗣又往博羅軍營迭次單帶勇殺賊立功寔屬始終出力
查該生已援新例報捐訓導分發應請保
奏以訓導不論班次遇缺即用補
在籍候委訓導陳量宏帶領各鄉義勇幫同官兵克復博羅
縣城屢次捐資募勇爭先殺賊寔屬深明大義勇往有
為應請保

52/7

奏以訓導儘先補用並　賞加六品頂戴
廩生李佩棠為三和墟約首聯絡各鄉團練壯丁協助官兵打仗
此次克復博羅縣城隨同進剿不避艱險雖彈壓壯丁亦甚妥
貼寔屬深明大義應請保
奏以訓導歸部選用
陳惟均係由監生遵例報捐從九品不論雙單月選用查該職經
前署博羅縣謝全以捐資募勇臨陣不避艱險搶殺逆賊
勞績最著其躬冒矢石尤為義勇難得曾邀　賞給六
品頂戴嗣又隨同收復縣城復帶勇協拏逆首洪亞沅
等多名寔屬不辭勞瘁始終奮勉可否
奏保給予府經縣丞不論班次遇缺儘先選用之處伏候　憲裁
陳應元係由增生遵例報捐訓導分發候委查該職經前署
博羅縣謝全以捐資募勇督帶接應屢著戰功曾邀
賞給七品頂戴嗣又隨同收復縣城寔屬奮勇得力可否
奏保以訓導不論班次遇缺儘先補用之處伏候　憲裁
監生陳錫瓚　陳毓恩　陳毓芳　徐孔長　陳應師
李祥衍　廖如槐　陳廷弼　王文球　賴六棠
俊秀許德茂　許德基

52/8

以上十二名均係捐資帶勇著有辛勞可否一律給予六
品頂戴之處伏候　憲裁

鄉賓林邦傑　恩貢生林仕熙
查該紳等二名督率團練捦獲逆首洪亞沅郭劉明最為
出力可否　賞給六品頂戴伏候　憲裁

文童林燮雨　林春光元　林謨善　武童林定信　林鳳來
林光宗　林錫麟　曾金福
查該童等八名勇往向前協拏首逆可否　賞給八品
頂戴伏候　憲裁

5819

耆民林粵秀　林定成　林貴昌　陳紹祥　林應元
林贊秀　唐啟淮　曾大興　鍾維芳
查該耆等九名督勇圍拏深堪得力可否　賞給九品頂
戴伏候　憲裁

歲貢生龔叶策
查該貢生在城團練遇事認真首先察報要犯就捦自應
一律稟請　賞給六品頂戴以示鼓勵伏候　憲裁

舉人廖　佶　恩貢生黃體乾
查該舉人等率勇拏獲偽副元帥陳石碓等五名最為出
力可否　賞給六品頂戴伏候　憲裁

文童廖錫光　職員廖錫蕃
查該童等親捦要犯寔為勇往可否　賞給八品頂戴伏
候　憲裁

生員鄧安珠　胡炳光
查該生等率勇捦獲偽先鋒鄧金妞一名尚為出力可
否　賞給八品頂戴伏候　憲裁

歲貢生黃錫奎　副貢生黃拔蕉
查該貢生等拏獲著匪覩二等兩名寔為地方除
賞給七品頂戴伏候　憲裁

批

P1

奏稿

十一月初□日

奏為惠州府龍川縣屬老隆鎮地方被匪佔踞滋
擾業經官軍紳勇攻剿收復殲擒首夥殆盡地
方一律平靖恭摺由驛具
奏祈
聖鑒事竊前因惠州府屬龍川縣被匪竄擾迭經官
紳兵勇勦擒二千餘名經臣等于咸豐五年四
月初九日由驛
奏報在案嗣因和平縣內匪外竄相繼竄擾闌入
縣城經陸路提督崑壽署惠州府海廷琛督率
員弁兵勇實力圍攻將縣城克復後該署府海廷
P.2
琛在和平龍川一帶督飭官紳殲斃匪犯二千百

2

餘名、生擒匪犯五百餘名，并批海琛稟報，由龍
川撤兵回郡，開考科試等情。當經批飭該署府
責成各州縣務將在逃餘匪搜捕淨盡，以絕根
株。俟考試事畢，察看情形，何處有匪，隨時前
往查辦。旋據訪聞龍川縣屬有土匪潛回搶刦肆
擾，復經臣葉　飛飭海廷琛酌撥兵勇馳

P.3

赴勦辦。隨據海廷琛具稟，本年二月初間訪得
龍川之岩背車田等處有土匪潛回拜會打
單，四出滋擾情事，并有匪首謝亞偉、楊南妹等，被
江西勦散竄回，轉相糾結，在於龍川縣屬黎嘴、
湯湖、車田、皮潭、黃石一帶搶刦滋擾。現已雇募
壯勇，會營往勦，探得該匪現分兩路，一在和龍

3

交界之東水地方，一在該縣屬十二排屯聚。龍
川縣知縣懋官當於十五日會同營員督飭紳
練、率勇分投勦捕，累有斬擒，現在駐紮鰲溪
壓鄉勇再行整隊進勦。惟探聞該匪欲攻義都
海廷琛正在考校武童，未能剋期竣事，寔不及
親行前往，又恐稍事遲延，匪黨日聚日多，愈難

P.4

收拾。先經原存潮惠勇六百名人內，挑撥四百
人，并將撥赴長寧搜捕之潮惠勇三百人，飛札
調回，另又添募壯勇八百人，共計一千五百人
飭據知前在和龍辦勇勦匪之瓊州鎮左營守
備李際昌、署提標後營守備李森，並委留惠當
差之儘先補用從九品張埜、及保和社紳士鍾

4

有芳、鼻平社紳士羅慎猷等、率同各勇目、分隊
曾帶、並駢撥前曾惠郡之淺水砲船三號、飭令
原帶官順德協即補外委楊清和、廣協即補外委
王富德、調職從九品楊達邦管駕配齊軍火、一
併星飛馳往、會同地方文武迅速設法勦辦、並
飛飭和平縣湯克勤、會營督率兵勇鄉團扼要

P.5

截勦補拿、及出示龍川各鄉剴切曉諭、以散脅
從、該匪二月二十三日、該匪等糾約二千餘人
仍由十二排犯至總官會營督率兵勇與匪接（迎頭截擊）
仗、斃賊二十餘名、賊匪受傷多名、生擒偽先鋒
魏阿七一名、奪獲器械十餘件、餘匪潰退、二十
八日、該匪串東水股匪、佔踞豐稔、二十日、賊匪

5

大隊蜂擁前來、總督飭兵勇、與賊鏖戰多時、
因眾寡不敵、遂被竄踞老隆鎮地方、海疆璨聞
報、並添撥勇五百人、砲船水勇一百
督帶前往、剋期迅滅、旋復飛札前途、催令守
備李際昌等帶勇星夜趲程前往援、又添募
幹勇五百人、派員管帶、星飛馳赴接應、並經署

P.6

陸路提督通安、選撥弁兵七百人、委署提標前
營遊擊增輝統帶前往、初八日巳刻、行抵龍川、（李際昌等）
當將各勇船灣泊城外河面、查得該匪仍踞老
隆鎮及水背鄉等處、李際昌等督勇進勦、各匪
遙見我軍擁至、隨即飛奔逃、我軍追至下泡水鄉、
適值大雨、收隊回船、初十日、李際昌等商同總

6

187

官、會營派令署千總劉鉞、外委劉士科、管帶本
城兵勇於獅子寨地訂該委員等分督潮惠各
勇整隊前進、於潤布水背地方遇匪蜂擁迎拒、
經我軍鎗砲齊施、直前轟斃傷斃賊匪多人、斬
取首級五顆、生擒匪犯徐五妹、徐泮香、潘四有
三名、奪獲旗幟刀械多件、十一日復督各勇進
勦、斃匪多人、斬取首級二顆、訪情伏查我軍
連日進勦老隆、李際昌李森等探得各匪經我
軍連日轟勦、悉退老隆、意圖固守、隨會商營官、
並知會營員、激勵兵勇鄉團約定十二日黎明、
分兵三路進攻老隆賊營、令劉士科及龍川紳士
黃步星帶勇由連塘渡河至打石坑埋伏、劉鉞

7

188

鍾有芳等、督率惠勇及登雲勇、由塔下而進、衝
千總馬尚德、戰監羅慎猷、管帶惠勇、由西路直
至老隆牌坊下進攻、李際昌李森發品張楚
與營官等督兵勇、由中路而進、該匪望見我軍
四至、亦大隊齊出、不下四五千人、亢猛迎拒、經
我軍鎗砲齊施、繼以噴筒火箭、三面圍攻、轟斃
賊匪多名、擊傷無數、割取首級十七顆、奪獲刀
械三十餘件、該匪力不能支、紛紛潰逃、其
退匿老隆鎮內之匪、悉用紙捆堆塞路口、開砲
抵拒、復經李際昌等督令各勇、衝冒風烟、奮勇
轟擊、當將路口轟開、一齊蜂擁而入、殺斃賊匪
甚多、餘匪由老隆寨頂翻山奔竄、我軍追殺

8

十餘里、艇匪無數、生擒賊匪吴亞曰等六名、其
落荒潰逃之匪、亦經打石坑伏軍截殺多名、當
將老隆鎮克復、海廷琛隨中飛飭在事文武乘
勢跟追勦、旋探得擊敗各匪、分竄龍川雞籠
黎頭嘴等处、十四日、有匪數百人、由黎頭嘴來
至十二排地方、懋官李際昌等會同督帶兵勇、

P.9

分投擊勦、鎗砲齊施、艇匪數十名、割取首級三顆
奪獲器械十餘件、生擒長髮賊駱亞奚一名、餘
匪奔潰、二十六至二十九等日、李際昌等督飭
惠潮各勇、及商同續到之增輝、並歸善紳士黃
榮輝所帶兵勇、暨禹尚德外委楊清和等管駕
砲船、分路進攻於黃石[illegible]角東角沙高闌等处、

9

遇匪接戰、各兵勇於陸路奮往迎勦、砲船由水
面當先攻擊、每戰皆勝、連日殲斃賊匪無數、擊
傷甚多、落水淹斃之匪、亦復不少、割取首級十
顆、生擒賊匪陳亞梅楊金秀張亞沿等十四人、
奪獲旗幟刀矛數十件、我軍船隻、即駐紮高闌、
復於四月初一日、進泊鑾東坑、遥見該匪夾岸

P.10

而來、文武員弁揮軍分投迎敵、禹尚德楊清和
督駕砲船、直前轟擊、連開大砲、斃匪多名、並獲
鳧水來撲我船之長髮賊田亞二一名、時李森
督令潮勇由左岸奮擊、斃匪多人、砍取首級一
顆、餘匪奔潰、初六七等日、連次進勦、俱有斬馘、初
九日、河水陡漲數尺、各員弁即督令各勇船

10

砲船，溯流前進，於初十日，直抵犁頭嘴匪巢，我
軍奮勇環攻，各砲船排列大砲，首先轟擊，砲子
所至，各匪披靡奔竄，斃匪不計其數，當將該匪
巢攻破，餘匪翻山越嶺而逃，潛竄雉雞籠、四都
等處。海廷琛親督帶勁旅，於四月初四日，由郡起
程，馳往龍川督勦，二十三日行抵老隆，探得該匪

P.11

自經我軍攻毀犁頭嘴巢穴之後，喪胆竄逃，僅
有三千餘人，分屯雉雞籠、湯湖約等處，飛諭各鄉
紳耆，趕緊聯鄉，認真團練，扼要堵截，兜拏，使股
匪無從竄逸。海廷琛亦即督率在事文武，統領
兵勇於二十五日，馳赴四都，即據大廟鄉紳士
袁垂修、袁華紳、袁紹勳、袁清元、袁紹烈、袁見其

11

有琳等稟稱，現有匪首謝亞偉、黃初符統黨
由雉雞籠竄至土名大利村地方，當飭該紳士
等與雙坑、磜上兩村，飛飭速遞帶該團練壯勇
數百人引導協助，於二十六日黎明，派李森帶
潮勇四百人，及該紳等所帶練勇為前敵，海
廷琛督同委員候補從九品張蒞，及續調來營差

P.12

遣之署博羅善政司巡檢錢瀚，並各勇目率領
勁旅六百人，由中路繼進，令李際昌、鍾有芳、羅
慎猷、外委張得勝、殷勝和等，帶惠勇八百人，由
東路而進，派馬尚德、黃榮輝、外委邱連光、額外
李東奎等，帶領兵勇六百人，由西路而進，並飭
懋官及署老隆司巡檢諸鈞，曾帶縣勇及登約

12

練勇抄前截擊辰刻李森袁垂修等率同潮勇鄉團行近大地村里許地方吶喊直前該匪約有二千餘人撲出迎拒時海廷琛督軍繼至揮令各員弁紳士率勇奮擊鎗砲齊施斃匪多名該匪怯退適東西兩路兵勇合圍前進分投擊剿該匪且拒且退我軍愈戰愈勇當與鄉團併力掩

P.13

殺殲斃賊匪三四百名墜崖落澗死者約六七百名當陣斬殺戴雉尾匪首偽副元帥黃初符一名割取首級四十八顆生擒匪犯七十三名內有長髮奮匪偽封總管糧台黃局老師葉建英及旗頭唐祝馨鄒觀勝陳東水黃庚隴五名又紅匪偽左將軍鄭亞彝偽監軍正先鋒鄒大

13

順偽總旗頭鄒木秀偽太醫院朱觀光小旗頭伍觀秀黃三月陳亞金七名奪獲偽印旂幟鎗砲刀矛無數竄逃之匪復經樊官等率勇截殺多人戰員葉蔚唐等截獲匪黨唐馨雲唐潮瑛二名餘匪翻山越嶺四散旋探有逆首謝亞才率党四五百人由湯湖約竄至河洞鄉駱姓砲

P.14

樓意圖負嵎拒敵查悉該匪偽封總統五軍鎮東大元帥為積惡大憝叛情顯著亟須擒獲以除地方大害隨即督同在事文武及現調來營差遣之補用縣丞喬泰階署番禺司巡檢錢瀚候補從九品張莖暨紳士馬尚德邱連光楊清和李東奎鍾有芽羅慎猷周錫章黃洪輝及各營弁

14

勇目、率領兵勇、并飭龍川縣紳士謝振勳等、帶
領鄉練引導、於五月初四日黎明、馳往河洞鄉圍
勦、該匪望見我軍掩至、即在匪樓開砲擊出、海
廷琛指揮各員弁、分率兵勇四面合圍、奮勇前
進、並以火箭火龍、紛紛施放、立刻燃着匪樓、
烟燄冲天、該匪力不能敵、即開寨門逃竄、我軍

P.15

乘勢奮擊、一擁而進、爭先砍殺、殲斃匪党二百
餘人、立將逆首謝亞才擒獲、生擒偽總管糧餉
左將軍魏亞灶、偽總管兵馬左將軍謝繼秀、偽
理師堂[illegible]虎將軍邱咸、受偽中營掃路先鋒
謝駱嬌、偽軍師[illegible]副都統謝亞慶、偽總旂頭
駱亞六、藍亞二、呂全勝、小旂頭吳火姑、及夥匪

15

駱亞劉、盧苿、共五十八人、燒斃樓內之匪無數、其
有由樓後圖竄之匪、並經趕官督同諸鈎及
紳士謝榮紆等、率勇拴獲偽威武大將軍
謝欽紹、偽先鋒謝灶古魏、初季、旂頭謝亞二彭、劉六馥、
匪駱亞楚等六十五人、計此股首夥各匪經我軍悉數殲拴、
匪樓亦焚為灰燼、奪獲鎗砲刀械旂幟偽印多件、惟

P.16

探得湯湖約馬坑車田等處潛匿匪党尚多、當
即督飭在事文武員弁紳士、率領兵勇、分投圍
勦、第該匪已被勦喪膽、一聞我軍前進、每每遠
遁潛蹤、疾諭各約紳耆、各率團練、引同官兵、分
路圍拿、並飭各鄉認真緝送、以冀醜類悉擒、
計自前次餘以來、經我軍陸續搜獲、及拴各鄉

十四

16

綑送之匪、並札懋官會督劉鉞十一都司巡檢
鄧奎、及紳士謝振勳等、另行獲解匪犯鄒毛牯
等、共拿獲偽封副元帥葉亞閒、偽五營帶令
總將軍鄒毛牯偽飛龍大將軍袁亞讀、偽管理軍
糧大將軍謝五鳳偽大都督楊亞廣、偽五營總
先鋒楊觀六偽帶路先鋒管亞才偽中軍帶令

P.17

先鋒鄒焼酒瀧偽管理師堂先鋒謝虎賓偽管
理糧台黃局軍師陳定章偽前營先鋒劉亞欣
偽中營先鋒鄒錢秀鄒壬生偽左營先鋒楊汶
勝胡四滿偽旗頭邱萬枯凌亞沅駱大壯亮駱
沅吳楊細成楊橋辛鄒石姐駱大彪謝亞三等
并各匪共二百一十七名、海廷琛因龍川和、

17

平兩屬地方匪著名逆首、四散逃匿、未能就獲
懸立重賞購拿、隨札探根龍和交界之鶴峯洋
抗一帶、有首要逆匪勾引江西定南匪首蕭沅
偉、率同敗殘餘黨竄匿各該處、其龍屬之謝文
頭鄉、及和屬之古寨地方、亦有要匪潛伏、當經
分別授行堵截、並原諭各鄉團練、四路截拿、旋

P.18

即督同懋官、喬泰階、李際昌、邱連光、李東奎、鍾
有芳、黃榮輝、鍾廷珍、及各勇目等、親督兵勇、並
函調鄉練、馳往鶴峯洋抗一帶圍勦、並派張楚
昌、高德紳士周錫章等、會帶惠勇、前往謝文頭
鄉、文派錢瀚、李森、羅慎猷等、帶勇前往古寨、分
路圍捕搜拿、海廷琛即於五月二十九日、親督

P.19

18

員弁兵勇紳練馳往鶴峯、隨赴洋坑查看、該處
重巒複嶂、山路紛歧、其偏僻小徑、尤與定南處
處相通、最為要隘、當飭懋官劉合鉞渡田河汎
把總任可均、暨鄒奎、及紳士鄒培芹黃步星等、
管帶縣勇、至附近鶴峯之山背徑口各處堵截、
海廷琛當即親督文武、分率兵勇鄉練、深入四
山搜捕、逮聞有匪數百人、藏於叢谷之中、該匪
見官軍驟至、即開放鎗砲、且拒且逃、亡命亂竄、
而經我軍擊斃數十名、其墜崖落澗死者、亦復不
少、當時追獲偽副元帥駱達成、偽旅帥齊匪首
駱達和、偽參贊有機、後元帥蕭觀保、並定南匪
首偽大元帥蕭沅偉、偽大司馬黃亞東、偽先鋒

P.20

19

鄒蔚古、旗頭駱葉保、楊耒勝、及夥匪鄒亞北等
八十六名、懋官等督同縣勇、截獲偽天業飛虎
將軍鄒二逢、偽都督朱亞盛、偽副元帥謝亞蔚
之文謝揮沅、並夥匪謝毛公二等二十二名、張
堃等由謝文頭鄉搜獲偽天業將軍凌東幅、
偽總先鋒張東寮、及夥匪楊先鑾等十二名、又
據附近各鄉紳士張鑑、楊大勳、黃韶功等、截獲
偽中營飛豹大將軍溫水秀、偽先鋒楊向、毛觀、
並夥匪楊五峯等共二十八名、其派往古寨員
弁、因查知和屬有逆首偽封元帥梁鳳高、
率黨聚匿該處之洋湖面山內、當於閏五月初
二日黎明、察令紳士梁宴京、梁宴林、梁本光等

20

帶同鄉壯、引路前進，將該山四繞圍團逼圍勦、
拿該匪逃避不及，經我軍立將匪首梁鳳高
擒獲、並獲夥匪梁亞幅等十四名，又挑探根沛
墩逆首偽右軍元帥凌石二，現潛回該處熟水
坑地方碌樓藏匿，隨即密偽張建、馬尚德、李勇
帶同該處紳士凌廷章、凌際春、蕭理濟等，馳往

P.21

圍拿，詎該匪堅匿不出，竟敢開鎗抗拒，經委員等
督勇施放鎗砲，四面圍攻，用繩火焚燒該樓，
斃匪兇數名，並將逆首凌石二擊斃，割取首
級，並生擒夥兇凌石妹等五名，又連日搜巖下
遠近各鄉紳士張鑑、蕭理濟、鄧濟時、鄧及壎、凌
廷章、駱冠羣、葉均著、楊煥章、陳丹書、袁丕修、陳一

21

英、良、黃耀壎、黃成勇等，陸續拿獲，先後綑解偽
總[illegible][illegible]副元帥楊千妹、偽副軍師駱春偉、偽
平定王黃千千、偽[illegible]見將軍鄧苟進及旂頭夥
匪鄧亞顯、駱四古等共二百五十五名，半月以
來團獲及各鄉綑送匪犯共計四百二十二名，
並獲隣省本境逆首多名，割取耳記者，逆偽

P.22

首級，分飭查龍和一帶首要匪犯，業已[illegible]拔搜
獲，林直海、李廷琛、何興懋、官仍由巖下駐紮督飭
搜辦，旋訪得散逃各匪，因官兵鄉團四路堵截，
無處可逸，多有藏于深山邃谷之中，著屬鄉紳
復經嚴切分諭龍和兩屬各紳士，並督飭文武
員弁、趕緊嚴密搜拿綑送，計自閏五月初七日

起、至二十六日止、復札各路委員、設法搜獲、及
遠近各鄉紳士、陸續網解偽督元帥陳細東等、
及各匪夥共六百四十五名、懲官鄧培芹等陸續
獲解匪犯徐亞輝等七十一名、續札派赴各路
委員、帶領兵勇紳練、于深山邃谷、僻壤窮鄉設
法搜拿、自閏五月下旬、至六月中旬、又續捕獲

偽飛揚將軍劉羅秀等共百零一名、並札各鄉
紳耆網解偽總令將軍凌亞瀧、隨復移派李際
昌、喬春階、鍾有芳、鍾廷珍等、帶領各勇越境前
往江西定南鵝公墟駐紮、約會定南廳、搜捕
偽軍師劉亞潰、偽先鋒鄒亞漚、逆党袁
亞斗等二十二名、七月初六日、鍾廷珍赴

海廷珠行營稟稱、探得逆首楊南妹帶夥數人
竄至龍川與江西長寧縣交界山僻之橫坑地
方潛藏等語、海廷珠即飭派張楚、錢瀚、羅慎猷、
周錫章、鍾廷珍等、帶領幹勇六百人、馳往距橫
坑三十里之上坪墟暫駐屯宿、於是夜四鼓該
委員等即飭令各勇沿山越澗而進、將該處山

四路口度卡堵截、一面分派協同往捕之上坪
公局紳士劉北源、劉維烈、並江西監生劉承元、
劉承允等、帶同綠勇先行撲入逆巢、當將自封
偽殿前統兵馬威武正元帥逆首楊南妹拿獲、
並擒匪夥楊帶興等四名、派赴各鄉搜捕之員
弁紳士、陸續捕獲逆党偽軍師武鄉侯梁均道

等共十九名、並獲各鄉紳練綑送解匪偽丈
目惡頭黃倖等十四名、六月十一日海廷琛
督領文武員弁紳士、率帶各勇砲船隻、移赴
下海黃嶺附近之犂嘴河面駐泊、隨派錢灝、張瑩、
呂鐘祺、鍾有芳、周錫章、蘇國珍等、各帶潮惠勇
壯、分投前赴黃嶺十二排雉鷄籠等處、會同該

處紳士、廣捕窮搜、並一切分諭各匪族紳耆認
真綑送。海廷琛亦即親歷前往各該處督飭設
法查拿、計自七月十一日起至月底止、兩自
並飭各員弁紳士及各鄉紳耆等搜獲綑送偽
都督劉世洸、偽帥先鋒賴新發、偽村檀
師齋匪駱達滑、偽旗頭劉張飛等一百四十二名、又韜得龍

川與興寧接壤之田心圍地方有匪潛匿、當即
移派李森、羅慎猷、黃榮輝等帶領勁勇前往查
搜、陣斃偽青度副師齋匪藍黃狗、偽奉天
將軍鄒白四、即有馴子、及逆党丁釘毛等三十
五名、並獲鄒奎輔線、獲送偽解粮先鋒劉亞明
六名、又八月上中下旬續准各路文武委員及四

鄉紳練拏獲匪党偽興寧侯張亞羅、偽副軍師
黃雲開、偽先鋒鄒亞滿、齋匪謝門神二、偽旗頭
黃秀山、鄒進潤、夥匪凌觀上等共六十一名。又據
又韜得龍川與興寧交界之李埔潭坊等鄉尚
有土匪潛伏、當復移派李森、呂鐘祺、羅慎猷、黃
榮輝等、帶勇分投前往、密密搜拏、隨據獲送偽

26

兇犯楊亞東匪党黄坭古等二十五名海廷琛
當即發函老隆汛派李森、錢瀚、張埜、鍾有芳、
羅慎猷、周錫章等、各帶壯勇分赴鶴樹下、了髻
船坑、鐵場等處、并飭通衢司巡檢沈增慶帶同
各該處紳練、旋齊查搜、并分辦勞擇凡於僻壤
窮鄉、深山邃谷、無不遍歷搜尋、計兩旬之內、據

P27

各路員弁紳士、陸續拏獲綑送逆党及迭行搶
劫匪犯黄石保、八劉、老鴉鶤等六十九名、並向
源之小江一帶地方、訪得潛藏各逆匪類
為數不少、將此閣各務趕緊料理清楚、即率領
文武委員紳勇、放棹下游、西至河源小江搜捕、并儎
界於龍川縣知縣楊官稟同前由、聲明生擒各

27

犯訊明正法、迭次打仗、兵勇間有傷亡、前
来匪等伏查龍川縣屬老隆鎮地方、為商賈雲
集之地、經署惠州府海廷琛、於收復和平縣城
後、在和平、龍川一帶痛加勦捕、該匪楊南林等
胆敢乘該署府回郡開考科試、結夥添擾、寬屬
特同化外、罪不容誅、若不迅速撲滅、必致四處

P28

蔓延、地方復遭蹂躪、今經該署府督率官軍紳
勇、攻勦、復昇陸續殲擒、匪夥殆盡、
其地方一律安靖、尚屬辦理認真、可否將在事
出力人等、擇尤酌保之處、恭候
聖主恩施、除批飭該署府督率在事文武委員
紳勇、在於老隆小江口一帶、實力搜捕、務將潛

P.29 and

28

匪各匪志數名獲究辦以絕根株其龍川應辦善後事宜

并飭該縣妥為經理外期根株永絕毋致餘孽

復萌外所有賊匪攻佔龍川縣屬老隆鎮地方業

經攻勦收復緣由臣等謹合詞恭摺由驛具

奏伏乞

皇上聖鑒訓示謹 廿五

奏 廿七